AYŞE KULİN

ESERLER

1. *Güneşe Dön Yüzünü* (Öykü)
2. *Bir Tatlı Huzur* (Biyografi)
3. *Foto Sabah Resimleri* (Öykü)
4. *Adı: Aylin* (Biyografik Roman)
5. *Geniş Zamanlar* (Öykü)
6. *Sevdalinka* (Roman)
7. *Füreya* (Biyografik Roman)
8. *Köprü* (Roman)
9. *İçimde Kızıl Bir Gül Gibi* (Deneme)
10. *Babama* (Şiir)
11. *Nefes Nefese* (Roman)
12. *Kardelenler* (Araştırma)
13. *Gece Sesleri* (Roman)
14. *Bir Gün* (Roman)
15. *Bir Varmış Bir Yokmuş* (Öykü)
16. *Veda* (Roman), *Veda* (Çizgi Roman)
17. *Sit Nene'nin Masalları* (Çocuk Kitabı)
18. *Umut* (Roman)
19. *Taş Duvar Açık Pencere* (Derleme)
20. *Türkan-Tek ve Tek Başına* (Anı-Roman)
21. *Hayat-Dürbünümde Kırk Sene* (Anı-Roman)
22. *Hüzün-Dürbünümde Kırk Sene* (Anı-Roman)
23. *Gizli Anların Yolcusu* (Roman)
24. *Saklı Şiirler* (Şiir)
25. *Sessiz Öyküler* (Öykü Derlemesi)
26. *Bora'nın Kitabı* (Roman)
27. *Dönüş* (Roman)
28. *Hayal* (Anı)
29. *Handan* (Roman)
30. *Tutsak Güneş* (Roman)
31. *Kanadı Kırık Kuşlar* (Roman)
32. *Kördüğüm* (Roman)

ÖDÜLLER

1988-89 / Tiyatro ve TV Yazarları Derneği, En İyi Çevre Düzeni Dalında Televizyon Başarı Ödülü
1995 / Haldun Taner Öykü Ödülü Birincisi
1996 / Sait Faik Hikâye Armağanı Ödülü
1996 / 0. UNT En Başarılı Yazar Ödülü
1997 / Oriflame Roman Dalında Yılın En Başarılı Kadın Yazarı Ödülü
1997 / Nokta Dergisi *Doruktakiler* Edebiyat Ödülü
1997 / İ.Ü. İletişim Fakültesi, Roman Dalında Yılın En Başarılı Yazarı Ödülü
1998 / Oriflame Edebiyat Dalında Yılın En Başarılı Kadın Yazarı Ödülü
1998 / İ.Ü. İletişim Fakültesi Roman Dalında Yılın En Başarılı Yazarı Ödülü
1999 / Oriflame Edebiyat Dalında En Başarılı Kadın Yazarı Ödülü
1999 / İ.Ü. İletişim Fakültesi Roman Dalında Yılın En Başarılı Yazarı Ödülü
2000 / Rotaract Yılın Yazarı Ödülü
2001 / Ankara Fen Lisesi Özel Bilim Okulları Yılın Yazarı Ödülü
2002 / Tepe Özel İletişim Kurumları Yılın En İyi Edebiyatçısı Ödülü
2003 / AVON Yılın En Başarılı Kadın Yazarı Ödülü
2003 / Best FM Yılın En Başarılı Yazarı Ödülü
2004 / İstanbul Kültür Üniversitesi Yürekli Kadın Ödülü
2004 / Pertevniyal Lisesi Yılın En İyi Yazarı Ödülü
2007 / Bağcılar Atatürk İ.Ö. Ok. & Esenler-İsveç Kardeşlik İ.Ö. Ok. Yılın Edebiyat Yazarı Ödülü
2007 / Türkiye Yazarlar Birliği *Veda* isimli romanı ile Yılın En Başarılı Yazarı
2008 / European Council of Jewish Communities Roman Ödülü
2009 / TED Bilim Kurulu Eğitim Hizmet Ödülü
2009 / Kocaeli, 2. Altın Çınar Dostluk ve Barış Ödülü
2009 / Kabataşlılar Derneği Yılın En İyi Yazarı Ödülü
2010 / Best FM 1998-2008, 10 Yılın En Başarılı Kitabı
2010 / Kabataşlılar Derneği Yılın En İyi Yazarı Ödülü
2011 / İTÜ EMÖS Yaşam Boyu Başarı Ödülü
2011 / Orkunoğlu Eğitim Kurumları, Yılın En Başarılı Yazarı Ödülü
2011 / ESKADER Kültür & Sanat Ödülleri, Hatırat Dalında *Hayat & Hüzün*
2011 / *Farewell* (*Veda*) ile Dublin IMPAC Edebiyat Ödülü Ön Adayı
2012 / Medya ve Yeni Medya En İyi Yazar Ödülü
2013 / Kültür ve Turizm Bakanlığı, Toplumsal Duyarlılığa Katkı Ödülü
2013 / Lions Başarı Ödülü
2014 / 22. İTÜ EMÖS Ödülü; Yılın En Başarılı Kitabı - *Handan*
2015: Eryetiş & Balkanlar Eğitim Kurumları / Yılın En İyi Romanı: *Tutsak Güneş*
2016: *Permio Roma Ödülü* / Çeviri Dalında En İyi Roman / *Nefes Nefese*.
2016 İstinye Rotary Kulübü Meslekte Üstün Hizmet Ödülü
2016 İTÜ İşletme Mühendisliği Yazarlar Kategorisinde Sosyal Medya Ödülü
2017 İzmir Rotary Kulübü Meslekte Üstün Hizmet Ödülü

Sevdalinka'nın Bosna-Hersek telif geliri savaş mağduru çocuklara, *Kardelenler*'in telif geliri Kardelen Projesi'ne, *Sit Nene'nin Masalları*'nın telif geliri UNICEF Anaokulu Projesi'ne, *Türkan-Tek ve Tek Başına*'nın özel baskısının ve *Türkan* tiyatro oyununun telif gelirleri ise ÇYDD eğitim projelerine bağışlanmıştır.

HAYAT

Dürbünümde Kırk Sene

Ayşe Kulin

§

Yayın No **834**
Türkçe Edebiyat **300**
Everest Midi **30**

Hayat
Ayşe Kulin

Yayına hazırlayan: Çiğdem Su
Düzelti: Ayhan Kurt
Kapak tasarımı: Utku Lomlu
Sayfa tasarımı: Ayşe Ersoy Yılmaz

Normal Boy 1. Basım: Ocak 2011 (100.000 adet)
Midi Boy 1-2. Basım: Aralık 2017
3-4. Basım: Nisan 2019
5-9. Basım: Mayıs-Aralık 2020
10. Basım: Mart 2021

ISBN: 978-605-185-227-0
Sertifika No: 43949

Baskı ve Cilt: Melisa Matbaacılık
Matbaa Sertifika No: 45099
Çiftehavuzlar Yolu Acar Sanayi Sitesi No: 8
Bayrampaşa/İstanbul
Tel: (0212) 674 97 23 Faks: (0212) 674 97 29

EVEREST YAYINLARI
Ticarethane Sokak No: 15 Cağaloğlu/İSTANBUL
Tel: (0212) 513 34 20-21 Faks: (0212) 512 33 76
e-posta: info@everestyayinlari.com
www.everestyayinlari.com
www.twitter.com/everestkitap
www.facebook.com/everestyayinlari
www.instagram.com/everestyayinlari

Bana hayat veren biricik
annemle babamın anısına
ve
hüznü dahi güzel kılan
sevgili çocuklarıma...

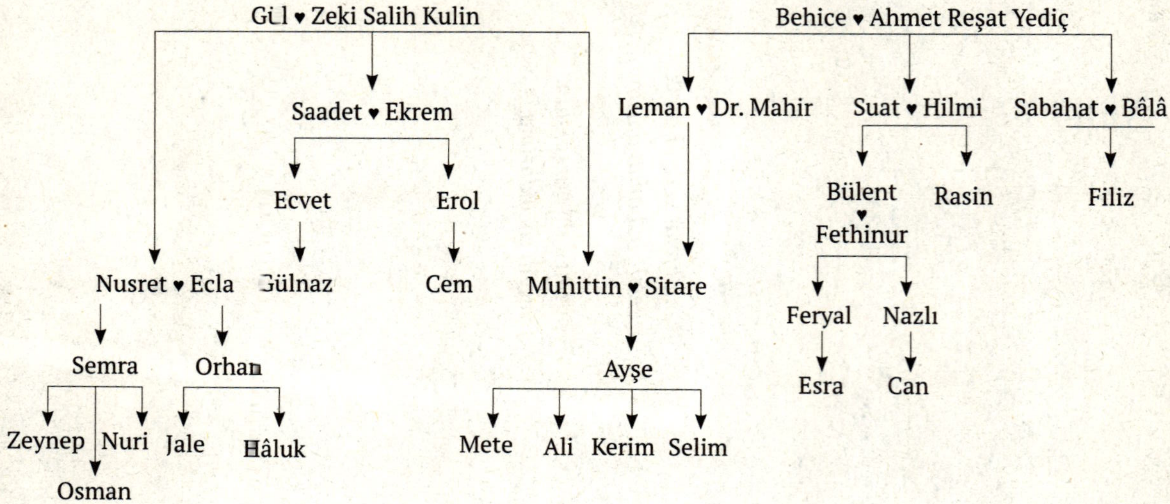
Gül ♥ Zeki Salih Kulin
Behice ♥ Ahmet Reşat Yediç
Saadet ♥ Ekrem
Leman ♥ Dr. Mahir
Suat ♥ Hilmi
Sabahat ♥ Bâlâ
Ecvet
Erol
Bülent ♥ Fethinur
Rasin
Filiz
Nusret ♥ Ecla
Gülnaz
Cem
Muhittin ♥ Sitare
Feryal
Nazlı
Semra
Orhan
Ayşe
Esra
Can
Zeynep
Nuri
Osman
Jale
Hâluk
Mete
Ali
Kerim
Selim

BİRİNCİ BÖLÜM

Mavi

Can[*] nasıl koştuysa peşinde bir devin,
Ben de aynı duygular içinde
Saçları örgülü bir çocuk,
Kartpostal kartpostal peşinde mühendisin.[**]

Doğduğumda adımı kulağıma dualarla fısıldayan, sesinden ve kokusundan iyi tanıdığım Suat teyzem, beni beşiğimden usulca alıp bir yabancının kucağına verdiğinde dünyadaki ilk haftamı yeni doldurmuştum. Sımsıkı yumulu gözlerimden birini açtım, yaşadığı sürece bana hep sevgiyle bakacak olan bir çift mavi gözü gördüm ve ister inanın ister inanmayın, beni bağrına basıp burnunu boynuma gömen kişinin babam olduğunu o an anladım. O, benim kokumu tıpkı bir hayvanın yavrusunu koklaması gibi yüreğine sin-

* Can Yücel.
** Ayşe Kulin, *Babama*, Everest Yayınları, İstanbul, 2007.

direrek içine çekerken ben de onun boynunda güneşin ve dağ kekiğinin kokusunu aldım. Buram buram doğa kokuyordu babam. Toprak, nehir, ağaç, su ve tuz kokuyordu. Bir kedi gibi guruldayarak memnuniyet sesleri çıkardım. Göz göze geldiğimiz an ise aramızda çok güçlü bir bağın oluştuğunu, onun beni hayatım boyunca her türlü kötülükten koruyacağını hissettim. Hatta bir gün hırsızlar beni çalmaya kalkışacak olurlarsa, yüzlerce çocuk arasında babamın beni kokumdan tanıyabileceğine içtenlikle inanarak gözlerimi yeniden sımsıkı yumdum ve kollarında huzurlu bir uykuya daldım.

Mavi bir uykuya!

Mavi! İlk algıladığım renk! Babamın gözlerinde!

Sütliman ve dibi görülebilen berrak bir denizin akşamüstüne doğru birkaç ton koyulaştığındaki derin mavi! Sevginin, güvenin, mutluluğun rengi, babamın gözlerindeki! Maviye düşkünlüğüm bundan mı kaynaklandı acaba? Hep mavi giymek istedim çocukken. Odama mavili perdeler astırdım; kitaplarımı, defterlerimi mavi kâğıtlarla kapladım.

Bizim coğrafyada az bulunur rengine rağmen, babamın yüzünde daha belirgin olan, gözleri değil de kaşlarıydı nedense. Tanıdığımız her bir kişi kendine özgü bir özelliğiyle kalır ya aklımızda; saçları, gözleri veya ağızlarıyla, bazen sesleri hatta duruşlarıyla nakşolur ya hafızamıza insanlar; babamın her hattı çok muntazam olan yüzünde, dikkati gür ve kavisli kaşları çekiyordu bence. Yüzüne sert bir ifade veren, kalın, koyu renk kaşları olmasa, biçimli yüzü bir erkek için fazla güzel kalabilirdi. Oysa hep biraz çatıkmış gibi duran kaşları, yüzünü tuhaf bir biçimde dengelemişti.

Onu çok sevecek ama kaşlarındaki ciddiyetten dolayı hep biraz da çekinecektim. Çocukluğum boyunca bakışları beni şefkatle yanına çağırırken, kaşları belli bir mesafede tutacaktı.

Şu anda ölümün eşiğindeyken dahi, kaşları direniyor yaşlanmaya! Saçlarına ellilerinde düşmeye başlayan aklar, kaşlarına uğramamış! Özenle kabarttığım yastıkların ortasında duran başı bir Yunan heykelinin mükemmel oranlarına sahip hâlâ. Saçları hiç dökülmemiş. Babam, seksen yaşına rağmen hâlâ yakışıklı! Çekmekte olduğu bunca acıya rağmen, hâlâ iyi huylu ve nazik. Kimseye eziyet etmek istemediği için şikâyet etmiyor, vızıldanmıyor, inlemiyor. Annemin ardı ardına dizdiği doktorların sorularına, hiçbir işe yaramayacağını bildiği ve eminim her birini bahçenin dışına kadar kovalamak istediği halde sabırla yanıt vermeye çalışıyor. Kendine hizmet edenlere teşekkür etmeyi unutmuyor. Annem, kuzinim Filiz ve ben evlerimize dönüp istirahat edelim diye hiç ağrısı yokmuş gibi yapıyor. Belki de sürekli başında durup gözlerinin içine bakarak, istemeden kötülük ediyoruz ona. Bizim yüzümüzden inleyemiyor, ahlayıp vahlayamıyor. Ben yere oturup yatağın kenarından sarkan elini hiç bırakmadan sımsıkı tutuyorum, biraz gevşetecek olursam gidivermesinden korktuğum için. Annem de yatağın ayakucuna tünüyor gün boyu. Annemin babamsız neden paramparça olacağı anlaşılabilir ama benim de gücüm yok hayatı onsuz omuzlamaya. Böyle hep yatakta ve bakıma muhtaç kalacak dahi olsa, inanılmaz bir bencillikle yanımda istiyorum babamı. Benim mihenk taşım o, doğruyu yanlışı onun değer yargılarıyla saptamışım, hayatın üstüne onun arkamda olduğunu bildiğim için cesaretle yürüyebilmişim, onun beni anlayacağını, koruyacağını, savunacağını bilerek. Babam; yirmi üç yaşındayken çok zengin kocamı, otuz altı yaşında ise dört çocukla ikinci kocamı boşamaya kalkışmak gibi, herkesin çılgınca bulduğu kararlarımda beni destekleyen yegâne kişi! Kızım parasız pulsuz, çocuklarıyla ne yapar, şimdi onu dört çocukla kim alır, dememişti. Evime sığışmaya ve ocakta pişen tencereye ortak olmaya hazırsan, buyur gel, başımın üzerinde yerin var, demişti. Sadece gözlerimin rengini, yüzümün biçimini değil, direnme gücümü, evliya sabrımı da ondan almışım. Yoksa nasıl dayanabilirdim bunca haksızlığa, bunca yalnızlığa ve yorgunluğa. Babamın olmadığı bir dünya düşünemiyorum ve sanıyorum ki, elini sımsıkı tutarsam, belki mani olabilirim ecelin onu bizden almasına. Hatta buyursun gelsin şeytan, kendi hayatımın yıllarıyla pazarlığa oturayım, babama birkaç bahar daha kazandırabilmek için, birkaç yaz, birkaç sonbahar... Goethe'nin tekelinde değil ya pazarlık!

"Bahçeye çık da biraz hava al," diyor annem. "Saatlerdir kımıldamadan oturuyorsun."

"İyiyim böyle anne."

"Bu akşam git evinde uyu, rahat rahat."

"Bence eve sen git. Bak ellerin titriyor yorgunluktan."

"Gitmeyeceğim."

"Ben de gitmeyeceğim."

Her gece, yayı gevşemiş hastane çekyatına birlikte sıkışıyoruz annemle. Yaz sıcağında, gece rüzgâr çıkıverir de babamın üzerine eser korkusuyla pencereyi de açmaya çekinerek, benim ayaklarım annemin ağzında, anneminkiler benim burnumda, sabaha kadar uyuyormuş gibi yapıyoruz. Annemin yorgunluğa dayanamayıp dalıverdiği anlarda, ben sedirden süzülüp babamın yatağının ucuna ilişiyorum elini tutmak, saçını okşamak için. Kimi zaman da oturduğum yerde içim geçiyor, uykuyla uyanıklık arasında bir yerde kuşbakışı hayatıma bakıyorum. Bunca yanlışı kırk yıla iyi sığdırmışım, aferin bana! Aferin! Çocuklarımı saymazsam, elde var kocaman bir sıfır! Başarısızlığımla, beceriksizliğimle yüzleşmek için babamın ölmeye yatmasını beklemiş olmam da cabası!

Babam, damarlarına saplanmış serum bağlantıları, bacaklarının arasından çıkan sonda hortumuyla, duvarları açık mavi hastane odasında, bembeyaz çarşafların arasında yatıyor kırk beş gündür. Öyle ters bir zamana rastladı ki hastalanışı, sağlık hizmeti veren yerler kapalı, doktorlar tatilde, çünkü bu yıl bayram, başlangıcına ve bitişine hafta sonlarını alarak geldi, cehennem sıcağı yaşayan İstanbul tümüyle boşaldı. Hastane koridorlarında dolananlar, sadece nöbete bırakılmış acemi asistanlar. Babamı ameliyat eden profesör, ameliyat sonrası annemle bana bir açıklama yapmayı dahi çok görerek, yanımıza uğramadan çekip gitti. Uçağa yetişecekmiş. Yerine bıraktığı yamakları, babamın derdine deva olamıyorlar. Henüz hastanelere MR makineleri girmemiş olduğundan ameliyatı da varsayım üzerine yapıldı zaten. Kaldığımız hastanede sonografi mevcut ama aleti kullanacak kişi dahil herkes tatilde olduğundan işimize yaramıyor. Ağrılarının nedenini ancak batını açınca anlayabileceklerini söylemişlerdi doktorlar. Açtılar, bir küçük şişeye koydukları, tuz tanesi büyüklüğünde birkaç taş kırıntısını elimize tutuşturdu doktorun yamağı, safrakesesinde taş varmış meğer diyerek.

Meğer öyle değilmiş ki, ameliyat sonrasında babamın ağrıları, kusmaları devam ediyor. Günlerdir babasına aşırı düşkün evlat muamelesi görerek koşturup duruyorum asistanların, hastabakıcıların peşinde. Acım, çaresizliğim öyle büyük ki, bağırıp çağırıyorum, "Olmuyor böyle! Bir şeyler yapın, Allah aşkına! Bir alet gelmiş diyorlar, tüm uzuvları tarayan, yok mu ondan burada? Güya şehrin en iyi hastanesi bu! Neden bir çare bulamıyorsunuz, neden?"

Annem, "Sen böyle haşlarsan onları, babana kötü muamele ederler, yapma!" diyor ama arkalarından da söylemediğini bırakmıyor. Konu komşu, eş dost iyi niyetle bildikleri, tanıdıkları doktorları tavsiye edip duruyorlar. Annem durmadan peşinde yeni bir doktorla çıkageliyor babamı muayene etmesi için. Aslında hastaneler de futbol kulüplerine benzemiş, takım tutar olmuşlar. Başka hastanelerde ameliyat yapan doktorların bu hastanede yatan hastalara bakmaları yasak. Annem ne diller döküyor, araya kimleri sokuyor ki, zavallı adamlar annemden paçalarını kurtarmak için odaya aile dostu gibi giriyor, babamı üstünkörü muayene edip teşhislerini koyuyorlar. Kalpçisi ayrı geliyor, böbrekçisi ayrı. Babam Londra'dayken tropikal bir hastalık mı kaptı acaba diye annem tropikal hastalıklar uzmanını dahi getirdi bir gün. Ben kapıyı kollarken uzman doktor babamın kanını aldı alelacele tahlile götürdü. Annemin içi rahat etti, tropikal bir hastalık kapmamış babam. Kanser de değil, apandisiti de patlamamış, ama bunca zamandır hastanede olmamıza rağmen kimse bize niye her akşamüstü titreye titreye ateşlendiğini, çok ağrı çektiğini ve her geçen gün mum gibi eridiğini açıklayamıyor. Babamın karşısındaki duvara, tam göz hizasına, keçeli kalemle Neyzen Tevfik'ten mülhem birkaç satır yazıp astım az evvel.

BİN KATIR TEPSE DAYANIRDI NAÇİZ BEDENİM
NE ÇARE Kİ MİDEMİ KATIR DEĞİL,
DOKTOR TEPTİ BENİM!

Babamın bakışları karşı duvardaki yazıya takılınca gülmeye başladı. Annem küçücük tuvalette, evden getirdiği ve babama zorla içirdiği kompostonun kâsesini yıkıyordu, yazıyı ancak işini bitirip odaya geri geldiğinde gördü.

"Bunu buraya kim astı?" diye sordu yanıtı bildiği halde. Babama göz kırptım.

"Babam asmış!"

"Saçmalama!"

"Ben astım anne!"

"Aklını mı kaçırdın sen?"

Hışımla duvara yürüdü, duvara yapıştırdığım dosya kâğıdını çekip aldı, buruşturdu ve çöp kutusuna attı.

"Neden böyle yaptın anne? Hepimizin bir tebessüme ihtiyacı var."

"Şaka yapılacak zaman mı bu? Münasebetsiz sen de!"

Babamla göz göze geldik. Muzip bir bakış geçti babamın gözlerinden. Beni anlayan, beni onaylayan, o bildik bakış! Babam yataktan kalksın, elimi tutsun, ona annemi şikâyet edeyim, o her zamanki gibi karısını savunsun. Sonra ben, son yıllarda hep yaptığım gibi bakayım babama, ah ne kadar yakışıklı hâlâ diye düşüneyim, seksen yaşında ama dimdik ve pırıl pırıl! Üstü başı, aklı, zekâsı ve gözleri hep pırıl pırıl!

Yoksa sevgimle ben mi nazar değdirdim ona?

Seksen yaşına basışını benim Valikonağı'ndaki küçük dairemde, annemle babamın en yakın arkadaşları ve onların çocuklarıyla kutlarken babama bakmış ve yaşıtlarının yanında onun hepsinden daha dinç göründüğüne karar vermiştim. Bunu anneme söylediğimde, "Aman aman, tahtaya vur!" demişti. Bir hafta sonra onları Londra'ya yolcu etmiştim. Üç hafta boyunca amcamın kızı Semra'nın evinde kalmış, gezmiş tozmuş, trenle Windsor'a kadar gitmiş, kraliçenin sarayını ziyaret etmiş, sonra Cenevre'ye torunlarını görmeye geçmişlerdi. İstanbul'a dönecekleri gün elime geçen kartpostalda, "Keyfimize diyecek yok! Tek eksiğimiz sensin," yazmış, hep birlikte imzalamışlardı Mete, Ali, annem ve babam.

Onları havaalanında karşılamaya giderken arabanın teybinden yükselen Vivaldi'nin *Dört Mevsim*'ine ıslıkla eşlik ediyordum. Penceremi açmış, bahar rüzgârını arabanın içine doldurmuştum. Çok keyifliydim. Yıllar önce Kerim'e hamileyken kayınpederimin hediye ettiği Anadol marka arabamı nihayet yepyeni bir Murat'la değiştirmiştim annemle babam Londra'daykeni. Onlara sürpriz yapacaktım. Babam ne kadar sevinecekti kim bilir, araba almış olmamdan çok, araba alabilecek parayı kazanabilmiş olmama. Film setlerinde sabahlara kadar çalıştığım, çok yorulduğum için üzüldüğünü biliyordum. "Bak babacığım, boşuna yorulmamışım," diyecektim.

Ben bunları düşünerek havaalanı istikametinde ilerlerken birdenbire bir motosiklet sol yanımdan fırladı, zikzaklar çizerek ilerledi, bariyerlere çarptı; sürücüsü, devrilen motosikletin üzerinden uçtu ve ters yönde giden trafikte bir arabanın önüne düştü. Acı fren sesleri, birbirlerine çarpan arabalardan çıkan gürültüler, çığlıklar! Şanslıydım, ne bana kimse çarptı ne de ben kimseye. Arabayı yavaşlattım, sağa çektim, durdum. Sürücüler arabalarından inmiş, bağıra çağıra koşuşuyorlardı kaza noktasına. Arabadan çıktım, yolun karşı tarafında, yerde hareketsiz yatan genç erkek bedenini gördüm. "Allahım, onu kurtar! Ölmesin! Sakat kalmasın!" diye bağırdım farkında olmadan. Başına kötü şeyler gelen her genç çocuk aklıma kendi çocuklarımı getirdiği için, kendi annelerinin duyacağı acının birazını ben de hissediyorum yüreğimde. İçim ezildi. Tekrar arabama bindim. Tir tir titriyordum. Başımı direksiyona dayayıp hıçkırmaya başladım. Bir zaman geçti. Toparlanmaya, sakinleşmeye çalıştım, annemle babam uçaktan indiklerinde beni göremezlerse telaşlanırlardı. Dikiz aynasına bakarak, akmış rimelimi sildim. Derin nefesler aldım. Kaza yapan gencin kurtulmasını dilemekten öte yapabileceğim tek şey, önüme ilk çıkan işyerine girip ambulansa telefon etmekti. Tam o anda sirenlerini çalarak, ters yönden gelen bir polis arabası göründü. Peşinden de ambulans geliyordu. İçim rahat etti. Arabayı çalıştırdım yeniden, çalmaya başlayan müziği susturdum, yola koyuldum. Bütün neşem kaçmıştı, arabamı çok daha yavaş sürerek gidiyordum artık. Kazadan annemle babama söz etmemeye karar verdim. Onları da üzmenin manası yoktu, kim bilir ne kadar mutlu ve neşeli ineceklerdi uçaktan.

Terminale varınca arabama bir park yeri bulup yurtdışından gelen yolcuların bölümüne koşturdum. Uçakları inmiş. Kapılar açılıp kapandıkça aralıktan içeriyi görmeye çalışıyordum ama gözlerimin önünde hep havada uçan çocuğun görüntüsü vardı. Nihayet çıktılar. Sarıldık birbirimize.

"Nasıl geçti? Memnun kaldınız mı? Eğlendiniz mi? Semra size iyi baktı mı?" diye sordum arka arkaya.

"Hepsini anlatacağız," dedi annem. "Alışveriş bile ettik, sana çok güzel şeyler aldık."

"Mâço, keşke sen de bizimle birlikte gelebilseydin," dedi babam.

"Seneye gideriz, baba," dedim. "Hatta seneyi beklemeyelim, ekimde gidelim, çocukları da ziyaret ederiz."

"Sende bir durgunluk var? Canın bir şeye mi sıkkın?" diye sordu annem.

"Yoo..."

"Öyle, öyle!"

Annem kafaya bir şey taktı mı kurtuluş kolay olmazdı. İtiraf edecektim çaresiz.

"Sizi karşılamaya gelirken yolda bir kazaya şahit oldum. Genç bir çocuktu galiba, motosikletinden uçtu."

"Sana bir şey olmadı değil mi? Fren yapıp başını filan çarpmadın?"

"Hayır."

"Azeriler kazaya 'tesadüf' derler," dedi babam. "Tesadüf olmuş, öyle düşün. Hayat tesadüflerle doludur kızım."

Bu konuşmadan sadece üç gün sonra hastalandığında düşünmüştüm, onları karşılamaya giderken rast geldiğim kaza, hayatımın tesadüflerinden biri miydi? Bir uğursuzluğun haberini mi veriyordu bana? Şimdi, düşünmeye bunca vakit bulduğum günlerde farkına varıyorum ki, babamın her bir sözü, yaşanacak olayları belirleyen bir işaret gibiymiş. Sanki ağzından çıkan her kelamı not etseydim ve o listeyi şu anda önüme serip yorumlamaya başlasaydım, beni hayatımın sırrına götürebilirdi söyledikleri. Kısa ama öz şeyler söylerdi babam, farkında bile olmazdım beni yönlendirdiğinin. Belki o da bilmezdi bu denli etkilediğini, iz bıraktığını. Küçükken boş odalarda ışıkları kapatmadığım zamanlar kızardı mesela.

"Bir ampulün sürekli yanmasının çok para yazmadığını biliyor musun baba? Telaş etme bu yüzden," demiştim bir keresinde.

"Işıkları boş yere yakma dediğim zaman ben, ödeyeceğim elektrik parasını düşünmüyorum kı," demişti. "Heba edilen enerjiyi düşünüyorum. Senin yaktığın her gereksiz ampul, bir başkasının ışığının gücünü çalıyor. Ne emeklerle, fedakârlıklarla kurduğumuzu bilseydin bu santralleri, enerjiyi boşa harcama hakkımız olmadığını anlardın. Tabiata saygılı olmalıyız."

Babamı yanıtlamamıştım ama içimden gülmüştüm. Ne ilgisi vardı tabiata saygıyla elektriğin? Üstelik ben de kendi açımdan çekmiş sayılırdım trafoların ceremesini, hep dağda taşta dolaşan, hep özlenen, hasreti yolladığı kartpostallarla giderilen bir baba yüzünden. Şairin dediği gibi: "*geldi mi de gidici.*"* Hep güneş kokan! Kolları, boynu, yüzü ve göğsünde gömleğin açık kalan üçgeni, bronz rengi güneş yanığı, gerisi bembeyaz bir vücut! Bayramlar yaza rast geldiyse, gelir bayramı Ada'da geçirirdi bizimle. Biraz utanırdım babamın güneş değmemiş bedeninden.

"Babam yazları tatil yapmıyor bizim gibi, o çalışıyor hep," diyerek beyazlığına gerekçe gösterirdim plajdaki arkadaşlarıma. Babam renk değiştirmeye vakit bulamadan geri dönerdi işinin başına. Birlikte geçirdiğimiz saatleri hatırlamaya çalışırdım. Aklımda kalan, açık bırakılan plaj duşlarına kızdığı olurdu. Ne tuhaf şeylere takardı babam! Yemek seçtiğim, geç uyuduğum, çok konuştuğum, çok soru sorduğum, ağaçlara, yüksek duvarların üzerine tırmandığım ve denizden bir türlü çıkmak bilmediğim için azarlamazdı beni annem gibi. Onun derdi başkaydı.

Gereksiz su harcanmayacak, oturulmayan odalarda ampuller yanmayacak, yemekler tabağa yenilebileceği kadar alınacak, gıdadan giysiye her türlü ihtiyaç fazlası çevredeki yoksullara gönderilecek. Evimizde çalışan insanlarla asla yüksek sesle konuşulmayacak, emir verilmeyecek. Bunlar, annem pek rıayet etmese de, benim büyüdüğüm evin kurallarıydı. Bir kambur gibi üzerimde kaldı hayat boyu. Dahası da vardı. Altı yaşında olmalıydım, Ankara'da Kavaklıdere'den aşağı doğru iniyoruz bir gün babamla el ele. Yol boyunca

---

* Can Yücel.

dikili ağaçlar çiçeğe durmuş. Ben fışkıran dallardan çiçekleri koparmak istedim.

"Koparma," dedi.

"Neden? Çok güzeller, eve götürür, vazoya koyarız."

"Ben güzel diye senin saçlarını koparıyor muyum?"

"Hayır, çünkü saçımı koparırsan canım acır."

"Dalların da canı var. Onların da canı acır."

"Ama onlar ağaç baba!"

"Allah'ın yarattığı her şeyde can var kızım. Çiçekte, dalda, böcekte! Bunu bil ve sakın bilerek can yakma, gereksiz yere dalları kırma, karıncayı bile incitme."

Bir çocuğun karıncayı bile incitmeme terbiyesi altı yaşındayken kazınırsa yüreğine, işte benim gibi sıkıcı ve sıradan bir gazeteci olur büyüdüğünde. Gönül kırmaktan ödü patlar. Ses getiren röportajlar yapamaz. Çarpıcı başlıklar atamaz. Kültür ve sanat haberleriyle yetinir durur. Kaldı ki, sadece baba evi de değil, bir de dede evinde üflenenler vardı ruhuma. Bana uykuya yatmadan önce edeceğim duaları, güne ve bir işe başlarken çekeceğim besmeleyi öğreten dedemin İslam anlayışı da yaptı bana yapacağını. Kibir en ayıp şey! Tevazu ise bir erdem! Sabahat teyzemle benim, grup resmi çekilirken mesela, hep kıyı köşede kalmamızda, lokantalarda en kötü servisten bile şikâyetçi olamamamızda eminim dedemin etkisi oldu. Ama sanmayın ki şikâyetçiyim, çöken bir imparatorluktan artakalmış Osmanlı dedemin ve yeni bir devletin doğuşuna tanıklık etmenin heyecanıyla dolu, iyi niyetli babamın bende bıraktıkları izlerden. Yeniden şekillenen dünyada benden sonra gelen kuşakların, hatta kendi çocuklarımın bile değer yargılarını, davranış biçimlerini yadırgıyorum. Faydası olmayacağını bildiğimden kendi doğrularımı dayatmıyorum onlara. Kendi naftalin kokumu soluyarak, itiraz etmeden yaşamaya alıştım gitti. Sadece çocukluğumu, ailemin yitip giden sevgililerini ve en çok da babamın sağlıklı halini özlüyorum. Neler vermezdim, yatağından doğrulacak gücü bulsun, sık sık yaptığımız gibi kol kola Taşlık'a doğru bir yürüyüşe çıkalım, ben içimi dökeyim, o bana, "Seni anlıyorum Mâço," desin.

Babam ilk karşılaştığımız günden beri beni, a ile ç'nin arasını biraz uzatarak, Boşnakçada kedicik anlamına gelen "Mâço" diye çağırır aile ortamındayken. Ama nasıl bir ikilemin içindeyse, bir kedi gibi dişil, sokulgan, nankör ve tembel olmamı hiç istemez. Sanıyorum ilk karşılaşmamızda, benim bir insan yavrusundan çok, bir kedi yavrusu hacminde olmamdan dolayı yakıştırdı bu ismi bana. Babamım Mâçosu olmayı sevdim, benimsedim ve ondan başka kimsenin beni bu adla çağırmasına izin vermedim. Bazı başka şeyler gibi sadece ikimizin dünyasına ait bir özellikti Mâçoluğum.

Narmanlı Apartmanı, Üçüncü Kat
7 Eylül 1941

Babamla benim dünya gözüyle karşılaşmamız serin bir eylül sabahına rastladı. Nişantaşı'nda, anacaddeyle Hüsrev Gerede Caddesi'ne köşe yapan Narmanlı Apartmanı'nın üçüncü katında, caddeye bakan dairedeydik. Yaz henüz tam olarak terk etmemişti doğduğum şehri ama sonbaharın hüzünlü kırmızısı, çınarların, kestanelerin yapraklarına tek tük düşmeye başlamıştı. Babam Anadolu'da, Toroslar'ın tepesinde bir şantiyedeydi doğduğumda. Doğum haberim ben doğduktan ancak beş gün sonra ulaşmıştı ona. Katırla indiği dağdan, bir cipin içinde ilçeye, eski püskü bir otobüsle ildeki tren istasyonuna, uzun bir yolculuktan sonra da Ankara'ya varmış, işlerini yoluna koyup aynı gün gece treniyle İstanbul'a gelmişti. Eve varana kadar çocuğunun kız mı, oğlan mı, olduğunu bilmiyordu. Kız olduğuma üzülmedi. Beni sevinçle kucakladı. O, beş yıldır beklediği, çok istediği yavrusuna kavuşurken mutluydu ama kollarına doktorun saptadığı doğum tarihinden bir ay önce aceleyle atıldığım dünya, ne yazık ki çok bezgindi beni karşılarken. Almanya'nın başındaki deli, dünyayı kavuracak yangını ateşlemişti çoktan. Avrupa alev alevdi benim doğduğum günlerde. Hitler, askerlerini Bulgaristan sınırına kadar indirmiş, Alman orduları burnumuzun dibine gelmişti. Bu nedenle, doğduğum ülkede savaş korkusundan bunalmış bir halk, geceleri gözüne uyku girmeyen sinirli bir hükümet ve günlük hayatı cehenneme çevirmiş bir savaş ekonomisi vardı. Karartma için pencerelere gerilen siyah kâğıtlardan, mavi ampullerden tutun, şekere, peynire, patiskaya kadar akla gelebilecek her şeyin hem kıtlığı hem de karaborsası memlekette kol geziyordu. Ülkenin üzerine çöken kara buluttan İstanbul da nasibini almıştı elbette. Yoksul ve orta halli İstanbullular iyice daralmış, bunalmış, zenginler hayat tarzlarını sadeleştirmek zorunda kalmışlardı. Bir de varlık vergisi korkusu sarmıştı insanları. Vergi henüz gerçekleşmemişti ama hayaleti büyük şehirlerde dolanmaktaydı. Belki de bu nedenle, gösterişten kaçınır olmuştu insanlar.

1941 yılının 7 Aralık'ında, yani benim dünyadaki üçüncü ayımı doldurduğum günün gecesinde, Almanların müttefiki Japonlar, Amerika'nın büyük bir deniz üssünün bulunduğu Pearl Harbour'a baskın yaptılar. Sonrası çorap söküğü gibi gelecekti. Ertesi gün Japonlar o zamanki adıyla Siyam'ı (Tayland) işgal edecek, 11 Aralık'ta Almanya ve İtalya birlikte Amerika'ya savaş açacaklardı. Yani artık sadece Avrupa değil, dünya da alev almıştı.

1942 yılına gelindiğinde, Japonlar Filipin adalarını, Hong Kong'u, Manila'yı, Singapur'u teslim almış, Pasifik Okyanusu'nu bir Japon içdenizi haline getirmişler; Almanlar Kuzey Afrika'da İngilizlere karşı saldırıya geçmiş, Kaliforniya sahillerini bombalamış, Sivastopol'u ele geçirmişlerdi. 1942'nin sonlarına doğru, Stalingrad'a saldıracak, Ukrayna ve Kuzey Kafkasya topraklarında ilerleyecek ve Kafkas Dağları'nın en yüksek tepesi olan Elbruz'a gamalı haçlarını dikeceklerdi.

Dünya korku ve şaşkınlık içindeydi. Ateş çemberinin içindeki ülkelerin geleceği Allah'a kalmıştı ama çemberin dışındaki Türkiye'nin de hali çok farklı değildi. Türkiye, Karadeniz, Balkanlar ve Ege Denizi üçgenindeki yangının ateşinde yanmasa da alazlanıyordu. Bir tarafta Türkleri yanında isteyen muzaffer Almanya-Japonya-İtalya üçlüsü; diğer tarafta, yine Türkleri yanında isteyen ama sadece gözyaşı ve kan vaat eden Amerika, İngiltere ve Rusya vardı. Fransa ise yeraltına inmiş, oradan direniyordu, Fransa için ölmeyi başka milletlerin ordularına bırakmış olarak!

İnönü'nün ülkesi savaş yorgunuydu ve çok yoksuldu. Ordusu donanımsızdı. Bu orduyu ayakta tutabilmek için, doğru yanlış, elinden geleni yapmaya çalışıyordu hükümet. İnönü, yanıtını bekleyen taraflardan birine, ya evet diyecekti ya hayır! Her iki halde de savaşa bulaşmış olacaktı. İşte ben böylesine sıkıntılı bir ülkeye doğmuştum!

Savaş yıllarının lüksten uzak yaşam biçimine inat, çok görkemli bir binaydı, Amiral Bristol Hastanesi'nde doğup da iki günlükken anneannemin kucağında götürüldüğüm ilk evim. Girişi beyaz mermerdendi. Bir apartmandan çok, küçük bir sarayın girişini andırırdı mermer antre. Bordo kadife kaplı markizi, bizote kristal aynasıyla nerdeyse nadide bir mobilya parçası sayılabilecek ahşap asansöre ulaşmak için her iki tarafında bronz birer kadın heykeli bulunan geniş mermer merdivenleri çıkar, ikinci kademeye gelirdiniz. İkinci kademe, İtalya'dan getirilmiş pembe ve gri karolu mermerlerle döşeliydi. Yukarı çıkan beyaz mermer merdivenlerin her iki yanında pirinçten zincirler vardı. Bu son derece geniş ve görkemli apartman, Erzurumlulara aitti. Ana girişi Teşvikiye tramvay durağının tam önünde, arka kapısı Hüsrev Gerede Caddesi'ndeydi. Hemen yanında Berna, Vehbi Bey, Aziziye, Erhan ve Zeki Paşa apartmanları yer alırdı. Karşı sırada ise Ralli Apartmanı ve Maçka Palas vardı. Bütün bu binalar devrin en güzel yapıları arasındaydılar. Narmanlı'nın ayrıcalığı, köşeyi tutmasıydı. Vehbi Bey Apartmanı gibi döneminin modası "Art Deco" izleri taşımasa da zamanın en modern yapılarından biriydi. Sahibi Hacı Mustafa Efendi, kızına mirasında bu apartmandan pay ayırmayınca, damadı Vehbi Bey'in eşinin gönül kırıklığını tamir için iki ev sonrasındaki arsayı alarak, oraya mücevher gibi bir apartman yaptırdığı anlatılırdı. Vehbi Bey de kayınpederi gibi Erzurumluymuş. Demek ki o yıllarda, sadece sırtına yamalı yorganını atanı değil, Anadolu'nun görgülüsü, varlıklısı da göç edermiş İstanbul'a. Kazandıkları parayı memleketlerinde harcayacak yer bulamayan Anadolu zenginleri, daha eğlenceli ve lüks hayatlar yaşamak için gelir, İstanbul'a uyum sağlar, şehrin mozaiğine yeni bir renk katarlarmış. Kimsenin aklına, kendi yöresinin âdetlerini, yemeklerini, kokularını bugün olduğu gibi ta oralardan buralara taşımak gelmezmiş. İstanbullu gibi yaşamak, İstanbullu olmak için gelinirmiş taşı toprağı altın kente.

Ben belli aralıklarla hayatımın elli yılını geçireceğim ilk evim Narmanlı'ya annemin değil de anneannemin kucağında gelmiştim, çünkü o etraftayken başka birinin bana dokunabilmesi mümkün değildi. Annemin bile!

Zaten o günlerde anneannemin dışında ev halkının her birinde tuhaf bir tedirginlik, hallerinde bir ürkeklik vardı. Vatanlarından sürülüp yeni bir ülkeye alışmaya çalışanların ruh haliyle dolanıyorlardı Narmanlı Apartmanı'nın antikacı dükkânını andıran, eski eşyalar tıkıştırılmış odalarında. Eve yeni bir bebek geldiği için değil, ev de bebek kadar yeni olduğundan, sağa sola serpiştirilmiş mobilyalara çarpmamak için adımlarını dikkatle atıyorlar, bu yeni mekâna alışmaya çalışıyorlardı. Kocasını kaybettiğinden beri ailesi tarafından şefkatle sarmalanarak el üstünde tutulmuş olan anneannem ise doğumum sayesinde sadece büyük acısını değil, tüm dertlerini unutmuş görünüyordu. Kucağından indirmediği torunuyla mutfak teftişi yaparken muzaffer bir kumandan edasıyla emirler, tembihler yağdırıyordu etrafına.

"Bebeğin süt şişelerini kaynar suyun içinden elinizi sürmeden, maşayla alınız lütfen!"

"Efendim, bebeği kucağınıza elbette vereceğim ama ellerinizi iyice sabunladınız mı?"

"Beybabacığım, sigaranızı daha yeni söndürdünüz. Sigara kokusu bebeği rahatsız etmesin diye dişinizi fırçalasanız da sonra alsanız bebeği..."

"Bakın, bebeğin odasına sokak giysileriyle lap diye dalamazsınız! Ben size beyaz doktor gömleklerinden vereyim... Niye öyle bakıyorsunuz canım, çocuk prematüre doğdu! Ya mikrop kaparsa maazallah!"

Büyükdedem de diğer aile fertleri gibi, kızının yeni oyuncağıyla dilediği gibi oynamasına hiç ses etmiyordu. Beyazıt'taki konağını yaz başında satıp en gözde semt olmaya aday Nişantaşı'ndaki bu daireyi kiralamasının esas nedeni, Beyazıt'ın İstanbul elitleri arasında giderek gözden düşmesi değil, kızını acısını hep diri tutan hatıralardan uzaklaştırmaktı. Anneannem kocasını bir gece ansızın kalp krizi sonucu kaybetmişti. Bir yıl içinde yegâne çocuğu annem de evlenip Ankara'ya gidince yalnızlığı büsbütün artmıştı. Dedem, anneannemi yeni bir yaşama başlatabilmek için, rahmetli damadından hiçbir iz taşımayan, bambaşka bir mahalleye taşınma kararını o zaman almış, şehrin modern yakasında münasip bir ev bakmaya başlamışlardı.

Narmanlı Apartmanı'nı onlara Suat teyzem buldu. Kocasının son tayiniyle Ankara'dan İstanbul'a taşındıklarından beri, Nişantaşı'nda oturuyorlardı. Dedemin evi beğenmesinde, Suat teyzemlerin, ayrıca amcamların Teşvikiye'deki Karakol Sokak'ta ikamet etmelerinin etkisi yok değildi ama bunlardan çok daha önemli bir sebebi daha vardı. Tıpkı kendi gibi bir başka zaman diliminden artakalmış bir başka son Osmanlı'nın, son kabinede birlikte nazırlık yaptığı, hatta bir ara makamına vekâlet ettiği kadim dostuna yakın oturmak pek hoşuna gitmişti. Ahmet Reşat ve Ahmet Reşit olan adlarından dolayı birbirlerine karıştırılan kader arkadaşı Ahmet Reşit Rey'in Nişantaşı'ndaki konağı, Narmanlı'ya yürüyüş mesafesindeydi!

Narmanlı'da hayat, dedem ve ailesi için uğurlu başladı. Yeni bir can, yeni bir ev ve tertemiz bir sayfa hayatlarında! Çöküşün, sürgünün acı hatıraları, idam korkusu, din elden gidiyor endişesi, yeni rejime alışma sancıları... Hepsi geride kalmıştı. Ne idam gerçekleşmiş, ne din elden gitmişti! Yeni rejime de iyi kötü ayak uydurulmuş, yeni sorunları, yeni acılarıyla, yeni heyecanları, güzellikleriyle devam etmişti akan bir su gibi hayat. Anneannem doğumumla bunalımın eşiğinden dönmüş, hayata tekrar bağlanmıştı! Bana aşırı düşkünlüğü belki de bundandı.

Çok genç yaşta büyükanne yaptığım anneannem için değil sadece, diğer akrabalarım için de kıymetli bir çocuktum ben, çünkü hâlâ hayatta olan dördüncü kuşağın ilk bebeğiydim, dedemle nenemin ilk torun çocuğuydum. Dedemin Ayşe Sultan'ı olarak hep el üstünde tutulacak, onun gözünde benden sonra doğan diğer kuzinlerime fark atacaktım. Bunun neticesinde biraz da şımaracaktım.

Görünürde doğumumun ilk haftalarında evin baş konusu bendim ama dedemle nenem odalarına çekildiklerinde aralarında gizlice başka şeyler de konuşuyorlardı. Kim bilir, belki Leman da şimdi ruhunu tedavi ettiğine göre, münasip bir izdivaç yapardı! Belki en küçük kızları Sabahat de bir bebek sahibi olmaya özenir, inadını kırar, imkânsız aşkından vazgeçerdi. Bu umudu hep canlı tutmak istiyorlardı. Ama heyhat, ne anneannem yeniden evlenmeyi kabul edecek, ne de küçük kız kardeşi aşkından vazgeçecekti! Benim doğumumun yarattığı sevinç ise, iki ay sonra annem beni Ankara'ya götürünce, yerini özleme bırakacaktı.

Zaten dedemle nenemin hayatında hep hasret baskın çıkacaktı bundan böyle. Eski evlerini, eski yaşamlarını, eski komşularını özleyeceklerdi. Annemi ve beni özleyeceklerdi. Nişantaşı'ndaki apartman dairesine alışmaları da zaman alacaktı. Taşınmak hüzünlü, koskoca konaktan çıkan iri mobilyaları yeni eve sıkıştırmak zor olmuştu. Gerçi Narmanlı Apartmanı altı odalı, büyükçe bir daireydi; odaları geniş, tavanları yüksekti ama pek çok eşyayı geride bırakmak, kimini satmak, kimini eşe dosta dağıtmak zorunda kalmışlardı. Oturma odasının sedirlerini, konsolunu ve mangalını Sütne'ye vermişler, on iki kişilik yemek masalarını büfeleriyle birlikte bir antikacıya satmışlardı. Nenem çeyizinden ayrılmak istemediği için salon takımı yaldızlı aynalarla birlikte getirilmiş, kapıdan zor sığmıştı. Yeni evleri için aldıkları, zamanın modasına uygun "art nouveau" yemek masası mecburen hole konmuştu.

"Holde yemek yemekten hayatım boyunca kurtulamayacağım anlaşıldı!" demişti nenem. Çünkü Beyazıt'taki konağın yapıldığı yıllarda "yemek odası" tabir edilecek odalara henüz ihtiyaç duyulmamış olduğundan konakta bir özel yemek odaları yoktu. 1900'lerin başında sosyal hayat bir yemek masası gerektirince, aldıkları yemek odası takımını birinci kattaki geniş sofaya koymuşlardı.

Yeni evlerinde, kapının karşısına isabet eden odaya eğlenceli köşe penceresinden dolayı nenemle dedem yerleşmişti. Nenem nefes darlığı iyice ilerlediği için sokağa pek çıkamıyor, sürekli köşe penceresinin önünde oturuyor, tramvaylara inip binenleri seyrederek vakit geçiriyordu. Bu odaya eski yatak odası takımlarını sığdıramayacakları için bir çift pirinç karyola koymuşlar, duvara da aynalı dolaplardan birini dayamışlardı.

Yatak odası takımını odasına sığdıramadığı için hayıflanan nenemi, "Canımız damadımız gitti, ilahi hanım, dert edindiğin şeye bak," diyerek susturmuştu dedem. Yatak odalarının bir köşesinde yine eski konağın oturma odasından getirilmiş uzunca bir sedir vardı. Dedemin kızları, torunları ve diğer akrabaları çene çalmak için koca salonda sere serpe oturacaklarına, alışkanlıkla bu sedire doluşurlar ve genellikle hep aynı konuları konuşurlardı: Sabahat teyzem o sırada evdeyse, ne olacak bu memleketin hali, Sabahat teyzem evde yoksa, ne olacak bu Sabahat'in hali?

Babamla "tanıştığım" günün akşamında bile evde aynı konu konuşuluyordu. Sabahat teyzem akşamüstü Arnavutköy'e, kolejdeki odasına dönmek üzere evden ayrılır ayrılmaz, Sütne'yle nenem hemen başlamışlardı, "Ne olacak bu Sabahat'in hali?" dırdırına.

Sütne'nin kim olduğunu açıklamam gerekiyor sizlere. Asıl adı Mehpare olan bu uzaktan akrabamız, evimizde büyümüş ve dedemin yeğenlerinden biriyle evlendirilmiş. Çok güzel bir kızmış bir zamanlar. Koması Kurtuluş Savaşı'nda şehit düşünce yeniden evlenene kadar, uzun yıllar dedemin himayesinde kalmış. İlk hamileliği nenemin de hamileliğine denk düştüğü ve nenemin sütü yetmediği için Sabahat teyzemi de o emzirmiş. Aile içinde çok sevilir, sayılır, sözü dinlenir, pek çok şey ona da danışılırdı. Özellikle annem pek düşkündü Sütne'ye. Yaşlandığından beri, nenemle dedem de dahil olmak üzere kimse ona adıyla hitap etmiyor, "sütanne"nin kısaltılmışı olan Sütne diye çağıyorlardı. Bu ad ona adeta bir rütbe gibi saygınlık kazandırıyordu. Ben uzun bir süre adının sahiden Sütne olduğunu zannetmiştim. Sütnemiz, ben doğduğum zaman, evdekilere yardımcı olmak için birkaç haftalığına Narmanlı'ya taşınmıştı, buna en çok sevinen de nenem olmuştu. Sabahat teyzemin lafı açıldığında, ailenin diğer fertleri artık sıkıntılarını belli edip konuyu geçiştirirlerken, Sütne, nenemi sözünü hiç kesmeden dinleyebiliyordu.

Narmanlı'nın sık ziyaretçilerinden biri de Suat teyzemdi. Hemen hemen her sabah uğruyordu annesinin evine. Hilmi eniştem ise ancak akşamüstleri dedemle sohbete gelirdi. Ailesiyle İstanbul'a yerleştiğinden beri görev yaptığı ordudan emekliye ayrılmıştı ama ordu mensubu pek çok arkadaşı vardı ve onlarla sık görüşürdü. Babamın beni görmek için İstanbul'a geldiği o hafta sonu, özellikle babamla uzun uzadıya sohbet etmek için erkence gelmişti, çünkü kulağına gelen birtakım siyasi söylentileri babama anlatmak istiyordu. Salondaki kanepede babamla yan yana oturuyorlardı. Dedem zor duyduğu için koltuğunu kanepeye iyice yanaştırmış, damadının anlattıklarını duymaya çalışıyordu.

"Fevkalade güvenilir bir kaynaktan öğrendim, gayrimüslimlere bir vergi salınması mevzubahismiş. İstanbul Milletvekili Prof. Galanti Efendi, benim yakın bir dostumu evinde ziyaret etmiş," diye anlatıyordu eniştem. "Biliyorsunuz, pek muhterem bir zattır Galanti Efendi. Hem tarihçidir, hem İstanbul Musevilerinin cismani heyetinin üyesidir. Yanında yine İzmir Musevilerinin cismani başkanı olan Baba Gomel de varmış. Lafı döndürmüş dolaştırmış, malum vergiye getirmiş. Baba Gomel, "Siz koyunun postunu kırpacağınıza, koyunu kesmeye kalkıyorsunuz," diye sitem etmiş ve sermayenin korunması gerektiğinin altını çizmiş.

"Sermaye elbette korunmalıdır. Ama zenginler vergilerini ödemekten kaçınırlarsa, seferberlikte orduyu neyle besler hükümet? Almanlar sınıra dayandı dayanacak," dedi dedem. "Bu ziyareti bana nakleden arkadaşım da böyle düşünüyor. Kendisi Sanayi Tetkik Heyeti'nde çok önemli bir vazifededir. Aslında benim gibi eski bir ordu mensubudur. Tanışıklığımız oradan."

"Türklerin arasında da zenginler var. Sadece gayrimüslime vergi salınmasını doğru bulmadım," dedi babam.

"Dostum böyle düşünmüyor. O, Türklerin asırlardan beri cephelerde kan dökmekten, şehit olmaktan, askerlik vazifesi ifa etmekten sermaye biriktirmeye fırsat ve vakit bulamadıklarını düşünüyor. Azınlıklar askerlikten muaf oldukları için ticareti, sanayiyi, ithalat ve ihracatı, kısacası para ve sermayeyi ellerinde topladılar, biz Türkler onları savaşlarda koruduk. Azınlıkların ellerindeki sermayeleri korumak için can verdik. Hatta Tanzimat Fermanı bile onların mal ve can emniyetini korumak için ilan olundu. Bizim asırlarca dökülen kanımızla, sonu gelmeyen askerlik emeklerimizle azınlıkların bir kerelik verecekleri vergiyi teraziye koyup hesaplaşsak, bu vergiyi almakta haksız çıkmayız, diyor..."

"Böyle bir değerlendirme hiç doğru olmaz efendim. O değerli arkadaşınız, bir şeyi gözden kaçırıyor... " diyerek eniştemin sözünü kesti babam.

"Ben söyledikleri doğrudur, demiyorum Muhittin Bey oğlum ama bu şekilde düşünenler var," diye bu sefer eniştem babamın sözünü kesti.

"Ben defterdarlık günlerimden beri iyi bilirim, harp bekleyen memlekette bütçe zora girer. Orduya aldığın onca insanı besleyecek, giydirecek, teçhiz edeceksin. Eee, nasıl olacak bunlar? Elbette kemer sıkarak, vergi salarak, ahalinin nafakasından keserek! Ama bu fedakârlığı sadece gayrimüslime yüklemek olmaz! O sağıra bunu gün gelir, ödetirler," dedi dedem, kendinin de sağır olduğunu unutarak. Babamın aksine, İnönü'den pek hoşlanmazdı. Yavaşça yerinden kalktı, kapıya yürüdü. "Ben uzanayım biraz çocuklar, sırtıma bir ağrı girdi," diyerek odasına yöneldi.

Memleket yine zor günleri ve muhtemelen yeni bir savaşı beklediği için canının çok sıkıldığı belliydi. Mutlakıyet, meşrutiyet ya da cumhuriyet, hangi rejimde yaşarsa yaşasın, savaş belasından başını bir türlü kurtaramayan ne kadersiz bir ülkeydi bu! Kendi bizzat girmese bile harbe, etrafındaki harbin rüzgârı yetiyordu perişan olması için! Sırtında ağır bir yük taşırmış gibi, ayaklarını sürüye sürüye, dedem odasına gitti.

Dedemin odadan çıkmasıyla bu kez eniştem bir başka konuya daldı ve babama Sabahat teyzemin yasak aşkı hakkında bilgi vermeye koyuldu. Ertesi sabah işinin başına Ankara'ya döneceği için babam beni kucağından hiç indirmiyordu. Babamın kollarında dalıp gitmişim, kendime geldiğimde eniştem, "... İşte böyle Muhittinciğim, yıllardır neler çektik neler! Kayınpederim intihara teşebbüs etti ama rahmetli Mahir Bey'in zamanında müdahalesiyle Allah onu korudu. Sabahat'i iş bahanesiyle Kıbrıs'a yolladık, Aram'ı Aşkale'ye sürdürdük askerlik için. Her birimiz günlerce gecelerce, dil döktük. Ablaları bir müddet darıldılar, konuşmadılar. Ne yaparsak yapalım sevdasından vazgeçiremedik. Yaşı da otuzu geçti, laf aramızda," diyordu. "Eğer sevdiği çocuk İslam dinini kabul ederse, sanırım Reşat Beyefendi rıza gösterecektir evlenmelerine. Kayınpederiniz Mahir Bey merhumla birlikte, beyefendiye sözünü edecek olduktu. Araya Mahir Bey'in vefatı girdi, o mevzuu bir daha açamadım. Ben hazır evimiz bir doğumla şenlenmişken bir kere daha denemek istiyorum. Siz bu işe ne dersiniz?"

"İsabet edersiniz efendim."

"Siz de benimle beraber..."

"Ben bu işe hiç karışmasam efendim," diye kesmişti babam Hilmi eniştemin sözünü. "Ne de olsa ben yabancı sayılırım, belki beyefendi bu konuyu bilmememi dahi istemiyordur."

"Muhittin, siz kendinizi ailemizden saymıyor musunuz yoksa?"

"O nasıl söz! Fakat Reşat Beyefendi yüzgöz olmak istemeyebilir benimle. Çok hassas, çok hususi bir mevzu bu!"

"Beni yalnız bırakmasaydınız, Muhittin."

"Kayınvalidemi alsanız yanınıza, Suat Hanım'ı alsanız..."

"Olmaz. Erkek erkeğe konuşmak daha hayırlı olur," demişti eniştem. "Keşke birlikte konuşaydık ama madem karışmak istemiyorsunuz, öyle olsun."

"Anlayışınıza teşekkür ederim."

"Bari müsaade edin, ben bu konuşmayı siz hâlâ buradayken, bu gece açayım beyefendiye."

"Nasıl münasip görürseniz, efendim."

Ailelerin hususiyetlerinden ve dedikoduya açık konulardan hep uzak kalmayı tercih eden babamın canı sıkılmış ama sesini çıkarmamıştı. Belli ki Hilmi eniştem, konuşma sırasında dedeme bir hal olursa, evde bir erkek daha bulunsun istiyordu.

Akşam yemeğinden sonra Hilmi eniştem, Suat teyzem ve anneannem, hep birlikte dedemin odasına bu konuyu konuşmaya gittiler. Nenem heyecanlanınca astım krizi tuttuğundan onları baş başa bırakmış, salona, yanımıza gelmişti. Nenem içeri girince babamla Sütne ayağa kalktılar. "Oturun, oturun, rahatsız olmayın çocuklar," dedi nenem. İlla bu konuda konuşmak, dertleşmek istiyordu.

"Ah Muhittinciğim, evlatlarımızın tahtını yapıyor, bahtını yapamıyoruz! Biz kızımızı en iyi mekteplerde okutmak istemiştik. Allah bize erkek evlat vermediği için, bari Sabahat'i yetiştirelim, tahsilli olsun, asri dünyaya ayak uydursun demiştik," diye iç döküyordu. "Hiç aklımıza gelir miydi gittiği mektepte bir Ermeni gencine gönül vereceği. Bizi de, o oğlanın ailesini de perişan etti Sabahat."

"Niye suçu sadece teyzeme yüklüyorsun, anneanne," dedi kucağında beni usul usul sallamakta olan annem. "Aşk iki kişiliktir."

"Dişi köpek kuyruk sallamasa... Her neyse, söyletme beni... Bizimki yüz vermese o çocuk cesaret edebilir miydi hiç!"

Annem ayağa kalktı, kuyruğunu sallayan köpek taklidi yaparak babama doğru yürüdü, beni onun kucağına aktardı. Babam, annemin maskaralığına gülmemek için dudağını ısırırken, annem, "Büyükbabam ikna olacak mı dersiniz?" diye sordu.

"İkna olmazsa Sabahat kız kurusu olacak, bizler gözlerimizi kapattıktan sonra sizlerin başına kalacak," dedi nenem.

"Aaaa o nasıl söz anneanne! Başımızın üstünde yeri var, ayrıca niye başımıza kalsın? Çalışıyor, kendi ekmeğini taştan çıkarıyor. Kimseye muhtaç olmaz benim teyzeciğim."

"Bir kadın kaç yaşına kadar çalışabilir ki a kızım? Bak bana, yıllardır tıknefesim. İki basamak merdiven çıkamıyorum daralmadan."

"Sen astım oldun, anneanne."

"Onun olmayacağı ne malum? Ya olursa, ona kim bakacak?"

Nenem ağlamaya başladı. "İstemez miydim hiç onu da yuvasını kurmuş, çoluk çocuğa kavuşmuş görmeyi?.. İstemez miydim hiç?.." Nenem, içeri giren ortanca kızını görünce sustu, heyecanla elini göğsüne bastırdı. Bir an kimse konuşamadı.

"Suat, ne dedi beybabanız? Ne dedi? Kabul etti mi? Yoksa itiraz mı etti?" diye sordu nenem.

"Vallahi anneciğim, Hilmi'ye hakkını nasıl ödeyecek Sabahat, bilemem artık. Dökmediği dil kalmadı kocamın. Rahmetli Mahir'in hatırı için dedi de başka şey demedi. Dedi ki, Sabahat pek kıymetlisiydi rahmetlinin, o sizi ikna etmeyi kafasına koymuştu ama ömrü vefa etmedi. İzin verin de Mahir huzur içinde uyusun; bakın Sitare bile yuvasını kurdu, çoluk çocuğa kavuştu, Sabahat'e yazık değil mi, dedi."

"Eeee?"

"Aram, Müslüman olmayı kabul ederse, babam razı gelecekmiş evlenmelerine. Hilmi yarın Aram'ı arayacak çalıştığı yerde. Onunla baş başa konuşacak bu din değiştirme meselesini. Kabul ederse, ne âlâ!"

"Ya kabul etmezse?"

"Artık o zaman yapacak bir şey yok anneciğim."

Kapıda gözüken anneannem lafa karıştı. "Aram kabul eder de, bizim deli kardeşimiz kabul eder mi, siz asıl ondan korkun."

"Anlamadım efendim," dedi babam, şaşkın şaşkın.

"Ah Muhittin, bu bizim Sabahat ne keçidir, sen bilmezsin. Bir kere daha mevzubahis olmuştu bu din değiştirme meselesi. Lafı ağzımıza tıkmıştı. Böyle bir şeyi nasıl istersiniz diye bağırıp çağırmıştı. Böyle yapmasa belki de çoktan evlenmiş olurlardı," dedi anneannem.

"Bunca yıl geçti. Artık o da aklını başına almıştır herhalde," dedi Sütne. "O zamanlar henüz gençti Sabahat, yontulmamış taş gibiydi."

"Doğru, gençti, evde kalmış sayılmazdı şimdiki gibi," dedi Suat teyzem.

"Aaa kızım, ağzından çıkan lafı kulağın duysun, neler söylüyorsun kardeşin hakkında!" diye ortanca kızını azarladı nenem.

"Ayol, her Allah'ın günü, bu kız evde kaldı diye yakınan siz değil misiniz, anne?"

Nenem ortanca kızını yanıtlamadı. "Zaten bütün kabahat babanızda," diye sürdürdü konuşmasını, "illa da bir oğlu olsun istedi. Sizler kazık kadar kızlar olmuştunuz Sabahat doğduğunda, hele sen Leman, gelinlik çağına girmiştin. Ne lüzum vardı bir çocuğa daha! Erkek olamadığı bir yana, kız gibi de davranmadı hayatı boyunca, Sabahat."

"İlla erkek çocuk doğurmak isteyen sizdiniz, iki gözüm, Reşat Beyefendi'nin hiçbir talebi olmamıştı bu hususta," dedi Sütne. Nenemin kızgın bakışlarını görünce, olası bir çatışmayı önlemek ve sevgili Sütne'sini anneannesinin hışmından korumak için, "Farz edelim ki Aram kabul etti, nasıl olacak bu iş? Sünnet mi olacak koskoca adam?" diye atıldı annem. "Şöyle güzel bir sünnet düğünü tertipleriz artık. Sünnetçi baltayla gelir!.." Babam kıpkırmızı oldu. Sütne, anneme sözünü tamamlatmadı. "Sitare lütfen!" dedi kaş göz işareti yaparak. Nenem annemin münasebetsizliğini duymamış gibi başını çevirdi, pencereden dışarısını seyretmeye koyuldu.

"İlahi Sitare, onlar hep teferruat. Önce Aram'la konuşulsun bakalım," dedi Suat teyzem.

"Bir de Türk ismi gerekeçek şimdi," dedi annem.

"Aram'ı İbrahim yaparız artık."

"Aaa, yok canım, Kevser Hanım'ın oğlunun adı Arman. Arman olsun o da, şöyle yeni isimlerden olsun bari..."

"Eski isimlerin ne kabahati varmış?"

Babam bu saçmalıkları dinlememek için beni usulca annemin kucağına bırakıp salondan çıktı, odasına gitti.

"Yarın lacivert perdelik almaya gitmeliyiz abla," dedi teyzem anneanneme. "Belediye, karartmayı çok ciddiye almaya başladı. Gece pencerelerinden ışık sızdıran evlere ceza kesilecekmiş."

"Şimdi perde lafının sırası mı? Sen bana içerde konuşulanları anlat," dedi nenem kızına.

"Anneciğim harp içindeyiz. Bundan önemli ne olabilir? Yarın öbür gün, maazallah bir bomba düşerse şehrimizin üstüne, ne yaparız?"

"Bomba benim yüreğime düştü, kızım! İçim cayır cayır yanıyor," dedi nenem. Konuşması öksürüklerle kesildi, zor nefes almaya başladı.

"Pompasını getirsenize!.. Pompasını!.. Hay Allah, tıkanıyor yine... Koşsana Sitare!"

Annem beni telaşla kanepeye bıraktı, Suat teyzeyle birlikte nenemin nefes açıcı pompasını getirmek üzere içeri koştu. Anneannem, neneme avucuna döktüğü kolonyayı koklatıyor, Sütne rahat nefes alabilsin diye yaka düğmelerini çözüyordu. Kimse benimle ilgilenmiyordu. Varlığımı hatırlatmak için avazım çıktığı kadar ağlamaya başladım.

Dürbünümde Ankara

Babamın yatağının karşısındaki refakatçi sedirine uzanıp, yüzümü duvara dönünce uyuduğumu sanıp alçak sesle konuşmaya başlıyor annemle Sabahat teyzem. Annemin, "Hişşt, alçak sesle konuş Sabahat, Ayşe'nin içi geçti, uyusun azıcık. Dün gece yine gözünü kırpmadı zavallıcık," dediğini duyuyorum. Uyuduğumu zannetsinler diye hiç kıpırdamadan yatıyorum öylece. Perdenin aralığından sızan güneşin keskin ışığı babamın başucunda duran bardaktaki suya yansıyıp tavanla duvarın bitiştiği yerde, sürekli dalgalanan, ışıklı bir halka oluşturuyor. Başparmağımla işaretparmağımı birleştirerek yaptığım yuvarlağa gözümü dayayıp bir dürbünden bakar gibi sürekli dalgalanan yansımaya bakıyorum. Bu arada gerçekten uyuya mı kalıyorum, yoksa hayal mi görüyorum pek emin değilim ama günlerin yorgunluğu ve uykusuzluğu kesin bir oyun oynuyor bana; dürbünüme hayatımdan sahneler düşmeye başlıyor. Açık mavi duvarın beyaz tavanla buluştuğu noktada sanki bir sinema perdesi var, ben de tutsak seyircisiyim perdenin. Seçme hakkım yok. Öylece yan yatmış, sırtım odaya dönük, duvara bakarken, dürbünümden ne akıyorsa onu seyretmeye mahkûmum. İyi ki hayatımın çok özlediğim bir bölümüyle başladı gösteri: Ankara günleri! Yani çocukluğum. Ekseni olduğum dedeli, neneli, büyükanneli, teyzeli, enişteli, dayılı, amcalı, kuzenli, çok kalabalık bir aile ortamından kopup üç kişilik çekirdek ailemin yalnızlığında hayal dünyamı keşfettiğim, üstüne titrenen çocuktan normal çocuğa hatta sokakta oynayan özgür çocuğa (anneannemin gözünde sokak çocuğuna) dönüştüğüm evre, beni ben yapan özelliklerin huyuma suyuma sindiği dönem. Hangi gizli el yönetiyorsa kamerayı, aşk olsun!

Hükmünü kaybetmiş Osmanlı'nın ince hüznünün sindiği dede evinden, cumhuriyetin coşkulu kalkınma hamlesine kendini kaptırmış genç mühendisin evine getirilişim yağmurlu bir kasım sabahına rastladı. Babam, Ankara Garı'nda yirmi dakikadan beri İstanbul'dan gelecek yataklı treni bekliyordu. Tren buharlar içinde uzaktan gözüktü, perona yavaşlayarak girdi ve çuf çuf sesler çıkartarak durdu. Platformu dolduran kalabalığı yararak pencerelerde annemi arayan babam, karısını görünce açık cama yaklaştı, beni kucaklamak için kollarını uzattı ama ani bir hamle yapan Alman mürebbiye beni babamdan önce kaptı.

"Bahsettiğin dadı bu mu?" diye sordu babam, anneme.

"Sorma Muhittinciğim! Neyse... Evde konuşuruz."

Annem kaş göz işaretleriyle kadının Türkçe bildiğini anlatmaya çalışırken, annemin omzunun üzerinden sarkan Süreyya Hanım, "Kızın bizi gece hiç uyutmadı Muhittin, sana çekmemiş, pek acar bir şey," diye seslendi.

"Aaa Süreyya! Sen de mi trendeydin?"

"Yan kompartımandaydım."

Annem, kırkım çıktığında beni Ankara'daki baba evime götürmek üzere bindiği trende Süreyya Ağaoğlu'na rastlamıştı. Süreyya Hanım babamın Berlin'den arkadaşıydı. Aynı üniversitede değillermiş ama o yıllarda gurbetteki genç Türkler hangi semtte ya da okulda olurlarsa olsunlar birbirlerini buluveriyorlarmış hemen. Bir akşam eğlenmeye çıktıklarında, babamın mühendis arkadaşları yanlarında esmer bir genç kızla gelmişler birahaneye.

"Ahmet Ağaoğlu'nun kızı, Süreyya Hanım," diye tanıştırmışlar bu kızı babama.

Süreyya Hanım'la babamın Berlin'deki dostlukları vatana dönüşlerinde de devam etmiş, tren yolculuğundan sonra büsbütün pekişmişti. Gecenin bir yerinde uyanıp avaz avaz ağlamaya başladığımda, battaniyemin bir ucunu annem, diğer ucunu Süreyya Hanım tutmuş, Alman dadının onaylamayan bakışları altında, beni susturmak için sabaha kadar sallamışlardı. Tren yolcularının uykusuz kalması pahasına, bebeklerin sallanmasına itirazı olan Alman dadı, amcamın marifetiydi. Kendi çocuklarını da büyütmüş olan mürebbiyeyi o önermiş, annemin bana tek başına bakamayacağına kani olan anneannem de üzerine atlamıştı önerinin, bu kadın işe alındığı takdirde evimizde kendine yer kalmayacağını tamamen unutarak.

Ankara'daki evimizde sadece üç oda ve genişçe hol bir vardı. Banyonun karşısındaki oda annemle babamın yatak odası, ortadaki oda oturma odası, oturma odasından camlı kapıyla ayrılan diğer oda ise benim ve dadının yatacağı odaydı. Yemek masasıyla büfe, evde yemek yemeğe ayrılacak başka oda kalmadığından, nenemin kulakları çınlasın, yine hole konmuştu. Kısacası, bir dördüncü kişiye yatacak yer yoktu. Anneannem bindiği dalı kestiğinin farkına vardığında iş işten geçmişti. Mürebbiyeye iki takım üniformayla bir sürü beyaz önlük dikilmişti bile ve üç aylık parası amcam tarafından, benim doğum armağanım olarak, kadına ödenmişti. Böylece, konak artığı değerli mobilyaların tıkıştırıldığı, yedi kollu avizelerin sarkıtıldığı yüksek tavanları kartonpiyerli bir İstanbul apartmanından çıkıp, bozkırın orta yerindeki eve attığım ilk adıma tam bir karikatür havası hâkim oldu. Lacivert üniformalı, irikıyım Alman ne hacmi ne de kıyafetiyle uyuyordu küçük yuvamıza. Evi kolaçan eden kadının yüzündeki ifadeyi görünce babamın iyice asılan suratı karşısında annem, "Bana hiç öyle bakma Muhittin, bu senin ağabeyin ile kayınvalidenin müşterek tezgâhıdır," dedi.

"Sen de itiraz etmemişsin ama."

"Mürebbiye gelmese annem gelecekti."

"Annen İstanbul'dan bir aydan fazla uzak kalamazdı."

"Bence bunun da ömrü fazla uzun olmayacak bu evde," dedi annem.

Alman dadı, annemin öngördüğü gibi, üçüncü ayın sonunda, Ankara'nın şartlarına dayanamayarak işten ayrıldı. Annem nihayet kimsenin müdahalesi olmaksızın beni istediği gibi kucaklamak, öpmek, koklamak ve bana bakmak fırsatını yakalamıştı. Ağlamalarımla onu iyice bezdirmiş olmalıyım ki, Alman mürebbiyemle ben bir daha hiç karşılaşmadım ama ilk yolculuğumun yoldaşı Süreyya Ağaoğlu yıllar sonra gözyaşlarımı dindirmek için avukatım olarak bir kere daha girecekti hayatımın içine; bu kez zorla elimden alınan çocuklarımı bana geri kazandırmak için. Ama o öyküye gelene kadar çok sular akacaktı köprülerin altından!

Benim doğduğum hafta Hilmi eniştemin bir tasarı olarak babama naklettiği Varlık Vergisi, bir yıl sonra, kasım ayında yasalaştı. Hükümet bu yasanın çıkarılma gereğini, harbin yarattığı karaborsa piyasasında elde edilen kazancın bir türlü vergilendirilememesine ve özellikle ticareti ellerinde tutan azınlıkların savaş sırasında büyük servetler edinmiş olmalarına bağlıyordu. Verginin ağır yükü İstanbul ve İzmir şehirlerine düşmüştü. İstanbul'a isabet eden vergi borcu 317.275.642 liraydı. O yıllara kadar Türklerin arasında büyük tüccarların sayısı azdı, vergi mükelleflerinin çoğunluğunu azınlıklar oluşturuyordu. Azınlıklar bu yüksek vergileri ödememek için direnmişlerdi. Araya yabancı ülkelerin konsoloslukları sokulmuş, zamanın Başbakanı Saraçoğlu, "Ben Osmanlı devletinin sadrazamı değilim! Bana böyle tekliflerde bulunamazlar," diye tepki göstermişti. Toplanabilen verginin devlet bütçesine büyük bir katkısı olamadığı gibi, beklentilerin aksine, altın fiyatlarında anlamlı bir düşme de yaşanmamış, azınlıkların ürkütülmesine, eziyet çekmesine neden olmuştu. Bu verginin töhmeti, İnönü'nün sırtında bugüne dek kara bir leke olarak kaldı. Oysa niyet, savaşa hazırlanan bir ülkede, bir misline çıkarılmış orduyu yıl boyunca besleyebilmek ve bütçeyi dengelemekti. Uygulamada yapılan hatalarla, vergi veremeyenlerin cezalandırılmasıyla bu girişim adeta bir insan hakları suçu haline dönüşmüştü.

O günün gayrimüslim tüccarlarına zaman içinde sayıları giderek artan Müslüman Türkler de katılacak, gün gelecek sermaye ve ticaret tamamen Türklerin eline geçecek ama ülkemizde vergi ödemeleri hep dirençle karşılanacak, vergi hep kaçırılmaya devam edecekti. Vergi yükü sadece vergisini kaçıramayan memur ve işçi sınıfının sırtına yüklenecekti. Elde edilen vergi, halka sunulacak hizmete kâfi gelemeyeceğinden dolaylı vergilere başvurulacaktı. Sırf bu yüzden, biz Türkiye'de elektriğe, suya, telefona ve benzine dünyada benzeri görülmemiş fiyatlar öderiz. Türk olmak biraz da oturduğumuz dalı kesmek, ileriyi değil sadece an'ı düşünmek olduğu için!

Zor Nikâh

Anneannem 1942 yılında, geleneksel Ankara ziyaretini nisan ayına rastlatamadı.

İstanbul'daki evimizde zor bir nikâhın telaşı yaşanıyordu. Dedem, Sabahat teyzemin yıllardır sevdiği Aram, Müslüman olursa, evlenmelerine izin vermişti. Anneannem, komşusunun evinden arayıp bağlanması için saatlerce başında beklediği telefonda; Sabahat teyzemin bu habere sevineceğine, sevgilisine baskı yapılmasından şikâyet ettiğini, yüzünden düşenin bin parça olduğunu anlatmıştı anneme. Birkaç gün sonra da ayrıntılarla dolu, uzun mektubu gelmişti.

Aslında dedem de dahil olmak üzere tüm ev halkı, Sabahat teyzemin bir gayrimüslim ile evlenecek olmasını içlerine sindiremiyor ama evleneceği kişiyi seviyorlardı. Yıllardır kızlarının mektep arkadaşı olarak evlerine girip çıkan, yakından tanıdıkları Aram, dürüst, terbiyeli, sempatik, çalışkan, hoş bir genç adamdı. Hilmi eniştem dedemi ikna etmek için, Sabahat'in gönlü, içkisi kumarı olan, hoyrat bir serseri Türk'e düşeydi daha mı iyi olurdu, savını da kullanmıştı. Dedemin on beş yıl süren inadı kırılıp sevgililerin bunca emek verdikleri sevdaları mutlu sona erme fırsatı bulmuşken, inanılmazdı ama şimdi de Aram dil döküyordu sevdiği kadının inadını kırmak için.

Önemli olan, birbirini çok seven iki kişinin bir yuva kurması değil miydi? Eniştem dindar bir kişi olmadığını, aslında hiçbir dine inanmadığını, din değiştirmenin de bu yüzden ona bir şey ifade etmeyeceğini söylüyor ama teyzemi ikna etmekte zorlanıyordu.

"Ben de dindar değilim ama benden böyle bir şey istense, sırf birilerinin gönlü olsun diye dinimi değiştirmezdim," diyordu teyzem.

"Demek ki ben seni daha çok seviyormuşum Sabah! Günlerce düşündüm, ya bu dünyada sevgilime uzaktan bakarak, ona tam olarak hiç kavuşamayarak mutsuz ve huzursuz yaşayacağım ya da bu bir suç ise, cezamı zamanı geldiğinde öte tarafta çekeceğim. Tanrı söylendiği gibi adil ve rahmansa, belki de hiç ceza görmeyeceğim. Ben seçimimi yaptım. Bundan sana ne?"

"Seçiminde benim hiç zorlamam yok, bunu asla unutma, Aram. Bir gün sakın başıma kakayım deme. Ben evlenmesem de olur. Kaderime çoktan rıza gösterdim."

"Ama ben kaderimi değiştirmek istiyorum, Sabahat! Her erkek gibi ben de işimden çıkınca evime gelmek, akşam yemeğimi karımla aynı sofrada yemek, sevdiğimle görülmekten korkmadan kol kola sokakta yürüyebilmek, birlikte yolculuklara çıkmak, hayatı paylaşmak istiyorum. Din değiştirme konusunda seni asla suçlamayacağım. Suçladığım ne annen ne de baban, sadece içinde yaşadığımız cemiyet. Cemiyet baskısı hepimizin canına okuyor."

Sonunda teyzem elbette kabul etti hem eniştemin din değiştirmesini, hem de evlenme teklifini. Bence eniştem dil dökmese de kabul edecekti ama ilerde bir gün suçlanmaya karşı önlemlerini alıyordu.

Aram adıyla Müslüman olunamayacağına göre, sıra eniştemin seçeceği isme gelmişti. Dedem başta olmak üzere, ailede herkesin kendine göre bir isim listesi vardı. Anneannemle nenem İbrahim, modern isimlerden hoşlanan Suat teyzem Armağan adını münasip görüyorlardı. Ama dizginleri yine Sabahat teyzem eline alıp kendi seçimini yaptı. Aram Balayan'ın adı Bâlâ Bala olarak değişecekti. Herkesten itiraz nidaları yükseldi. Suat teyzemin muzip oğlu Bülent'in bir kâğıt parçasına karalayıp, gizlice çantasına bıraktığı, *Bâlâ Bala/On ikiye on kala/Gel popomu yala,* "mısraları" da vazgeçirmedi teyzemi.

"Biz Bâlâ ile böyle karar verdik," dedi teyzem ve adı değiştikten sonra, uzun hayatı boyunca bir kere olsun yanılıp kocasını eski adıyla çağırmadı. Ben çok sevdiğim eniştemi bu yeni adıyla tanıdım ve bildim. Adının gerisinde yatan trajik hikâyeyi öğrendiğimde, ortaokulda koskoca bir kızdım. Teyzemin, inceltme işaretleri unutulduğunda Bala Bala olarak okunabilecek tuhaf bir ismi tercih nedenini ben de anlayamamıştım ama teyzemin kendine özgü mantığı içinde, neyi niçin yaptığı hiç sual edilmezdi.

Aram Balayan, yeni adıyla Bâlâ Bala, isim seçiminden sonra, Hilmi eniştemle birlikte randevu alarak, müftünün makamına gitti, Kelime-i Şehadet getirdi, ezberlemiş olduğu dualardan bazılarını okudu, bazı soruları yanıtladı ve binadan Müslüman olarak çıktı. O akşamüstü buluştuklarında, teyzem tepeden tırnağa süzmüş sevgilisini ve "Hani Müslüman olmuştun sen? Ben sende hiçbir değişiklik göremiyorum," demiş.

"Gözlerinde bir röntgen cihazının marifeti olsaydı, kalbimi görür, anlardın farkı," diye yanıtlamış eniştem. Teyzem, sevgilisinin kalbinin din değiştirdiği için paramparça olduğunu, anneannem ise Müslüman olmaktan dolayı kalbinin kuş gibi hafiflediğini iddia ederlerdi. Bence eniştem, kalbinin hâlâ ve sadece teyzeme ait olduğunu anlatmak istemişti.

Annemin merak ettiği sünnet konusu ise ciddi olarak bir daha ne açıldı ne de gerçekleşti.

Müslüman olma faslı tamamlandıktan sonra, eniştem nüfus kâğıdına yeni dinini ve yeni adını işletmek üzere gerekli yerlere başvurmuş. Bu işler üç beş günde olmuyor, vakit alıyormuş. Tekrar bir bekleme dönemi başlamış hayatlarında. Eniştemin din hanesi İslam'a adı da Bâlâ'ya dönüştürüldükten sonra, nihayet nikâh günü almak için başvurmuşlar. O sırada bir de tatsızlık yaşamışlar. Evlenme başvurusu evrakını teslim alan memur, teyzeme, "On milyonun içinde kendine bir Müslüman koca bulamadın mı, hanım kızım?" diye sormuş. Teyzem durur mu, "Bana hemen adınızı ve adresinizi yazıp verin, hususi hayatıma karıştığınız için hakkınızda şikâyette bulunacağım," demiş. Adam

Annem, babam, ben Hindistan Sefareti'nde kıyafet balosunda.

Annem, babam, anneannem Ankara Golf Kulüp'te bir yılbaşı gecesi.

Hayat'ın bana ilk armağanı, Mete ile Ali.

tırsmış ama teyzem üstüne üstüne gitmiş. Sonunda işi tatlıya bağlayan yine eniştem olmuş. Binanın dışına çıktıklarında, "Bak Sabahat," demiş teyzeme, "biz zor bir yola çıktık. Her ikimize de değişik tepkiler gelecek. Bunları göğüslemeyi öğrenmeliyiz. Göğüslemenin en kolay ve emin yolu ise imaları duymazlığa, anlamazlığa gelmektir. Böyle yapacağımıza hemen şimdi birbirimize söz verelim."

Bâlâ eniştemle teyzem evlenmeleri konusunda sadece yabancıların değil, ailelerinin gönülsüzlüğünü de anlamazlığa gelmek zorunda kaldılar. Dedem, en büyük kızı olan anneannemi evlendirirken Ada'daki köşkün bahçesinde düzenlediği dillere destan düğünün bir eşini, savaş içinde evlendirdiği ortanca kızına yapamadığını anlatırdı. Yine de tüm eş dost ve akraba, Beyazıt'taki konakta bir düğün ziyafetinde, gerektiği biçimde ağırlanmıştı. Anneannem için Ada'daki konağın üst katına, duvarlarını o sıralarda İstanbul'da bulunan bir İtalyan ressamın resimlediği üç odalı bir gelin dairesi hazırlanırken, Suat teyzeme kışlık konakta, çok güzel ama tek bir gelin odası yapılmıştı. Her iki kıza da düğünlerinde aile yadigârı mücevherler takılmıştı. Oysa Sabahat teyzem, Beyoğlu'nda, iki şahidin huzurunda kıyılan nikâhından çıkınca, kocasıyla birlikte önce çatık kaşlı babasıyla gözü yaşlı annesinin elini öpmeye Narmanlı'ya gitmişti, sonra da Arnavutköy Amerikan Kız Koleji'nin bahçesindeki ahşap lojmanlardan birinin çatı katındaki odasına. Sabahat teyzeme ne ev açılmış, ne yeni mobilyalar alınmış, ne de çeyiz düzülmüştü. O yıllarda pek moda olmaya başlayan balayına dahi çıkamamışlardı nikâhlarının ertesinde; her ikisinin de işlerinin başında olmaları gerektiği için.

Böyle olmasının tek nedeni, teyzemin sadece istenmeyen bir evlilik yapmış olması değildi. Ailenin mali gücü yıllar içinde her geçen gün biraz daha azalmıştı. Dedem emekli olalı beri, emekli maaşı ve kiralarından topladığı parayla, alışık oldukları hayatı en azından görüntüde yaşıyormuş gibi yapıyor, kuyruğu dik tutmaya çalışıyordu. Kolay değildi işi, kendi evinin dışında, elini hep üzerinde tuttuğu Sütne'nin ailesi, küçük kardeşinin vefatından sonra sorumluluklarını üstlendiği yeğenleri, maaşlarını kesmiş de olsa yardımlarını kesmediği eski emektarları vardı. Hepsi gözetilecek, kollanacak, bayramlarda harçlıkları, armağanları verilecek, evlenen kızlara çeyiz, delikanlılara tahsil yardımı yapılacaktı. Üstelik Ahmet Reşat, son kurşununu öksüz torunu Sitare'yi evlendirirken harcamıştı. Bir düğün daha yapacak, bir ev daha döşeyecek parası kalmamıştı. Allahtan, Sabahat teyzemin de mobilyalarda, takılarda gözü yoktu. O ne ablalarına, ne başka kadınlara benzerdi. Parayla pulla arası olmayan ender insanlardan biriydi. Ondan esirgenen düğüne ve çeyize aldırmamıştı ama nikâhına annesiyle babasının katılmayacağını öğrenince, ne kadar saklamaya çalışsa da yüzüne bir gölge düşmüştü.

Sonunda dayanamayıp ablalarına patladı.

"Bâlâ, sırf sizleri memnun etmek için Müslüman oldu. Annemle babam daha ne istiyorlar? Neden nikâha gelmeyerek, büyük bir fedakârlıkta bulunmuş olan kocamı hakarete maruz bırakıyorlar?" diye sordu anneanneme. Anneannem gevelerken Suat teyzem atıldı:

"Sen de mübalağa etme kuzum! Müslüman filan olmadı. Müftünün önüne oturmakla Müslüman mı olunur?"

"Nasıl olunur?"

"Ne bileyim... Sünnet oldu mu mesela?"

"Olmadığını ne biliyorsun abla?"

"Oldu mu yoksa?" diye hayretle sordu anneannem.

"Sen de saf mısın nesin Leman abla! Ne münasebet! Olmadı elbette," dedi Suat teyzem.

"Göstersin ister misin abla?" diye sordu kardeşi.

"Bana mı?"

"Madem o kadar merak ediyorsun, evet sana."

"Aaa, terbiyesize bak!"

"Sabahat, babamı henüz öldürmeyi başaramadın ama bu söylediğini duysa, o an utancından yüreğine inerdi," dedi anneannem hışımla yerinden kalkarak.

"Annemle babamı temsilen Leman'la ben nikâhına gelecektik. Ama bu konuşmanın üzerine şunu bil ki, biz de gelmeyeceğiz," dedi anneannemin peşi sıra odadan çıkmaya hazırlanan Suat teyzem.

O yıllarda şehirlerarası telefon bağlantıları yapmak hem saatler süren bir eziyet, hem de çok pahalı bir işlem olduğu için, Ankara'ya bu bilgiler anneannem ve Suat teyzem tarafından yazılan uzun, ayrıntılı mektuplarla veriliyordu. Annem o günlerde dört gözle bekler olmuştu evlere günde iki kez servis veren postacıyı. Akşam postasıyla gelen son mektubu annem defalarca okuduktan sonra babama döndü ve "Muhittin, Sabahat teyzemle Aram... Pardon Bâlâ... Ay bir türlü alışamadım gitti bu isme, halbuki annem tekrar tekrar tembihlemiş eski adını kullanmamamızı, teyzemin hepimizden ısrarlı ricasıymış bu... Haftaya evleniyorlarmış. Ben de İstanbul'a gitsem mi acaba?" diye sordu.

"Tören yapıyorlar mı?"

"Galiba sadece şahitleriyle nikâh memurunun karşısına oturacaklarmış. Sabahat teyzemin şahidi Hilmi eniştem olacakmış. Büyükbabamla anneannem katılmayacaklarmış nikâha. Eniştemin annesi de, "hasta" olduğu için katılmıyormuş. Annem gidip gitmeme konusunda Suat'la bir türlü karar veremiyoruz diye yazmış. Giderlerse babalarını üzmekten, gitmezlerse kardeşlerini kırmaktan korkuyorlarmış."

"Sitare, bu durumda senin ta buralardan kalkıp gitmen hiç doğru olmaz. Annen bile ne yapacağını henüz bilemiyor," dedi babam. Haklıydı.

Nikâha ablaların da gelmeyeceği anlaşılınca Sabahat teyzemle Bâlâ eniştem arkadaşlarını davet etmekten vazgeçmişlerdi. Eniştemin nikâha kerhen katılacak olan kardeşi ve birkaç akrabası da böylece kurtulmuş oluyorlardı. Şimdi nikâh sadece iki şahidin huzurunda kıyılacaktı. Teyzemin o günün şerefine takacağı yegâne takı da içine ilk tanıştıkları ve evlendikleri günleri belirleyen on yedi yıl arayla iki ayrı tarih kazınmış bir altın halka olacaktı.

Ama nikâh sırasında teyzemi çok sevindiren bir gelişme yaşanmış. Ablaları son anda nikâha katılıp teyzeme bir inci kolye, enişteme de bir kol düğmesi hediye etmişler. Yeni evliler nikâhtan hemen sonra Narmanlı'ya el öpmeye gittiklerinde ise nenem anahtar biçimindeki elmas broşunu kendi yakasından çıkarıp teyzemin yakasına takmış.

Annem nikâh dedikodularını veren bu mektubu aldıktan sonra da yokladı babamı.

"Ailemi çok özledim Muhittin. Ama asıl Sabahat teyzemi tebrik etmek ve hediyesini vermek için gitmek istiyorum. Bir hafta kalır, dönerim, ne dersin?" diye sordu.

"Ayşe'yi ne yapacaksın, Sitare?" dedi babam.

"Onu da yanıma alacağım elbette."

"Süreyya'ya haber vereyim de battaniye sallamaya hazır olsun yine."

"Şaka yapıyorsun!"

"Yoo, yapmıyorum. Trende çocuk yine ağlarsa, komşu kamaranın kapısını mı çalacaksın?"

"Artık büyüdü, altı aylık oldu, eskisi gibi ağlamıyor ki geceleri."

"Ara sıra ağladığı oluyor ama. Kömür kokusundan rahatsız olabilir. Kim bilir, belki de kömür kokusundan rahatsız olduğu için o kadar çok ağlamıştır siz buraya gelirken."

"Belki de," dedi annem. Israrcı olmadı.

Oysa ben kömür kokusunu çok severdim. Ankara Garı kömür kokardı. Niye benim burnuma Haydarpaşa Garı kömür kokmazdı da Ankara Garı kokardı, bilemiyorum ama o koku bana uzun bir yolun sonunda evime vardığım duygusu verirdi. Nasıl ki benim için kavak ağaçları, Afyonkarahisar maden suyu ve Kızılay Parkı'nın üzerlerinde TÜRK ÖĞÜN ÇALIŞ GÜVEN yazılı koskocaman heykelleri değişmez sembolleriyse, büyüdüğüm kentin, garın kömür kokusu da öyleydi. Sıla kokusu gibiydi. Şu an bile burnumda tütüyor bu satırları yazarken. Bir şeyi daha fark ediyorum;

bir çocuk hayatının ilk beş on yılını nerede geçirdiyse, o yerin gönlünden ve beyninden sökülüp atılması mümkün değildir. Dünyanın en çirkin, en ilkel köşesi bile olsa büyüdüğü yer hep sevgiyle hatırlanacaktır, ömrünün sonuna kadar. Kaldı ki "benim Ankaram," o yıllarda çok özel bir kentti. Senelerce süren savaşların sonrasında, elimizde kalan toprakların orta yerinde, yoksulluğun, ilkelliğin içinde açmış mucizevi bir umut çiçeği gibiydi. Kentin toz toprak yolları genişletilerek asfaltlanıp, kenarlarına baharda çiçeğe duran ağaçlar dikilmiş, yeni açılan meydanlarına parklar, bahçeler yapılmıştı. Ekseni, ticaret merkezi olan Ulus semtinden, adı üstünde Yenişehir'e doğru kaydırılmış, yeni bir şehir inşa edilmişti.

Sadece İstanbul'un değil, memleketin başka kentlerinin de en kalburüstü, eğitimli, güngörmüş insanları, yeni vatanlarını çağdaş dünyaya ayarlamak üzere Ankara'da buluşmuşlardı. Bugün pek çok kişinin küçümsediği gibi, elitistlerin değil, evet, elitlerin şehriydi Ankara. Elitlerin şehri olmaya mecburdu. Yoksa yapılmış olanların çoğu yapılamazdı. Bir savaşın kazanılmasına köylünün, kasabalının, küçük esnafın, din adamının, eli silah tutan, yüreğinde imanı olan kadın, erkek her bir insanın kutsal sayılabilecek katkısı olabilirdi. Kurtuluş Savaşı da böyle kazanılmıştı zaten. Ama kalkınma savaşı, imanın, kahramanlığın yanı sıra teknik bilgi ve birikim de isterdi. Sadece ticaretten anlamakla da olmazdı kalkınma hamlesi; kültürü, bilgisi, görgüsü iyice oturmuş, dünya görüşü geniş, uzmanlık alanları olan kişilere ihtiyaç vardı. Kurtuluş Savaşı sonrasında, kuruluşundan itibaren en az yirmi yıl kalkınma savaşı vermişti cumhuriyet, kuruculları altyapıyı döşerken insana yatırımı da ihmal etmemişlerdi. Yapılan devrimlerin arasında adı hiç konmamış fakat bence en hayırlı devrim olan isimsiz "Anadolu devrimi", eğitimi tüm yurda yaymış, vatan çocuklarından meslek sahibi insanlar yetiştirmeye başlamıştı. Her yerde okullar açılıyor, köylüsü, kasabalısı okula kavuşturuluyor, kadını, erkeği okuma yazma öğreniyordu. Hem de ne büyük bir heyecanla! Benim "Anadolu devrimi" diye adlandırdığım atılım yapılamamış olsaydı, bizi uzun yıllardır idare eden kişiler, kendi köy ve kasabalarında çobanlık, ırgatlık veya büyük kentlerde hamallık yapıyor olurlardı, çiftçilik bile değil. Çünkü taşranın çift çubuk sahibi varlıklı aileleri, Adnan Menderes örneğinde olduğu gibi, oğullarını okutmak imkânı bulurken, yoksulların çocukları yaya kalacaktı. Bir Çoban Sülü'den, bir Turgut Özal'dan bir başbakan, bir cumhurbaşkanı yetişemeyecekti. Tayyip Erdoğan, parasını futboldan kazanmış bir küçük esnaftan öte gidemeyebilirdi. Memleketin tüm insanlarına yükselme kapılarını açan cumhuriyet, yoksul, zengin, şehirli, köylü diye ayırmadan, sınıf farkı gözetmeden tüm çocuklarını okumaya, meslek sahibi olmaya, toplumsal hayatta yer almaya teşvik ediyordu. Her birine başarı için aynı şansı tanıyordu. Her şehirde ortaokullar, liseler açılıyordu. Ankara'da üç ayrı üniversite kurulmuştu. Vatan çocukları her alanda yetişmeye başlamışlardı. Onlar idareyi devralmadan önce, elbette bilgi ve birikime sahip olan elitlerin elinde şekillenecekti cumhuriyet! Ben bu şekillenmeye teknik alanda katkısı büyük olan bir babanın kızı olmaktan hep çok gurur duydum. Ankara'nın o güzel yıllarında, o şehirde yaşamış, ilkokula orada gitmiş olmaktan da! Yeni, modern ve onurlu bir ülke yaratmanın heyecanını hâlâ yüreğinde duyan bir kuşaktı annemle babamın kuşağı.

Soysal Apartmanı'nda Hayatı Öğrenirken

Biz öyle bir evde oturuyorduk ki, şehrin tüm önemli olaylarını, Kızılay Meydanı'nı tabak gibi gören penceremizden izleyebiliyorduk. Örneğin, Atatürk'ün naaşının Anıtkabir'e naklini, Yunan Kral ve Kraliçesi Paul ve Frederika'nın resmigeçidini, daha sonraki yıllarda Sukarno'nun hadiseli Ankara ziyaretini, bir keresinde Başbakan Menderes'in de halk tarafından tartaklandığı sokak nümayişlerini penceremizden kuşbakışı seyretmiştik. Saati öğrenmek içinse, cama yaklaşıp meydanın ortasındaki saate bir göz atmak yeterliydi. Gerçekten de seyiri bol ve eğlenceli bir evdi bizimki.

Ben ilkokulu bitirip İstanbul'da adı şimdi Robert Kolej olan okuluma yollanana kadar Soysal Apartmanı B Blok'taki küçük dairemizde ikamet ettik. Ortaokula başladığım yıl, aynı apartmanının bir başka bloğunda, Aylinlerin boşalttığı balkonlu geniş daireye geçtik ve zaten komşumuz olan Betinlerle bu kez kapı komşusu olduk.

Kimdi Betin? Aylin kimdi? Madelet, Ayper, Nuri, Misket, Muhan, Pınar, İnci kimdiler? Kimlerdendiler? Durun anlatayım size:

Betin, Aylin, Madelet, Ayper, Misket, Nuri, Muhan, Pınar ve İnci de benim gibi Soysal Apartmanı'nın çocuklarıydılar. Soysal Apartmanı'nın çocukları, Pal Sokağı'nın çocuklarını andırırcasına, birbirine çok bağlı bir aile gibiydiler. Özellikle de okulların tatil olduğu yaz aylarında, devasa binanın değişik dairelerinde yaşayan onlarca çocuk, bahçemiz olmadığı için apartmanın önündeki boş arsada ve civarındaki sokaklarda birlikte oynardık. Bundan hiç şikâyetçi değildik. Sokakta oynamanın özellikle kukalı saklambaç oynarken apayrı bir tadı vardı ama apartmanımızdan hoşnut olmamızın başka nedenleri de yok değildi. İki ayrı caddeye yayılan, dört ayrı girişi olan Soysal Apartmanı, hiç kuşkusuz Ankara'nın en gözde, en güzel ve modern apartmanıydı. O sırada pek az Ankara evine nasip olan birkaç lükse sahipti. Daireleri kaloriferliydi ve haftada bir gün sıcak su verilirdi. Bizim oturduğumuz bloğun terası, havuzunda kırmızı balıkların yüzdüğü, saksı bitkileriyle süslenmiş bir bahçeye dönüştürülmüştü. Kiracıların çoğunluğunu teşkil eden üst düzey memur aileleri, ev sahipleriyle birlikte, yaz akşamları mehtaba karşı, işte bu terasta demlenirlerdi. Gündüzleri "teras-bahçe" çocuklara kalırdı, ama ancak, çok yüksek olmayan duvarlarına yaklaşmayalım diye mutlaka bir büyüğün refakatinde. Bizim bloğun bodrum katında, Ankara'nın küçük kızlarına bale ve ritmik dans öğreten Madam Marga

Dans Okulu, giriş katında ise ünlü Süreyya Pavyonu bulunuyordu. Kapı komşumuz, sonradan Bal Mahmut adıyla maruf Mahmut Baler'le evlenecek olan Cemile teyzeydi. Oğlu Ali de haliyle benim en yakın arkadaşımdı. Dört beş yaşlarındayken çok masumane oynadığımız doktorculuk oyunundan sonra, babam Ali'yle evde tek başımıza oynamamızı yasak edince ikimiz de çaresiz sokağa düşmüştük! Bizim alt katımızda, Süreyya Pavyonu'nun sahibi Beyaz Rus Sergio, karısı ve çok tüylü kurt köpeği ile birlikte yaşardı. Üst katımızda Uşaklı bir aile olan ev sahibimiz Soysallar, oğulları Muhan, diğer bloklarda Soysal ailesinin çeşitli akrabaları ve çocukları İnci ile Pınar otururdu. Apartmanın girişinde noter vardı. Noterin evine noter alanının içinden geçilirdi. Noterin çocukları Madelet ve Alper de arkadaşımızdı. O zamanki adıyla Kazım Özalp Caddesi üzerindeki blokta ise, Ulus Sineması bulunuyordu. Sinemanın makine dairesine, Betin'le Aylin'in oturduğu en üst kattan sadece üç dört basamakla çıkılıyordu. Herhalde bu küçük makine dairesi, binanın giriş katı sinemaya kiralanınca apartmanın son katına ilave edilivermişti. Aylinlerin mutfak penceresine boyu yetişenler, makine dairesini kabak gibi görebiliyorlardı. O katta oturan çocukların iskemle üzerlerine çıkmalarına dahi gerek yoktu, çünkü makinist amca, Aylin'le Betin başta olmak üzere, çocukları küçük odasına kabul ediyor, sinema salonuna açılan dörtgen deliklerden her filmi bedava seyrettiriyordu.

Betin, o yıllarda ticaretle uğraşan Ressam Cafer Bater'le Suha Hanım'ın kızıydı. Aynı kattaki diğer dairede, benim sonradan biyografisini yazacağım Aylin ve ablası Nilüfer oturuyordu. Aylin ve Nilüfer, amcamın eşi Ecla yengemin yeğenleriydi. Babaları Devlet Demir Yolları Genel Müdürü Cemal Devrimel, anneleri yengemin ablası Leyla Hanım'dı. Betinlerin alt katında Ayşe Abla İlkokulu'nun kurucusu Neriman Hanım'ın dairesi vardı. Aynı cadde üzerinde, ayrı kapısı olan son blokta ise Diplomat Şadi Kavur ve eşi yaşıyorlardı. Sinemacı oğulları Ömer Kavur henüz doğmamıştı. Şadi Kavur'un alt katındaki daire, kardeşi Hasan Kavur'un eviydi. Hasan Bey'in çocukları Misket ve Nuri ile de çok yakın arkadaştık.

Soysal Apartmanı'nın çocukları ilkokula başlayana kadar birbirlerinin dışında pek başka arkadaş tanımadılar desem yeridir. Devasa binada o kadar çok çocuk vardı ki! Ama okul yılları gelip çatınca hayatlarımıza başka arkadaşlar da girer oldu. Arkadaş gruplarımız çeşitlendi. Aslında benim, annemin yakın arkadaşlarının çocuklarıyla ve halasının torunlarıyla kaçınılmaz olarak yürüttüğüm arkadaşlıklarım yok değildi. Çünkü annem, sokakta oynamamı engellemek için, ziyarete gittiği evde çocuk varsa, mutlaka beni de peşine takıp sürüklerdi. O çocuklardan bazılarını çok sever, bazılarından hoşlanmazdım. Mesela Emine'yle perim barışık değildi. Bugün Arda Gedik'le evli olan Emine, *Zafer* gazetesinin sahibi Hikmet Yazıcıoğlu'nun kızıydı. Adeta sürüklenerek giderdim Eminelerin Karanfil Sokak'taki evlerine. İki sıska bacaklı ve çift örgülü kız, karşılıklı durur, yılan gibi tıslayarak birbirimizi süzerdik. Bir yıl sonra, aynı okulun birinci sınıfında ama değişik şubelerinde değişik öğretmenlerle okula başlayacak, bu kez de beş yıl boyunca benim öğretmenim seninkinden daha güzel, daha iyi, benim şubem seninkinden daha çalışkan, daha başarılı kavgası yapacaktık. Her ikimiz de ancak ortaokul için İstanbul'daki koleje yollandıktan sonra kaynaşacak, hayat boyu ayrılmaz iki arkadaş olacak ve birbirimizden nefret ettiğimiz yıllara çok yanacaktık.

Annemin kolejden sınıf arkadaşı Azra teyzenin oğlu Osman Bayru ise en sevdiklerimin arasındaydı. Osman benden bir yaş küçüktü ama o yaşlarda bir yıl bile çok fark ettiğinden ve ben bir sırık olduğumdan ondan çok daha büyükmüş gibi davranır, ona ablalık taslardım. Osman'ın da benim gibi mavi gözleri, sarı saçları vardı. Bizim eve geldiği günler, elinden tutar, mahallenin bakkalına, berberine, manifaturacısına zorla sokar, onun benim kardeşim olduğunu söylerdim. Beni iyi tanıyan esnaf amcalar bir kardeşim olmasını ne kadar çok istediğime verip yalanımı yüzüme vurmazlardı. Baharın gelmesiyle birlikte Osmanların evine daha sık giderdim çünkü kocaman bir bahçeleri vardı. Bahçedeki kiraz ve dut ağaçlarının tepesinden inmezdik. Annem ağaçtan düşüp bir tarafımı kırma ihtimaliyle, sokak çocuğu olmam arasında kararsız kalmıştı.

Fazilet teyzem annemin kuziniydi. Büyük oğlu Üstün, tahsil için Almanya'ya gönderilmişti ama benden bir yaş küçük olan Ethem, benimle oynasın diye -öyle derdi Fazilet teyzem- Ankara'da kalmıştı. İncecik, tüy gibi bir oğlancıktı. Onların evindeki devasa masanın altı ise oyun mekânımızdı. Oyunu yine bir yaş büyük olduğum için hep ben yönlendirirdim. Sonunda bir gün isyan etti ve benimle oynamak istemedi.

"Ben senden büyüğüm ama!" dedim.

"Değilsin işte! Gel aynanın karşısına gidip boyumuzu ölçelim."

Ben kendimden emin, holde duran aynaya yürüdüm. O da az sonra peşimden geldi, yanımda durdu. Aaa, sahiden de benden bir parmak uzundu boyu! Ne zaman büyümüş bu? Boynumu büküp, oyunu yönlendirmesine izin verdim. Neden sonra fark ettim ki, ayağına annesinin yüksek topuklu ayakkabılarını giymiş.

Bir de Tahirim vardı. Hukuk Profosörü Hikmet Belbez'le, annemin en sevdiği arkadaşı, Bedia teyzenin oğulları Tahir, benden herhalde üç yaş büyüktü. Kardeşi Belma henüz doğmamış olduğu için çizmeleri veya mont, hırka gibi bir kız çocuğunun da giyebileceği giysileri, ona küçülünce bana geçerdi. Benim giysileri bana geçecek ablalarım ağabeylerim yoktu ama annemin arkadaş çocuklarından nasibimi alırdım. Annemin birkaç çok yakın arkadaşı vardı ki, Azra (Bayru), Bedia (Belbez), Beraat (Renda), Güzin (Onaran) ve Ferruha (Bele) teyzeler, onları da gerçek teyzelerim kadar çok sever, aileden sayardım. Adlarının sonlarına eklediğim "teyze" sözü, laf ola takılmış değil, kalbimin derinliklerinden söylenmiş bir "teyze" oldu her zaman. İşte bu sevgili teyzelerden, Bedia teyzenin oğlu Tahir, çok güzel bir çocuktu ve ben beş altı yaşlarındayken ona sırsıklam âşıktım. İlkokulu bitirdiği yıl Tahir'i tahsile Almanya'ya yolladılar. Annemle, Belbezlerin artık Tahirsiz kalan evlerine gittiğim bir gün, arkadaşımı bulamadığım için huysuzluk etmeye başladım. Annesi, oyalanayım diye kucağıma fotoğraf dolu bir kutu koydu. Çeşitli zamanlarda çekilmiş aile resimleri ve elbette aralarında bol bol Tahir fotoğrafı. Tahir'in izci kıyafetiyle çekilmiş bir resmini ayırıp cebime attım. Akşam odama çekildiğimde, aşırdığım resme kocaman öpücük kondurdum, resim yastığımın altında uykuya daldım. Ertesi gün *Yelpaze* adını taşıyan derginin günüydü. Resimli aşk romanları yayınlayan *Yelpaze*'yi evimizde çalışan Hanife'yle babamdan gizli okurduk. Resimli romanların birinde, geçen hafta Gina adlı kız, sevgilisi Bruno'yla öpüşmüştü. Hikâyenin bu haftaki devamında Gina hamile kalmış! Bu mutlu habere sevineceğine Bruno'yla henüz evli olmadığı için o kadar mutsuzdu ki, kendini öldürmeyi bile düşünüyordu! Sabah okula içimde bir sıkıntıyla gittim. Okul dönüşü *Yelpaze*'yi Hanife'nin sakladığı yerden çıkarıp bir kez daha dikkatle okudum. Evet, yanılmıyordum, Gina hamileydi! Neden? Âşık olduğu ve öpüştüğü için! Aman Allahım, ben ne yapmıştım! Dün gece, Tahir'in resmini öpüp, resmi yastığımın altına koyarak uyuyan ben değil miydim? Ya hamile kalırsam! Allah'a yalvarıp yakarsam, "Allahım, inan bana, ben âşık filan değilim," desem bir faydası olur muydu? Haydi bana inandı diyelim, öpücük ne olacaktı? Endişelerimden, anneme söyler korkusuyla Hanife'ye hiç bahsetmedim. Ama kime açacaktım bu büyük derdimi? Uzaktan akraba olduğumuz bir Yurdanur abla vardı, o sıralarda on beş, on altı yaşında olmalı. Bazen Hanife izinliyse, annemler de sokağa çıkacaklarsa, onlara yatıya giderdim, aramız çok iyiydi Yurdanur'la. Bizim evin arkasındaki sokakta otururlardı. Hanife'ye, dersimi sormak için Yurdanurlara kadar bir koşu gidip geleceğimi söyledim. Evden çıktım, uçarak Yurdanurlara gittim. Kapıyı annesi açtı, aşağı bakkala kadar inmiş Yurdanur, fırladım, bakkala koştum.

"Yurdanur abla, Yurdanur abla!" Elinde paketler, döndü bana baktı kız.

"Aaa, Ayşecik! Ne oldu, nefes nefese kalmışsın?"

"Çok önemli bir şey var. Gelsene bir dakika..."

"Hayrola?"

"Önce yemin et kimseye söylemeyeceğine. Annenin, babanın, ablanın üzerine yemin et."

"Allah Allah! Tamam, yemin ederim."

"Söyleyecek olursan benim de ölümü öp!"

"Kim öğretiyor sana bu mahalle karısı yeminlerini? Haydi ne söyleyeceksen söyle, bak peynirin suyu akmaya başladı."

Parmaklarımın ucunda yükseldim, kulağına fısıldadım. "Ben galiba hamileyim."

Yurdanur, boş eliyle ağzımı kapattı. "Sus! Sus!" dedi.

Susacağıma ağlamaya başladım.

"Ah Ayşem! Kim yaptı bunu? Kim bu ahlaksız? Küçücük çocuğa... Allah belasını versin onun! Yürü hemen eve gidiyoruz. Polise gideceğiz. Adını söyleyeceksin, astıracağız onu, astıracağız!"

"Yurdanur abla, dur dinle... Onun kabahati yok. Kabahat bende. Onun kabahati hiç yok. Haberi bile yok."

"Kimin?"

"Tahir'in."

"Tahir Almanya'da değil mi?"

"Evet. Ama ben dün gece onun resmini öptüm..." Yine hıçkırmaya başladım.

Yurdanur beni çekeleyerek evlerinin arkasındaki avluya götürdü, alçak duvarın üzerinde yan yana oturduk. "Anlat bakalım şimdi, ne oldu?" diye sordu.

Anlattım. Kahkahalarla gülmeye başladı. Nasıl da alay ediyor insanın acısıyla! Gülmesi geçince, "Şimdi de sen bana söz ver bakalım," dedi, "sana anlatacaklarımı da sen kimseye söylemeyeceksin. Benden öğrendiğini asla söylemeyeceksin, tamam mı?"

"Tamam!"

"Yemin et."

"Vallahi billahi," dedim.

"Namusum üzerine söz veririm, de!"

Dedim. Yurdanur bana bir kızın hamile kalabilmesi için nelerin yapılması gerektiğini anlatmaya başladı. Ağzım bir karış açık, yarı inanmayarak, yarı tiksinerek dinliyordum bir bebeğin dünyaya gelebilmesi için yapılması gereken işi. Uyduruyor muydu acaba?

"Bütün bebekler için şart mı bu? Biz de mi böyle dünyaya geldik? Bizimkiler de mi yaptılar bu işi yani?"

"Dünyada ne kadar insan yaşıyorsa, hepsinin annesiyle babası bu işi yaptı," dedi Yurdanur.

Aman Allahım, ben şimdi eve gidince nasıl bakacağım yüzlerine annemle babamın! Edepsizler! Terbiyesizler! Yok yok, benimkiler asla yapmamıştır! Yurdanur ısrar ediyordu. Yarı inandım, yarı inanmadım; anlattıkları yüzünden o kadar sarsılmıştım ki, hamile olmadığıma bile sevinmeyi unuttum. Yurdanur'a veda etmeden evime doğru yürümeye başladım. Ben tek çocuktum, benim annemle babam bu kötü şeyi bir kez yapmışlar. Yurdanurlar iki kardeştiler, Ülker Berkeler üç kardeştiler. O düşünsün, benden çok, zavallı Ülker!

Akşam yemeğinde gözlerimi kaldırıp bakamıyordum annemle babamın yüzüne. En sonunda dayanamadım, pat diye sordum.

"Nasıl hamile kalınır?"

Sofraya bir sessizlik çöktü.

"Bu da nerden çıktı şimdi?" dedi annem nihayet.

"Merak ettim."

"İnsanlar önce evlenirler, sonra çocukları olur."

"Evlenmek şart mı?"

"Evet."

"Pekiyi, evlendikten sonra nasıl olur?" Babama baktım. Her şeyi bilen babam, şimdi işin aslını söyleyip beni rahatlatacak diye düşünüyordum.

"Çocukları anneler doğuruyor, annene sor," dedi babam, bitirdiği çorba tabağını Hanife'nin gelip almasını beklemeden mutfağa götürdü.

"İnsanlar önce evlenir, sonra bir çocukları olmasını çok isterlerse, Allah onlara bir bebek verir," dedi annem.

"Leylek mi getirir, masaldaki gibi."

"Yok, Allah annenin karnına yollar bebeği, dokuz ay boyunca orada büyür bebek, sonra da doğar."

"Ben de öyle mi doğdum?"

"Elbette," dedi annem.

Bu açıklamayı Yurdanur'dan duyduklarıma tercih ettim. Yurdanur'un anlattıklarını da utandığım için kimseye tekrar edemedim, Yüksel'e bile. Fakat o günden itibaren arkadaşlarımın erkek olanlarına karşı tuhaf bir çekingenlik hissetmeye başladım. Örneğin bir başka erkek arkadaşım, Ankara Konservatuarı Müdürü Fuat Türkay'ın oğlu Hasan'la bahçelerindeki ağaçlara tırmanırken eskisi gibi rahat hareket edemiyordum. Hasanların meyve ağaçlarıyla dolu bahçesinde oynamayı ve Hasan'ı çok severdim oysa. Keyfim Hasan'ın babası bana piyano dersleri vermeye başladığında büsbütün kaçtı. Piyano fikri annemden çıkmıştı. Anneannemin madem bir piyanosu vardı, değerlendirilmeliydi. Piyanodan nefret ediyordum ama kimse bana fikrimi sormuyordu. Benim çocukluğumda büyüklere, özellikle büyükannelere iyice şımarabilir fakat arzularına itiraz edemezdik. Haftada iki gün birer saatten devam eden piyano ezasının imdadına, birkaç ayın sonunda bizzat piyano hocam yetişti. Fuat Bey babama, "Azizim," demiş, "ne senin parana yazık olsun, ne benim zamanıma. Bu çocukta kulak yok!"

Sadece kulak olmasa neyse! Bu çocukta ses de yoktu. Buna rağmen şarkı söylemeye bayılıyordu. Bir de dans etmeye. Radyoda hangi müzik çalarsa çalsın, kollarım hemen havaya kalkardı. Müzik adeta gözlerimden girer, tüm bedenimde dolanır, ayakuçlarımdan çıkardı. Müziği yüreğinde böylesine hissedebilen bir kulundan bir çift müzikal kulağı neden esirgemişti Tanrı, hiç bilemiyorum. Dansa ilişkin kurtlarımı ancak, haftada üç kez devam ettiğim, evimizin hemen altındaki Madam Marga Ritmik Dans Mektebi'nde dökerdim. Soysal Apartmanı'nda ne kadar kız çocuğu varsa, yanlış hatırlamıyorsam bir de noterin oğlu Ayper, Madam Marga'nın öğrencileriydik. Hem dans okulunun her yıl Halkevi'nde sunduğu dönem sonu gösterilerinde, hem de ilkokul boyunca tüm sınıf müsamerelerinde baş dansçı olarak arzı endam etmeme rağmen, annem bu marifetimle yetinemedi. Komşularımızın kızları, mesela İnci, Pınar ve hatta erkek haliyle Muhan dahi piyano çalarlarken benim, "kulaksız kız" olarak yaftalanmam onu pek üzdü ve yeteneklerimi araştırmaya başladı. Dikişten, nakıştan, örgüden yana da nasipsizdim. Sesim berbattı. Annem bir gün resim derslerinde karalayıp durduğum resim defterlerimi inceledi ve evreka! Bende ressam potansiyeli olduğuna karar verdi. Çizdiğim evlerin ön planına anneanneler, dedeler, çocuklar konduruyordum, bir sürü de çiçek. Bedri Baykam'ın "harika ressam çocuk"luğuna daha uzun yıllar vardı ama diğer iki harika çocuk İdil Biret ve Suna Kan tam da o yıllarda ünlenmişlerdi. Yine de babam bu sefer ihtiyatlı davrandı, resim yeteneğimi parasını sokağa atmadan önce sınamak istedi.

Babamın halasının torunu Ferruh Başağa, klasik çizgiden kübizme kayarak çağdaş resim ve vitray çalışmalarında isim yapmış, önemli bir ödül kazanarak ününü pekiştirmiş, değerli bir ressamdı. Ferruh abiye soruldu, acaba benim resim yeteneğimi ölçmenin bir yolu var mıydı? Birkaç gün sonra Ferruh Başağa elinde kocaman bir resim defteri ve karakalemlerle geldi, elindekileri masanın üzerine yaydı, beni karşısına oturttu ve önüme bir vazo koydu.

"Vazoyu çiz," dedi. Ben vazo yerine bir ev ve önünde kadınlar, erkekler, çocuklar çizdim. Yeni bir sayfa açtı, vazoyu tekrar önüme yerleştirdi. "Vazoyu çiz!"

Ben yine bir ev ve önünde çiçekler, ağaçlar, insanlar çizdim. Yeni bir sayfa açtı. "Sadece vazoyu çiz, sonra çiçekleri vazoya yerleştir!" dedi. Baktım kaçamıyorum, ıkına sıkına vazoyu çizip çiçekleri içine koydum. Yarım saatlik çizimin sonunda, Ferruh ağabey babama rapor verdi: "Bu kızın resme kabiliyeti var! Ama Muhittin abi bilesin, kızında bir de kalabalık aile özlemi var!"

Bu saptama üzerine babam, Ferruh abiden bana resim dersi vermesini rica etti. Boşnak ailelerinde büyüklerin ricaları emir sayılır. Kış boyunca Ferruh ağabey haftada bir kere bana resim dersi vermeye geldi. Köy evimizde duvarlara astığım elimden çıkmış resimlere bakılırsa, sevgili kuzenim Ferruh Başağa fena halde yanılmış! Bu kızın meğer resme de kabiliyeti yokmuş! Bu gerçeği yıllar sonra atölyesinde kısa bir süre resim yaptığım Yusuf Taktak'ın da onaylayacağına eminim.

Kalabalık aile özlemime gelince, babam İstanbul'daki ailemizi Ankara'ya taşıyıp küçücük evimize sığdıramayacağına göre bu konuda yapabileceği fazla bir şey yoktu. Olanakları sadece bir çocuğu en iyi şekilde yetiştirmeye yeteceği için sanırım başka çocuk yapmaktan sakınıyordu. Babamın maaşı küçük ailesine ancak iyi düzeyde bir yaşamı temin ediyor, fazlasına yetmiyordu. İyi düzeyden kastettiğim ise o yıllar için şuydu: Gıdanın ve giysinin kalitesini almak, iyi bir semtte oturmak, haftada bir kere olsun yemeğe, dansa, operaya, tiyatroya gidebilmek, çocuğunu bir özel okulda okutmak, yazları İstanbul'da yazlık ev tutmak, birkaç yılda bir de Avrupa'ya seyahat etmek! Benim çocukluk yıllarımda "Hacıağa" tabir edilen Adana'nın zenginleri için bile bunun yanı sıra bir "otomobil" sahibi olmanın dışında başka bir lüks zaten yoktu. Bugünün zenginlerinin yaşadığı hayatı, o günün zenginleri hayal dahi edemezlerdi. Ya annemle babam hayat standartlarından fedakârlık etmemek ve beni çok iyi yetiştirmek için başka çocuk istemediler ya da istediler ama olmadı. Sonuç bana yaradı, ben hayatım boyunca, tek ve biricik kızları, anneannemin de gözünün bebeği olarak kaldım. Sadece onların mı? Annemin çocukları olmayan arkadaşları, Ruhiye, Mehpare ve Sabiha teyzelerimin de gözlerinin bebeğiydim. Beni gerçek bir anne gibi bir ömür boyu sevgiyle sarmalayıp kolladılar, hayatımın en zor günlerinde bana kol kanat gerdiler.

Sabiha teyze, annemin baba tarafından akrabasıydı. Aile tarafından tasvip edilmeyen bir evlilik yaparak Ankara'ya taşınmıştı. Boşanınca İstanbul'a dönmemiş, Ankara'da kalıp terzilik yaparak hayatını kazanmaya başlamıştı. Bir sabah kapısı çalındı. Kapıda hiç tanımadığı çok genç ve hoş bir kadın vardı.

"Sabiha Hanım, ben Sitare'yim, Doktor Mahir'in kızı. Sizinle akraba oluyormuşuz. Ben de sizin gibi evlenerek Ankara'ya yerleştim. Madem burada bir akrabam varmış, onu ziyarete gideyim, tanışayım, dedim. Ayrıca, elbiselerimi de siz dikin istiyorum. Siz dururken başka birine ne diye gideyim ki," diyordu annem. İşte benim hayat boyu didiştiğim anneciğim, böylesine iyi yürekli, candan ve arkadaş canlısı biriydi. Sabiha teyze annemi kucakladı, içeri buyur etti. O güne kadar hiç karşılaşmamış ama aynı aileden gelen iki genç kadın, tanıştılar, konuştular, dertleştiler ve ömür boyu sürecek, sağlam dostluklarına ilk adımı attılar.

Sabiha teyze, yıllar içinde Ankara'nın en ünlü terzisi oldu. Cumhurbaşkanlarının, başbakanların hanımları başta olmak üzere tüm Ankara sosyetesini o giydirdi. Annemin, gündeliğe gelen Teo'nun haricinde, Ankara'da yaşadığı yıllar boyunca bütün elbiselerini de Sabiha teyze dikti. Sabiha teyze, annemin kumaşlarından artan parçalarla benim için de harikalar yaratırdı. İlkokuldayken bana çağla yeşili bir manto dikmiş, astarını mantonun kumaşına kelebek desenleriyle makine çekerek tutturmuştu. Harika bir mantoydu. Annemin arkadaşları, Ayşe bu yaşta Sabiha Keyn'den giyiniyorsa, bakalım büyüyünce kocası onunla nasıl başa çıkacak diye dedikodu yapmışlardı. Oysa Sabiha teyze bana diktiği hiçbir giysinin ücretini almadı, ne çocukluğumda ne de büyüdüğüm zaman. Üstelik bir de onca kararsızlığını çekerdi annemin. O efsanevi kararsızlığını! Ben size sadece kumaş alma aşamasını anlatayım, siz anneme o kumaştan bir giysi dikecek kimsenin ne hale gelebileceğini tasavvur edin. Annemle evden çıkar otobüse binerdik, Ulus semtindeki çarşıya gitmek için. Ben nefret ettiğim beyaz botlarım ve örgülerimin ucunda koca kurdelelerimle kendimi rüküş hissettiğim hem de yine bir çarşı işkencesine tabi olacağım için huysuz ve mutsuz olurdum. Annem beni çekeleye çekeleye bir kuş gibi sekerek yürürdü, hedef aldığı kumaşçı dükkânına doğru. Annem sokağın başında göründüğü an tüm kumaşçılar ve ayakkabıcılar tezgâhlarının arkasında arazi olurlardı. Dükkâna girince tezgâhtar mecburen çıkardı saklandığı köşeden, raflardaki tüm kumaşlar tezgâha yığılırdı. Annem her birini üstüne tutup denedikten, bir de sokağın doğal ışığında tetkik ettikten sonra bir elinde üç metre kumaş, diğerinde benim elim, çıkardı dükkândan. En geç üç gün içinde, aldığı kumaşı değiştirmek için geri gelmek üzere.

Bir de genç yaşta kaybettiğimiz Sacide teyzem vardı. Sacide de Azra gibi, annemin kolejden sınıf arkadaşıydı. İncecik, uzun boylu, gözlerinin içi hep gülen, benim gözümde dünyanın en güzel kadını Sacide teyze, kocasından boşanmış, bir daha evlenmemişti. Annemin bütün arkadaşları evli ve çocuk sahibiyken onun bekâr olmasının ve bundan hiç gocunmamasının benim gözümde bir ayrıcalığı vardı: Kendi ayakları üzerinde duran kadın! Tarzına, giyimine bayılırdım. Her çocuğun zor geçirdiği ergenlik dönemimde, ailede herkese savaş açmışken, bana anlayışla yaklaştığı için onunla çok yakın arkadaş olduk. Annemin, arkadaşının özgürlükçü fikirlerini bana aşılayacağından, büyüyünce evlilik kurumuna karşı olacağımdan filan ödü kopar, ona düşkünlüğümden tedirgin olurdu ama Sacide o kadar tatlı bir insandı ki, onsuz da yapamazdı. Yaz aylarında birkaç haftalığına bize kalmaya gelirdi. Ortaokuldayken onun bluzlarını, eteklerini giyer, kendimi çok şık hissederdim. Bana omuzdan askılı, kırmızı bir çanta vermişti. Amerikan malıydı galiba. Kolejde okuduğum yedi yıl boyunca hep bu çantayı kullandım, Londra'daki öğrencilik yıllarımda da omzumdaydı çanta. Yıllar sonra, ilk eşimden boşanıp baba evine döndüğümde, dolabımda bu çantayı gören annem gözlerine inanamamış, resmen isyan etmişti. Çantamı evde çalışan kadına vermeye kalktıydı. Annemle on beş, on altı yaşlarındayken sık yaptığımız kavgalardan birini yıllar sonra bu çanta yüzünden bir kez daha yapmıştık. Annem işine yaramayan ve eskimeye yüz tutan her şeyini atardı. Bense üzerinde sevdiklerimin parmak izi, nefesi, anısı olan hiçbir şeyden ayrılamazdım. Bu yüzden evlerim hayat boyu hep eskici dükkânlarını andırdı. Aileden kalan mobilyaları, çanak çömlekleri annemin elinden atılırlarken nasıl kurtardımsa, kırmızı çantamı da kurtardım. Sacide teyzeden, doyumsuz anılarla kırmızı çantanın yanı sıra, bana bir de Betûl Mardin'in değerli dostluğu kaldı. Çünkü Sacide teyzenin erkek kardeşi Akün Usta, Betûl Mardin'in ilk eşiydi, bir de şirin mi şirin, mıncıklamaya doyamadığım küçük Leyla'ları vardı. Hepimizin aynı cadde üzerinde yaşadığı Nişantaşı'nda, sabah yürüyüşlerinde onlara rastladıkça, pusetindeki pufla Leyla'yı öpücüklere boğardım. Leyla büyüyünce çok hoş bir genç kadın oldu tadına doyulmaz sohbetiyle, zeki bakışlarıyla, ince zevkiyle bana Sacide teyzemden rüzgârlar estirir hâlâ.

Bir başka teyzem de Mehpare Tökin'di. O da çocuğu olmadığı için, Ruhiye ve Sabiha teyzeler gibi, beni öz çocuğu yerine koyan bir başka arkadaşıydı annemin. Diğerlerinden farkı, Mehpare teyzenin evinde iki adet de "baba" olmasıydı. Biri Mehpare teyzemin ağabeyi İsmail Hüsrev Tökin'di, diğeri erkek kardeşi Firuzan. Bu üç bekâr kardeşin büyük bir kütüphanesi ve çok ilginç resimleri olan evlerinde vakit geçirmeye bayılırdım. Arada sırada onlara yatıya da giderdim. Beni çocuk yaşıma rağmen ciddiye alırlar, fikrimi sorarlar ve benimle büyükmüşüm gibi konuşurlardı. Soysal Apartmanı'nın hemen arkasındaki sokakta otururlardı, Yurdanurların evinin iki ev ötesinde. Beşinci sınıfa geçtiğim yazdı galiba, annemle arkadaşlarının arasında Hüsrev amcaya dair tuhaf fısıltılar başladı. Konuşurlarken yanlarına gittiğimde susuyorlardı. Üzgün görünüyorlardı. Sürekli "Hüsrev", "Ankara", "İstanbul" lafları çalınıyordu kulağıma. Hanife'nin casusluğuna başvurmak zorunda kaldım, çünkü Hanife evin içinde her şeyi duyar ve bilirdi. Her zamanki gibi baklayı ağzından çıkardı. Hüsrev amca, kominis diye işten atılmış, İstanbul'a gidiyormuş! Sabah okula birlikte yürürken, ilk işim Yüksel'e bu "kominis" denen şeyi sormak oldu. Yüksel'in babası Hıfzı Oğuz Bekata politikacı olduğu için bu gibi şeyleri Yüksel benden daha iyi bilirdi herhalde. Nitekim, "Ayşe, sen bunu nereden duydun?" dedi Yüksel. "Çok çok kötü bir şeydir o. Sakın bir daha ağzına alayım deme bu sözü. Sakın!"

"Nasıl kötü yani, bok demek gibi mi?"

"Daha da kötü! Kominisleri önce işten çıkartıyorlarmış, sonra da hapse atıyorlarmış. Annemin bir dayısı var, ondan duymuştum, bu kominisler her şeyi paylaşırmış. Evlerini, odalarını, yataklarını, elbislerini..."

"Diş fırçalarını da mı?"

"Evet."

"Öğğğ! Hadi sen de!"

"Söylüyorum işte, çok çok kötü insanlarmış. Onlardan uzak duracaksın, anladın mı kardeşim!"

Bir yanlışlık vardı bunda. Kesinlikle bir yanlışlık vardı. Benim sevgili Hüsrev amcam kötü bir insan olabilir miydi hiç! Mümkün değildi bu.

O akşam yemekte babama sordum.

"Baba kominis nedir?"

Babam bu kez topu anneme atmadı. "Komünizm bir rejimdir, Mâço," dedi. "Rusya mesela, komünizm ile idare ediliyor."

"Ohh! İçim rahat etti."

"Hayrola?"

"Hüsrev amcamın kominis olduğunu duydumdu ama değilmiş işte!"

"Kimden duydun?"

Hanife'yi asla ele veremezdim. Okulda duydum diye yalan söyledim.

"Sizin yaşınızdaki çocukların konuşmaması gereken laflar bunlar," dedi babam, suratı asılmıştı. Bir süre sessiz kaldı, sonra, "Bak kızım," dedi, "Hüsrev amcan gençliğinde Moskova'da üniversiteye gitmişti. Hatta devlet bizzat yollamıştı birkaç öğrenciyi Moskova Üniversitesi'ne. Şimdi Rusya'da komünist rejim var dedim ya, işte onu da bu yüzden öyle sanmış olabilirler."

"Ama o kominis değil mi?"

"Mâço, kominis deyip durma şuna. Doğrusu Ko-mü-nist'tir!"

"Hüsrev amca ko-mü-nist mi, baba?"

"Hayır, değil."

"İyi. O halde İstanbul'a gitmeyecek değil mi? İşinden de atılmayacak!"

Hüsrev amcam, Firuzan ağabey ve sevgili Mehpare teyzem, o yıl Ankara'dan ayrılıp İstanbul'a göç ettiler. Onları tüm dostları hep birlikte Ankara Garı'ndan, yeni hayatlarına teşyi ettik. Her üç kardeş de geride kalan arkadaşları zırıl zırıl ağlarken gönül kırgınlıklarını belli etmediler. Mehpare teyzenin trene binmeden önce beni kucaklarken, "En çok senden ayrıldığıma üzülüyorum, minik kuşum," diyen sesi günlerce çınladı kulaklarımda. Tren bir nokta gibi kalana kadar el salladım arkalarından. Hayatımdan bir anda üç sevgili insan eksilmiş, söz dağarcığıma ise manasını tam olarak kavrayamadığım bir sözcük katılmıştı: Ko-mü-nist!

1950'lerden ta 1970'lerin sonuna kadar, Türkiye'yi idare eden tüm hükümetlerin hepsine bir "ko-mü-nist" paranoyası arız olacak, devletin kolluk kuvvetleri sürek avına çıkar gibi komünist avına çıkacaktı. Uzun yıllar bu korku şekillendirecekti Türkiye'nin kaderini.

İlkokul

İlkokula başlayınca benim dünya yüzündeki sultanlığım sona erdi. Bir de baktım ki, sınıf benim gibi biriciklerle dopdolu. Her çocuk, kardeşleri de olsa, kendi ailesinin bir tanesi. Öğretmenin gözünde, şişman sıska, zengin yoksul ya da kız erkek, hiçbir farkımız yok. Bu eşitlenmeden dolayı ilk birkaç gün boyunca eşekten düşmüşe dönsem de çabuk toparlandım, sınıfıma, arkadaşlarıma ve biricik olmamaya alıştım.

İlkokul denince aklıma her şeyden önce Leman Öğretmen gelir. Uzun boylu ve uzun siyah saçlıydı öğretmenim. İncecikti. Gencecikti. Anneannemin adını taşıyor olması da bir başka nedendi onu çok sevmem için. O benim ilk öğretmenimdi, bizim sınıfın çocukları da onun ilk öğrencileriydik. Bu nedenle hayatı boyunca bizim sınıf hep çok özel oldu onun için. Kırk yıl sonra dahi her birimizi tek tek adımızla, özelliklerimizle hatırlayabiliyordu. Biz de koca sınıf, hayatımızın ilk ve çok önemli öğretmenini silinmez bir tatu gibi yüreğimize kazıdık. Aslında artık itiraf etmeliyim ki, benim bir yıl önce birkaç aylık bir ilkokul maceram ve bir öğretmenim daha olmuştu. Babam beni komşumuz olan Neriman Hanım'ın Ayşe Abla İlkokulu'na yazdırmıştı. Henüz altı yaşını doldurmamıştım. O yıllarda altıyı doldurmadan önce ilkokula başlatmıyorlardı. Ama Neriman Hanım, komşuluk hatırına kaydımı yapıvermişti.

Okula başlayacağım yılın yazında, Bâlâ eniştem Ada'daki evde bana okumayı öğretmeye çalışmıştı. Sabahat teyzemle Bâlâ eniştem çalıştıkları için ancak hafta sonları gelebiliyorlardı Ada'ya. Eniştem bana her hafta sonu beş, altı harf öğretiyor, hafta içinde o harflerle sözcükler yazmamı, çalışmamı tembihliyordu. Dedem beni çalıştırmak istiyordu ama onun harflerinin adları bir tuhaftı, eniştemin bana söylediklerine benzemiyordu. Mesela benim A dediğim harfe, dedem Elif diyordu. M harfi onun için Mim, N harfi Nun'du. Dedemin nezaretinde çalışmayı bu yüzden sevmiyordum. Yazları ailecek buluştuğumuz köşke, anneannem ve Suat teyzem kendi yardımcılarını da getirirlerdi. İşte o yardımcılardan birinin Ayten adında benden birkaç yaş büyük bir kızı vardı. Eniştemin öğrettiği harfleri ve sözcükleri dedemin yerine bana o kızın çalıştırmasını tercih etmiştim. Ağustos sonunda Top/At/Oku/Yaz/Ali Topu Tut gibi iki üç harfli sözcükleri okur ve yazar olmuştum.

Yaz sonu Ankara'ya gitmeden önce bana bir sırt çantası, defterler, kalemler, silgi ve kalemtıraş alındı. Defterlerim mavi kâğıtla kaplandı, etiketlendi. Çantam hazır oldu. Ayten'e gösterip hava attım.

"Sana kenar süsü yapayım mı?" diye sordu.

"Nedir o?" dedim. Gösterdi.

"Çiçek mi istersin, yıldız mı?"

"Yıldız yap."

Defterlerimi aldı, odasına gitti. Bana okul çantamı hazırlarken annem, ona da boya kalemleri almıştı. Ayten yeni kalemleriyle renkli yıldızlar yapmış defterlerimin kenarına. Çok sevindim. Artık kenar süsüm bile hazırdı. Ankara'ya varınca büyük bir hevesle okula başladım. Geniş sınıfımızda alışılagelmiş sıralarda değil, alçak kare masaların etrafına dizilmiş küçük iskemlelerde oturuyorduk. Çoğunlukla bize okunan masalları dinliyorduk. Defterlerimi kullanmaya bir türlü fırsat bulamıyordum ve buna çok canım sıkılıyordu. Bir süre sonra defterlerimize birtakım çizgiler çizdirmeye başladı öğretmenimiz. Çubuklar, S'ler, O'lar... Benim iç sıkıntım devam ediyordu, buraları çoktan aşmıştım, harfleri öğrenmiştim. Kayıtsızlığım öğretmenin dikkatini çekti. Yanıma geldi, defterimi aldı, niye çizgileri çizmediğimi sordu.

"Ben yazma biliyorum," dedim.

"Yaz bakalım o halde: ALİ TOP AT."

Yazdım. Defterimi eline aldı, karıştırırken birden durdu, çok kızgın bir ses tonuyla, "Bunu sen mi yazdın?" diye sordu.

"Neyi?"

Gösterdi. Defterin arkalarına doğru bir sayfada büyük harfle bir şey yazıyordu. Hemen okuyamadım. Yazıyı sökebilmem için hecelemem gerekti. Sonunda okudum. BO-KU-MU- YE. Okumayı tamamladığım anda suratımın ortasında şimşek gibi bir tokat patladı. Hayatımın ilk tokadı! Ne olduğumu şaşırdım. Ağlayamadım, konuşamadım, bir süre dondum kaldım. Sınıfta herkes bana bakıyordu. Erimek, yok olmak istiyordum. Ölmek istiyordum. Utançtan zaten ölmek üzereydim. Yanağım yanarak, yüreğim yanarak ne kadar öyle kaldım, bilemiyorum ama birdenbire yerimden kalktım ve koşarak sınıftan çıktım.

"Zil çalana kadar sınıfa dönme. Kapının ardında beni bekle, teneffüste başöğretmene gideceğiz," diye seslendi öğretmen arkamdan. Çantamı, defterimi, kalemimi, hırkamı, her şeyimi sınıfta bırakmıştım. Onları toparlamak için sınıfa dönmedim. Okuldan çıktım, bahçeyi geçtim, evimin yolu tuttum. Kimse okuldan çıktığımı görmedi. Evimiz yakındı ama evin bulunduğu tarafa ulaşmam için caddede karşıdan karşıya geçmek gerekiyordu. Orada biraz zorlandım, ilk defa bir caddeyi yanımda bir büyük olmaksızın tek başıma geçecektim. Ürktüm. Dörtyol ağzındaki kulübesinde trafiği idare eden polisin yanına vardım. Elimden tutup beni evimin bulunduğu yakaya geçirdi. Apartmana girdim, merdivenleri çıkıp kapıyı yumrukladım. Kapıyı her zamanki gibi Hanife açtı.

"Aaa! Senin burada işin ne bu saatte? Yalnız başına mı geldin? Neden geldin? Çantan nerde? Hırkanı da giymemişsin! Hastalandın mı, ne oldu?"

Hanife'nin kollarına atladım, başımı göğsüne gömüp böğürerek ağlamaya başladım.

Sanırım çocuklarına dair ilk sorunu, annemle babam o akşamüstü eve döndüklerinde yaşadılar. Heceleye heceleye zor okuduğum o yazıyı ben yazmamıştım. Büyük bir ihtimalle, yeni okul çantamı ve özenle kaplanmış defterlerimi kıskandığı için Ayten yazmıştı. Babam bana inanıyordu ve ertesi gün gidip bunu öğretmene anlatmamı istiyordu. Oysa ben son sözümü o akşam söylemiştim: Bir daha asla o okula dönmeyeceğim!

Annemle babam akşam yemeğinde bu konuya hiç değinmediler. Ertesi gün babam her sabah yaptığı gibi beni uyandırmaya odama geldiğinde anladı ki, kızında kırılması imkânsız bir inat var. Gururu incindi miydi, tamiri mümkün değil! O sabah benim yerime annemle babam okula gittiler, öğretmenle, başöğretmenle konuştular ve tavsiye üzerine birkaç gün beni rahat bırakıp, ikna etmeye çalışmadan beklediler. Hafta başında okula dönmem için ısrara başladılar ama hiçbir şey fayda etmedi. O nasıl bir inattı ki, sonunda kaydımı okuldan sildirmek zorunda kaldılar.

Annem babama, "Bu çocuk senin Boşnak inadı almış, Muhittin," dedi.

Babam, "Önünde bir örnek varken bunu nasıl söylersin Sitare, bence Ayşe senin aklına koyduğunu yapan Sabahat teyzene çekmiş," dedi. Huyunu kimden aldığına dair çeşitli şüpheleri vardı ama kızları hakkında bir hususu iyi öğrenmişlerdi; ona istemediği bir şeyi yaptırmak asla mümkün değildi. Bu arada ben de babamın sayesinde hayatım boyunca unutmayacağım bir ders almıştım:

"Senin imkânlarına sahip olmayan insanlara, sahip olduklarınla sakın gösteriş yapma, Mâço," demişti babam. "Onları incitmekle kalmazsın, kıskançlığa da itersin."

Bu öyle bir dersti ki, bir okul yılının kaybına değdi.

Ben o kışı evde kendi kendime oyunlar kurarak geçirdim. Annemin arkadaşlarının sevdiğim sevmediğim çocukları, apartman arkadaşlarım, kısacası bütün çocuklar okuldaydı. Ara sıra yapayalnız kaldığım için pişman olmuyor değildim ama suratıma tokat yediğim o sınıfa geri dönmeyi içime sindiremiyordum. Nihayet yaz geldi ve ben her zamanki gibi, ziyaretimize gelen anneannemle birlikte İstanbul'a, Ada'ya gittim. Büyük çamın dallarına kurulan kırmızı salıncağımda sallandım, iskeleden yukarı çıkan rüzgârlı yolun başındaki mısırcıdan sütlü mısırlar yedim, Çamakya'nın ve Kalpazankaya'nın berrak denizinde nihayet simitsiz yüzmeyi öğrendim. Yaz sonu eylül ayında bu kez altı yaşımı doldurmuş olarak adı o yıllarda Türk Eğitim Derneği olan bir başka okulda birinci sınıfa yeniden başlayacaktım. Bir önceki okulda yaşadıklarımı belleğimden sildim. O kadar sildim ki, bildiğim alfabeyi yeniden öğrenir gibi bile yapmadım. Resmen yeniden öğrendim.

Öğrendiğime kani olunca da marifetimi İstanbul'a yazdığım mektuplarla aileme sergiledim. Dedemle neneme, anneanneme, teyzelerimle eniştelerime birer mektup yazdım. Bir de Ahmet Reşit Bey'e! Dedem evinden çıktı mıydı, doğruca eski dostunun evinin yolunu tutardı. Anneannem beni süsler püsler, dedemin yanına katardı, "Deden ağır işitiyor, sen onun kulakları ol," diye tembih ederek. Biz dede torun el ele yürürdük tenha caddede. Dedem Teşvikiye Camii'nden çıkmış ve aksi istikamete giden bir cenazeye rastlarsa geri dönerdi, fatiha okuyarak tabutun peşinde yedi adım yürürdük. Gümüş saplı bastonunun yerde tık tık çıkardığı sesi sayardım. "Tamam, dede! Yedi oldu!"

Reşit Bey'in konağındaki çalışma odasında kuyruklu bir piyano vardı. Dedem ve arkadaşı, bizlerin yanında sadeleştirdikleri dillerini serbest bırakmış, zincirleme tamlamalarla, velakinler'le, mirim efendim'lerle, anlamlarını bilmediğim kelimelerle konuşurlarken, ben piyanoda akortsuz sesler çıkartırdım. "Gürültü yapma, Ayşe Sultan," derdi dedem.

"Bırakın eğlensin çocuk, bu evde Ekrem ve Cemal büyüdü azizim," derdi Reşit Bey. "Kulaklarım iyi kötü her sese aşina!" Ahmet Reşit, Ekrem ve Cemal Reşit Rey kardeşlerin babasıydı çünkü. Sonra dedeme şiirlerini okumaya başlardı Reşit Bey. İşte o zaman ben kulak kesilirdim. Kelimelerin anlamlarını bilmesem de, kulağıma ahenkle, adeta bir müzikle çarpan yaşlı, yorgun sesi, hiç sıkılmadan dinlerdim. Başka bir lisandı, evet! Sözcükleri anlamazdım, hayır! Ama şiir olduğunu bilirdim kelimelerdeki musikinin. Belki de bu yüzdendir şiire bunca düşkünlüğüm, bana çocukluğumun rüzgârını estirdiği için. Yazdığım mektuba, Reşit Bey'den yanıt gelmişti, "*İki gözümün nuru, canım yavrum, Ayşeciğim,*" diye başlayan. Sevinmiştim. Gururlanmıştım. Kargacık burgacık yazımla teşekkür etmiştim. Birinci sınıfta, monokl'lü, beyaz sakallı bir mektup arkadaşım olmuştu benim. Mektuplarının bazıları hâlâ durur bende.

Yeni okulumun hazırlıklarını yapmak için, Ada'dan Narmanlı'ya erken indik o yaz. Bu kez gideceğim okulda siyah önlük giyip beyaz yaka takacaktım. Heyecan içindeydim. Doğum günüm de Ada'dan erken indiğimiz için Narmanlı'ya denk gelmişti. Ada'daki kadar eğlenceli olmayacaktı ama zararı yok, nasılsa ailemin tüm fertleri ve kuzinim Oya hazır bulunacaklardı. Reşit Bey uğrayıp pastamdan tadacaktı. O gün, beni çılgınca sevindirecek ve Ankara'daki evimizde kendime ait bir oda sahibi olmama sebep olacak sürprizden henüz haberim yoktu.

Saat üçten itibaren konuklarımız gelmişler, büyükler arasında sohbet koyulaşmış, ben Oya'yla oyuna dalmışım, sofra açılmış, doğum günü pastamın üzerindeki mumları üfleyip söndürmüşüm, İngilizce bilenler bana *İyi ki Doğdun* şarkımı söylemişler, pastamızı, keklerimizi yemişiz, çaylar içilmiş, hediyeler açılmış, bana gelen armağanlar ortalığa saçılmış, babamın yeni yaşımı kutlayan telgrafı bile gelmiş! Misafirlerimiz yavaştan evlerine dönmeye hazırlanıyorlardı ki kapı çaldı.

"Hayırdır inşallah," dedi Sütne, gelenin kim olduğunu görmek için hole yürüdü.

"Aaa! Bu da nesi?" diyen sesini duydum Sütne'nin, sonra bir sessizlik oldu. O sırada ben ve Oya, prens ve prenses olarak birbirimize ilanı aşk etmekteydik, oyunumuzu en heyecanlı yerinde bölmedik. Annem yanımıza geldi, "Amcan sana bir sürpriz yapmış! Bayılacaksın," dedi. "Oyunu bırak da gel bak!"

"Okul çantası mı getirmiş? Suat teyzem almıştı ya!"

"Gel de kendin gör!"

Peşimde Oya'yla hole yürüdüm. Sokak kapısının önünde, açılmış paket kâğıtlarının ortasında, boncuk mavisi, oturma yeri de olan bir okul masası duruyor. Kocaman bir okul masası!

"Bu ne?"

"Neye benziyor sence?" dedi anneannem.

Yanına gidip kapağını kaldırdım. Kapağının iç yüzünde bir kara tahta vardı. İçi kitaplarımı defterlerimi alacak kadar derindi. Bir de oturma yeri vardı. Hayatımda aldığım en güzel ve en büyük hacimli hediyeydi! Heyecandan titreyerek sordum.

"Bu sahiden benim mi?"

"Amcan sana bir de mektup yollamış," dedi annem. "Bu masanın üzerinde derslerini çalışıp sınıfın en başarılı çocuğu olmanı diliyor."

"Amcam nerede?"

"Akşamüstü iş dönüşü uğrayacakmış. O zaman teşekkür edersin."

"Anne, biz Ankara'ya dönerken masa burada mı kalacak?" diye sordum dudaklarım titreyerek.

"Masa bizimle trene binecek, merak etme, amcan hepsini ayarlamış," dedi annem. "O yüzden paketinden tamamen çıkartmadık."

Avaz avaz bağırmak, zıplamak, coşmak istiyordum ama birden yanımda duran Oya'yı gördüm. Geçen yıl yeni çantam yüzünden başıma gelenleri ve babamın bana söylediklerini hatırladım, zorla tuttum kendimi.

"Pek de büyükmüş, trene sığar mı bu koca alamet," dedim dudak bükerek.

Annem anneanneme döndü. "Bunu bu kadar şımartırsan işte böyle nankör olur," diye söylendi. Akşam anneannemden bu yüzden azar işitecek ve neden öyle yaptığımı söylemek zorunda kalacaktım.

Ankara'daki evimizde, anneannemin ziyaret dönemleri haricinde ben, annem ve babamla aynı odada yatardım. Anneannem gelince yemek masası ve büfe hole taşınır, apartmanın deposunda duran camlı kapılar geri getirilip yerlerine takılır, yine depoda duran somya yukarı taşınır, anneannem kendisi için hazırlanmış bu odada yatardı çoğu kez beni de koynuna alarak. Anneannem leylaklarla hanımelilerinin açtığı ve şehrin mis gibi koktuğu mayıs başında gelir, bizimle tam bir ay kalır, haziran başında benimle birlikte İstanbul'a dönerdi. Biz gidince ev eski halini alırdı, ta bir sonraki mayısa kadar. Yeniden birinci sınıfa başlayacağım o yıl, Ankara'ya dönünce evdeki düzenin değişmiş olduğunu gördüm. Babam kendi yatak odalarını anneannemi yatırdıkları yemek odasına, yemek odasını hole taşıtmıştı. Onların odası da benimdi artık. Beyaz karyolam da maviye boyanmıştı. Demek ki amcamın hediyesinden haberdardı babam. Annem bana üzerinde renkli çiçekleri olan mavi basmadan perdeler ve yatak örtüsü diktirdi. Holde duran şifoniyer de maviye boyanarak yatağımın yanında yerini aldı. Harika bir odam olmuştu! Anneannem, geldiğinde benim odamdaki divanda yatacaktı bundan böyle. Yeni okuluma böylece çok güzel duygularla başladım. Ben üçüncü sınıftayken okulumuz İngilizce tedrisata geçti. Okulun adı Ankara Koleji'ne çevrildi ve siyah önlüklerimizin yerini, göğsümüzün üzerine meşale resmi işlenmiş, koyu mavi üniformalar aldı. Adı bir kez daha ne zaman değişti anımsamıyorum ama mezun olduğum ilkokulumu bugün artık TED Koleji olarak biliyoruz.

İlkokula başlayana kadar benim için dünyada yaşayan en güzel kadın annemdi. Birinci sınıfı bitirdiğimde dünyanın en güzel kadını Leman öğretmen olmuştu. Bir de Naciye öğretmenim vardı müzik derslerimize gelen, bugüne kadar hiç unutmadığım ve elbette Fikriye Başöğretmenim. Hamurumu ilk yoğuran, bana çok emek veren sevgili öğretmenlerimin bendeki izleri hep üzerimde kaldı.

Okulda ilk gün Leman öğretmenim beni tıpkı benim gibi saçları iki örgü yapılmış sarışın bir kızın yanına oturttu.

"Adın ne senin?" diye fısıldadı kız.

"Ayşe."

"Benimki Sevin. Sevin Ölçmen. Kurdelen ne güzelmiş!"

"Annem aldı. Seninki de çok güzel. Annen mi aldı?"

"Benim annem yok!"

"Nasıl yok?"

"Yok işte. Öldü."

Nutkum tutuldu. Ne diyeceğimi bilemedim. Bir anne neden ölür? Ölmek yaşlılara mahsus değil mi? Bizim evimizde anneannemin annesi bile hâlâ hayattayken Sevin'in annesi nasıl ölür? Mümkün değildi bu. Atıyordu, yalan söylüyordu bana.

"Yalancı!"

Ağlamaya başladı ve parmağını kaldırdı. "Öğretmenim bana yalancı dedi bu kız. Annemin öldüğüne inanmıyor."

Ben de ağlamaya başladım. "Niye bana böyle kötü şeyler söylüyor, öğretmenim? Niye yalan söylüyor? Ölmek için önce ihtiyarlamak gerekmiyor mu? Anneler çocuklarını yalnız başlarına bırakırlar mı hiç!"

Öğretmen yanıma geldi, bir elini omzuma koydu. "Bazen Allah insanları ihtiyarlamadan da yanına çağırır," dedi. "Sevin yalan söylemiyor. Ama yalnız değil, onu çok seven bir babası ve bir ağabeyi var. Başka akrabaları var. Bugünden itibaren pek çok da arkadaşı olacak. Bak, bu sınıftaki ilk arkadaşı sensin. Haydi, barışın bakalım."

İlk hamleyi ben yaptım. Öpüştük. O gün ayrılırken ona saç örgümün ucundaki kurdelemi vermek istedim, almadı. Gece yatağıma girdiğimde sırtımı yastığıma dayayıp Allah'a annemi sakın ama sakın yanına çağırmaması için yalvardım hiç üşenmeden tam kırk kere. Hanife'nin söylediğine göre, kırk kere söylenen şey olurmuş. Sonra da dedemden öğrendiğim duaları okumaya başladım. Ellerim dizlerimin üzerinde yukarı dönük dua ederken uyuyakalmışım. Annemin doksan yaşına kadar yaşamasında o gece ettiğim duanın tesiri var mıydı acaba?

Ertesi gün sınıfta iki yakın arkadaş daha edindim: Alev Bilgen ve Yüksel Bekata.

Alev, Posta Caddesi'nde, Ankara'nın ilk eczanelerinden biri olan Başkent Eczanesi'nin sahibi Ekrem Bey'in üç kızından en küçüğüydü. Aynı okulun üst sınıflarında okuyan ablaları teneffüslerde küçük kardeşlerini yoklamaya gelirlerdi. Alev'e ablalarından dolayı çok gıpta ederdim, çünkü ne okulda ne de mahallede beni himaye edecek kimsem yoktu.

Alev'le ilkokulun birinci sınıfında başlayan arkadaşlığım, İstanbul'daki Amerikan Koleji'nde de devam etti. Kolejden birlikte mezun olduk. Ben evlenip Londra'ya, üniversite okumaya gittim. Üniversiteyi bitirmek, bir yıl arayla iki çocuk sahibi olduğum için nasip olmadı. Alev, Ankara Hukuk Fakültesi'ne devam etti, avukat oldu, evlendi ve mimar eşinden boşandıktan sonra oğlu Efe ile Washington'a gitti, uzun yıllar Washington'da Merkez Bankası'nın hukuk müşavirliği görevinde bulundu. En yakın üç beş arkadaşımın adını sorduklarında önce onun ve İffet'in adı aklıma gelir. Ama lügat anlamında en eski arkadaşım, kuşkusuz iki aylıkken komşu, lise yıllarında ise sınıf arkadaşı olduğum, altmış sekiz yıl boyunca dostluğumuzun hiç kesintiye uğramadığı, Soysal Apartmanı çocuklarından Betin'dir.

Yüksel Bekata, CHP'nin ağır toplarından Hıfzı Oğuz Bekata'nın kızıydı. Siyah, kıvırcık saçlı, cin bakışlı bu arkadaşımla okulun ikinci ayında Leman öğretmen sınıfta yeni bir oturma düzenlemesi yaparken, herhalde kazık boylarımız uyduğu için arka sıraların birinde yan yana oturtulmuştuk. Beş yıl boyunca birbirimizden hiç ayrılmayacaktık. İkinci sınıfa geçtiğimiz yıl, okul yolunda bana eşlik eden babamın yerini Yüksel aldı. Yüksel her sabah evinden çıkar, yürüyerek Kızılay Meydanı'na gelir, penceremin altında sıtma görmemiş sesiyle, "Ayşeeee!" diye bağırırdı. Çantamı kaptığım gibi merdivenlerden aşağı koşardım. Okula kadar el ele yürürdük. Yan yana oturtulduğumuzda birbirimize evlerimizin nerelerde olduğunu sormuştuk. Yüksel'in annesi ve ablasıyla oturduğu ev bize çok yakındı, annemle babamın tanıştığı, annemin de benim için her gün üzümlü kek almaya gittiği Özen Pastanesi'nin sırasındaydı. Ah ne güzel, ikimiz de Kızılay'da oturuyorduk! Babalarımız arkadaş olacağımızı bilmiş gibi seçmişti evlerimizi. Bunu söyleyince

Yüksel'in yüzüne bir gölge düştü. "Kimseye söylemeyeceğine yemin edersen sana bir sır vereceğim," dedi.

"Vallahi, billahi söylemem."

"Yetmez. İki gözüm kör olsun, de."

Meraktan ölecektim. "Kimseye söylersem, iki gözüm kör olsun."

"Babam başka yerde oturuyor," dedi Yüksel. "Hafta sonları ablamla birlikte onun evine, Kavaklıdere'ye gideriz."

"Ne güzel, biz de yazları annemle Ada'ya gideriz," dedim.

"Ama kışın annenle baban aynı evde oturmazlar mı?"

"Elbette otururlar."

"Benimkiler birlikte oturmuyorlar."

"Nasıl yani?"

"Boşandılar. Ayrı evlerde yaşıyorlar."

"Neden?"

"Anlaşamamışlar." Arkadaşımın yüzünde çok mutsuz bir ifade vardı.

"Babam başka bir kadınla evlendi."

"Neee! Sen şimdi o kadına mı anne diyorsun?"

"Hayır, demiyorum. O benim üvey annem."

Birden boğazıma beni nefessiz bırakan, çelikten bir pençe yapıştı. Gözpınarlarımda yaşlar titreşiyordu. Boşanmanın çok kötü bir şey olduğunu biliyordum, çünkü annemin çok sevdiğim bir arkadaşı vardı; hukuk fakültesinin lojmanlarında otururdu kocasıyla. İki atın çektiği bir faytonla gelirdi bizim eve. Beni de bazen alır, faytona bindirir, üniversiteye götürürdü Ruhiye teyze. Ankara'da o yıllardaki tek fayton, üniversite dekanına aitmiş. Kendimi bir masal prensesi gibi hissederdim faytonda giderken. Üniversitenin bahçesindeki büyük ağacın altında oynardım. Öğlen vakti, yemeğimiz bir tepside lojmana gelirdi. Ruhiye teyzeyle karşılıklı yemek yerdik, sonra beni oyalamak için önüme sayfalarca kâğıt ve renkli kalemler yığardı, resim yapardım. Akşamüstü yine faytona binerdim evime dönerken. Sonraları Ruhiye teyze benimle eskisi gibi ilgilenmez oldu, ne zaman bize gelse güzel gözlerini yaşlı görüyordum. Annemle, beni odama gönderip kapıları sıkıca kapatarak aralarında mırıl mırıl konuşuyorlardı. Ben tuvalete gider gibi yapıp konuşmalarını dinlemiştim bir keresinde. O zaman öğrenmiştim kocasından boşanmak üzere olduğunu. Bu benim boşanmaların sebep olduğu kedere ve gözyaşlarına ilk tanıklığımdı. Ruhiye teyze ağlıyor, annem de ona teselli edici şeyler söylüyordu. Bir ara annemin arkadaşına, "Büyütüyor musun acaba Ruhiyeciğim, bazen şeytan bana da diyor ki, al çocuğunu İstanbul'a git!" dediğini duydum. O akşam sofrada yemeğimi bitirmediğim için beni azarlayan anneme, "Böyle yaptığın zaman, tavşan diyor ki, al bebeğini İstanbul'a git," demiştim meydan okur gibi. O günden itibaren annem arkadaşları eve geldiğinde, ben ortalıktaysam, sözlerine büsbütün dikkat eder olmuştu ama bana dedikoduları nakleden Hanife'yi hesaba katmamıştı. Hanife'nin anlattığına göre, Ruhiye teyzeyi kocası bır Rum kadınla aldatıyordu.

Ruhiye teyze Ankara Hukuk Fakültesi'nin dekanı olan kocasından boşandı, İstanbul'a döndü ve bir zaman sonra yeniden evlendi. Yeni kocasının ölen eşinden beş yaşlarında bir oğlu vardı. Öksüz oğlancık, Ruhiye teyze de şefkatli bir anne. Ruhiye teyze benimle yaşıt Ahmet'te özlediği evladı buldu ama mutlulukları bir darbe yedi. Birkaç yıl sonra Ruhiye teyzenin sevgili kocası kansere yakalandı ve vefat etti. Ahmet, anne bildiği Ruhiye teyzeden ayrılmak istemeyince Ruhiye teyze zaten soyadları aynı olan Ahmet'i evlat edindi ve ölene kadar hayatını ona vakfetti. Ruhiye teyze ona, "anam" diye hitabeden Ahmet'i ilkokuldan sonra, sınavlarını kazandığı Alman Lisesi'nde okutabilmek için terzilik yapmaya başlamıştı. Evi ve atölyesi İstiklal Caddesi'nde, Narmanlı Han'ın karşısındaydı. Evin arka odaları denizi ve İstanbul'un eşsiz siluetini görürdü. Ruhiye teyze, Ahmet denizden mahrum kalmasın diye her yaz Caddebostan'da bir yazlık kiralar, sabah yedide yola çıkarak atölyesine gelir, dikişine başlar, provalarını yapar, akşam yedi vapuruyla Ahmet'i yalnız bırakmamak için karşı yakaya geri dönerdi. Bu fedakâr teyzemin elinden bana da çok güzel elbiseler çıkardı. Evlenme çağına geldiğimde nişan elbisemi Ruhiye teyzeme diktirdim. Gelinliğimi de Sabiha teyze dikecek diye planlamıştım. Ama evdeki hesap çarşıya uymadı, gelinliğimi o yıllarda kayınvalidemin ve İstanbul sosyetesinin en ünlü terzisi olan Mualla dikti. Bana onca emek veren Sabiha veya Ruhiye teyzelerimden birinin gelinliğimi dikememesi içimde hep ukde kaldı.

Yüksel'le konuşurken Ruhiye teyzenin anneme ağladığı sahne gözümün önünde canlandı. Ya benimkiler de ayrılmaya kalkarlarsa! Aman Tanrım, ben ne yaparım? Annemin mi, babamın mı, hangisinin yanında kalırım? Nasıl parçalanır, mahvolurum! Ya bir de evlenmeye kalkarlarsa ve evlenecekleri kişilerin çocukları varsa, bana olan sevgileri bölünürse, Ruhiye teyze örneğinde olduğu gibi, o çocuklar benim yerimi alırsa? Okulun ilk günü Sevin'in öksüzlüğü karşısında devirdiğim çamın bir başka türlüsünü Yüksel'e devirmek istemiyordum.

"Çok üzüldüm," demekle yetindim.

"Ben de çok üzülmüştüm ama alıştım artık," dedi arkadaşım. "Kimseye söylemek yok, tamam mı?"

"Tamam!"

Dersler bitince evime taşıyamayacağım kadar ağır bir yükle döndüm. Yüksel'in annesiyle babasının boşanmış olduğunu anneme, babama söylemek istiyordum, onlardan boşanmayacaklarına dair söz almak istiyordum ama yemin ettim ya, gözlerim kör olursa diye de ödüm patlıyordu. Fakat bu boşanma işi hakkında iyice bilgilenmem lazımdı ki, benim de başıma böyle bir şey gelmemesi için önlem alabileyim. Sonunda Yüksel'in bana ettirdiği yeminlerin tamamını Hanife'ye ettirerek içimi ona döktüm. Hanife, "Ah zavallı çocuk," diyerek dizlerini dövmeye başladı. Boşanmanın ne kadar kötü bir şey olduğunu, çocukların üvey ana ellerinde kaldıklarını türlü örneklerle anlatarak yüreğimi büsbütün karanttı. Bir şeyler yapmam şart olmuştu. Bir okuma kursuna devam ederek okuma yazmayı sökmüş olan Hanife'nin de yardımıyla annemle babama bir mektup yazdım. Mektupta şöyle diyorum:

"Anne baba
sakın boşanamayın boşansanız ben kendimi intar ederim.
kızın ayşe kolin"

"İntar" etmeyi Hanife'nin tavsiyesiyle, kendimi öldürürümün yerine yazmıştım. Hanife, mektubu yatağımı toplarken yastığın altında bulmuş gibi yapacak, götürüp anneme verecekti. Böylece muhtemel bir boşanmaya karşı önlemimi almış olacaktım. Oh! Nihayet vazifemi yapmış olmanın gönül rahatlığı ile uyudum o gece. Sabah okuluma gittim. Okul bitiminde bir de ne göreyim, okul kapısının önünde babam bekliyordu beni. Mektubu çoktan unuttuğum için şaşırdım. Babamın benim okuldan çıktığım saatte işte olması gerekmiyor muydu? Yanına koştum.

"Baba, niye sen geldin?" diye sordum.

"İşim erken bitti, geldim Mâço," dedi babam. El ele eve doğru yürümeye başladık.

"Mâço, boşanmak ne manaya gelir, biliyor musun?"

Mektubu hatırladım. Yüksel, ablasıyla üç adım önümde gidiyordu. Kıpkırmızı oldum.

"Hişşt baba, sus, sus! Sakın o lafı ağzına alma! Sakın!"

Babam beni duymamış gibi, bana anlaşamayan insanların boşanabileceklerini, bunun hoş bir şey olmamakla birlikte bir felaket sayılamayacağını, mesela halam gibi, mesela Ruhiye teyze gibi çevremizde boşanmış pek çok insan olduğunu ama annemle onun boşanmaya hiç niyetleri olmadığını, bizim çok mutlu bir aile olduğumuzu anlatıp duruyordu. Yüksel duyacak diye yüreğime inmek üzereydi. Gidip sağ taraftaki evin alçak duvarına oturdum. Babam da yanıma ilişti. Yüksellerden iyice geride kaldık.

"İnsan hiçbir nedenle kendini öldürmez, Mâço," dedi babam. "Hayat boyu insanların başına gelmedik kalmaz. Sıkıntılar da üzüntüler de hep biz insanlar içindir. Her sıkıntının ardından, tıpkı her gecenin sonunda güneşin doğması gibi, mutlaka güzel günler gelir."

Cebinden mektubumu çıkardı: "Bu saçma mektubu şimdi yırtıyorum. Ama önce al bir bak, imla hataları yapmışsın, onları düzelttim. İnsan kendini intihar etmez, senin soyadın kolin değil, Kulin. Ayrıca, adlar büyük harfle yazılır," dedi.

Yüksel'le ablası gözden kaybolmuşlardı. Bizi duyamayacakları için rahat bir nefes aldım.

"Siz boşanmayacaksınız değil mi?"

"Hayır. Yüksel senin gibi ölmeyi düşünseydi şimdi seninle aynı sırada oturamayacaktı, öyle değil mi? Oysa önünde ne güzel bir hayat var. Üvey annesini ben tanıyorum, çok hoş bir insan. Eminim onu da çok sevecektir zaman içinde."

"Sen Yüksel'i nerden biliyorsun baba?" Bana bu konuyu kimseye söylemeyeceğini tam kırk kere tekrar etmiş olan Hanife'nin ihanetini aklıma bile getirmiyordum.

"Babalar her şeyi bilir."

Öyle olmalıydı ki, Yüksel daha sonraki yıllarda hem üvey annesini hem de üvey kardeşini çok sevdi. Hatta bazı hafta sonları babasının Kavaklıdere'deki evine ben de onunla birlikte gitmeye başladım. Beş yıl boyunca birbirimize yapışık yaşadık ama ilkokulu bitirdikten sonra benim İstanbul'a gitmemle yollarımız ayrıldı. Bir İngiliz'le evlenip İngiltere'de yaşadığını duymuştum. Dilerim çok mutludur.

Ben ilkokul sıralarında ölüm, boşanma, hastalık gibi hayatın kaçınılmaz gerçekleriyle tanışarak büyüyedururken evimizde şiddetli bir fırtına esti.

Her öğrenim yılı mutlaka hastalanırdım ben. Boğmacayı iki yaşındayken geçirmişim, anımsamıyorum ama ilkokulu bitirene kadar kızamık, kabakulak, kızıl gibi ne kadar çocuk hastalığı varsa, her sene birine yakalandığımı ve diğer çocuklar sokaklarda kartopu oynarlarken pencereye yapışıp onları gıptayla seyrettiğimi iyi hatırlıyorum. İkinci sınıfın kışında geçirdiğim tifo da bu hastalıklardan biriydi. Babam anneannemin aşırı koruması yüzünden mikroplara karşı savunmasız kaldığımı, o yüzden hastalandığımı düşünerek bundan böyle meyvelerimin ispirtoyla silinmesini, ekmeğimin ateşte alazlanmasını yasak etmişti. Tifoya yakalanana kadar, anneannemin ısrarıyla boğazımdan geçecek her gıda eğer pişirilmeyecekse, üç beş kere sabunla köpürtülür, sonra ispirto ile silinir, iyice durulanır, önüme öyle konurdu. Ekmek ve simit havagazı ateşinde üç dakika kadar, anneannemin tabiriyle "alazlanır," mikropları öldürülürdü.

Yemek seçen mızmız bir çocuk olduğumdan, uzun zaman tifoya yakalandığımı anlayamadılar. Hiç yemek yiyemez, ısrar edilirse kusar oldum. Kaç kere öğürdüğüm, nimete saygısızlık ettiğim için azar işitip sofradan kovuldum. Sonra bir gün ateşim çok yükseldi ve günlerce düşmedi. Gribe veya herhangi bir çocuk hastalığına yakalanmadığım kesinleşince annemle babamı bir telaş aldı. Çeşitli röntgenlerim çekildi, tahlillere götürüldüm ve sonunda mesele anlaşıldı, tifo olmuştum! Bağırsaklarım o kadar incelmişti ki, en ufak bir pıhtı delinmelerine sebep olabilirdi. Bir ay boyunca çorbalarımı, meyve sularımı annem bana bir tülbentten süzdükten sonra içirmiş ve sadece sulu gıda ile beslenmiştim. Annem bana ait tabak çanağı lizolle yıkatıyor, yemeklerimi eliyle hazırlıyor, bir taraftan da hastalığımın İstanbul'daki anneannemin kulağına gitmesini önlemeye çalışıyordu. Mikrop delisi olan anneannemin Ankara'ya gelmesi hayatını büsbütün zorlaştıracağı için, haftada bir yaptıkları telefon görüşmelerinde ona benim çocuk hastalıklarından birine yakalandığımı söylüyordu.

Bana tifo teşhisi konmasının ilk haftasında babam işe gitmedi. Her sabah başucuma oturup bana resimli Almanca kitabımdan *Küçük Tavşanın Maceraları*'nı okuyor, annemin benim için haşladığı sebzelerle meyveleri tülbentten geçirmesine yardımcı oluyordu. Bir sabah annem bana sütümü içirirken bir çığlık attı.

"Ne oldu anne?" dedim.

"O sallanan ön dişin nerede?"

Dilimi dişimin boşluğuna soktum. "Yok!"

"Nasıl yok?"

"Yok işte, düşmüş. Bu sabah uyandığımda yoktu."

"Gece mi düştü?"

"Bilmiyorum anne."

"Gece ışığını söndürürken vardı ama."

"Sabah yoktu."

"Neden söylemedin?"

"Fark etmedim. Uyurken düştü herhalde."

"Çabuk çık yatağından, şuraya otur. Çabuk! ÇABUK!"

Telaşını anlayamadım ama yataktan çıktım. Annem, "Hanifeee," diye bağırdı. Koşarak gelen Hanife'ye, "Çabuk Ayşe'nin yatak çarşafını al, en büyük leğenin içine silkele. Dişi düşmüş gece, dişi bulmalıyız. Mutlaka bulmalıyız," dedi. Bu telaşı hiç anlayamıyordum. Ne olmuş yani dişim düştüyse, bir ay önce de yanındaki diş düşmüştü. Hanife koşarak geldi, annemle birlikte çarşaflarımı leğene silkelediler dişin leğene tık diye ses çıkararak çarpmasını boşuna bekleyerek. Yastıklarıma teker teker baktılar. Annem yatağımı odanın ortasına kadar çektirdi, yatağın altı, kıyı köşe arandı.

"Tuvalette düşmüş olmasın?" dedi annem. "Bir de tuvaleti arayalım."

"Anne gece çişim gelmedi ki. Ben uyumadan önce diş ağzımdaydı."

"Sabah çiş yapmadın mı?"

"Daha yapmadım."

"Aman Allahım! Aman Allahım! Dişini yuttun o halde."

Annem telefona koştu, babamı aradı, doktorumu aradı. Odamı yatağımın altına bakarak, şilteyi ters yüz ederek bir kez daha aradı.

"Hanife, belki hatırlamıyordur çocuk, salona da gitmiş olabilir sabah. Salonu da ara, yemek masasının altına da bak," dedi. Tekrar telefona koştu, bir başka doktoru aradı. Çıldırmış gibiydi. Osman'ın annesi Azra teyzeyi aradı, konuşurken kulak kesildim.

"Azra, Ayşe gece uyurken sallanan dişini yutmuş. Ben yemeklerini süzgeçlere güvenmeyip tülbentlerden süzerken, koca dişi yutmuş! Aklımı kaçıracağım, doktor bol sıvı verin, yoğurt yedirin dedi ama ben bir de röntgen çektirmek istiyorum. Yerini tespit edelim, bağırsağı delmeden... Ne bileyim Azra... Şimdi bekliyor röntgenci... Yirmi dakikaya bizde olabilir misin?.. Ne yapayım, sarıp sarmalayacağım, battaniyeye saracağım. Bu diş işi üşütmesinden daha önemli... Teşekkür ederim kardeşim, Allah razı olsun," dedi annem.

Sokağa çıkarılacaktım! Üstelik kar yağarken. Allah senden de razı olsun diş!

O yıllarda Ankara'da kadınlar arasında araba kullananlara pek rastlanmazdı. Azra teyze bir istisnaydı bu yüzden. Arabasıyla evin önünde durduğunda, ben üzerimde üst üste giydirilmiş üç hırka, paltom, yün başlığım, ayaklarımda bana büyük gelen, babamın dağlarda giydiği kalın örgü çoraplar ve Tahir'in çizmeleri, kapı dibinde bekliyordum. Hanife beni battaniyeye sarıp kucakladı. Merdivenlerden inene kadar uslu durdum. Sokak kapısından çıkar çıkmaz, Hanife'nin kollarından yere atlayıp bir kar kümesine doğru koştum ve boylu boyunca üzerine yattım.

"Aman Allahım, tifo yetmiyor, bir de zatürree olacak!" diye bağırdı annem. "Sen beni öldürmek mi istiyorsun çocuk!"

Çekilen röntgende bağırsağımda diş gözükmedi. Eve dönünce annem bana doktorun tavsiyesiyle bol yoğurt yedirdi, zorla bardak bardak su içirdi ve diş bulunana kadar beni kakamı oturağa yapmaya mecbur etti. Şiddetle itiraz ettim ama bu sefer annemin inadı benimkinden baskın çıktı. Annem oturağı her kullandığımda elinde iki çubukla dişimi aramaya başladı. İşte o telaşlı günlerin birinde bir sabah babam yine başucuma oturmuş, bana *Küçük Tavşanın Maceraları*-

nı okuyordu ki, odaya giren annem, "Muhittinciğim, çocukları hastalananlara özel bir izin mi uygulanıyor sizin vekâlette?" diye sordu.

"Yoo!"

"Günlerdir işe gitmiyorsun. Kızını bana emanet edemiyor musun yoksa?"

Uzun bir sessizlik oldu, sonra babam başını kitaptan kaldırmadan, sakin sakin, "Sitare, ben istifa ettim," dedi.

"Neee?" Annemin yüzü bembeyaz kesildi.

"İstifa ne demek?" diye sordum.

"Muhittin! Nasıl yaptın? Neden ama? Ne zaman istifa ettin? Neden söylemedin bana?"

"İşte bu tepkiyi vereceğin için söylemedim. Üzülmeyesin diye."

"Zamanı mıydı istifanın? Çocuk yatağında ölümle pençeleşirken." Gözü bana takılınca, lafını bitirmedi. "Pardon pardon... Üstelik dişini de yutmuşken... Bunca doktor ve ilaç masrafımız varken nasıl yaparsın bunu?"

"İstifa ne demek, baba?"

"Vekâletteki rahatsızlığımı biliyordun Sitare, bahsetmiştim sana."

"Biliyordum ama zamanı mıydı kuzum?"

"Zamanıydı. Çünkü ben bizzat vekilin makamına çıktım, kadromu değiştirmemesi için rica ettim. Biz bir ekibiz Sitare, birkaç siyasi tayin için yıllardır birlikte çalıştığım ekibimi dağıtamazdım. Benim yaptığım işte tecrübe ve uyum çok önemlidir. Projeyi bilmeyen bir iki kişinin bilenlerle yer değiştirmesi katiyetle olmaz. Bunları bakana en yumuşak kelimelerle anlatmaya çalıştım. Suratıma dik dik baktı ve tayinlerime karışma yetkiniz yok efendim, dedi. Ben de, birkaç kişinin tayini memleket meselelerinden daha önemliyse, ekibimi dağıtmakta ısrarcıysanız, benim de burada işim yok efendim, dedim ve çıktım. Odama gidip istifa mektubumu yazdım."

"İyi halt ettin!" dedi annem. Ağlamaya başladı.

"İstifa ne demek? Size sorup duruyorum, istifa ne demek? Söylesenize."

"İşsiz kalmak demek! Aç kalmak demek," dedi annem. Hışımla odadan çıktı, yatak odasına koştu ve kapısını o kadar hızlı çarptı ki, yerimden sıçradım.

Babamla, *Tavşanın Maceraları*'nın neredeyse sonlarına gelmiştik. Bir süre elindeki kitabı evirip çeviren babam hikâyeyi bitirmedi. "Gerisini akşama okurum, Mâço," diyerek annemin peşinden o da çıktı gitti. Annemin yüzünden sabahımın keyfi kaçmıştı. Yatağımdan indim, dolabın içinden oturağımı çıkardım, annemi tatsız göreviyle cezalandırabilmek için ıkınıp sıkındım ama hiçbir şey yapamadım. O sırada annemin sesini duydum. "Nereye gidiyorsun?" diye sesleniyordu babama.

"İş aramaya," diye geri seslendi babam.

"İş pazarda satılmıyor! Gül gibi işin vardı, şart mıydı istifa? Uğruna istifa ettiğin ekibin seni takdir edecek mi bakalım?"

Babam annemi yanıtlamadı. Sokak kapısının kapandığını duydum, babama el sallamak için pencerenin önündeki divana tırmandım. Babam her zaman yaptığının aksine, dönüp bana el sallamadan, hızlı adımlarla caddenin karşı tarafına geçti... Yok, yok... Hızlı değil, sanki bugün daha yavaş yürüyordu, omuzlarında görünmez bir yük taşırmış gibi. Divandan indim, oyuncak sepetime doldurulmuş hırtı pırtının arasından tavşanımı, ayımı ve bebeğimi seçip yatağımın üzerinde yan yana dizdim ve yepyeni bir oyun kurdum kendime.

"Çocuklarım ben istifa oldum. Bundan böyle aç kalacağız, bu evde artık yemek pişmeyecek, başınızın çaresine bakın," diye ellerimi belime dayamış konuşurken odama giren annem bağırdı.

"Yatağından çıkmayacaksın demedim mi ben sana!"

"Odandan çıkmayacaksın demiştin, anne."

"Bak, sakın karşı gelme bana bugün, çok sinirliyim, bilmiş ol!"

Kitabımı alıp yatağıma tırmandım.

"Allah seni nasıl biliyorsa, öyle yapsın, inşallah!" dedi annem iki elini dua eder gibi yanlara açıp tavana bakarak.

"Kimi, beni mi?" diye sordum dudağım titreyerek.

"Seni olur mu hiç kızım! Nihat Erim'i!"

"O da kim?"

"Nafia vekili," dedi annem. Böylece, önümüzdeki haftalarda annemin isim vermeden sık okuyacağı bedduaların sahibinin adını öğrenmiş oldum.

"Nafya nedir anne?"

"Babanın bağlı olduğu vekâletin adı!"

Vekâlet nedir biliyordum elbette. Babamla kaç kere el ele yürümüştük o vekâlet denen yere. Babamın işyerine yani. Ama babam oraya nasıl bağlanıyordu acaba? Anneme soracaktım ama o kadar sinirliydi ki, cesaret edemedim.

Annem ve babam zorlu bir dönemden geçiyorlardı. Ufacık bir pıhtıyla bile bağırsağının delinme ihtimali olan biricik kızları kocaman bir diş yutmuştu. Annem Ankara'nın tüm doktorlarına danıştıktan sonra bir de İhsan Doğramacı'yı çağırmıştı eve. Bu doktoru çok sevmiştim, çünkü sakin ve yumuşaktı. "Bekleyeceğiz," demişti Doğramacı. "Hiçbir şey olmayabilir. Ama bir delinme olursa, onun da icabına bakılır, üzülmeyin."

Yani ufukta bir ameliyat ihtimali vardı. Yetmezmiş gibi, babam dönemin Cumhurbaşkanı İnönü'nün prensi Nihat Erim'le takışıp istifa etmişti. İşsizdi.

Otuzlu yıllardan beri çok önem verilen su ve sulama işlerini yürüten, bu konuda artık uzmanlaşmış olan babamın uzun süre işsiz kalması düşünülemezdi ama cumhurbaşkanının prensinin ayağına basmış bir yüksek bürokratı, o dönemde kim işe almaya cesaret edebilirdi, devletin sulama projesini büyük bir başarıyla yürütmüş olsa bile?

Babamın çalışmalarıyla, Anadolu on iki su bölgesine ayrılmış, sulama projeleri mükemmel bir şekilde geliştirilmişti. Böylece Devlet Su İşleri'nin temeli de atılmış oluyordu. Babam o sene yıllardır emek verdiği kurumun genel müdürlüğüne getirilmişti, yani o zamanki adıyla Devlet Su İşleri Reisliği'ne! Eliyle kurduğu, yeşerttiği, başarıya ulaştırdığı kurumdan buruk bir kalple ayrılmak zorunda kalıyordu. (Babamın, ilk kurucusu olarak DSİ binasının ana girişindeki duvarda, diğer genel müdürlerin en başında, 2001 yılına kadar yer alan çerçeveli fotoğrafı, sonraki yıllarda kim bilir hangi partizan münasebetsizin girişimiyle kaldırıldı.)

Evimizin bu fırtınalı günlerinde annem her gün oturağımı çubukladıktan sonra, hem dişimi bulamadığı için, hem de babam kolayca iş bulamayacağı için gözyaşı döküyordu. Ne olacaktı bizim halimiz? Kulak kabartıyordum, evimizin kirasını ödeyemeyecek olursak İstanbul'a, dedemin Maçka'daki evine mi gidecektik yoksa babaannemin Sultanahmet'teki evine mi? Ayşe İstanbul'da hangi okula verilecekti? Bu noktada ben de lafa karışıyordum.

"Ben Leman öğretmenimden ölsem ayrılmam!"

"Çocuklar lafa karışmaz!" diyordu annem.

"Sen öğretmeninden ayrılmayasın diye seni yatılı yaparız, İstanbul'a sensiz gideriz," diyordu babam.

"Ben sizden de ayrılmam!"

"Seçim senin!" Babamın her zamanki tarzıydı işte, istediği sonuca, seçimi karşısındakine bırakmış gibi yaparak varmak. Acaba mühendis yerine diplomat mı olmalıydı?

Zor geçen birkaç hafta boyunca dişim bulunamadı ama İhsan Doğramacı doktorumuz anneme artık oturak karıştırmasına gerek kalmadığını söyledi. Bunca zamandır bağırsağım delinmediğine göre tehlike atlatılmıştı. Bu müjdeyi aldığımız günün akşamında babam da eve bir başka müjdeyle geldi. İller Bankası'na müdür yardımcısı olarak işe alınmıştı. Demek ki Nihat Erim, babamın işe alınmaması için herhangi bir talimat vermemişti kimseye. Akşam yemeği için sofraya oturduğumuzda, bana tifo teşhisi konduğundan beri, çorbama ilk kez bir peksimet koydular ve babam anneme, "Sen de artık Allah'ın günü Nihat Erim'e giydirmekten vazgeç Sitare," dedi. "Bak, hem kızımız iyileşti hem de yeni bir sayfa açıyoruz hayatımızda."

Yeni Bir Sayfa Hayatımızda

Babamın İller Bankası'nda çalışmaya başlaması benim çekirdek ailem için yeni bir sayfaydı kuşkusuz ama Türkiye'de yaşayan herkesin hayatına yepyeni bir sayfa aslında 1950 yılının 14 Mayıs gecesi, seçim sonuçlarının belli olduğu saatlerde, yirmi yedi yıllık iktidarın değişmesiyle açıldı.

Annem, babam ve Hanife radyonun başına tünemişlerdi. Ben ödevimi bitirmek için kâh odama gidiyor, annemle babamın neşeli çığlıklarını duydukça kâh onların yanına koşuyordum. Seçim sonuçları okundukça annemle babam yerlerinden fırlıyor, birbirlerine sarılarak neticeyi kutluyorlardı. Bu arada telefonumuz da sık sık çalıyor, yeni bir partinin başa geçmesini isteyen eşin dostun telefonuna babam cevap veriyordu. Telefondaki eğer annemin halasının kızı Fazilet teyzemse, babam telefonu hemen anneme geçiriyordu.

Fazilet teyzemin kocası Muhlis Ete, Demokrat Parti iktidara geldiği takdirde bakanlık bekliyordu. Bu nedenle radyoda her yeni açılan sandıktan bir sayım haberi geldiğinde ya annem kuzinini ya da Fazilet teyzem annemi arıyordu. Sevinç sesleri çıkartıp, birbirlerini tebrik ederek yeni bir sayım haberine kadar telefonu kapatıyorlardı.

Beni yatağıma yolladıklarında henüz kesin sonuçlara ulaşılamamıştı ama netice belliydi. Annemle babamın ikide bir birbirlerine sarılıp öpüşerek, pek de anlayamadığım bir mutlu olayı kutlamaları beni sıkmaya başlamıştı zaten, itiraz etmeden gittim yattım. Ama uykuya dalmam kolay olmadı. Pencerem kapalı oluğu halde, odama dolan sokaktaki gürültülerden, bağırış çağırışlardan, hiç dinmeyen korna seslerinden, havai fişek patlamalarından uyumak mümkün değildi. Ankaralılar sabahın erken saatlerine kadar sokaklarda iktidarın değişimini kutladılar. Bir ara hâlâ radyo başını bekleyen babama şikâyete gittim penceremin altında gürültü yapanları ikaz etmesi için.

"Mâço, bugün kimseyi susturmak mümkün değil," dedi babam. "Halk bayram yapıyor."

"Ne bayramı bu, baba?"

"Çok uzun zamandır beklenen bir değişimin bayramı, çocuğum. Yeni ve temiz bir sayfanın bayramı. Haydi, git yat ve uyumaya çalış. Yarın çok güzel bir gün olacak!"

Ben o gecenin hepimizin hayatında estireceği değişimden habersiz, yatağıma gittim, yattım.

Aynı saatlerde, Çankaya Köşkü'nün üst katındaki çalışma odasından aşağıya yemek odasına inen Cumhurbaşkanı İnönü, odada toplanmış bulunan çocuklarına ve eşine bakmış, "Mevhibe Hanımefendi, yarından itibaren Çankaya'dan Ankara'ya artık otobüsle inmeye hazır mısınız?" diye sormuştu.

"Hazırız Paşam, hazırız!" demişti Mevhibe İnönü.

Türkler, yirmi yedi yıldır cumhurbaşkanlığı makamında oturan Milli Şef'lerinin Çankaya'dan inmeye bu kadar teşne olduğunu doğrusu pek beklemiyorlardı. İnönü hazırdı da seçimi kazananlar hazır değildi. Çünkü bilmiyorlardı Demokrat Partililer, meclise 150 milletvekiliyle girmeyi öngörmüşlerdi, kimse Demokrat Parti'den böylesine görkemli bir zafer beklemiyordu. Bu yüzden devir teslimi ancak bir gün sonra yapılabilecekti. Dile kolay, tam 408 milletvekili!

Cumhuriyetin kuruluşundan beri gerilere itilmiş taşra şehirlerinin, kasabaların halkı, çokpartili rejimden medet umanlar, İstanbul'un saltanat düşkünü çevreleri, padişahlığın kaldırılışını, halifeliğin lağvedilişini içine sindiremeyenler, harf devriminden, ezanın Türkçe okunmasından tutun, kadının örtüsüz dolaşmasına kadar her modernleşme hareketine karşı olup da o güne kadar sesini çıkaramamış kişiler, vergilerle cezalandırılan karaborsacılar, Varlık Vergisi'nden nasibini alanlar, malını satamayan ya da köy okullarının inşaatlarına kağnılarıyla taş çekmeye zorlanan köylüler, jandarmadan dayak yemiş muhtarlar, doğunun şeyhleri, şıhları, Ege'nin, güneyin ağaları, yıllarca içlerinde biriktirdikleri hınçlarını dökmek için sandık başına koşmuşlardı. Ayrıca Demokrat Parti, siyaseti köylerin içine kadar sokmayı başarabilmişken, iktidar partisi seçime hiçbir şey vaat edemeden girmişti. Cumhuriyet Halk Partisi'yle bir sorunu olmayanlar dahi sırf değişim uğruna ya da yıllardır aynı idareyi başta görmekten bıktıkları için oylarını Demokrat Parti'den yana kullanmışlardı.

Netice ezici bir çoğunluktu. Bu ezici çoğunluğun estirdiği rüzgâr yeni iktidarın hem gücü hem de felaketi olacaktı.

Seçimden bir hafta sonra taşlar yerine oturmuş, kabine belli olmuştu. Fazilet teyzemin kocası Muhlis Ete, İşletmeler Bakanlığı'na getirilmişti. Onları tebrik için evlerine gittiğimizde babam kulağıma eğilip, "İşte şimdi yandın Mâço, artık ne oyun oynayacağınızı senin boyun daha uzun da olsa, Ethem tayin edecek, çünkü artık o bir vekil çocuğu," diye dalga geçmişti benimle. Ethem'in boyu, babası vekil olduğu yıl gerçekten de birden uzayıverdi. Artık ne yemek masasının altına sığıyorduk, ne de eski oyunlarımızdan hoşlanıyorduk. Her ikimiz de süratle büyüyor, hayatın ırmağında yüzmesini öğreniyorduk ki, bu ırmakta mutluluk kadar acı da vardı. 1951 yılında Ethem'in annesi Fazilet teyzeme kanser teşhisi kondu.

Dördüncü sınıfa geçtiğim yaz her zamanki gibi Ada'daki evimize gitmedik. Dedem prostat ameliyatı olmuş, Nişantaşı'ndaki, Osman Bey'in kliniğinde yatıyordu. Üç kızı ve annem başını bekliyorlardı. Bülent dayım, Büyükada'nın Nizam semtinde, ormanın içinde, iki odalı küçük bir ev kiralamıştı. Yengem, ben ve dayımın kızı Feryâl, bu evde kalıyorduk. Feryâl benden altı yaş küçük olduğu için onunla oyun oynamaktan hoşlanmıyor, Ada'daki düzenimi, kırmızı salıncağımı, dallarından üzüm yediğim asmaları, tepesine tırmandığım incir, badem, şeftali ağaçlarını, evin en üst katındaki balkonlu geniş odamı, Adalı arkadaşlarımı, en çok da dedemi özlüyordum. Sürekli şikâyet halindeydim ama kimsenin benim şımarıklıklarımı çekecek hali yoktu. Yengem sabahları kızını ve beni Değirmen Plajı'na indirip denize sokuyor, akşam yatmadan önce evin dışındaki hamamda saçlarımızdaki kumları temizlemek için yeşil sabunu köpürterek bizi yıkıyordu. Uzun saçlarım tarağa takılıyor, canım acıyordu. Feryâl, annesi ve babasıyla üst kattaki odada yatarken, ben aşağıdaki odada, divanda yatıyordum ve dayımla yengemin niye beni de koyunlarına almadıklarını anlayamıyordum. Ara sıra annem veya anneannem bir geceliğine beni görmeye geliyorlardı. Yalvarıyordum onlara beni de yanlarında geri götürmeleri için ama yüz bulamıyordum. Bir sabah yengem beni ve Feryâl'i aceleyle giydirdi, plaj yerine iskeleye inip vapura bindik ve hastanede yatan dedemi görmeye gittik. Aman Allahım, dedeciğim ne kadar çok zayıflamıştı! Bir deri bir kemik kalmış, gözleri derine kaçmıştı. Onu ilk defa tıraşsız görüyordum, bembeyaz sakalları varmış meğer! Yanına gidip elini tuttum.

"Dedeciğim, ne olur iyileş ve hep beraber Ada'ya, evimize gidelim. Yaz sen olmayınca hiç çekilmiyor. Seni çok özlüyorum," dedim.

"Sen beni bir daha göremesen de ben hep senin yanında olacağım, Ayşe Sultan," dedi dedem. "Sana verdiğim öğütleri, öğrettiğim duaları hiç unutma emi, yavrum!"

Hastaneden sonra Narmanlı'ya uğrayıp nenemi ziyaret ettik. Hep köşe penceresinde oturan nenem, nedense bu sefer yatağında oturuyordu. Üzerine bir sessizlik çökmüştü. Hiç konuşmuyor, dalgın dalgın bakıyordu. Beni ve Feryâl'i gördüğüne bile sevinmedi. Yengemle Büyükada'ya geri döndük. Birkaç gün sonra gece rüyamda dedemi gördüm. Bembeyaz, yere kadar uzanan geceliklerinden birini giyiyordu. Uzun bir koridorun ucunda belirip yanıma geldi. Ben karanlık bir holde, herhangi bir yemek masasından çok daha büyük bir masanın ucuna ilişmiştim.

"Ayşe Sultan, hayatın boyunca hep çok çalışacaksın ama bundan hiç gocunma, Allah çalışanları sever," dedi. Dedeme sarılmak için kollarımı uzattım ama bir sabun köpüğünü kucaklamışım gibi, ona değemedi ellerim. Geldiği uzun koridorda, yüzü bana dönük, uzaklaşmaya başladı. "Dede, dedeciğim ne olur gitme," diye bağırırken kendi sesimle uyandım. Yukarı kata, dayımların odasına gitmek istedim ama kim bilir saat kaçtı. Derin uykuda olmalıydılar. Sessizce ağlamaya başladım. Annemi, babamı, anneannemi ve rüyamda kucaklayamadığım dedemi yanımda istedim. Ağlarken uyuyakalmışım.

Ertesi sabah uyandığımda dayım çoktan gitmişti. Üstelik yengem de gitmişti. Feryâl'le beni çamaşıra gelen Hatçe'ye bırakıp gitmişler! Feryâl bu gibi şeyleri fark edebilecek yaşta değildi ama ben tedirgindim. Bir tuhaflık vardı bugün! Plaja gidemediğimiz için kuzinimle bütün gün boyunca bahçede sinir içinde birbirimizi kızdıra kızdıra oynadık. Akşam dayım, yengem ve annem birlikte geldiler. Hepsinin de gözleri şiş ve kıpkırmızıydı. Anneme koştum, "Dedeme bir şey mi oldu yoksa?" diye sordum endişeyle.

"Deden dün gece cennete gitti, Ayşeciğim," dedi annem. "O şimdi gökyüzünde bir melek oldu. Çok dikkatli bakarsan, belki yıldızların birinde sana göz kırptığını görürsün."

"Ben dedemi dün gece gördüm zaten anne," dedim. "Bana geldi, konuştum onunla. Belki bir kere daha gelir bu gece beni öpmek için."

Annem dehşet içinde dayıma baktı. "Sen haklıymışsın, Bülent," dedi. "Doğru olmadı çocukları hastaneye götürmemiz. Baksana buna, neler söylüyor!"

Dedemin ölümü hayatımızda çok şeyi değiştirdi. Ada'ya bir yıl sonra yine ailece yazı geçirmek üzere gittik. Bu sefer dedem aramızda değildi ve yokluğu hepimizi etkiliyordu. Anneannemle Suat teyzemin hizmetçileri birbirleriyle kavgaya tutuştuklarında, dedemin sağlığında kavganın kıvılcımı dedeme duyurulmadan söndürülürken bu kez alevleniyor, anneannemle teyzemi de tutuşturuyordu. Nenem, Bâlâ eniştemin evde mayoyla dolaşmasını dedemin dikkatini çekmemek için görmezliğe gelirken, şimdi, büyüklerin yanında bu kılıkta dolaşılır mı diye tutturuyor, gün boyu mızıldanıyordu. Bülent dayım, kardeşi Rasin'le her Allah'ın günü incir çekirdeğini doldurmayacak nedenlerle kavgaya tutuşuyor, annem beni terbiye etmeye çalışan Rasin dayıya kızıyor, Suat teyzem Feryâl öğle uykusundayken benim üst katta gürültü yapmamdan şikâyetçi olarak anneannemi gücendiriyordu. Dedemin otoritesinin ortadan kalkmasıyla herkes çığırından çıkmış gibiydi. Ne geç saatlere kadar süren sazlı sözlü akşam yemekleri kalmıştı hayatımızda, ne de akşamüstü çaylarının tadı. Yatıya gelen misafirler de azalmıştı üstelik. Sabahat teyzemin geniş odasına artık odada eniştem yattığı için arkadaşları gelip kalamıyorlardı. Geleneksel misafirlerimiz, annemin halasının çocukları da hiç gözükmediler, çünkü her biri bir yazlık edinmişti kendine. Yaz boyunca sadece anneannemin arkadaşı Mari teyzeyle kocası Sava amca geldiler, o da ancak tek bir hafta sonu. Yaz tatsız geçiyordu kısacası. Üstelik ev de efendisini kaybedince inanılmaz derecede köhneleşivermişti ya da içinde yaşayanlara öyle gelmeye başlamıştı. Dış boyaları tamamen dökülmüş, boruları çürümüştü. Kırılan kiremitlerden dolayı üst katlarda bazı yerler akıyordu. Damı, orijinal Marsilya kiremitlerinin zor bulunmasını bahane ederek tamire yanaşmıyorlardı güya. Aslında kimsede köhnemiş koca köşkü toparlayacak imkân yoktu.

Yazın sonunda dedemin kızları bir dahaki yazı Ada'da geçirmemeye karar verdiler. Tamirat için gereken parayı evi kiraya vererek temin edeceklerdi. Hilmi eniştemle Suat teyzemin Feneryolu'nda yaptırmakta oldukları sayfiye evi önümüzdeki yaza bitmiş olacaktı. Suat teyzem nenemi bakıcısıyla birlikte yanına alacaktı. Aile, yazları Ada yerine Feneryolu'nda toplanacaktı bundan böyle.

Ada'da kaldığımız son yaz, köşkten ayrılmaya hazırlanırken anneannem beni yanına çağırdı. Yarım asır önce ona gelin katı olarak hazırlanmış odasının ortasında, yüzünde tuhaf bir ifadeyle dikiliyordu.

"Şimdi şu duvarlara dikkatle bak, resimleri beynine nakşet," dedi tarazlı bir sesle. Anneannemle benim yatağımın bulunduğu odanın duvarlarına sazlı bir gölde süzülen kuğular resmedilmişti. Annemle babamın yattığı odanın duvarlarındaysa çiçekli kır manzaraları vardı.

"Benim zaten hep aklımda bu resimler anneanne," dedim.

"Odaların tavanlarına da bak."

Başımı kaldırıp, Osmanlı usulü süslenmiş tavanlara baktım.

"İyice baktın mı?"

"Baktım."

"İyi. Çünkü hayatın boyunca bir daha ne bu kadar yüksek tavanlı, ne de duvarları ünlü bir ressam tarafından boydan boya resmedilmiş bir odan olacak. Evimizi hafızana nakşet ki, hiç olmazsa, hatırlayabilesin."

"Neden anneanne?"

"Çünkü devir değişiyor, kızım. Konak hayatı bitti. Köşk hayatı bitti. Geçtiğimiz devrin ihtişamı bitti. Sen hızla kapanan o devrin ancak kuyruğuna yetişebildin. Şimdi artık apartmanlarda yaşıyor insanlar."

"Ama anneanne, zenginler koskocaman evler yaptırıyorlar, o koskocaman evlerde büyük büyük odaları oluyor. Neden bitsin ki o dediğin şey... ihşitam..."

"Bak, dilin bile dönmüyor ihtişama; başka bir nesilsin sen. Kızım, zenginler kocaman evleri hep yaptıracak. Ama paranın satın alamayacağı görgüye sahip olamayacakları için incelmiş zevkin birikimi onların evlerine yansıyamayacak ne yazık ki!" dedi anneannem, sesi titriyordu, ağlıyor muydu ne? Odasının kapısını kapattı, merdivenlerin ilk on basamağını el ele indik, sonra hep yaptığımız gibi ben sola ayrılan basamaklara koştum, o sağdakilerden inmeye devam etti, ortaya ben ondan önce vardım.

"Gördün mü, ev gibi ben de yaşlanıyorum, artık seninle yarışamıyorum," dedi. Gerçekten de düğününün yapıldığı bahçeden son kez geçerken bana da çökmüş gibi geldi anneannem. İşte o gün anneannemle birlikte konak hayatını arkamızda bıraktık. Yokuşu inip vapur iskelesine yürüdük. Bahçıvan ve oğlu, anneannemin kenarları fitilli, bej kılıflara geçirdiği valizlerini taşıyarak peşimizden geliyorlardı.

Ada'ya ben 1950 yılından sonra bir daha hiç geri dönmedim, ta Sait Faik Ödülü'nü kazandığım 1996 yılına kadar. Onur konuğu olarak davet edildiğim Ada'ya keşke hiç geri dönmeseymişim, çünkü ne Burgaz o eski Burgaz'dı, ne de çam ve tuz kokan yollarda koşuşan sıska çocuğun hayali bana aitti. Başka bir dünya kurulmuştu anılarımın üzerine. Acaba benim bildiğim dünyanın taşları 1950'den itibaren mi oynamaya başlamıştı yerinden, son Osmanlı'nın el izi de silinip gittikten sonra bahçesinden?

"Ayşe, uyuyor musun, ne yapıyorsun orada sen, öyle elini dürbün gibi yapmış?" Annemin sesiyle sıçradım.

"İçim geçmiş anne, hava çok sıcak... Bir şey mi istemiştin?"

"Babanın serumu bitmek üzere, ben hemşireye haber vermeye gidiyorum, bir de sigara içeceğim bahçede. Baban sana emanet," dedi annem.

Toparlanıp kalktım. "Teyzem gitti mi?"

"Çoktan!"

Annem dışarı çıktı. Babamın yatağının ucuna oturdum.

"Mâço, size çok külfet vermeye başladım. Ne olacak benim bu halim? Ne iyileşmek bilmez hastalıkmış bu!" dedi babam.

"Babacığım, uyandırdım seni."

"Uyumuyordum kızım. Asıl benim yüzümden annen seni uyandırdı."

"Ben de uyumuyordum. Düşünüyordum sadece."

"Ne düşünüyordun?"

"Söyleyince şaşacaksın. Yıllar önce, 1950'de Demokrat Parti iktidara gelmişti ya, nereden takıldıysa kafama, işte o seçimi düşünüyordum. Niye o kadar çok oy aldıklarını, CHP'nin nerede hata yaptığını filan... O yıl henüz dokuz yaşında bile değildim, sebebini anlayamadımdı haliyle."

"Bir değil, pek çok sebebi vardı," dedi babam.

"Anlatsana."

"Ne yapacaksın öğrenip? Olan olmuş, aradan onca yıl geçmiş. Şimdi önümüzde başka bir seçim var, sen ona odaklan."

"Baba, anlat işte, merak ettim. Senin bakış açından öğrenmek isterdim doğrusu. Çünkü DP kazandı diye radyo başında göbek atan babamı on yıl sonra Menderes'in kafasına balkondan iskemle fırlatırken görmüşüm. Merak etmeyeyim mi yani?"

"Uydurma! Menderes'in kafasına değil, çocuklu bir kadını tartaklayan polise atmıştım iskemleyi."

Babamın iskemle atan görüntüsü o kadar komikti ki, ikimiz de hatırlayınca gülmeye başladık. Soysal Apartmanı'nın üçüncü kat balkonundan fırlatılan iskemle, Allahtan hedef şaşırıp bir arabanın aynasını parçalayarak kaldırım kenarına düşmüştü. Sukarno'nun Ankara'yı ziyareti sırasında olmuştu bu olay. Halk Kızılay Meydanı'nda toplanmış, yol boyunca dizilmişti. Emniyet güçleri, insanları yabancı konuğa alkış tutacaklar zannederek önlem almamışlardı. Menderes'in forslu arabasının görünmesiyle kıyamet kopmuştu. Hem de bir yabancı devlet adamının önünde. Islıklar, yuhalamalar, istifa et bağırtıları. Polis halkı dağıtmak için zor kullanırken, olayı balkondan seyreden babam, kucağında çocuğunu taşıyan genç bir kadının da polisler tarafından tartaklandığını görünce önce bağırarak itiraz etmiş, sesini duyuramayınca oturduğu iskemleyi aşağı fırlatmıştı polisin kafasına. O iskemlenin oraya nasıl düştüğünü kimse sormamıştı, sanki önemsiz bir ayrıntıymış gibi. İskemle aşağı uçmaktayken hepimizden evvel aşağı koşan Hanife, etraftakilere, sanki iskemle silkelenebilirmiş gibi, iskemleyi silkelerken elimden kaçırdım gibi bir şeyler gevelemiş, tekrar yukarı fırlamış, merdivenlerde aşağı inen babamla çarpışınca, "Sakın yalanımı çıkarmayın, sonra beni hapse atarlar beyefendi," demişti bir solukta. Kimse de bir şey sormamıştı zaten. Babam aynası kırılan arabanın camına telefon numarasını yazdığı bir kâğıt iliştirip, kucağında tahta parçalarıyla eve geri dönmüş, ertesi gün hem arabanın aynasını ödemişti, hem de annemin dırdırından kurtulmak için, paramparça olan iskemlenin aynını ısmarlamak zorunda kalmıştı.

"Hay Allah! Güldürdün beni, Mâço!"

"Annem seçimden sonra Ankara mağazalarında beyaz gömleklerle kravatların tükendiğini söylerdi. Köylerden kasabalardan gelen milletvekilleri, mintanlarını çıkarıp beyaz gömlek giymişler, öyle mi? Haydi baba, o günleri anlat da biraz daha gülelim."

"Milletini savaşa sokmamayı başarmış bir politikacının bu kadar çok yıpranmasında, bu denli istenmemesinde gülünecek bir taraf olduğunu sanmıyorum. O kadar çok hata yapıldı ki, özellikle de 45–50 yılları arasında, olacağı buydu," dedi babam.

"Sahi mi? Çok mu hata yaptı CHP?"

"Çok hata da yaptı, çok iyi şeyler de yaptı ya da yapmaya çalıştı ama halka anlatamadı yapmak istediklerini. Millete iyilik olsun diye el attığı birkaç proje ters tepti, faydadan çok zarar getirdi."

"Ne mesela?"

"Toprak reformu mesela! İnönü, Atatürk'ün de sağlığında ısrarla önerdiği toprak reformunu yapmaya çok çabalamış ama kendi partisinden dahi muhalefetle karşılaşmıştı. Toprağın sahiplendirilmesi, topraksız köylülerin toprak sahibi yapılması işini bir türlü başaramadı. Kürt aşiret reisleri ve Türk toprak ağaları şiddetle karşı çıktılar toprak reformuna. Biliyor musun, karşı çıkanların arasında Menderes de vardı. Her neyse, İnönü sonunda reformdan vazgeçti ama epey yara aldıktan sonra. Bana biraz su versene, canım."

Babama birkaç yudum su içirdim.

"Yoruldunsa anlatma, baba."

"Madem sordun, anlatayım bari bildiklerimi. Toprak reformunda hüsrana uğrayınca, İnönü bu kez ziraat alanlarını daha verimli hale getirmek için ormancılık işlerine ve sulama projelerine el atmıştı. Ormanların hali perişandı Mâço, bir memleketin yüzölçümüne göre orman oranı %20 olması gerekirken, bizim ormanlarımızın oranı %10'a düşmüştü. Onun da bir kısmı makilik alandı, orman değildi yani. Değerli orman arazilerimiz, keçilerini otlatmak için ormana salan, odun ve kereste elde edip satmak için ya da kendine tarlalık alan açmak için ağaçları kesen köylüler yüzünden mahvolmuştu. Ben bir ara Ziraat Bakanlığı'nda görev yapmıştım ihtisasımı tamamlayıp yurda döndükten hemen sonra. O yüzden iyi bilirim bu perişanlığı. Hükümet, yeşil alanı kamulaştırıp devlet malı yaparak orman arazisini hem işletmek, hem de korumak istemişti. Fakat ormanlık alanlardaki halkın tepkisi çok şiddetli olmuştu, köylüler devletleştirilen ormanları teker teker yakarak bitirmeye başlamışlardı. Toroslar'daki bir büyük ormanda bir gecede otuz beş ayrı yangın çıkmıştı, düşünsene. Devletle halkın orman yüzünden karşı karşıya gelmesinde devlet yenik düştü. İnönü'nün köylüyü orman yağmacısı yerine orman işçisi, orman işletmecisi yapma projesi de başarıya ulaşamadı. Ege'de zaten sevilmezdi, diğer ormanlık yerlerde de bu icraat aleyhine işledi, çok düşman kazandı. Biliyor musun, hükümetin başarıya ulaşan ve husumete yol açmayan tek projesi, belki de benim başında bulunduğum sulama projesi oldu."

"Çok kıymetini bildiler bu yüzden!!"

"Ben kimseden hiçbir şey beklemedim, Mâço. Vazifem neyse en iyi şekilde yapmaya çalıştım. Benim vicdanım rahat!"

"Senin kızın olduğum için benim vicdanım da rahat, baba," dedim. "Ama İnönü'nün vicdanından ne haber acaba? Demin hataları da vardı diyordun, tarih onu nereye yerleştirecek dersin?"

"Bir devlet adamının sevabı kadar vebali de olur, kızım. Savaş öncesinde çok önemli sanayileşme imkânlarını kaçırdı. Dış ülkelerden yapılan teklifleri değerlendiremedi. Haydi diyelim harp içindeyken korkuları vardı. Bir koca orduyu beslemek, halkın iaşesini düşünmek, temin etmek lazımdı; karaborsa almış başını gitmiş, mani olunamıyordu. Sert tedbirlere başvurulmasını hoş görelim ama hiç olmazsa 46 seçimlerinden sonra esaslı bir kalkınma programı ele alınabilirdi. Savaş bitmişti o zaman. Hiçbir imkân değerlendirilemedi, halka geleceğe dair en ufak bir yenilik vaat edilemedi. Bunca sıkıntıyla geçen yıllardan sonra halkına hiçbir şey vaat etmeyen bu hükümet, elbette ağır bir yenilgiye uğrayacaktı."

"Baba, ben hep senin İnönü'yü sevdiğini sanmışımdır."

"Severim, o başka! Çok önemli bir devlet adamıydı. İkinci Dünya Savaşı'na bulaşsaydık, kim bilir nasıl bir maceraya sürüklenecektik. Savaş sonrasında o da çok yorulmuş, yıpranmıştı zahir; bir karar verememe hali gelmişti üstüne. İktisadi kalkınmayı elinin tersiyle itip çokpartili bir rejime doğru yelken açtı. Ülkeyi seçime götürüp seçimi kaybedişi ve bunu tereddütsüz hazmedişi, bence zaferlerinin en büyüğüdür."

Annem odaya geri geldi. "Siz ne yapıyorsunuz bakayım, baba kız? Hani uyuyordunuz ikiniz de? Neler kaynatıyorsunuz aranızda?" diye sordu.

"Seni çekiştiriyorduk, anne."

"Yine mi?" dedi annem, yüzünde incinmiş bir ifadeyle, sanki böyle bir şey mümkünmüş gibi.

Annemi çekiştirmek! Yedi yaşında filan olmalıydım, babamın koskocaman proje kâğıtlarını kestiği ve kimselere el değdirtmediği kâğıt makasıyla annemi kumaş keserken yakalamıştım. Babam eve gelir gelmez, hemen şikâyete koştum. Babamın eli bana tokat atacakmış gibi kalktı ama yüzüme inmedi.

"Anneni gammazladığını bir kere daha duyarsam, bu şamar o an suratına iner! Haydi, git şimdi odana!" Hem şaşırmış, hem de utanmıştım. Ayrıca gammazlamanın anlamını da bu vesileyle öğrenmiştim. Ne zaman sınıfta birini gammazlamaya yeltensem, babamın suratıma inmeyen şamarını hatırlar, susardım. Annemi de ne zaman ağız tadıyla çekiştirmek istesem, ancak Hanife'ye giderdim, babama asla! Oysa annem nedense hep onu babama şikâyet ettiğimi zannetti. Benim babama düşkünlüğümü kabullenmişti ama yakınlığımızı her zaman biraz kıskanmıştı. Bu yüzden ve başka nedenlerden dolayı da sinir olurdum anneme ama İstanbul'daki koleje gönderilmemi ona borçlu olduğumu da bilirdim. Beni dizinin dibinden ayırmak istemeyen babama rağmen, o okula yollatabildiği için anneme hep müteşekkir kaldım.

Beşinci sınıfa geçtiğim yıl, okula gidip gelen kız öğrencilerin caddenin sağ tarafında, erkek öğrencilerin de sol tarafında yürümesi şartı getirildi. Demokrat Parti'nin Milli Eğitim Bakanlığı'na atadığı bakanın marifetiydi bu karar. Bu deli saçması kararı, bize hafta başında İstiklal Marşı'nı söylemek üzere, okulun tüm öğrencileri avluya toplandığımızda ilan ettiler.

"Öğretmenim, nerden çıktı bu şimdi?" diye sordum sınıfa girdiğimizde Leman öğretmene. "Hani kız erkek fark etmiyordu? Hani hepimiz arkadaştık, kardeştik?"

Bezgin bir sesle, "Sual sorma. Söyleneni yap, ne kendi başını, ne de benimkini belaya sok!" dedi öğretmenim. Allahtan, evimiz kızların yürümesi gereken taraftaydı ve ben de zaten caddenin karşı tarafına, eğer Alevlere gitmiyorsam hiç geçmezdim. Bahar aylarında dalları sokağa yakın olan çağla ve erik ağaçlı bahçeler de kızların tarafındaydı. Yani çağla ve erik aşırmaya devam edebilecektik. Buna rağmen, sıdkım fena halde sıyrılmıştı, ne gerek vardı erkek arkadaşlarımızı karşı kaldırıma savurmaya!

O sene, dönemin sonunda sözlülere girecek ve ilkokul diplomamızı alacaktık. Vereceğimiz sınavda yalnızca sınıf öğretmenimiz değil, başöğretmenin de aralarında olacağı bir kurul bulunacaktı. Heyecandan, korkudan iştahımız, uykularımız kaçıyordu. Oysa yıl boyunca öğretmenimiz hepimizi tek tek hayatımızın ilk büyük sınavı için özenle çalıştırmıştı. Vakit geldiğinde, dizlerimiz titreyerek sınav kapısı önünde bekleştik. Sıra bana gelince aniden çişim geldi. Koşarak yakındaki tuvalete gittim, aa çişim mişim yokmuş! Tekrar kapının önüne vardığımda çişim yine geldi ama tuvalete gidecek zaman kalmamıştı, çaresiz içeri girdim. Öğretmenimle göz göze geldik. Bana göz kırptı, biraz rahatladım. Benim sınav sorum Hayat Bilgisi'ndendi. Ağza alınmasından itibaren bir lokmanın başına gelenleri, yani vücudun hazım mekanizmasını anlatacaktım. Leman Öğretmenimin bana defalarca tekrar ettirmiş olduğu konuydu! Sular seller gibi anlattım. Yurt Bilgisi, Türkçe, hepsinde başarılıydım. Aritmetiğe gelince her zamanki gibi nutkum tutuldu. Oysa öğretmenim çok tatlı, çok yumuşak bir sesle dikte ediyordu çözmem gereken problemleri. Tahtaya tebeşirle işlemi yazıyor, boş boş bakıyordum.

"Ayşe, bu problemi sen sınıfta kaç kere çözdün, hatta tahtada çözerken tebeşirin kırılmıştı da... Hatırladın mı? "

Ah evet, hatırladım! Öğretmenin yol gösteren sesiyle her şeyi hatırlıyordum. Keşke hayatım boyunca, ben matematik çözerken, hesap yaparken, bütçe açığımı kapatırken, kocalarımı seçerken hep o sesi duyabilseydim kulaklarımda! Hayat okulunda çakan ben beşinci sınıfı takdirnameyle bitirdim. Hangimiz takdirnameyle bitirmedik ki?

İlkokul bitirme sınavından birkaç hafta sonra, sadece bizim okula mahsus bir başka sınava daha girdik,

İngilizce sınavına! Kimimiz geçti, kimimiz geçemedi. Biz geçenler orta bire devam ettik. Geçemeyenler İngilizcelerini ilerletmek için "ihzari" denen hazırlık sınıfına alındılar. Anneannem o yıl Ankara'ya bir bavul dolusu hediyeyle gelmişti. Diploma törenimize kadar, armağanlarımı nerede sakladıysa, aşk olsun ona! Evi talan ettim ama hiçbir şey bulamadım. Getirdiği armağanların yarısını diplomamı aldığımda, yarısını da ihzariyi atlayıp orta bire girdiğimi öğrendiğimizde verdi bana anneannem. En büyük hediyeyi ise, hiç istemediği halde, kerhen babam yaptı.

Azra teyze, diploma aldığım hafta, beni evine öğle yemeğine çağırmıştı. Yemekten sonra, Osman'ı evde bırakıp otobüsle Ulus'a indik. Bisikletlerin satıldığı sokağa girdik. Azra teyze birkaç bisikletçi dolaşıp kız bisikletlerini inceledi, fiyatlarını sordu ve *James* marka yeşil bir bisiklette karar kıldı. Bisikleti bir taksinin bagajına koyup bizim eve geldik. Azra teyze taksiyi ödedi, bisikleti sürüyerek apartmana girdik, o bisikleti önünden tuttu, ben arkasından, merdivenleri zar zor çıktık ve kapımızı çaldık. Kapıyı babam açtı. Holdeki yemek masasına yayılmış, çalışıyordu.

"Muhitin, kızına beşi bitirme hediyesi bir bisiklet almış bulunuyorsun!" dedi Azra teyze. "Bana yüz lira bisiklet için, on lira da taksi için, tam yüz on lira borcun var. Ne zaman ödersin?"

Ben o ana kadar bisikleti Azra teyzenin hediyesi zannettiğimden sarılıp sarılıp öpüyordum onu. Babamla birlikte şaşırdık.

"Sana kim Ayşe'ye bisiklet al dedi, Azra?" diye sordu babam.

"Biz dün gece Karpiç'te yemekteyken sana Ayşe'nin bisikletini yarın alacağımı söyledim, sen de hiç ses etmedin."

"Şaka ediyorsun sanmıştım. Onca votkadan sonra kim saçmalamaz ki? "

"Şaka etmiyordum. Kızın bir bisikleti hak etmedi mi, Muhittin?"

"Bana bu kumpası Sitare'yle mi kurdunuz?" diye söylene söylene içeri gitti babam, cüzdanıyla geri döndü. Azra teyzeye parayı öderken, "Sana bu bisikleti geri verdirmek de vardı Azra," dedi. "Satıcıya rezil olma diye yapmıyorum. Ama sen de sakın bir daha bana böyle bir emrivaki yapma! Sakın!"

"Eyvallah! Şimdi bana bir kahve ikram et de yorgunluğumu alsın."

Azra teyze, Hanife'nin pişirdiği kahvesini içerken ben kapının dışındaki koridorda yalpalaya yalpalaya, duvarlara çarpa çarpa bisiklete binmeye çalışıyordum.

"Kim öğretecek Ayşe'ye buna binmesini?" diye sordu babam.

"Apartman oğlan çocuklarıyla dolu, hepsi öğretmek için sıraya girer, merak etme Muhittin," dedi Azra teyze gülerek.

"Sen kahveni bitirdinse, elimden bir kaza çıkmadan gitsen iyi olacak Azra," dedi babam.

"Çocuğun büyüyor. Sen de bunu gorsen ve kabullensen iyi olacak," dedi Azra teyze.

Babamın, çocuğunun büyüdüğünü görecek hali yoktu. Birkaç ay önce, bu kez de İller Bankası'ndan istifa etmiş, ofisini yine evdeki yemek masasının üzerine taşımıştı. Bu sefer, çatıştığı tek bir bakan da değil, iktidardaki partiydi. Ah babacığım, ne kadar da sevinmişti Demokrat Parti seçimi kazandığı zaman. Ama artık DP'nin adını bile duymaya tahammül edemiyordu. DP'nin ilk kabinesinde işletme bakanı olan Muhlis enişte de partisinden istifa etmiş, bir başka partinin kurucuları arasında yer almıştı. Babamın istifasına, artık istifanın ne demek olduğunu iyi bildiğim için, bu sefer ben de annemle birlikte üzülmüştüm. Üstelik bu kez babam memuriyetten tamamen çekildiğini de beyan ediyordu. Hiçbir iktidar ona göre değildi. Hele Demokrat Parti hiç değildi. Kimsenin önünde eğilip bükülemiyor, yanlışlarını yüzlerine vuramadan edemiyordu. Bundan böyle, beş para etmez siyasilerin ağız kokusunu çekmeyecek, iki mühendis arkadaşıyla birlikte müteahhitlik yapacaktı. Böyle diyordu babam.

Babam ve arkadaşları, birkaç ay içinde bir şirket kurmuş, Sümer Sokak'ta küçük bir daire kiralamış ve ihalelere girmeye başlamışlardı. O yıl Karadeniz'de Sinop'un Gerze Beldesi'nde çıkan bir yangında, bütün köy yanmış, kül olmuştu. Devletten bu köyün yeniden inşa edilme ihalesini babamın şirketi kazanmıştı. Önceleri, babam artık devlet dairesinde çalışmadığına göre, birlikte doğru dürüst tatil yapabileceğiz diye annemle çok sevinmiştik. Sevincimiz kursağımızda kaldı, babamın yüzünü, resmi tatillerde dahi göremez olduk! Gerze'den ve Ankara'dan ayrılamıyordu. Ayrıca annem, babam müteahhitlik yapmaya başlayınca zengin olacaklarını da zannetmişti. Babam hiç tatil yapamadığı gibi, zengin de olamadı.

Geleceğim Çiziliyor

Ben sonbaharda ortaokula başladığımda hâlâ küçük bir kız görüntüsündeydim. Bacaklarım ve örgülerim hemen hemen aynı kalınlıktaydı. Göğsüm ütü tahtası gibi dümdüzdü. Sadece boyum biraz daha uzamıştı ama sınıfın kızları, benim boyumu bir karış aşmışlardı. Aralarında çocuk gibi kalakalmıştım. Anneme zorla saçlarımı kestirttim ve eteklerimin boylarını uzattırdım. Babam saçlarımı kestiğim için günlerce yüzüme bakmayacak, annem de eteklerimi uzattırdığım, yaşımdan fazla göstermek uğruna rüküş kıyafetlere büründüğüm için söylenip duracaktı. Belki haklıydı ama kendimi akranlarımın arasına kabul ettirmek için buna mecburdum. Üstelik hayatımın ilk sosyal travmasını yaşamaya başlamıştım. Beş yıl aynı arkadaşlarla okuduktan sonra, şimdi daha önceden hiç tanımadığım kızlarla birlikteydim. Erkek arkadaşlarımız bizden ayrılmış, erkeklere ait bir başka binaya geçmişlerdi. Benim beş yıllık kız arkadaşlarımın büyük çoğunluğu da ihzari sınıfındaydı. Bir tek Yüksel ve Sevin vardı eski sınıfımdan, bir de Nişvan. Yeni kızların arasında sadece Baysan'dan hoşlanmıştım. Baysan Aygün, Ankara Valisi Kemal Aygün'ün kızıydı. Sıcakkanlı, eğlenceli bir kızdı. Bütün ortaokulun *Yarın Çok Geç Olacak* adlı filme götürüldüğü gün, koca sınıfta sadece ikimizin anneleri izin kâğıtlarımızı imzalamadıkları için boş sıraların arasında baş başa kalmış, annelerimizden yakınarak kader birliği yapmıştık.

İlkokulda öğretmenlerimi ve arkadaşlarımı ne kadar çok sevmişsem, ortaokuldan aynı ölçüde nefret ettim. Her derse ayrı bir öğretmen giriyordu. Ben alıştığım Leman Öğretmenimi özlüyordum. Binamız ve teneffüslerde çıktığımız bahçe de değiştiği için bazı teneffüslerde bir koşu ilkokul bölümüne gidiyor, öğretmenime sarılıp hasret gideriyor, geri dönüyordum. Ortaokula da bir türlü alışamıyordum. Derslerim her gün daha beter oluyordu. Sokakta oğlanlarla ayrı kaldırımlarda yürümeye başkaldırıyor, dikiş, nakış derslerini asıyor, İngilizce hariç tüm derslerden dökülüyordum.

Annem beşe geçtiğim yıl özel resim dersleriyle yetinmemiş, beni ayrıca konservatuvarda, Miss Appleyard'ın öğrencisi olarak bale bölümüne yazdırmıştı. Artık, okul sonrasında Madam Marga'nın yerine konservatuvara gider olmuştum. Konservatuvarın devamlı öğrencileriyle aşık atmama imkân yoktu ama dansı o kadar çok seviyordum ki, arayı kapatmak için elimden geleni yapıyordum. Yıl ortasında Miss Appleyard, annemi çağırarak ona benim bir seçim yapmam gerektiğini söyledi. Eğer balerin olacaksam ki, keşke olsaymışım, çok yeteneğim varmış, devam ettiğim ortaokulu bırakarak konservatuvarda yatılı öğrenci olmamı tavsiye ediyordu. Haftada birkaç kere bale sınıflarına girmekle bir yere varamazdım. Kısacası Appleyard bana, ya tamamen gel ya da çek git, diyordu, ara sıra sınıfıma girip suları bulandırma!

Annemle babam bu konuda bir karar aşamasına geldiklerini anlayınca (onlardan, hele de annemden bunu hiç beklemiyordum) beni çağırıp fikrimi sordular. Aman Allahım, elime okuldan kurtulmak için harika bir fırsat geçmişti!

"Beni hemen konservatuvara verin," dedim. "Hatta dönem sonunu bile beklemeyin. Okulu sevmiyorum. Her sabah ayaklarım geri geri gidiyor. Derslerim çok kötü."

Şaşırdılar. Beş yıl boyunca derslerimle hiç sorunum olmamıştı. Ayşe Abla İlkokulu'ndaki tecrübeden biliyorlardı ki, mutsuz olduğum yerde barınamıyorum. Bu yüzden bir ara ciddiyetle beni konservatuvara vermeyi düşündüler. Babam, balerin olursam, sahne meslekleri aile hayatımı etkileyebileceğinden ve belli bir yaşa gelince de sahne dışına itileceğimden bana kıyamıyor, balerin olmamı içine sindiremiyordu. Oysa annemin beni Kuğu Gölü'nde, tüller içinde uçuşurken hayal ettiğine eminim.

İstanbul'daki Amerikan Kız Koleji'ne yollanmam ihtimali işte o günlerde ortaya çıktı.

Babam Gerze ihalesini kazandığına göre beni İstanbul'daki koleje rahatlıkla yollayabilirdi. Anneannem başta olmak üzere tüm akrabalarım İstanbul'daydı, yalnız kalmayacaktım.

“Ah ne olur Muhittinciğim, ben de teyzem de kolejliyiz. Ayşe de giderse, üç kuşak kolejli olacağız. Ah ne olur! Kızımıza ne kadar yakışacak bu okul!” diyordu annem ama koleje sınavla giriliyordu. Sınavı kazanabilecek miydim bakalım?

Annem işi tesadüfe bırakmadı. Biyoloji öğretmenimiz Alexandra Miller, o günlerde arkadaşlarıyla paylaştığı evden ayrılmış, ucuzca bir pansiyon arıyordu. Annem bunu duyunca ona bir teklifte bulundu. Benim odamda fazladan bir yatak vardı. Miss Miller eğer kabul ederse, dönem sonuna kadar o yatakta yatabilir, kahvaltısını ve akşam yemeklerini bizimle birlikte yiyebilirdi. Bunlar için ücret ödemeyecek, karşılığında evde olduğu zamanlar benimle İngilizce konuşacaktı. Ayrıca haftada üç gün de birer saat bana ücretli ders verecekti. Miss Miller, İskoçyalıydı, bu teklifi geri çeviremedi. Benim itiraz etmeme vakit kalmadan valizini alıp geldi ve odamdaki divana kuruldu.

Bir karış suratımı gören annem, “Eğer koleje gitmeyi sahiden istiyorsan, bu kadından istifade etmeye bak,” dedi. “Boşu boşuna besletme bana elin İskoçyalısını! Yoksa oğlanlar o kaldırımda, kızlar bu kaldırımda gibi saçmalıklara daha yıllarca göğüs gerersin.”

İfrit kesilmiştim. Keçi kadın, odamın ve dolabımın yarısına el koymuştu. Odaya girdiği anda dırdırdır konuşmaya başlıyordu. İlk haftalarda direndim, hiçbir sorusunu yanıtlamadım. Kadın da direndi. Dört ay boyunca aynı odayı paylaştık ve ben cevap vermesem de bana sürekli bir şeyler anlatıp durdu. Anneannem o bahar yatağında başkası yattığı için Ankara’ya gelemedi. Haziran ayında kolejin giriş sınavları için annemle birlikte İstanbul'a gittik. Sabahat teyzem tarafından da bir hafta sabah akşam çalıştırıldıktan sonra sınav günü geldi çattı. Bir gece öncesinden annemle birlikte Sabahat teyzemin kolejin iki adım ötesindeki evinde kaldık. Sabah kahvaltısında lokmalar boğazımdan zor geçti. Erkenden çıktık evden, denizin kokusunu içime çektim, sakinleşmeye çalıştım. Kolejin kapısında annem bekçilerden birinin boynuna sarıldı.

"Beni tanıdın mı Artin Efendi?" dedi. "Bak, kızımı sınava getirdim! Sen eskiden biz imtihana girerken bizim için dua ederdin, iyi gelirdi. Yine etsene."

"Sitare Mahir'sin sen! Tanıdım elbette. Edeceğim kızına bir dua," dedi yaşlı bekçi.

Önümüzde arkamızda benim yaşlarımda bir sürü çocukla birlikte, annemle yan yana, bitmek bilmeyen yokuşu tırmanıyorduk. Herkes birbirine hangi okuldan geldiğini soruyordu. Adana'dan, Tarsus'tan, Samsun'dan gelen çocukların sayısı Ankara'dan gelenlerden daha fazlaydı. Annem etrafıyla ilgilenirken ben yokuş boyunca dizilmiş ağaçlara bakıyordum. Ne kadar çok ve çeşitli ağaç vardı, bir ormanın içindeydik sanki.

"Pardon... Siz Sitare Hanım değil misiniz?" Annem döndü ve bu soruyu soran genç çocuğa baktı.

"Evet... Aaa sen şey değil misin, Vedia'nın oğlu?"

"Evet Sitare teyze, ben Vedia ve Bülent Osma'nın oğlu Güven'im..."

"Ah Güvenciğim, vallahi annene benzeyen gözlerinden tanıdım. Ne kadar büyümüşsün! Bu da kardeşin mi? Doğduğu zaman tebrike gelmiştim, sonra siz İstanbul'a taşındınız, görüşemez olduk. Ne çabuk geçiyor zaman!"

"Yaa, büyüdü de Leyla'yı imtihana getirdim. Beni hatırladın mı Ayşe?"

"Hayır!"

Sapsarı saçlı küçük kızın yanındaki delikanlıya dikkatle baktım. Bir film izlemiştik kışın, orada oynayan çocuğa benziyordu, yeşil, hafif çekik gözleri vardı. Farkına varmadan elimle saçlarımı düzelttim. Annemle Güven Osma, konuşup duruyorlardı. Ben de Leyla'ya sorular soruyordum. Birazdan aynı sınava girip ter dökecektik ama onun işi benimkinden daha kolaydı. O sadece okula giriş sınavı verecekti. Ben giriş sınavını geçersem, ertesi gün bir de sınıf atlama sınavı verecektim yıl kaybetmemek için.

Hiç bitmeyecekmiş gibi, döne döne uzanan yol nihayet tepeye ulaşıp bir düzlüğe vardı. Bir küçük bekçi kulübesinin yanından geçip geniş alanda durduk. Ah Tanrım! Karşımda ancak filmlerde gördüğüm cinsten, dört sütunlu, muhteşem bir bina yükseliyordu. Binaya uzanan yolun iki yanı rengârenk menekşelerle kaplanmıştı. Binanın içine girince gözlerim bir kez daha kamaştı. Çok yüksek tavanlı ve çok geniş, beyaz mermer bir holdeydik. Annem holün iki yanında duran odalardan birine yürüdü, kapısını açtı. "Bak Ayşe, burası mavi salon," dedi, "şu karşıdaki de sarı salon. Biri hocaların, diğeri son sınıf öğrencilerinin salonu! Ben bu sarı salonda oturmaya hak kazanamadan okulu bıraktım, babanla evlendim. Ama sen sonuna kadar okuyup diplomanı alacaksın."

"Eğer sınavı kazanırsam anne, sarı odada oturmaya da hak kazanırım ben. Senin gibi genç yaşta evlenmeyeceğim. Üniversiteyi bitirmeden evlenmem."

"Saçmalama! Üniversite de nesiymiş! Sen hele önce liseni bitir!"

Aynı terane! Annem üniversite tahsilini kızlar için gerekli bulmuyordu. Cici kızların liseyi bitirince hemen evlenmeleri gerekiyordu! Münakaşaya girmedim annemle, salonların her ikisinin de kapılarını açıp baktım. Bir okulun değil de sanki çok şık bir evin misafir odası gibiydiler. Allahım, ben bu okulda okumak istiyorum, lütfen duy beni! Lütfen! Dedeciğim, bana yukarılardan yardım et, uzan, elimi tut, kazanayım bu okulu. Baktım, yanımda annem de benim gibi mırıl mırıl dua ediyor sınavı kazanmam için. Annemin tek derdi bana bir kolej diploması aldırıp bir hariciyeci koca bulmaktı. "Hariciyeci koca" denince akan sular duruyordu annem için. Çünkü bir hariciyeciyle evlenilirse, insanın kocası dağ taş şantiyelerde gezmiyor, Avrupa'nın başkentlerinde, sefaretlerinde geziyordu! Sinir kadın!

Şimdi babamın yatağının etrafında ona bir şeyler yapabilmek için pervane olurken, babam ölüme bu kadar yakınken dahi, ölümü babama yakıştıramayan, hayatı babamsız tasavvur edemeyen anneme içim parçalanıyor. İlk defa tüm kaprislerini çekmeye, tüm alınganlıklarını göğüslemeye razıyım. Babam yatağa düşeli beri aynı yolun yolcusu olduk çünkü hiç benzeşmediğim annemle. Aynı şiddetle korkuyoruz her gecenin sabahından, aynı beklentiye odaklanmışız, aynı duayı ediyoruz... Biraz daha zaman babamla, biraz daha, ne olur Allahım!

İKİNCİ BÖLÜM

Rüya Gibi Yedi Yıl

Sabahat teyzemi bekliyorduk evcek. Benim sınav neticeleri çıkar çıkmaz, öğrenip Narmanlı'ya gelecekti. Saat beşe doğru kapının zili çaldı. Biri, parmağını kaldırmadan zilin üstünde tutuyordu.

"Sabahat gelmiştir," dedi anneannem.

Teyzem zili hiç böyle çalmazdı ki! Gayet yumuşak dokunurdu zile, adeta okşar gibi.

Yine de, ne olur ne olmaz diye yerimden fırladım, kapıya, koşup açtım.

"Kazandınnn!" diye bağırdı yüzünde kocaman gülüşüyle teyzem. "Kazandın Ayşeciğim. Hem giriş sınavında üçüncü oldun, hem de orta bire girdin!"

Annem, anneannem, nenem, Suat teyzem ve Sütne koşuştular. Herkes önce beni, sonra birbirini öpmeye başladı.

"Muhittin'e hemen haber verelim," dedi annem. "Ahh! Şu telefonu bir türlü bağlayamadılar, Allah kahretsin!" Narmanlı'ya taşındıklarından beri, yani on iki yıldır, her torpilsiz insan gibi, sabırla telefonun bağlanmasını bekliyorlardı.

"Büyükbaban buraya taşındığımız yıl müracaat etmişti, ömrü vefa etmedi bağlandığını görmeye, Sitare," dedi nenem. "Bu gidişle ben de göremeyeceğim anlaşılan."

"Şimdi en mutlu hadiseyi kutlarken lütfen ölümden bahsetmeyin, anne," dedi anneannem. "Haydi Sitare, Bedia Hanımlara git de Ankara'ya telefon bağlat. Ama iyice tembih et, sakın gece yarısından sonra bağlamaya kalkışmasınlar," dedi Suat teyzem.

"Komşu gece yarısına kadar bekletilir mi hiç! Gece dokuz buçukta hâlâ bağlanamamışsak iptal ettiririm," dedi annem ve yanağıma bir öpücük daha kondurarak sürdürdü konuşmasını. "Ayşeciğim, baban ne sevinecek, ne çok iftihar edecek seninle! Bak gördün mü, İskoçyalı için keçi kadın diye tutturmuştun, o keçi sayesinde hem koleje girdin, hem sınıf atladın! Babana söyleyeceğim, ona da haber versin kazandığını!"

"En iyisi radyoda akşam haberlerinde okusunlar da herkes duysun kazandığımı," dedim. Annemin kaşları çatılırken anneannem, "Bırakın şimdi bunları, ben torunuma ne hediye alayım muvaffakiyeti için?" diye sordu. Hepsi bir ağızdan konuşuyor, müthiş bir gürültü üretiyorlardı ailemin kadınları.

"Okul çantası ve ayakkabıları benden olsun," diyordu Suat teyzem. "Keşke dedesi de görebilseydi bugünleri," diyordu nenem. "O görüyordur, merak etmeyin anne," diyordu Sabahat teyzem. Suat teyzem, yüzünde o çok bildik, "Ama seni Amerikan okuluna yolladığına bin pişman olmuştu, babacığım," ifadesiyle gülümsüyordu kız kardeşine. Sütne içini çekiyordu.

Ben ise konuşulanlarla ilgilenmiyordum. Kocaman pembe bir bulutun üstündeydim. Aklım başımda değil, bambaşka yerlerdeydi. Sınav sonrasında annemin beni götürdüğü, Boğaz'a tepeden bakan, cennete benzettiğim platodaydı, bin bir ağaçlı yokuştaydı, Marble Hall'a açılan sarı ve mavi salonlardaydı. Gözlerimi yummuş, kendimi kolejin orta sınıflarında giyeceğim lacivert üniformam ve bordo ceketimle hayal ediyordum.

Yedi yıl sürecek rüyanın ilk dakikaları böyle başladı hayatımda.

Sonrası, okuldan verdikleri listeyi tamamlamak için iki aylık bir koşuşturmadır. Listedeki bütün eşyaların, yani iç çamaşırları, gecelikler, gömlekler, çoraplar, yatak çarşafları, yastık yüzleri ve havluların her birinin üzerine okul numaram işlenecekti. Üniformam Karlman Pasajı'ndan alınacaktı. Erkek ayakkabısı gibi bağcıklı, siyah ayakkabılarım için Karaköy'de bir ayakkabıcının adı salık verilmişti. Ayakkabılarımı alırken, yine kolej için annesiyle alışveriş eden, Mine adında, masmavi gözlü, çok güzel bir kızla karşılaşmıştık. Eskişehirliydi. Aynı sınıfa gideceğimizi öğrenince çok şaşırmıştım, çünkü Mine'nin boyu benden çok daha uzundu, gelişmiş bedeni ve göğüsleriyle gözüme bir genç kız gibi görünmüştü. Eyvah, demiştim, bütün kızlar böyleyse ben devler ülkesindeki Gulliver gibi duracağım yanlarında. Alışık olmadığım bu durumu içime sindirmeye çalıştım. Bir yıl içinde Mine'den hiçbir farkımın kalmayacağını nereden bileyim!

Alışverişler benim şahsi eşyalarımla da bitmedi.

Yatakhanede, yatağımın yanında gardıroptan çok, küçücük bir odaya benzeyen bir dolabım varmış. Anneannem raflarının ölçüsünü aldırtmış Sabahat teyzeme, uçları fistolu, mavi çiçekli örtüler dikmişti yaz boyu. Bülent dayım, "Teyzem Ayşe'yi okula değil, kocaya verdiğini zannetti, çeyiz düzüyor," diye dalga geçiyordu anneannemle.

Hazırlıklar eylül başında tamamlandı. Okula başlamama bir hafta kala, babam birkaç günlüğüne İstanbul'a geldiğinde benimle baş başa konuşmak istedi. Kimse girmesin diye salonun kapısını kapatıp kanepede yanıma oturdu. Ciddi bir konuşma yapacağımızı hemen sezdim, çünkü lafına Mâço değil, "kızım" diye başladı.

"Bak kızım, sana söyleyeceklerimi can kulağı ile dinle. Ankara'daki okulunda geçtiğimiz yıl başarılı değildin. Seni şimdi ülkenin en pahalı ve en iyi okuluna gönderiyorum. Seni yedi yıl boyunca o okulda okutabilmek için annenle hiç gocunmadan bazı fedakârlıklara katlanacağız. Ama derslerin kötü giderse, sınıfını geçemezsen, hemen Ankara'ya döner, eski okuluna gidersin. Ben bu kadar pahalı bir okulu çift dikiş kaldıramam. Bunu bil ve ona göre davran. Yani çok çalış! Karnende zayıf olmayacak! Giriş imtihanında üçüncü olduğuna göre iyi notlar getirebilecek aklın var çok şükür. O aklı kullan!"

"Baba, daha okula başlamadım bile," dedim.

"Ben Nasrettin Hoca gibi, testi kırılmadan ikazımı yapayım," dedi babam.

Koleji kazandığımı öğrendiğim anda en tepesine çıkıp oturduğum pembe buluttan usulca aşağı süzüldüm. Babam ciddiydi. Başarı yoksa kolej de yoktu, öyle anlaşılıyordu. Tanrım, ben kırık dökük İngilizcemle, iki yıl ihzari okumuş, üstelik göğüsleri büyümüş, boyları uzamış kocaman kızların arasında ne yapacaktım şimdi? Kızlara dair olanları değil ama İngilizceye dair endişelerimi babama söyledim.

"İlkokulun üçüncü sınıfında başlamadın mıydı sen İngilizceye? Bir de Miller faslı var!"

"Baba, o İngilizce yeterli değil."

"Nasıl geçtin o halde imtihanı?"

"Bilmiyorum."

"İmtihanı geçen, sınıfı da geçer," dedi babam, kızından gayet emin.

Babam odadan çıkınca derin bir düşünceye daldım. Başıma büyük bir dert almıştım. Kolejden vazgeçtim, ben balerin olmak istiyorum diye tuttursam, lafımı dinletebilir miydim acaba?

Ben hem koleje girebildiğim için sevinir, hem derslerin üstesinden gelebilecek miyim diye endişe ederken, hiç beklenmedik bir kötü haber bomba gibi düştü evimize. Azra teyzem kan kanseri olmuştu. Koskoca bir kız olmama rağmen, her hastalığın çaresi var zannediyordum hâlâ. İnsan Azra teyze gibi gençse, güçlüyse, güzelse, çok sevdiği bir oğulcuğu da varsa, mutlaka iyileşirdi! İlaçlar alır, ameliyat olur, yurtdışına gider, ne yapar eder, iyileşirdi.

Ailesi, Azra teyzeyi son bir umut yurtdışına götürmeden önce, annesinin Göztepe'deki evinde ziyaretine gittik. Onu gördüğüm an hastalığın çaresiz olduğunu yüreğimde hissettiğimi hatırlıyorum. Yüzü yine çok güzel ama bembeyazdı. Büyükler umut sözcükleri sıralarlarken Osman'la birlikte evin defalarca oynadığımız çınarlı bahçesine çıktık. Sonbahar çok erken gelmiş, yapraklar dökülmeye başlamıştı. Osman'la hışırdayan sarı yaprakların üzerinde hiç konuşmadan bir süre yürüdük, sonra ben, annesinin yokluğuna dayanabilsin diye, kendi canımı akıtıp onunkine katmak ister gibi, küçük elini avucuma alıp sıktım, ağlamamayı nasıl becerdim, bilemiyorum, taraz taraz sesimle, "Sen, benim küçük kardeşimsin," dedim.

"Biliyorum," dedi Osman.

Altmış küsur yıl sonra şu satırları yazarken Osman'ın hâlâ benim küçük kardeşim olduğuna aynı samimiyetle inanıyorum. Dilerim Tanrı anneciğinden esirgediği ömrü onunkine katar.

Bu hazin ziyaretten bir hafta sonraki pazar günü, annem, anneannem, Suat ve Sabahat teyzelerimle sürü halinde okula gittik. Peşimdeki kalabalıktan rahatsızlık duyuyordum ama hiçbirine gelmemeleri için itiraz edemedim. Annemle anneannemin gelmemesi zaten söz konusu olamazdı. Sabahat teyzem okulda çalıştığı için yol yordam biliyordu, bir sorun çıkarsa, mesela anneannem benim yatacağım yatakta önceki yıl yatan kızın hasta filan olduğunu öğrenecek olursa, bir hadise çıkmadan duruma el koyacaktı. Suat teyzem okul ayakkabılarımı ve okul çantamı almış, bana değişik renklerde iki kazak, bir de hırka örmüştü. Allahtan nenem dedemin ölümünden beri evden dışarı çıkmadığından peşimize takılmaya kalkışmamıştı.

Sabahat teyzem okula varınca hepimizin önüne düştü, sınıflara açılan uzun koridorlardan geçerek yatakhanelerin olduğu yere geldik. Benim yatakhanem Sage Hall denen binanın en üst katındaydı ama hayal ettiğimden farklı bir yerdi. Bir kere ranza yoktu. Koskocaman bir alan, ortasından enlemesine, boydan boya dolaplarla ikiye bölünmüş, her dolabın yanına bir somya konmuştu. Ön tarafa dolanınca, geniş pencerelerden Boğaz'ı ve karşı yakanın selviler, çınarlar arasındaki kırmızı kiremitli ahşap köşklerini gördük. Benim yatağım pencereli tarafta, ortalardaydı. Koşup dolabımı açtım. İçinde giyinip soyunabileceğim genişlikte bir alan, yan duvarlarında askılıklar vardı, tuvalet masası vazifesi de gören rafın üzerinde büyük bir ayna asılıydı. Anneannem valizimden eliyle diktiği fistolu örtüleri çıkardı, teyzelerim çarşaflarımı yayıp yatağımı yapmaya başladılar, annem dolabımın içini düzenledi. Beyaz pikem yatağıma serilirken yanımdaki yatağın sahibi geldi. Aaa! Ben tanıyordum bu kızı, Şükriye bu! Şükriye ile ilkokulda aynı sınıfta ama başka şubelerdeydik. Yakın arkadaşım olmasa da tanıdık bir yüzle karşılaşınca çok sevindim. Yaşasın, onun da benim gibi, göğüsleri henüz dümdüzdü.

Aynı yatakhaneyi paylaşacağım kızlar birer ikişer sökün ediyorlardı. Hepsi orta bir veya orta iki öğrencileriydiler, ikişer yıl hazırlık sınıfı da okumuş olduklarından birbirlerini çok iyi tanıyorlardı. Karşılaştıkça sevinç çığlıkları atıyorlar, sarılıp öpüşüyorlar, birbirlerine hemen tatil maceralarını anlatmaya başlıyorlardı. İki yeni kız, Şükriye ve ben, sürünün içindeki kara koyunlar gibi kenarda kalmış, hüzünlü bakışlarla onları seyrediyorduk.

Eşyalarımı yerleştirdikten sonra benimkiler gitmeye hazırlandılar. Onlarla birlikte aşağı inip yokuşun başına kadar yürüdüm. Birazdan, yokuşu inmeye başladıklarında yalnız kalacaktım. Yapayalnız! Hayatımda ilk kez evimden, ailemden uzakta uyuyacaktım. Evet, Sabahat teyzem yarın okulda olacaktı, annem ve anneannem cumartesi günü beni eve çıkarmaya gelecekleri ama cumartesiye kadar tam yedi uzun gün vardı. Allak bullaktı yüzüm.

"Çocuk mahzun oldu, ilk defa ayrılıyor evinden," dedi Suat teyzem.

"Hiç de değil, her yaz anneannesiyle İstanbul'a gelen o değil mi, teyze?" dedi annem.

"Aynı şey mi, ilahi Sitare?" dedi anneannem. "Bak Ayşeciğim, Sabahat teyzenin ofisini gösterdim sana, bir isteğin olursa, doğru ona gidersin."

"Benim ofisim Marble Hall'da. Ortaokul öğrencilerinin Marble Hall'a gelmeleri yasaktır abla ama inan bana, hiçbir ihtiyacı olmayacak Ayşe'nin. O akıllı bir kız, meselelerini kendi halledebilir," dedi Sabahat teyzem. Böylece istediğim anda teyzemin yanına koşamayacağımı da öğrenmiş oldum, renk vermedim ama içim büsbütün karardı.

Ailemin kadınları, çok uzun bir yolculuğa çıkıyormuşum gibi beni defalarca sarılıp öptükten sonra yokuşu inmeye başladılar. Ağlamaklı suratımla, onlar dönemecin ardında gözden kayboluncaya kadar arkalarından baktım, sonra ağır adımlarla iki yanı menekşeli beton yolu tırmanıp devasa binaya girdim. Akşam yemeği yedi buçuktaydı. Daha yemeğe çok vardı, bu yüzden yatakhaneye gitmeyip okulu keşfe çıktım.

Teyzem bir ara bana bodrum katındaki yemekhanenin karşısında, içlerinde reçel, bal gibi kahvaltılıklarımızın muhafaza edildiği, kapakları kilitli teneke kutularımızın dizildiği rafı göstermişti. Anneannemin kutuma bisküvi ve çikolata koyduğuna emindim. Kutunun anahtarı cebimdeydi. Aşağı kata indim, mavi kutumu buldum, yanılmamışım, içi çikolata ve bisküvi doluydu. Çikolatamı yiyerek koridor boyunca ters istikamete yürüdüm ve geniş bir hole geldim. Holde bir pinpon masası duruyordu. Toprakla aynı seviyede açılmış küçük pencereden sızan gün ışığı, ince uzun bir huzme halinde, loş holdeki bu masaya vuruyordu. Masanın yanında durup koridora doğru baktım. Ben tanıyordum bu mekânı, daha önceden gördüğüme emindim. Ama ne zaman? Ne zaman? Hatırlayınca ürperdim. Dedemin öldüğü gece gördüğüm rüyadaki yerdeydim. Çok iyi hatırlıyordum, ben bu masanın kenarına ilişmiştim, dedem karşımdaki koridordan bembeyaz geceliğiyle gelmiş, bana, "*Ayşe Sultan, hayatın boyunca hep çok çalışacaksın ama bundan hiç gocunma, Allah çalışanları sever,*" demişti. Sesi kulaklarımdaydı. Koridorun ucunda dedemin yine belirmesini beklerken uzakta bir hareketlenme oldu. İçimde bir titreme hissettim. Dedemin yerine birkaç kız yürüyordu bana doğru, aralarında konuşup gülüşerek.

"Ayşeee!" diye bağırdı içlerinden biri. "İnanmıyorum! Sen de mi geldin buraya? Hangi sınıftasın?"

Alev'di. Benim Leman Öğretmenimin sınıfında beş yıl birlikte okuduğum sevgili arkadaşım Alev! İçimdeki yalnızlık duygusu o an uçtu gitti. Hep birlikte benim yatakhaneme gittik. Hava kararmıştı, ben yerini bilemediğim için lambayı yakamadım. Arkadaki yatakları dolanıp benim yattığım ön bölüme geldik. Aman Allahım, bu ne! Bu, nasıl bir şey böyle?

Karşı yakada tek tük ışıklar yanmış, tepelerin ardından yükselen eylül mehtabı, Boğaz'ın üzerine boydan boya bir altın kuşak gibi düşmüştü! Ben ki Ada'daki evden ne müthiş mehtap ve deniz manzaraları seyretmiştim o güne kadar; yine de nutkum tutuldu. Hayatımda gördüğüm en güzel gece manzarası yatağımın tam karşısındaydı, pencereye sırf benim için asılmış muhteşem bir tablo gibiydi! Bir yıl boyunca şafak, gökyüzünü ve denizi pembeyle turuncunun tüm tonlarına boyayarak tam karşımda sökecek, ay karşımda yükselecek, Boğaz'ın rengi saat be saat, açık maviden griye, mora, laciverde penceremin önünde değişecekti. Alev'i bulduğum an duyduğum mutluluğa, şimdi de penceremdeki doğaya duyduğum inanılmaz hayranlık ekleniyordu. Ne şanslı bir kızdım ben! Ne güzel bir yere gelmiştim! Varsın sınıftaki kızlar tepemden baksın, varsın ben ekmek tahtası gibiyken onlar sutyen taksın, ben doğru yerdeydim. Ait olduğum okuldaydım. Burada kalmam için, dedemin ve babamın söyledikleri gibi çok çalışmam gerekiyorsa, evet, çok çalışacaktım. Ne gerekiyorsa onu yapacaktım. Yeter ki bu okulda yedi yıl daha, mezun olana kadar kalayım!

Ömür Boyu Sürecek Arkadaşlıklar

Sabah yedi buçukta zil sesiyle uyandık. Biz yeni gelen kızlar yerlerimizden fırlarken eski öğrenciler tembel kediler gibi gerinerek yataklarında kaldılar. "Siz kalkmayacak mısınız?" diye sordum sağ yanımdaki yatakta yatan kıza. "Şimdi muslukların ve tuvaletlerin başı çok kalabalıktır, bekle biraz," dedi Süreyya. Ama benim beklemeye tahammülüm yoktu, heyecandan ölmek üzereydim. Bir türlü uyku tutmamış, geceyi şafak sökene kadar gözüm açık geçirmiştim. Belirsizliklerle, ilklerle dolu bir dönem başlıyordu hayatımda. Arkadaşlarım kimler olacaktı? Tarih, coğrafya, Türkçe dışında tüm dersleri İngilizce okuyacaktık. İngilizcem bir sürü dersi anlamama yeterli gelecek miydi? Yoksa kös kös geri mi dönecektim eski okuluma? Yanıtını bilemediğim sorular kafamın içinde çalkalanıp duruyordu, yerimde duramıyordum. Sabunumu ve diş fırçamı kapıp hemen banyoya koştum. Muslukların ve tuvaletlerin hepsi doluydu ama kızlar muslukların önünde oyalanmıyorlardı, kuyruk çabuk ilerliyordu. O sabah beyaz gömleğimin üzerine lacivert üniformamı ve bordo ceketimi ilk kez giydim. Saçlarımı atkuyruğu yaptım. Ayaklarımda beyaz şoset çoraplarım, siyah, bağcıklı ayakkabılarım, kahvaltıya indim, benim gibi giyinmiş kızların arasına karıştım ve onların cıvıltılarıyla çınlayan yemekhanede ekmeğime reçel sürerken, tüm sorunların üstesinden gelmeye, bir kez daha karar verdim. Ben artık bir kolejliydim ve yeni kimliğimi çok sevmiştim.

Orta kısmın dershaneleri bulunduğumuz binada değil, bahçenin sol tarafında, Bingham Hall adını taşıyan bir başka binadaydı. Üniformalı kızların peşine takılıp gittiğim Bingham Hall'da, orta bir sınıfının hangi katta olduğunu sorunca herkes bana güldü. Meğer bugüne kadar alışmış olduğum gibi, tek bir sınıfım olmayacakmış. Bu okulda öğrencilerin değil, derslerin sınıfları vardı. Örneğin matematik dersi kuzey yönüne bakan buz gibi soğuk bir odada veriliyordu. Biyoloji sınıfında, karatahtanın yanında bir iskelet, kaslardan ibaret bir insan bedeni ve camlı dolabın içinde kalp, böbrek gibi organların modelleri vardı. Duvarda ise sürüngen hayvanları ve bitkileri ayrıntılarıyla gösteren resimler asılıydı. Kimya sınıfı küçük bir laboratuvar gibiydi. Hepimizin önündeki tezgâhlarda küçük birer ocak, cam şişeler, pompalar, huniler, ölçekler bulunuyordu, müzik sınıfında ise piyano ve diğer müzik aletleri. Biz duvar boyunca uzanan raflardan gerekli kitap ve defterlerimizi alıp, değişik katlardaki sınıflarımıza girip çıkıyorduk. Kısacık teneffüslerde bahçeye çıkmaya vakit yoktu, bir sınıftan ötekine anca yetişiyorduk.

Kolejdeki ilk yılımda, önceden tanıdığım Alev'le Şükriye'nin yanı sıra birçok yeni arkadaş edindim. Yatakhanede sağ yanımda yatan Süreyya Barutçu, bir yatak ötemdeki Esin Sadıkoğlu, okuldaki ilk günümde edindiğim arkadaşlarımdı. Ankara'dayken nefret ettiğim Emine'yle o yıl aynı yatakhanede yatamadık ama iki yıl sonra aynı odaya düşünce ayrılmaz iki arkadaş olduk. Yine benim gibi Ankara Koleji'nden gelen Ertem Betil (Kender), ayrıca Gönül Gökdoğan, Işıl Erim (Önalp), Sirel Savaşeri, Bilge Taşcıoğlu (Emeç) ve Rengin Pakel (Bayraktaroğlu), İpek Erdem (Ongun) o yıl aynı sıraları paylaştığım ve hayat boyu görüşmeye devam ettiğim arkadaşlarım olacaklardı.

Okuldaki ilk haftalarımda, başka yatakhanelerde yatmamıza rağmen, Sevgi, Nur, İffet ve ben, bir dörtlü oluşturduk. Derslerden sonra, iki elimiz kanda olsa, dört kişi birbirimize yapışıp, kollarımızı arkadan çaprazlayıp kenetleyerek, platoyu en az bir kere dönerdik. İffet'le aynı şubedeydik ve matematiği bir türlü kavrayamayan iki mankafa olarak kader birliği etmiştik. Oysa Nur ve Sevgi, zekâ eşikleri ve dolayısıyla notları çok yüksek kızlardı. Nitekim her ikisi de Amerika'daki üniversitelerde yıllarca profesörlük yaptılar. Benimse rakamlarla aramda bir duvar vardı. Babamın tabiriyle, kafamın matematiğe ait bölümüne bir kilit vurup anahtarını denize fırlatmıştım. Buna karşın İngilizcem sınıf ortalamasının üzerindeydi, tarih dersine özel bir ilgim vardı, Türkçe ve edebiyat hocalarımın kanaatleri ise benim ilerde mutlaka bir yazar olacağım yönündeydi. Şiir okunan bir evde büyüdüğüm için şiir dinlemeyi severdim. Ailemin tüm fertlerinin ağzında çeşitli mısralar dolaşırdı. Hele annem, herhalde sesi güzel olmadığı için şarkı söylemek yerine gün boyu Türkçe ve İngilizce şiirler okurdu. Okula başlamadan önce kulak dolgunluğuyla, büyümüş de küçülmüş gibi, *The Rime of the Ancient Mariner*'dan birkaç mısra tekrarlayabilir, "*Sıra dağlar mordu sular kırmızı/Suları beklerdi bir peri kızı/ Alnından öperken akşam yıldızı! Kâinat aşkınla meftundur sandım*" diye başlayarak, Rıza Tevfik'i sonuna kadar okuyabilirdim bu yüzden. Bu kimin şiiridir, ne anlatıyor diye soracak olsalar bilemezdim, o başka! Bu bilinçsiz birikime orta birde Halis Ergeneli hocanın öğrencisi olmanın avantajı eklendi. Aruz vezni, hece vezni, kafiye yerli yerine oturdu. Sonraki yıllarda Vildan hocanın yönlendirmesiyle, tasavvuf felsefesine, Yunus'a ve halk ozanlarına merak saracaktım. Okuma sevgim ise, önce babamın bana her gece yatmadan önce Almanca okuduğu *Küçük Tavşanın Maceraları*'yla başlamış, Hüviyet halamın Almancadan Türkçeye çevirdiği *Andersen'den Masallar* ile gelişmiş, kolejin ilk yılında, İngilizce dersinde okuduğumuz Dickens romanları, özellikle de *David Copperfield* sayesinde tutku haline gelmişti. Hocamız Miss Willets, *David Copperfield*'ı, her karakteri ona yakıştırdığı ses tonuyla, bir tiyatro sahnesindeymiş gibi canlandırarak okurdu. Gel de dinleme! İple çekerdim İngilizce derslerini. Yazma becerimi kesinlikle bu okuldaki hocalarıma borçluyum. Yeteneğimi hemen fark edip, Türkçe öğretmenimiz

Rüveyda Hanım başta olmak üzere, beni nasıl da yüreklendirmişlerdi.

Miss Dean'in sınıfında, George Eliot'ın *Silas Marner*'ını okumuştuk mesela. Miss Dean, kitabı bitirip üzerine tartıştıktan sonra, bizden okuduğumuz roman konusunda bir kompozisyon yazmamızı istemişti. Bu kitap bize ne ifade ediyordu? Ne anlatıyordu? Hocamız, her öğrencinin kitaptan kendine göre bir başka ders veya duygu çıkarmasını bekliyordu.

Bir sonraki dersine, Miss Dean düzeltmelerini yaptığı kompozisyonlarımızla geldi.

"Yirmi iki kişilik sınıfta size sadece bir kişinin kâğıdını okuyacağım, kızlar," dedi. "Çünkü sadece bir arkadaşınızınki okunmaya değer. Dinleyin ve bir fikir nasıl geliştirilir, kompozisyon nasıl yazılır, görün."

Eline kompozisyonlardan birini alıp okumaya başladı. Kimimiz dinliyor, kimimiz dinler gibi yapıyorduk. Ben dinleyenlerin arasındaydım. Okudukları nedense hiç yabancı gelmiyordu. Kompozisyonun bana ait olabileceği umuduna ancak kompozisyonun sonuna doğru kapıldım. Miss Dean okumasını bitirince, "Bu yazının sahibi yanıma gelsin," dedi. Benden çıt çıkmadı. Ya başka biri de benim yazdıklarıma benzer bir şeyler yazmışsa?

"Kulin, neden yanıma gelmiyorsun? Bunu sen yazmadın mı yoksa?"

Bacaklarım titreyerek, kalbim çarparak hocanın yanına yürüdüm.

"Arkadaşınızı alkışlayın ve bir dahaki sefere siz de onun gibi yazmaya gayret edin," dedi Miss Dean. O anı şu güne kadar en ufak ayrıntısıyla hatırladığıma göre, acaba Miss Dean'in yanında gururla dikilirken mi karar vermiştim yazar olmaya?

Dersin sonunda sınıftan çıkarken Marusya Ksido yanıma geldi. Marusya, koleje girerken benimle aynı sınava katılan ve sınavı birincilikle kazanan, Rus asıllı arkadaşımızdı. Sınıfın en çalışkanları dahi hadlerini bilir, ancak onun arkasında sıralanırlardı.

"Ben sana matematik öğretirsem, sen de bana kompozisyon yazmasını öğretir misin?" diye sordu. Ben? Ben Marusya'ya bir şey öğreteceğim! Yanlış duyduğumu zannettim. Israr etti.

"Öğretemem Marusya," dedim samimiyetle. "Çünkü nasıl yazdığımı ben de bilmiyorum. İçimden gelenleri kaleme döküyorum, bunun bir formülü, bir denklemi yok, inan bana."

Merdivenlerde bir sonraki derse koştururken yüzümde kocaman bir gülümseme vardı. HBB (Her Boku Bilir) diye isim taktığımız Marusya, benden kompozisyon dersi istediğine göre, demek ben gerçekten yetenekliydim. Yazar olmalıydım ben, yazar!

Bir Genç Kız Yetişiyor

Yeni okulumda en keyifli saatler dersler bittikten sonra başlardı. Saat altıya kadar istediğimizi yapmakta serbesttik. Bazı kızlar pinpon, voleybol, tenis oynamayı tercih ederlerken, ben kendi grubumla platoya, Boğaz'ı seyretmeye giderdim. Hava yağmurluysa, bahçeye çıkamıyorsak, yemekhane katındaki oturma odalarımızda eğlenirdik. Saat altıda, ertesi günün derslerini yapmak için kütüphanede bir saatlik etüde oturuyorduk. Paydos zili saat yedide çalardı. Yatakhanelerimize koşar, üniformalarımızı çıkarır, giyinmiş, taranmış olarak yemekhaneye geçerdik, çünkü akşam yemeklerine gün boyu giydiğimiz üniformalarla, özensiz gelmek yasaktı. Yasak olmasaydı bile, hepimiz eminim süslenirdik yemeğe inmeden önce, çünkü akşam yemeklerimiz beyaz örtülü masalarda garsonlar tarafından servis ediliyordu ve yemekler de çok lezzetliydi. Evimde hep mızmızlık yapan sıska ben, yeni okulumda süratle kilo almaya başlamıştım.

Lisedeki kızların büyük çoğunluğu yemekten sonra, Marble Hall'daki "dansing"e katılır, swing, ça-ça-ça, rock'n roll gibi zamanın moda müzikleriyle dans ederlerdi, elbette birbirleriyle. Ortaokulun çaylakları bizler de Marble Hall'un ağzına toplanıp gıptayla onları seyrederdik. Hafta sonları ortaokul öğrencileri de dansa katılabiliyorlardı. Bu nedenle her hafta sonu anneanneme aklım okulda kalarak çıkıyordum. Beni hafta sonlarını okulda geçirebilmem için daimi yatılı yapmalarında çok ısrar etmiş ama kabul ettirememiştim. Madem bir evim vardı İstanbul'da, hafta sonlarını evimde geçirmeliydim.

Kolejde okumanın bir başka keyifli yanı da tatillerde hep birlikte motorlu trenle Ankara'ya gitmek ve Ankara'dan dönmekti. Çeşitli sınıflardan kızlı oğlanlı otuz kadar öğrencinin ailesi Ankara'da yaşıyordu. Okul yılı sonunda ve ara tatillerde biletlerimizi çok önceden ayırtmazsak gündüz treninde yer bulunmazdı. Bu yüzden yılda birkaç kez bilet telaşı yaşanırdı. Çocukluğum boyunca yaşamımda çok önemli bir yer tutan yataklı trenin yerini şimdi motorlu tren denen gündüz trenleri almıştı ve tatili iple çekmemin baş nedeniydiler. Düşünsenize, sabah saat sekiz sularında kalkan tren, akşamüstü altıda Ankara'ya varıyordu ve bir vagon dolusu çocuk, başımızda anne, anneanne ya da yatakhane hocası gibi kısıtlayıcı unsurlar olmaksızın birlikte yolculuk yapıyor, gülüp eğleniyorduk.

On beşer günlük dönem arası tatillerinde ve yazın okullar kapanınca birkaç haftayı annem ve babamla geçirmek üzere mutlaka Ankara'ya gidiyordum. Kısa bayram tatillerinde ise annem ve babam büyüklerinin elini öpmeye ve mezar ziyareti yapmaya İstanbul'a geliyorlardı. Her bayram, babam, amcam ve amcamın çocuklarıyla önce hâlâ Sultanahmet'teki konakta oturan halamı, sonra da Edirnekapı Şehitliği'nde yatan aile büyüklerini ziyarete gidiyorduk. Baba tarafındaki akrabalarımın hepsini bir arada görmek ancak bu bayram ziyaretlerinde mümkün oluyordu. Amcamın çocukları Semra ve Orhan'ı, onlar da Nişantaşı'nda oturdukları için sık görürdüm ama benden yaşça büyük Semra'nın bacaklarının çok muntazam, belinin ipince olduğunu, ancak bir bayram günü mezarlığın dar yollarında uzun topuklarının üzerinde, önümde kuş gibi sekerek yürürken fark etmiştim. Semra, sarı bir tayyör ve tayyörüyle aynı renk, sarı, uzun topuklu ayakkabılar giyiyordu. Kısa kesilmiş siyah saçlarında güneş vurdukça mavi ışıklar çakıyordu. Ben beyaz şoset çoraplı çöp bacaklarımla, atkuyruğu yapılmış kuru saman gibi saçlarım, sivilceli suratımla peşinden yürüyordum onun gibi güzel olmadığıma hayıflanarak. Babaannemle büyükbabamın mezarı başında hepimiz ruhlarına Fatiha için ellerimizi açtığımızda ben, "Allahım," demiştim, "Semra'ya ne kadar güzel bir vücut bahşetmişsin, beni niye böyle ot saçlı, kalın belli yaptın? Lütfen sivilcelerimi yok et ve beni de güzelleştir, lütfen! Hay Allah, az daha unutuyordum Allahım, babaannemle büyükbabamı da nurlar içinde uyut emi! Ruhlarına el Fatiha!"

Ne yazık ki, büyükanne ve büyükbabaların yanı sıra Fatiha bekleyen, zamansız gitmiş başka ruhlar da vardı hayatımda! Azra teyze tüm çabalara rağmen iyileşememişti. Dedemden sonra hayatımın ikinci büyük acısını anneannem bir süre benden saklamıştı. Ama hakikat ne kadar saklanabilir ki! Öğrendiğim zaman özellikle Osman'a başsağlığı dilememi geciktirdiği için anneanneme çok kızmıştım. Anneannemle hayatımın ilk ciddi tartışmasını galiba bu yüzden yapmıştım. "Ben senin iyiliğin için haber vermedim, üzülmeyesin, derslerinden geri kalmayasın diye," demişti. Oysa ben bu haberi aslında derslerim yüzünden değil, cenazeye gitmeme mani olmak için sakladığını biliyordum, çünkü anneannemde kabirlere, cenazelere hatta ölüme karşı tuhaf bir korku vardı. Kocasının, babasının mezarlarını ziyarete giderken giydiği bir yazlık, bir de kışlık elbiseyi ve birer çift ayakkabıyı ayrı yerde tutar, başka hiçbir yere giymezdi mesela. Yanında kimsenin ölümden konuşmasına, cenaze töreninden çıkan insanların bir başka yere uğramadan evine gelmesine müsaade etmezdi. Tüm bu çabaların Azrail'i uzakta tutabileceğine nasıl da inanırdı, hayrete düşerdim!

Azra teyzenin vefatını öğrendiğim hafta sonu Osman'ı yeni okulunda ziyarete gittim. Ankara'daki okulundan alınıp Teşvikiye Caddesi'ndeki Şişli Terakki Lisesi'ne yatılı verilmişti Osman. Yeni okulu Narmanlı'ya iki adım mesafedeydi. Çilek sevdiğini bildiğim arkadaşıma önce Tilla'ya kadar uzanıp kocaman bir çilekli pasta aldım, sonra okula gittim. Kapı görevlisi beni okul müdürüne yolladı. Müdüre, Osman Bayru'nun ablası olduğumu, onu görmek istediğimi söyledim.

"Pekâlâ, çağırtalım bakalım kardeşinizi," dedi Müdür Cihat Bey, biraz alaylı bir sesle. Beni boş bir sınıfa aldı. Biraz sonra kapı vuruldu, hayret, karşımda boyu benden çok daha uzun, çenesinde tüyler, kollarını nereye koyacağını bilemediği için biraz mahcup, gözlerime bakamayan kazık gibi bir Osman duruyordu. Boynuna sarılmak için fırladım ama onun irkildiğini görünce tuttum kendimi. Yan yana oturduk, hep ben sordum, o kısa yanıtlar verdi.

Evet iyiydi, evet okulundan memnundu, hayır hiçbir isteği yoktu, hayır hafta sonu onu sinemaya götürmemi istemiyordu, gerek yoktu zaten anneannesine çıkıyordu hafta sonları. Çilekli pastayı hâlâ çok seviyor muydu? Pasta kutusu aramızda duruyordu.

Mahcubiyetinden pastaya teşekkür bile edememişti Osman. Konuşmamız iyice tıkanınca kalktım. Hayal kırıklığıma rağmen, içimden çocukluk arkadaşımın yanaklarını öpmek, saçlarını karıştırmak, onu bağrıma basmak geliyordu ama bunları yapamayacağım kadar irileşmişti. Acaba onu acı mı büyütüvermişti böyle birdenbire? Uzun boyuna rağmen beş yaşındaki bir çocuk ifadesiyle bakan maviş, masum gözleri bana adeta, "sakın bir daha gelip, huzurumu kaçırma," der gibiydi. Ayrılırken, öpmeye, sarılmaya cesaret edemediğim Osman'ın sadece elini sıktım. Ay ne kadar komiktik, biz koyun koyuna büyüyen iki çocuk, karşılıklı durmuş, gevşek tuttuğumuz ellerimizle tokalaşırken. Ayrıldım okuldan. Hüzün içinde yürüdüm. Minik Osmanım da büyüyordu, annesiz kalmayı göğüsleyerek. Ben ve bütün arkadaşlarım büyüyor, büyüdükçe değişiyorduk. Çocukluğumuz erişemeyeceğimiz kadar uzakta kalıyordu bize hiç fark ettirmeden. Zaman masumiyetimizi, katıksız neşemizi, mızıkçılıklarımızı, oyunbazlıklarımızı, kimimizin annesini, kimimizin babasını silerek geçip gidiyordu. Bu muydu hayat? Bu kadar acımasız mıydı? İçim birden çok ama çok acıdı!

İlk Kıpırtıları Kalbimin

Robert Kolej'de sınıf yemeklerimiz olurdu yılda iki kez. İlk yemek Robert Kolej'de, yani erkeklerin tarafında, ikincisi de ACG'de,* yani Arnavutköy'de, kızların okulunda verilirdi.

Bu gecelerde şaperon öğretmenlerimizin kimler olacağı çok önemliydi. Genç, neşeli, açık fikirli öğretmenlerin himayesinde gitmek başkaydı yemeklere, konserlere; yaşlı, suratsız, muhafazakâr öğretmenlerle gıtmek başkaydı elbette. Ama hangi öğretmenle gidersek gidelim, iple çekilen günlerdi bu etkinlikler. Bana, bu işi bilen kızlar, ilk kez katılacağım akşam yemeğinin adabını gitmeden önce öğretmişlerdi. Parti nerede yapılacaksa, oraya vardığımız zaman, sınıf mümessili öğrenci (*student counsel* derdik biz ona) elinde içinde katlanmış küçük kâğıtlar olan bir sepetle

---

* American College Girls.

gelecek ve her birimize bir kâğıt çektirecekti. Kâğıtlarda gece boyunca bize kavalyelik yapacak oğlanların adları yazılıydı. Kimin adını çektikse o, yemekte yanımıza oturacak, bizimle bizzat ilgilenecek ve gecenin sonunda, bizi okula götürecek otobüse kadar refakat edecekti. Hepimiz kâğıttan elbette en yakışıklı oğlanın adının çıkmasını istiyorduk. Haydi en yakışıklıdan vazgeçtik diyelim, hiç olmazsa boyu boyumuza uygun birini istiyorduk. Kazık kadar bir kıza, ancak çenesine varan boyuyla bir bacaksız düşebileceği gibi, tam tersi de olabiliyordu elbette. Günlerce aramızda bu konuyu konuşmuş, heyecan çekmiştik. Bir gece öncesinde saçlarımızı yıkamış, bigudilerle sarmış, birbirimize partiye giyeceğimiz elbiselerimizi göstermiş, imece usulü eksiklerimizi tamamlamıştık.

Ve nihayet büyük gün gelmişti!

Gidiş geliş için öğrenci başına yüklü bir para ödediğimiz otobüse şaperon öğretmenlerimizle birlikte bindik, kısa bir yolculuktan sonra Robert Kolej'in bahçesinde otobüsten indik. Kızları görmek için sıralanmış sürüyle oğlanın arasından kurbanlık koyun gibi geçerek binaya girdik. Okul müdürünün lojmanındaki salona alındık. Koltuklara, kanepelere yerleştik. Ellerimizi nereye koyacağımızı bilemeden, kalbimiz çarparak bekledik. Tam da anlatıldığı gibi, elinde yayvan bir sepetle bir oğlan içeri girdi ve kızlara kâğıtları çektirmeye başladı. Kâğıdını açan kız, kavalyesinin adını okuyor, adı okunan çocuk da hemen gelip kendini tanıtıyordu. Kiminin gözleri ışıl ışıldı, kimi hayal kırıklığını saklamaya çalışıyordu. Sepet önüme geldi, kâğıtlara elimi uzatırken, sepeti tutan çocuk cebinden çıkardığı dörde katlanmış kâğıdı elime tutuşturuverdi.

“Aaa, neden ama?” diyecek oldum, “Öyle işte,” diyerek hızla arkasını dönüp uzaklaştı. Kâğıt elimde, bir an ne yapacağımı bilemeden bekledim. Açayım mı, itiraz mı edeyim, karar veremiyordum.

Şaperonumuz Mrs. Ashover, “Ayşe, okusana partnerinin adını,” deyince kâğıdı açtım, okudum: “Aydın Ulusan.”

Yanıma sınıfın, belki de okulun en yakışıklı oğlanı geldi. O kendini tanıtırken yanaklarım kızardı, ellerim terledi, memnuniyetten kulaklarıma yayılan ağzımı toplayamıyordum.

“Ben bu soyadını biliyor muyum?” diye sordum daha önce duyduğuma emin olarak.

“Aziz Ulusan, benim babam,” dedi Aydın.

Ah elbette! Aziz Paşa ve Nilüfer Hanım, annemle babamın Ankara’dan yakın dostlarıydı.

“Ben bir küçük hile yaptırdım, kusura bakmazsan,” dedi Aydın, “sınıfın student counsel’i olduğum için biraz forsum var da...”

İçimden aman ne iyi yapmışsın, demek geçiyordu ama sevincimi çok da belli etmek istemiyordum. Okuldaki hatta hayatımdaki ilk etkinlik, ne büyük bir başarıydı! Ne laf bulur da konuşurum diye de boşuna hayıflanmışım. Laf hiç bitmedi. Gece de hiç bitmesin istedim ama heyhat, gece çabuk bitti. Akşam yemeğinden sonra, saat onda okula döndük.

Aydın’la ikinci kez, motorlu trenle Ankara’ya giderken karşılaşacaktık. Ama arada kalbimi çarptıran bir hoşluk daha yaşamıştım. Bir gündüzlü arkadaşım bana, orta bölümün Robert Kolej’de hazırlanan *ECHO* dergisini getirmişti. Derginin üzerinde mürekkeple, *To Ayşe Kulin with the compliments of the Editor*, yazıyordu. Derginin künyesine baktım: Editör, Aydın Ulusan'dı. O dergiyi çerçeveleteyim mi de saklayayım, çerçeveletmeden mi saklayayım, başucumda mı dursun, kitaplarımın arasına mı koyayım, ne yapacağımı bilemedim. Üzerine mürekkep dökülmesin, yırtılmasın diye sonunda dolabımın içine raptiyelemiştim. Ankara'ya tren yolculuğunun böylece bambaşka bir anlam kazandığı o yıl, Aydın'la trende yerlerimiz yan yana düşmediği için iki vagon arasındaki aralıkta, pencere önünde yolculuk boyunca ayakta durup lafladık. Ankara'da arkadaşlar arasındaki bir toplantıda bir araya gelmek, körebe oynarken ellerimizin birbirine değmesi gibi "çok özel anlardan" ibaret bu çocukluk heyecanı, bir gençlik aşkına dahi dönüşemeden bitti. Aydın ertesi yıl okulda değildi. Tahsil için Amerika'ya yollanmıştı. Bir sonraki karşılaşmamızda ikimiz de evliydik.

6–7 Eylül
Buruk Olgunluğu İlk gençliğimin

Orta biri bitirdiğim yaz, matematikten ikmale kaldığım için yazlığa gidemedik. Adadaki köşk, yaz sonunda kararlaştırıldığı gibi, bir Fransız aileye kiraya verilmişti. Suat teyzemle Hilmi eniştemin Feneryolu'nda yaptırdıkları evin inşaatı Allahtan yaz öncesinde bitmişti de teyzem, eniştem ve küçük oğulları Rasin, geniş bir bahçe içindeki iki katlı evin üst katında, büyük oğulları Bülent dayım, yengem ve kızları Feryâl, bahçe katındaki dairelerinde oturmaya başlamışlardı. Nenem, bakıcısı Hacer'le birlikte yazı Suat teyzemin yeni evinde geçirecekti. Ara sıra anneannem de katılacaktı onlara.

Annemle ben denize girebilmek için kâh annemin kolejden sınıf arkadaşı Saliha teyzenin Büyükada'daki evinde, kâh Sabahat teyzemde, bazen de dayımda kalıyorduk. Annemle aynı konakta kardeş gibi büyüyen

Bülent dayım, bizi yaz boyu kendi evinde tutmak istemişti ama ben Filiz'le birlikte evlerinin hemen önünden denize atladığım Arnavutköy'de kalmayı tercih ediyordum, annem ise yakın arkadaşlarının oturduğu Büyükada'nın düşkünüydü.

Temmuz ayında Büyükada, Arnavutköy ve Feneryolu arasında mekik dokuduktan sonra, ağustos boyunca hep Narmanlı'da kaldık. Çünkü benim eylül başında matematikten sınava girmem gerekiyordu ve beni sınava hazırlayacak olan ünlü matematik hocası Şirinyan'ın evi Bebek'teydi. Haftanın üç gününü dört bir yanımda Şirinyan'ın kedileri dolanırken ve kedi çişi kokusu genzimi yakarken Şirinyan'la karşı karşıya, saatlerce masa başında geçiriyordum. Aslında en akıllı çözüm, benim o ay Arnavutköy'de, Sabahat teyzemde kalmam olurdu ama annem Filiz'le bütün gün denizde oyalanır, oynar, ders çalışmayı ihmal ederim diye derslerden sonra beni illa Narmanlı'ya dönmeye mecbur ediyordu. Demek ki o yaz sona ererken dahi ben yavaştan gelişmeye başlayan bedenime rağmen, hâlâ oyun peşinde bir çocuktum. Anneme itiraz etmemiştim çünkü sınavı veremez de sınıfta kalırsam, babam beni okulumdan alır diye ödüm kopuyordu. Böylece hepimiz için kötü geçiyordu yaz. Annem bütün bir ağustos ayı boyunca yazını mahvettiğim için söylenip durmuştu. Sadece yazını mı? Zavallı annemle babamın özel derslerim yüzünden bütçesini de mahvetmiştim o yıl.

Aynı sene, dedemin çok erken yaşta vefat etmiş olan erkek kardeşi Hakkı Bey'in hanımı Mahmure yenge ve kızı Meral Gebze'den, kışı nenem ve anneannemle geçirmeye Narmanlı'ya gelmişlerdi, çünkü aile meclisi (yani anneannem) evlenme çağına gelen Meral'in şansını Gebze sınırlarının dışında aramasını uygun görmüştü. Meral'in Narmanlı'ya gelişi benim hayatıma renk ve hareket katmıştı ama annem aklımı çelecek her türlü unsura karşı polisiye tedbirler almaya kararlı olarak ağustos ayında Meral'i Bülent dayıma postalamıştı. Ben dikkatimi dağıtmadan, sabahtan akşama kadar çalışacaktım bir ay boyunca!

6 Eylül'de Şirinyan'a beni annem götürmedi, çünkü ertesi gün doğum günümdü. Geleneksel doğum günü ziyaretçilerim olan büyük teyzelerim, dayılarım, yengem, kuzinim Oya ve annesi Perihan teyze, Mari teyze, Sava amca ve oğulları Niko, doğum günü çayıma geleceklerdi; bu yüzden annemin Beyoğlu'na inip ertesi gün için alışveriş ve hazırlık yapması gerekiyordu. O gün Bebek tramvayına anneannemle ve o sırada bizde kalmakta olan Mahmure yengeyle birlikte bindik. Onlar tramvaydan Arnavutköy'de, teyzemin evinin önünde indiler. Ben Bebek'e devam ettim. Şirinyan'ın dersi saat dörtte bitti. Teyzemin çok sevdiğim cevizli kekinden bir an önce yemek için dönüşte Arnavutköy'e dolmuşla gittim. Çay sofrası hazırdı, Filiz kekiyarılamıştı bile ama büyükler çaylarını henüz bitirmemişlerdi. Teyzem bana da bir çay koymuştu ki, merdivenlerde ayak sesleri duyuldu, akabinde Bâlâ eniştem içeri daldı.

"Bir an evvel yola koyulalım hanımlar. Dışarısı pek tekin değil!" dedi telaşla.

"Niye yola koyulalım diyorsun Bâlâ, biz nasıl geldikse öyle gideriz. Senin götürmene gerek yok. Evin önünden tramvaya bineceğiz oğlum," dedi anneannem.

"Leman abla, olmaz! Gelirken bir tuhaflık sezdim. Sizi ben eve kadar arabamla götüreceğim."

"Ne tuhaflığı sezdin?"

"Atatürk'ün evini bombalamışlardı ya... İşte o yüzden bir nümayiş mi ne varmış... Sokaklar pek tekin değil."

"O bombalanan ev ta Selanik'te değil miydi? Ben mi yanlış anladım yoksa?" dedi Mahmure yenge.

"Ev Selanik'teydi ama nümayiş burada," dedi eniştem. "Haydi acele edin, bir an evvel sizi evinize bırakıp döneyim."

"İlahi Bâlâ, ağız tadıyla bir çay içirtmedin," dedi anneannem.

"Öbür gün yine gelirsiniz abla, nasılsa Ayşe'nin perşembe günü yine dersi var," dedi teyzem.

"Ayşe burada kalsın! N'ooolur, Ayşe burada kalsın!" diye mızıklandı Filiz.

"Olmaz, akşam evde ders çalışacak," dedi anneannem. "Hafta başında sınavı var."

Eniştemin telaşı yüzünden itiş kakış evden çıktık ve evin tam önüne park edilmiş, kaplumbağa Volkswagen'e bindik. Anneannem her zamanki gibi öne, eniştemin yanına kuruldu, Mahmure yengeyle ben arkaya geçtik, yola koyulduk. Kolejin giriş kapısına hatta Kuruçeşme'ye yaklaşana kadar her şey yolundaydı. Kuruçeşme'ye yaklaşırken yollardaki kalabalık giderek arttı. Bir ağızdan bağırıp duruyorlardı ama bağrışan bu insanların ne dediklerini pek anlayamıyorduk.

"Ne diye bağırıyorlar bunlar, oğlum?" diye sordu Mahmure yenge.

"Kıbrıs Türk'tür, Türk kalacaktır diye bağırıyorlar, yenge."

"Kahrolsun İngiltere diye de bağırıyorlar galiba," dedim.

"Kıbrıs'tan İngilizlere ne? Bizim adamız değil miydi Kıbrıs?"

"Yenge, Kıbrıs'ı zamanında İngilizlere biz vermiştik. Şimdi İngilizler Kıbrıs'tan çekilmek istiyorlar. Ada idaresi onlar çekilince kime kalacak, mesele bu! Adada Rumlarla Türkler birlikte yaşıyorlar. Yunanlılar ada halkının halk oylamasına gitmesinden yana. Tabii çoğunluk onlarda olduğu için, oylama yapılırsa kazançlı çıkarlar. Türkler de, ada bizimdi, yine bize verilmeli, diyorlar," diye uzun uzadıya bilgi verdi benim malumatfuruş enişteciğim.

"Adayı güzel güzel bölüşseler ya, oğlum!"

Eniştem güldü. "Bu işler öyle olmuyor maalesef," dedi. "İngilizler adayı özel bir yönetim altına almaya çalışıyorlar, kendilerine de birtakım menfaatler sağlayarak elbette."

"Ne menfaati?"

"Bazı üsler bulundurmak gibi."

"Oğlum, kusuruma bakma, üs dediğin, nedir o?"

Eniştem yaşlı yengeyi yanıtlayamadı. Arabanın etrafında eli sopalı adamlar belirmişti.

"Aman Bâlâ, hızlı sürme, baksana serseriler caddeye de iniyorlar, birine çarparsın maazallah... Aaa bu da nesi?.. Ne oluyoruz ayol!.. Aaa, ama olmaz ki, niye vuruyor bunlar arabaya?.. Aman Bâlâ dikkat et, üstümüze üstümüze geliyorlar!.."

Eniştem anneanneme telaşla, "Kapınızı kilitleyin," dedi. Dört bir yanımızda bağırıp çağıran, yüzleri kin ve nefretle kasılmış korkunç ifadeli insanlar, birden arabamızı yerden bir karış kaldırıp tekrar yere bıraktılar.

"Ayşe hemen üstündekini çıkart," diye bağırdı eniştem. Mavi kloş eteğimin üzerine, enine mavi beyaz çizgileri olan bir tişört giymiştim o gün.

"Aaa, neden?" diye sordu Mahmure yenge.

"Yunan bayrağını andırıyor da ondan."

"Sen de giyecek şeyi bulmuşsun!" dedi anneannem.

"Çıkaramam enişte, içimde başka bir şey yok."

"O zaman yere yat, kızım."

"Mahmure Hanım, başındaki örtüyü ver de kız tişörtünü kapatsın," dedi anneannem, camı azıcık aralamış, pencereden dışarıya doğru, arka arkaya tekbir getiriyordu.

"Lemancığım, ev dışında başım açık hiç alışık değilim de..."

Birileri arabanın üzerini yumruklamaya başlayınca Mahmure yenge lafı ikiletmedi, hemen başörtüsünü çıkarıp bana uzattı, şal gibi omuzlarıma alıp, mavi beyaz çizgili tişörtümü kapatmaya çalıştım. Anneannem de penceresini kapattı. Kalabalık giderek artmış, eli sopalı insanlar kaldırımlardan caddeye inmişler, gelip geçen arabaların camlarını kırıyorlardı. İçerisi pencereleri açamadığımız için bunaltıcı derecede sıcak olmuştu. Havasızlıktan ve korkudan nefes alamaz hale gelmiştik.

"Enişte, boğulacağım, camı açmak istiyorum," dedim.

"Sakın ha!" dedi anneannem duasını kesip. Mahmure yenge de anneannem gibi durmadan yüksek sesle dua ediyordu.

"Oğlum, hangi duayı biliyorsun. Bizi durduracak olurlarsa, kurtulmak için dua etmemiz, Rum olmadığımızı ispatlamamız lazım," dedi anneannem. Eniştemden hiç ses çıkmadı.

"Ayol, Müslüman olurken ezberlediğin birkaç dua yok muydu senin, Bâlâ?"

"Bu hengâmede aklıma gelmiyor Leman abla."

"Kelime-i şehadet getirmeyi de mi unuttun? Bak ben söyleyeceğim, sen tekrar et."

Anneannem tane tane okumaya başladı. Fakat o kadar çok gürültü, patırtı ve şangırtı vardı ki, sesi kaybolup gidiyordu. Anneannem birden dua öğretmeyi bırakıp, "Aaaa! Şuraya bakın! Çapulcular şu güzelim pastaneyi yerle bir etmişler!" diye bağırınca, Mahmure yenge okuyup durduğu Arapça duaları kesip bu kez yüksek sesle ağlamaya ve Türkçe yakarmaya başladı.

"Allahım, beni evlatlarıma kavuştur. Onları yetim ettin, bir de öksüz eyleme, emi güzel Allahım!" O konuşadururken şuursuz kalabalık tarafından bir kere daha havaya kaldırılıp yere bırakıldık.

"Belkemiğim çatladı galiba," dedi anneannem, "lumbagom yeni geçmişti. Bâlâ, oğlum bir yan yol filan yok mudur, kurtulalım bu serserilerin elinden."

"Tek yol bu, abla," dedi eniştem.

Birtakım kasketli adamlar ve gençler, ellerindeki demir borularla, tahta sopalarla dükkânların camlarını yerle bir ediyorlardı. Beşiktaş'a ulaştığımızda, her yer yangın yerine dönmüştü. Bakkalların malları yerlerde sürükleniyordu. Anneannem duadan vazgeçmiş,

"Bu şehirde polis yok mu? Polis nerede polis?" diye bağırmaya başlamıştı. Akaretler'i nispeten olaysız tırmandık, çünkü o yolun üzerinde, 1955 yılında bir bakkal ile bir berberden başka pek dükkân bulunmazdı. Yokuş aşağı, üzerimize doğru koşturan adamlara çarpmamaya gayret ederek Evkaf Evleri'nin önünden akıp Nişantaşı istikametine saptık ve asıl vahşeti işte o zaman gördük. Teşvikiye Caddesi'nin iki taraflı tüm dükkânları taşlarla, sopalarla tahrip ediliyordu. Kıyık Pastanesi'nin paramparça vitrinin önüne börekler, poğaçalar ve çocukluğumdan beri göz diktiğim kırmızı elma şekerleri tepecikler halinde yığılmıştı. Karşı kaldırımdaki Bulgar'ın küçücük ama içinde her şeyi bulabildiğiniz dükkânının tamamı sokağa serilmişti. Renk renk ibrişimler, makaralar, elişi kâğıtları uçuşuyordu kapısının önünde. Narmanlı'nın hemen altındaki kolonyacının camları da paramparçaydı. Görüntünün dehşetine karşın, mis gibi yasemin, gül, lavanta çiçeği kokuyordu kapımızın önü. Şimdiki Hüsrev Gerede Caddesi'ne köşe yapan bakkalın önünde, metrelerce tuvalet kâğıdı yuvarlanıyor, insanların ayaklarına dolanıyordu. Eniştem, Narmanlı'nın önünde, arabasını kaldırıma iyice yanaştırdı, "Hemen inin ve doğru içeri girip kapıyı sıkıca kapayın," dedi.

"Yukarı gelseydin Bâlâ, gösteriler bitene kadar bizde beklemek istemez misin?"

"Sabahat'le Filiz evde yalnızlar Leman abla. Bir an önce yanlarına döneyim."

Arabadan indik ama evimize giremedik. Apartmanın her zaman açık duran demir kapısı kapalı ve kilitliydi. Anneannem hem zili çalıyor, hem de eliyle kapının camını dövüyordu. Az sonra kapıcı Mehmet

Efendi koşarak geldi, bizi içeri sokup kapıyı yine kilitledi, sürgülerini çekti.

Evimize girer girmez, "Sitare geldi mi?" diye sordu anneannem. Yüzü bembeyazdı. Annemin henüz dönmediğini öğrenince rengi daha da soldu. Ben bayılacağını zannettim ama kendini çabuk toparladı, köşe penceresine yapışmış, sokağı seyreden nenemin yanına gitti.

"Neler oluyor kızım? Yine savaş mı çıktı yoksa?" diye sordu nenem.

"Birkaç serseri gösteri yapıyor anne. Önemli bir şey değil," dedi anneannem ve itiraz etmeye yeltenen Mahmure yengeyi kaş göz işaretleriyle susturdu.

"Hiç vazgeçmezler bunlar sokağa dökülmekten," dedi nenem. "Ben de kendi hesabıma, neler gördüm neler. Selanik'i boşaltırken başımıza gelenler dün gibi gözümün önündedir."

"Selanik'i mi boşalttık, nene?"

"Tabii ya! Biz Büyük Savaş'ı kaybedince bütün oraları Yunan'a verdiler. Dedeciğin o sırada Selanik defterdarıydı. Kızım, bir gidişimiz vardı bizi İstanbul'umuza getirecek vapura kadar, anlatsam roman olur. Rus sefiri bize kupasını verdi, Allah razı olsun, kavasını arabacının yanına oturttu, benim sağımda anneannen, solumda el kadar Suat teyzen, karnımda da Sabahat, öyle geçtik yollardan limana kadar. Rumlar kudurmuşlar, kaçışan Osmanlıları taşa tutuyorlardı. Canımızı zor kurtardık."

"Karnındaki Sabahat değildi, anne..." dedi anneannem.

"Kimdi ya?"

"Dünyaya gelemeden Hakk'a kavuşan kardeşimizdi."

Nenem uzaklara bakıp bir süre düşündü. "Doğru söylüyorsun, ben vapurda karnımdaki bebeğimi düşürmüştüm, değil mi Leman?" diye sordu rüyada gibi.

"Aman o kötü günleri hatırlatmayın lütfen, efendim," dedi Mahmure yenge ve lafı değiştirmek için, "Sitareciğim ne zaman gelecek?" diye sordu anneanneme.

"Bilemiyorum. İnşallah başına bir şey gelmemiştir. Gidip arayayım diyorum ama nereye ve nasıl gideceğim? Beklemekten başka çare yok!" Bana döndü. "Odana git, dua et, annen sağ salim evimize dönsün diye," dedi anneannem. "Kalpleri temiz olduğu için çocukların duası tutar."

Odama gideceğime nenemin pencere önündeki koltuğuna sığışıp, onunla birlikte annemin tramvaylardan birinden inmesini beklemeye başladım. Hayatımda ilk kez annem için korkuyordum. Kızgın bakışlı, ağızları köpüren, sopalı adamların arasında ne yapıyordu acaba zavallı annem? Kim bilir, belki de saldırganlar Beyoğlu'na hiç çıkmamışlar, sadece sahil yollarını tutmuşlardı. Anneannem de benim gibi buna inanmak isteyerek teselli buluyordu. Birden gözüne benim mavi beyaz çizgili tişörtüm takıldı.

"Orada oturacağına hemen git odana, üstünü değiştir!" diye bağırdı anneannem.

"Üzerine bir şey mi döktün? Ver bana hemen yıkayayım," dedi Hacer.

"Ne yıkaması, yak onu yak!" dedi anneannem. "Bir daha giydiğini görmeyeceğim o uğursuz bayrağı." Hacer hiçbir şey anlamadan, aval aval bakıyordu. Tişörtümü anneannemin hışmından korumak için odama koştum, üzerimden çıkartıp somyamla şiltemin arasına sakladım. Bugünün kötü hatırasını unutana kadar tişörtü anneannemin gözünden uzakta tutmakta yarar vardı.

Annemin eve dönüşü çok uzun sürmedi. Yarım saat içinde, alı al moru mor geldi. Elleri bomboştu, doğum günü pastamı almaya vakit bulamamıştı. Taksim'den otobüsle geçerken, Atatürk heykelinin orada, kalabalığın orta yerinde, bir merdivene çıkmış genç bir adamın konuştuğunu görmüştü. Parmakkapı'da otobüsten inmiş, kalabalığı yararak İstiklal Caddesi'ndeki Tilla Pastanesi'ne doğru yürümeye çalışmıştı. Birdenbire, nereden çıktığı belli olmayan eli sopalı kalabalık, her yanı kırıp dökmeye başlayınca annem Tilla'ya kadar gidememişti. Geri dönüp arka sokaklardan Elmadağ'a ulaşmayı başarmış, anacaddelere göre daha az kalabalık olan arka sokakları kullanarak gelmişti eve. Onun yaşadıkları bizim yaşadığımızdan çok daha korkunçtu. Biz arabanın içinde az çok emniyetteyken, o, vahşetin tam ortasından yürüyerek geçmişti.

Akşama doğru, çok gerektiğinde telefonunu kullandığımız kapı komşumuz Evrentuğların benimle akran oğlu Metin kapımızı çaldı ve babamın Ankara'dan aradığını söyledi. Annem koşarak gitti. Döndüğünde aynı gösterilerin Ankara ve İzmir'de de yapıldığını öğrendik. Ani bir öfke neticesi gelişen bir sokak ayaklanması değil, çok daha ciddi boyutta bir nümayiş yaşandığını artık herkes anlamıştı. Apartmandaki komşular, saatler ilerledikçe birbirlerini ziyaret ederek aralarında günün muhasebesini yapmaya başladılar.

Her kafadan bir ses çıkıyordu ama genel kanı, Demokrat Parti hükümetinin Kıbrıs meselesinde bir gövde gösterisi yapmaya kalkışıp, gösteriyi idare edemeyip, yüzüne gözüne bulaştırdığı yönünde idi.

Akşam haberleri dinlemek için radyonun başına üşüştük. Annem ders çalışmam için beni odama yollamayı bile unutmuştu. Herkes gibi o da olaya odaklanmış, haberleri dinliyordu. Birdenbire anneannem, "Çocuklar, ya bu sokak itleri Rumların evlerini de tahrip ediyorlarsa, Marilerin hali ne olur? Evlerine kadar gidip onları buraya getireceğim," dedi. Nenem evde yatacak yer mi kaldı dercesine, kaşıyla gözüyle Mahmure yengeyle kızını işaret etti.

"Salona yatak sereriz," dedi anneannem. "Belki Mari'yle Sava gelmezler ama hiç olmazsa Niko'yu bana versinler. Küçücük çocuk emniyette olsun!"

Paranoyalarıyla meşhur anneannemden böyle cesur bir davranışı hiçbirimiz beklemiyorduk.

"Kurtuluş'a kadar nasıl gideceksin?" diye sordu annem.

"Mehmet Efendi'yi alırım yanıma."

"Apartmanı bırakıp seninle gelir mi hiç! Kapıyı sürekli kilitli tutuyor. Sabaha kadar durmadan kapı açıp kapayacak adam. Zaten ben seni asla sokağa bırakmam! Onlara haber ulaştırmanın bir başka yolunu bulalım," dedi maceracı bir ruh olarak bellediğim annem. Bugün kendilerinden beklenmeyen tepkiler ve davranışlarla herkes beni şaşırtıyordu, özellikle de olanları hiç önemsemeyen nenem. Annem sonunda dayanamayıp ruhunu ele verdi.

"Anne, bak aklıma ne geldi," dedi. "Ben de seninle geleyim, yol üstünde Sacide'ye uğrayıp onu da alalım, üç kadın kol kola girer, hızlı hızlı yürürüz Kurtuluş'a kadar, ne dersin?"

"Olmaz, ben sizin canınızı tehlikeye attırtmam! En iyisi Sabiha Hanım'a gidip telefon edeyim Sava'ya, hemen bize gelmelerini söyleyeyim," dedi anneannem.

"Kaç kere söyledim size, bir an önce bir torpil bulup telefon bağlatmamız şart," dedi annem. "Durmadan komşularımızı rahatsız ediyoruz. Çok canım sıkılıyor bu işe."

"Kızım, kırk yılın birinde, ancak acil şeyler için kullanıyoruz komşunun telefonunu."

"Olsun. Şehiriçi konuşmalara para da ödettirmiyorlar. Ben mahcup oluyorum. Bu devirde telefonsuz yaşanmaz!"

"Alışmış kudurmuştan beterdir diye boşuna dememişler," dedi anneannem, annemin Ankara'da elinden düşürmediği telefonunu ima ederek. "Ne olmuş yani, bunca zamandır telefonsuz da idare ediyoruz işte!" Yerinden kalkıp Mari'ye telefon etmek için komşuya gitti.

Ertesi sabah ellerinde bir küçük çantayla Mari teyze ve Niko bize kalmaya geldiler. Her zaman şen şakrak olan Mari teyzeyi ilk kez kederli görüyordum. Gözünün yaşı dinmek bilmiyordu. Apartmanlarının giriş kapısı paramparça edilmişti, pencere camları taşlarla kırılmıştı. Anakapıyı kilitlemeye inen akrabaları İlya Bey'in başına sopalarla vurmuşlardı, adamcağız beyin kanamasından acile kaldırılmıştı. Beyoğlu'nda yaşanan vahşeti annemden, Kurtuluş semtinde yaşananı Mari teyzeden dinliyorduk. Rum dostumuzun karşısında utanç içindeydik. Suçlu bizmişiz gibi evcek Mari teyzenin gözlerine bakamıyorduk. Sava amca, karısıyla küçük oğlunu emniyette olsunlar diye bize yollamıştı ama evini sahipsiz bırakmak istemediği için kendi gelmemişti. Benim içimde bir kuşku vardı, bizlere kırgın mıydı acaba Sava amca, o yüzden mi gelmemişti?

Konuklarımız için salona iki şilte serdik. Bana eğlence çıkmıştı ama annem birkaç gün sonraki sınavımı nihayet hatırlamış, Niko'yla oynamamı yasaklamıştı, ders yapacak halim kalmış gibi!

Bir sonraki gün, sadece abone olduğumuz gazeteyi değil, bütün gazeteleri aldık. Hepsinde arasından geçip gittiğimiz vahşetin resimlerini gördüm. Beyoğlu Caddesi, Galatasaray'dan Taksim'e kadar yerlerde sürüklenen renk renk kumaş toplarıyla kaplanmıştı. Elleri sopalı insanlar sopalarını vitrinlere indiriyor, içerdeki malları yağmalıyorlardı, tıpkı benim de bir gün önce seyrettiğim gibi. Arabadayken fazla korkmamıştım ama resimlere bakarken tüylerim diken diken oldu. Hükümet yanlısı gazeteler olayı birkaç komünistin çıkardığını iddia ederken, muhalif gazeteler polisin olayları hiç müdahale etmeden seyrettiğini yazıyorlardı. Komşuların bir akşam önceki varsayımları doğru çıkıyordu böylece. Kısacası Yunanlılar, Kıbrıs Adası'na sahip olmak için İngiltere'ye baskı yaparlarken, bizim hükümet de Türk halkının böyle bir şeye asla göz yummayacağını göstermek ve gözdağı vermek için bir gösteri hazırlamış ama ipin ucunu kaçırmıştı. Taksim, Beyoğlu ve Kurtuluş semti başta olmak üzere, Rumların, arada Yahudilerle Ermenilerin, hatta bazı Türklerin dükkânları da yerle bir olmuş, malları yağma edilmişti. Taksim'deki Aya Triyada Kilisesi'nde, Zapiyon Kız Okulu'nda, Kumkapı'da, Baklalı, Dolapdere ve Kurtuluş'ta yangınlar çıkmıştı. Arnavutköy ve Ortaköy kiliseleri yıkılmıştı. Kurtuluş'taki Ortodoks kilisesinin etrafındaki polislerden biri tabancasını çekmiş, "Kiliseye gelmeyin, vururum," diye bağırmıştı ama kalabalığın çan kulesine çıkmasını ve kilisenin içinin harap edilmesini önleyememişti. Yağmacılara karşı, "vur" emri, polise hiçbir zaman yazılı olarak verilmediğinden, polis çıldırmış kalabalığa engel olamamıştı.

Mari teyzeyle Niko'nun misafirliği uzun sürmedi, hafta başında ben sınava girerken onlar da evlerine geri döndüler. Fırtına dinmiş gibiydi ama herkesin üzerine bir hüzün sinmişti. 6 ve 7 Eylül'den sonra sevinmekten adeta utanır olmuştuk. Sınavı geçtiğim haberini alınca havalara uçacağımı zannediyordum, oysa hiç tepki veremedim. Yaşadıklarımdan sonra birdenbire durulmuştum. Üzerime bir ağırlık çökmüştü. Eskisi gibi her şeye hemen kahkahalarla gülmüyor, sevinince çığlık çığlığa bağırmıyor, üzülünce gözyaşlarına boğulmuyordum. Orta ikiye içim kırık olarak, işte bu ruh haliyle başladım. Bu arada dış görünüşüm de değişmişti. Bir yıl öncesine nazaran biraz daha uzamış ve gelişmiştim. Hatta annem Ankara'ya dönmeden önce, itirazlarıma rağmen bana zorla bir sutyen almıştı. Bazıları büyümek için can atarlar. Oysa ben, gitti miydi hiç dönmeyeceğini bildiğimden olsa gerek, çocukluğundan zor ayrılanlardandım. Ama hayat bunu göz ardı edip beni büyümeye zorluyordu çeşitli vesilelerle. 6–7 Eylül olayları, tam da yaş günümde beni bir vahşete şahit ederek biraz erken olgunlaştırmıştı. İnsanoğlunun birdenbire gözünün dönüp bir hayvana dönüşebileceğini, kırıp dökebileceğini, sövüp dövebileceğini hatta öldürebileceğini görmüştüm, hem de elle tutulur hiçbir neden olmaksızın. Birkaç yıl sonra, 6–7 Eylül tezgâhının gerçeklerini kavrayacak yaşa eriştiğimde Demokrat Parti'den sıdkım bir kere daha sıyrılacaktı.

6–7 Eylül olaylarını yaşadığımız kış nenemi kaybettik. Uzun zamandır nefes darlığı çeken ve dedemin ölümünden sonra hayatla arasına mesafe koyan nenem, yatağında bir mum gibi eridi ve söndü. Nenemin öldüğü akşam, hafta sonu olduğu için ben de evdeydim. Akşama doğru annesinin halinde bir kötülük görmüş olmalı ki, anneannem eve bir doktor çağırmıştı. Akşam yemeğinden sonra her zamanki gibi nenemin yatağının karşısındaki sedire oturup radyo dinledik. Saat on civarı ben anneannemin odasındaki yatağıma yattım, kitabımı okurken dalmışım. Anneannemin odaya girdiğini, yattığını hiç duymadım. Beni sabaha karşı Hacer'in kapıya vurması uyandırdı. Anneannem benden once fırlayıp yatağından çıktı. Peşinden ben de kalktım.

"Çabuk yatağına dön," dedi anneannem.

"Ne oldu? Hacer niye gelmiş?"

"Sana yatağına gir, dedim."

"Tuvalete gideceğim."

"Tuvalet bu tarafta değil!"

Anneannem, nenemin odasına giden holün orta yerinde iki kolunu yanlara açmış, bana geçit vermiyor, Hacer ise onun yanında durmuş, usul usul ağlıyordu.

"Kalkmışken neneme de bakacağım."

"Odana git Ayşe."

Holün ortasında biraz cebelleştik anneannemle.

"Nenem öldü mü?" diye sordum.

Hacer, "Az önce kollarımda vefat etti," diye atıldı. Ağlamaya başladım. Anneannem, Hacer'e, "Boşboğaz," bana da, "Odana git orada ağla. Nenenin odasına asla giremezsin!" dedi sert bir sesle. Karanlık holde, kolları hâlâ yanlara açık, uzun pazen geceliğinin içinde sevimsiz bir tarla korkuluğu gibi duruyordu. İnadını bildiğimden odama gidip yatağıma girdim. Ağlamak istiyordum ama gözyaşlarım akmaz olmuştu. Dedemin ve Azra teyzenin ölümünde yüreğimde hissettiğim yakıcı acıyı ve isyanı boşuna bekledim. İçimde sadece tuhaf bir boşluk vardı. Bana okula giderken, battaniyesinin altına sakladığı kahverengi krokodil çantasından harçlık çıkarıp veren miniminnacık kalmış nenem artık yoktu. Bir boşluk hissediyordum ama hepsi buydu ne yazık ki!

Ertesi gün annemle babam Ankara'dan uçakla geldiler. Annem hepimizden daha perişandı. Ona küçükken anneannemden çok nenemin emeği geçmiş, okula gidene kadar nenemin koynunda büyümüştü. Sürekli ağlıyor, çırpınıyordu. Nenemin cenazesine katılmam için Sabahat teyzem okuldan izin almıştı ama anneannem çocukların cenazede işi olmadığını iddia ederek cenazeye gitmeme mani olmaya çalışıyordu. Annem ise, "Ayşe kazık kadar kız oldu, nenesine son vazifesini yapmalı," diyordu. Benim de tutturmamla bu kez annemin dediği oldu, hayatımın ilk cenaze törenine nenemi uğurlamak için katıldım. Cenaze sahiplerinin dışında hemen herkesin birbiriyle sohbet ettiği hatta şakalaştığı avluda, ölüme gösterilmesi gereken saygıyı göremeyince kapıldığım hayal kırıklığını hâlâ hatırlarım. Omuzlara alınan tabuttaki neneme son kez veda ederek Teşvikiye Camii'nden koşar adım çıkarken, annemin aşırı düşkün olduğu bu hastalıklı ve çok yaşlı kadına karşı derin duygular besleyemediğim için vicdan azabı çekmiştim azıcık.

Annem nenemin bütün dualarında bulunmak için İstanbul'da uzun kaldı. Kırkıncı gün mevlidi okunduktan sonra döndü Ankara'ya. Annem gidince anneannem önce evde badana yaptırdı, sonra salonu nenemin odasına, kendi yatak odasını salona taşıttı. Onun balkonlu yatak odası da benim oldu. Babam büyümekte olan kızına dişbudaktan çok şık bir yatak odası takımı ısmarladı. Artık birbiriyle uyumlu bir gardırobum, bir kütüphanem ve üstünde makyaj malzemeleri bulunmasa da şık bir tuvalet masam vardı. Genç kızlığa adım atarken dahi çocukluk rengime ihanet etmemiştim. Pencereme mavi çiçekli perdeler, yatağıma mavi kapitone yatak örtüsü dikildi, odama iki adet kübik koltuk alındı ve elbette mavi renk kumaşla kaplandı.

O sene yaza doğru Meral'e bir talip çıktı. Aslında pek çok talibi çıkıyordu ama Meral bir türlü evet diyemiyordu. Bu kez ne değiştiyse, Dr. Cemil Topuzlu'nun yeğeni olan genç Cemil'e evet dedi ve evde Meral'e düzülecek çeyizin telaşı başladı. Annem nişan töreni için Ankara'dan geldi. Çok istediğim halde ben törene katılamadım, çünkü ilkokulda kurtarmaca oynarken yarısını kırdığım ön dişim, nişanın yapılacağı cumartesinden bir gün önce dibinden kesilmişti. Pazar tatil günü olmasına rağmen, Ermeni dişçimiz Vartan Bey, kesik dişimin üzerine cumartesi günü hazır edeceği "ceket"i geçirecekti. Okuldan da kalmamış olacaktım. Annem nişana dişsiz katılmam için ısrar etti. Ne de olsa ben çocuktum, ön dişlerimden birinin eksik olması ne fark ederdi ki? Böyleydi işte annem, kimi zaman gözünde kazık kadar oluyordum, kimi zaman da çocuk! Ön dişsiz ağzımla tıslayarak yanıtladım annemi, onun gözünde çocuk olabilirdim ama sutyen sahibi ve boyu ondan iki parmak daha uzun bir çocuktum!

O Mavi Gözlü Bir Devdi, Minnacık Bir Kız Onu Çok Sevdi

1955–56 öğrenim yılında yatakhanem değişmişti. Artık on dört kişilik bir yatakhane yerine, Mitchell Hall'da iki kişilik bir odada kalacaktım. Oda arkadaşım da İffet'ti şansıma. Sevinçten deliye döndüm. Bu bana yaz sonu yaşadığım dehşeti unutturacak derecede güzel bir sürprizdi. Odamız küçük ama çok şirindi. İçinde, normal boyda bir dolap ve bir şifonyer vardı. İffet'le şifonyerin çekmecelerini, dolabımızın askılarını paylaştık. Saten kaplı yorganlarımız kayıp yere düşmesin diye yataklarımızı birleştirdik ama hemen birinci gecemizde yatakhane hocasının inadına takıldık. Güya iyi geceler dilemek üzere odamıza giren yatakhane görevlisi Enise Önüt, "Yataklarınızı hemen ayırın, kızlar," dedi.

Ayırdık ve yattık. Işıklar söndükten sonra, İffet yataklarımızı tekrar birleştirmeyi teklif etti. Aslında benim hiç umurumda değildi ama İffet bazı konularda çok titizdi, yorganının yere düşmesine sinir oluyordu. Ben kendi yatağımı çekip onunkine dayarsam, bir tarafında benim yatağım, diğer yanında duvar olacağı için yorganı kayıp yere düşemeyecekti. Israr edince ite kaka yatağımı yine İffet'inkiyle birleştirdik, yatıp uyuduk.

Sabah kahvaltıya inerken Enise Önüt yolumuzu kesti.

"Dün akşam ben size yatakları ayırın, demedim mi?" diye sordu.

"Ayırdık," dedim.

"Sonra yine birleştirdiniz ama!"

"Yorgan kayıp yere..."

"Bana mazeret gösterme İffet Taylan! Bir daha yatakları birleşik görürsem, ikinizi de disipline veririm, okuldan atılırsınız."

"Yatakları birleştirdiğimiz için mi?" dedim yüzümde şaşkın bir ifadeyle.

"Evet efendim!"

"Buna kargalar bile güler!"

"Hemen benden özür dile!"

"Miss Önüt, kime ne zararı var yatakları birleştirmenin? İffet'in yorganı kayıp yere düşü..."

"Sen bu okula devam etmek istiyorsan, bana laf yetiştirmekten vazgeç, ukala Ayşe Hanım! Ne yataklar birleşecek, ne de bana izahat verilecek. Konu kapanmıştır." Enise Önüt arkasını döndü, sert adımlarla yürüdü gitti.

"Deli bu kadın," dedi İffet.

"Hem de zırdeli," dedim. "Biz uyurken odamıza girip bakmış olmalı. N'apacağız? Mrs. Ashover'a gidip derdimizi anlatalım mı?"

"Boş ver. Madem kadın kafayı taktı," dedi İffet, "bırakalım yorgan yere kaysın! Nasılsa alırız intikamını!"

On dört yaşındaydık ama Enise Hanım'ın yataklarımızı birleştirmemize bu denli kızmasına hiçbir anlam veremeyecek kadar saf, ilk fırsatta yorgan intikamı almaya yemin edecek kadar çocuktuk. Bırakın topuklu ayakkabı giymeyi, naylon çorap giymeye dahi başlamamıştık İffet'le. Okul konserlerine ya da okul partilerine giderken süslenen, makyaj yapan kızları gördükçe biz de özenirdik ama makyaj yapabileceğimiz hiç malzeme yoktu elimizde. Bir keresinde, Assembly Hall'da bir konsere giderken elimizdeki yegâne pudra olan talk pudrasına belenmiş, kabuki makyajı yapmış Japonlar gibi bembeyaz suratlarımızı görünce gülmekten ölmüştük. Ruhlarımız hâlâ çocuktu ama yıl ortasında belki de yemeklerde çok tıkındığımız için bedenlerimiz bir değişime uğradı, boyumuz uzadı, göğüslerimiz irileşti. Annem yılbaşı tatilinde beni gördüğünde, "İyi ki balerin olmaya kalkışmadın Ayşe, bu göğüslerle parmaklarının ucunda kalktığın an, pat diye burnunun üstüne düşüverirdin," diye dalga geçmişti.

Orta ikiyi bitirdiğim sene, yazı geçirmek için Fenerbahçe'de, cadde üzerinde bir ev kiraladık. Anneannem Ada'daki köşkten birkaç parça mobilyayı taşıttı yeni yazlığımıza. Eşyalar Ada'nın geniş odalarına kıyasla çok küçük sayılan apartmana hiç yakışmadı ama buna kimse aldırmadı. Evimiz palmiyelerle süslü bir bahçenin içinde, iki katlı, şirin bir evin bahçe katıydı. Bahçenin yola bakan köşesinde, diğer komşularla birlikte altında oturup çay içerken yoldan gelip geçenleri de seyredebileceğimiz bir çardak vardı. Adresi de çok kolaydı: Patriğin köşkünün yanındaki pembe ev! Pembe ev, Suat teyzemin Feneryolu'ndaki evine de yürüme mesafesindeydi üstelik. Annem beşi bitirdiğim yıl rahmetli Azra teyzenin aldığı bisikletimi trenle gelirken İstanbul'a getirmişti. Fenerbahçe'den Feneryolu'na iki dakikada gidip gelebilecektim bisikletimle. O yaz anneannem kız kardeşini, annem de kuzenini çok sık gördü ama Feryâl benden nasibini pek alamadı. Çünkü ben Kalamış'ta ve Fenerbahçe'de kendime yeni arkadaşlar edinmiştim. Feryâl benden altı yaş küçüktü. Ne işim vardı bacak kadar çocukla! Benim arkadaşlarım, Fenerbahçe'ye bizim gibi yazı geçirmeye gelmiş olan soprano Belkıs Aran'ın oğlu Pınar, kuzeni Erkan, arkadaşları Erkut, Güneri Civaoğlu, Kalamış koyundaki yalılarından denize girdiğimiz Bâli ve Bülent kardeşler, Bâli'nin sevgilisi kız Pınar, (Pınarlardan biri erkek olduğundan, diğer Pınar'ın başına "kız" ekliyorduk karıştırmamak için), Bâlilerin yalısının müdavimlerinden Emre Gönensay ve Almanya'dan dönmüş ama artık gönlümden düşmüş, sadece arkadaşım olarak sevdiğim Tahir'di. Bâlilerden denize girmiyorsam, Pınar'ın arkadaşlarıyla birlikte, Pınar'ın on beygirlik motorunun takılı olduğu salaş sandalla Moda koyuna gidiyor, yazı Moda'daki yazlıklarında geçiren Emine ile buluşuyorduk. Yaz demek, Moda-Fenerbahçe arasında sandala doluşup denize girmek, öğleden sonraları hep birlikte bisiklete binmek, Bâlilerin rıhtımında müzik dinlemek ve her şeye gülmekti. Ara sıra Emine veya İffet de gelip bizde kalıyorlardı. Ah, ne kadar güzeldi hayat! Ne kadar gamsız, tasasız, coşkuluydu annem bu sabun köpüğü gibi hafif hayatımın içine limon sıkana kadar! Denizden, burnum ve omuz başlarım iyice kızarmış, buram buram tuz ve güneş kokarak keyifle eve döndüğüm bir öğlen vakti annem müjdeyi verdi: Fazilet teyzemin büyük oğlu Üstün, haftaya bizim eve yaz tatilini geçirmeye geliyordu. Ben annemin odasına taşınacak, odamı Üstün'e verecektim. Hemen itiraz ettim.

"İnsan biraz insaflı olur, annesi ameliyat oluyor," dedi annem.

"Ethem gelseydi onun yerine. Üstün'ün ukalalığını çekemem," dedim.

"Ukalalıkta kimse seninle baş edemez," dedi annem. "Git, dolabındakileri benim odama taşı... Haydi, sana söylüyorum, bakma öyle yüzüme!"

Söylene söylene gidip odamı boşalttım. Üstün birkaç gün sonra geldi, odama yerleşti ve ilk işi kitaplarımı karıştırmak oldu. Akşam yemeğine oturmadan önce, "Bakıyorum şiire merakın var," dedi, "gerçek bir şairle tanışmak istiyorsan, yemekten sonra odama gel."

"Kimmiş bu şair?" diye sordum, "belki de tanışmışımdır."

"Hiç sanmıyorum."

"Neden?"

"Türkiye'de değil okunması, adının anılması bile yasak da ondan."

"Ayıp şeyler mi yazıyor?"

Bir kahkaha patlattı Üstün. "Hayır ama yasaklı şeyler yazıyor."

"Nasıl yani?"

"Okuduğun zaman anlarsın."

"İstemem, okumayacağım."

"Sen bilirsin. Sonra pişman olursan, bir daha fırsatın olmaz okumaya, onu bil!"

"O halde neden yasaklı şeyler yazdığını söyle bari."

"Çünkü o bir komünist."

"Aaaa!"

Dondum kaldım. Aklıma hemen, komünist sanıldığı için işinden çıkartılan ve İstanbul'a yerleşmek zorunda kalan sevgili Hüsrev amcam geldi. İşin iç yüzünü öğrenmem için müthiş bir fırsat doğuyordu. Allak bullak olan suratımı görünce, Üstün, "Ne o, korktun mu?" diye sordu.

"Yoo, niye korkayım!"

"Sen komünist nedir biliyor musun?"

"Elbette," dedim gururla, "komünist tanıdıklarım bile var."

"Yok canım! Kimlermiş?"

"Mesela Hüsrev amcam. Hüsrev Tökin."

Yüzünde belirgin bir saygı ifadesiyle, "Şu, *Kadro* dergisini çıkaran ekipteki Hüsrev Tökin mi?" diye sordu. Neden bahsettiği hakkında en ufak bir fikrim yoktu ama diklenerek, "Evet, o," dedim. "Rusya'da tahsil gören Hüsrev Tökin. Annemle babamın ve benim çok yakın dostumuzdur."

"Vay vay vay! O halde şiirleri dinlemeye hak kazandın!"

"Akşam yemeğinden sonra gelirim şiirleri almaya."

"Şiirleri alamazsın. Ben sana okuyacağım, sen de dinleyeceksin. Biri elinde görür filan, başımıza iş açılır. Dedim ya, bu şiirleri okumak yasak."

"Adını söyle bari o şairin."

Kulağıma dua üfler gibi fısıldadı Üstün: "Nâzım."

Üstün, rahmetli büyük dayısının, yani benim doğumumdan önce vefat etmiş doktor büyükbabamın benim odamda duran yazı masasının başına kurulmuş, elindeki dağınık sayfalara bakarak okuyordu. Ben yatağa bağdaş kurmuş, büyülenmiş gibi hiç kıpırdamadan, gözümü bile kırpmadan dinliyordum. Bir rüzgâr esiyordu şiirlerden bana doğru, beni önüne katıp uzak gönül ülkelerine götüren bir rüzgâr.

Bir tanem!
Son mektubunda:
"Başım sızlıyor,
yüreğim sersem!"
diyorsun.
"Seni asarlarsa
Seni kaybedersem,"
diyorsun,
"yaşayamam!"
Yaşarsın karıcığım,
kara bir duman gibi dağılır hatıram rüzgârda
yaşarsın kalbimin kızıl saçlı bacısı
en fazla bir yıl sürer
yirminci asırlarda
ölümün acısı

Bir şiirden diğerine geçiyordu Üstün.

O mavi gözlü bir devdi
Minnacık bir kadın sevdi.
Kadının hayali minnacık bir evdi
bahçesinde ebrulii
hanımeli
açan bir ev.

Bir dev gibi seviyordu dev.
Ve elleri öyle büyük işler için
Hazırlanmıştı ki devin
yapamazdı yapısını
çalamazdı kapısını
bahçesinde ebrulii
hanımeli
açan evin.

Şiirler değiştikçe içerik de değişiyordu, içerikle beraber de Üstün'ün sesi gürleşiyor, sertleşiyordu.

Behey! Kaburgalarında ateş bir yürek yerine
İdare lambası yanan adam!
Behey armut satar gibi
Sanatı okkayla satan sanatkâr!
Ettiğin kâr
Kalmayacak yanına!
.....
Behey!
Karaboynuz gibi kaşlı
mukaddes Apis başlı
adam;
Behey!
Kara maça bey!
Sen şiirin asil kamusuyla konuşuyorsun,
ben asaletten anlamam.
Şapka çıkarmam konuştuğum dile,
düşmanıyım asaletin
kelimelerde bile.

Hakaretlerin kime ve niye edildiğini bilmesem de mısraların büyüsü başımı döndürüyordu. Karşımda kalemiyle dünyaya meydan okuyan, korkusuz bir kahraman vardı ve her satırı kırbaç gibi vicdanımın üzerinde şaklıyordu. Hiç bilmediğim, beni ürküten ama içine girmeye teşne olduğum yepyeni bir dünyanın kapısında heyecanla titriyordum.

Derken Üstün bana Salkım Söğüt'ü okumaya başladı.

Akıyordu su
Gösterip aynasında söğüt ağaçlarını
Salkımsöğütler yıkıyordu suda saçlarını!
Yanan yalın kılıçları çarparak söğütlere
Koşuyordu kızıl atlılar güneşin battığı yere... diye başlayan uzun şiir bittiğinde, şiir ve şair düşkünü yeniyetme ben, yüreğimden vurulup gittim ve "Nerede bu şair şimdi?" diye sordum.

"Nâzım Moskova'da şu anda. Rusya'ya kaçtı."

"Neden kaçtı?"

"On yıldır hapisteydi zaten, yeni çıkmıştı. Yeniden hapsedileceğine dair işaretler belirince, ne yapsın, kaçtı işte."

"Niye hapisteydi, birini mi vurdu, hırsızlık mı yaptı?"

"Çocuksun sen daha! Kızım büyü artık, bak boyun uzamış, anneni geçmiş. Onu fikirlerinden ve yazdıklarından dolayı hapsettiler. Komünist olmak yasak, bilmiyor musun yoksa?"

O kadarını biliyordum elbette. Hüsrev amcanın başına gelenler sayesinde bir şeyler öğrenmiştim, tehlikeyi ve gizemi aynı anda içeren, sihirli bir sözcük gibiydi komünizm. Ama komünizm hakkında esaslı bir bilgim yoktu. Tek bildiğim, Rusya'daki rejimin adı olduğuydu. İlkokuldaki jimnastik hocamız, gözlerini devire devire bu rejimin çok korkunç olduğunu, Rusların açlıktan nefeslerinin koktuğunu, ülkelerinde hiçbir şeyin bulunmadığını ve Türkiyemize spor yarışmaları için gelen genç sporcuların Rusya'ya döndüklerinde, ülkemizde gördükleri güzellikleri ve özgürlüğü diğer Ruslara anlatmasınlar diye sınır kapısında kurşuna dizildiklerini anlatmıştı. Gecelerce kâbus görmüştüm. Annem babama, "Deli mi bu adam, el kadar çocuklara böyle şeyler anlatılır mı, gidip müdüriyete şikâyet edeceğim," diye sızlanmıştı. Babam da bana her duyduğuma inanmamamı söylemişti.

"Büyükler yalan söyler mi baba?" diye sormuştum hayretle.

"Yalan demeyelim buna, insanlar iyi bilmedikleri ve korktukları şeyleri abartırlar," demişti babam. Kafam karışıktı kısacası ama bunu Üstün'e belli etmeyecektim.

"Bu elindeki şiirleri bana bırakabilir misin?" diye sordum sadece.

"Katiyen bırakamam. Elimdeki tek kopya bunlar."

"O halde müsaade et, defterime yazayım."

"Hangisini?"

Dağınık matbu kâğıtları kuzenimden alıp inceledim. Hepsini istiyordum.

"Annenlere göstermeden yazmalısın," dedi Üstün. "Yakalanırsan seni de beni de şiirleri de bitmiş bil!"

"Gece yazarım, herkes yattıktan sonra."

"Sizin bu Hacer, gece cadısı gibi dolaşıyor sabaha kadar. Işığı görürse meraklanır."

"Ben de senin odana gelir, mum ışığında yazarım," dedim. İtiraz etmedi. Bana bilmediğim bir şairi öğretmiş olduğu için kendinden çok memnundu. İki gece geç saatlere kadar, ellerim uyuşana dek şiirleri hatıra defterime geçirdim. Tuhaf bir müzik, bir ahenk vardı bu şiirlerde, dilimden düşmüyorlardı, gün boyunca marş söyler gibi tekrarlayıp duruyordum dörtlükleri. Mısralar yavaş yavaş ezberimde kalmaya başlamıştı. Büyükler, konuklarıyla birlikte çardak altına kurulan ve saatler süren rakı masalarına oturduklarında, dayım da aşka gelip davudi sesiyle, *Gece sahilden açıp sandalı enginlere biz / uyuyan Marmara'nın koynuna girsek ikimiz,* diye İstanbul şarkılarına başladığında, Üstün'le ben usulca sofradan kalkıyor, bahçenin bir başka köşesinde dua okur gibi belli bir ahenkle ve bir ağızdan Nâzım okuyorduk:

Hava kurşun gibi ağır!
Bağır
bağır
    bağırıyorum
Koşun
        kurşun
            erit-
                meye
                    çağırıyorum...

Kuzenim Üstün Ete, bizimle on gün kadar kaldı ve Nâzım'ı bana onulmaz bir hastalık gibi bulaştırıp gitti. Ben yeni keşfettiğim Şairin ve şiirlerinin etkisiyle, kuzenimin ziyaretinden önceki kız olmadığımın, içimde bir şeylerin değiştiğinin farkındaydım. Ama bildiğim, sadece değiştiğimdi. Ne komünizmi biliyordum tam olarak, ne de Nâzım'ın niye komünist olduğunu. Meraktan ölmeme rağmen, Üstün'e verdiğim sözü tuttum, hiç kimseye bir şey sormadım. Ta ki Sacide teyze bizde kalmaya gelene kadar.

Sacide teyze, Üstün gittikten bir ay sonra geldi. Bu kez odamı boşaltmadım, annemin odasına bir somya kondu. Kimin arkadaşı gelirse, yüklükte duran somya yerinden alınıp o odaya götürülüyordu. İffet ya da Emine gelecek olurlarsa, somya benim odama taşınıyordu. Hatta bir keresinde Hacer'in bile bir köylüsü gelmişti Kastamonu'dan, somyayı zar zor sığdırmıştık daracık odaya. Anneannemin ise hiç yatıya misafiri gelmezdi. Odasını biriyle paylaşacağına, hayatının sonuna kadar tek başına yaşamayı tercih ederdi anneannem.

Sacide teyze bizde iki hafta kalacak, iki haftanın sonunda, Nişantaşı'ndaki bir klinikte küçük bir miyom ameliyatı geçirecekti. Bu yüzden annem onu balla, kaymakla, reçellerle besliyordu ameliyata güçlü girmesi için. Annemden fırsat buldukça o da beni bilgiyle besliyordu. Çünkü hayatımdaki tek erişkin sırdaşım Sacide teyzeydi. Yeni keşfettiğim şairi, kaynağının adını saklayarak elbette, ancak onunla paylaşabilir, komünizm hakkındaki sorularımı ona sorabilirdim. Annem evin ihtiyaçları için çarşıya gittiğinde biz Sacide teyzeyle Fenerbahçe Plajı'na yürüyor, kumlara uzanıp laflıyorduk. Annem gelip bizi bulana kadar kafamın içindeki tüm soruları soruyordum. Komünist denen insanların tıpkı Hüsrev amcam gibi birer mağdur olduklarını düşünmüştüm. Hakkım varmış, Sacide teyze beni doğruluyordu, onlar çoğunlukla vatanlarını seven, iyi ve dürüst insanlardı, uğradıkları haksızlıklara karşı savunulmaları gerekiyordu. Bu kişilerin arasında Ruhi Su gibi opera sanatçıları, Ulvi Uraz, Kemal Bekir Özmanav gibi tiyatrocular, Ahmet Arif, Şükran Kurdakul gibi şairler, Vedat Türkali gibi edebiyat adamları, Prof. Dr. İlhan Başgöz gibi halk edebiyatı uzmanı, bilim adamları da vardı. Türkiye'nin beyin takımı en ağır suçlamalarla parmaklıklar ardındaydılar. Aman, çok dikkatli olmalıydım. İyi insanlar da olsalar, komünistlerden uzak durmalıydım. Neden? Çünkü komünist olmamama rağmen aileme zarar verebilirdim. Komünist değilsem, bu korku nedendi? Kimlerden ve niçin korkuyorduk biz? Sorularım yanıtsız kaldıkça yüreğimde bir sempati filizleniyordu komünistlere karşı. Büyümekte olan gencecik bir insan, etrafında sürekli komünist avı yapılırken başka türlü davranabilir miydi? Sacide teyzeye anlatıyordum düşüncelerimi, beni sabırla dinliyor, duygularımı paylaşıyor, bana hak veriyordu. O öyle davrandıkça kendimi büyümüş, adam olmuş gibi hissediyordum. Galiba dış görüntüm de o yaz oldukça değişmişti ki, Sacide teyzeyle yine kumlara uzanıp sohbete daldığımız bir gün yanımızda bir fotoğrafçı bitti. Bir resim çekip çekemeyeceğini sordu.

"Beğenmezsek almamız için ısrar etmeyeceksin ama!" dedi Sacide teyze, genç çocuğa.

"Yo hayır. Bakın şu genç kızların da hep resimlerini çektim."

Etrafta bir sürü genç kız vardı hakikaten. "İyi, çek bakalım," dedi Sacide teyze.

"Küçükhanımın ayakta bir pozunu alayım."

Ayağa kalktım, üzerimdeki kumları silkeledim, çocuğun istediği gibi sağ kolumu belime dayadım, çak! Resmim çekildi. "Adınız?" dedi çocuk. Söyledim.

"Bir poz daha lütfen!"

"Aaa yetti ama. Hayır, başka poz yok!" dedi Sacide teyze.

"Bir tane de teyzemle alın resmimizi," dedim ben.

"Başka poz yok!" dedi çocuk, Sacide teyzenin tonlamasıyla. Çekti gitti.

Az sonra çarşıda işini bitiren annem de katıldı bize, denize girdik, yüzdük, birer mısır yedik ve evimize dönmek üzere toparlandık. "Fotoğrafçı çocuk resmini getirmedi," dedi Sacide teyze. "Bekleyelim mi?"

"Belki yarın getirir," dedim. "Nasılsa yine burada olacağız." Sacide teyze bizde kalırken kendi arkadaşlarımla sandala binmiyor, onunla olmayı tercih ediyordum.

"Ne resmi?" diye sordu annem.

"Ayşe'nin bir resmini çekti de fotoğrafçı," dedi Sacide teyze.

"Olur olmaz insanlara resim çektirtmeyin," dedi ukala annem. Sıcak kumlarda ayaklarımız yanarak kabinimize yollandık, mayolarımızı değiştirip eve döndük.

Ertesi gün kahvaltı sofrasındaydık, annemin Suadiye'de oturan arkadaşı Melahat Hanım telefon ettiğinde. Telefon annemin yatak odasında dururdu. Annem odasına koşup telefonu açtı. Konuşmasını duyabiliyorduk.

"Melahatciğim, nasılsın şekerim, yaa öyle öyle, yaz çok sıcak geçiyor... Sacide'yi tanırsın... Bir ufak müdahale geçirecek de, ondan sonra görüşelim emi, o da toparlansın inşallah... Ne?.. Ne diyorsun sen? (Giderek yükseliyordu sesi.) Hangi gazete?.. Nasıl olur?.. Aman Allahım! Muhittin onu da beni de öldürür! (Ben Sacide teyzeye göz kırpıyordum burada, sineği incitmeyen babam bizi öldürecek olduğu için.) Katiyen olmaz! Katiyen!"

Annem artık avaz avaz bağırıyordu, başına üşüştük. Anneannem de neler olduğunu anlamak için bağırmaya başladı. Annemin elinden telefonu çekip aldı anneannem, kulağına dayadı. Annem bu kez Sacide teyzeyle bana bağırmaya başladı avaz avaz!

"Gördünüz mü yediğiniz naneyi! Dün Ayşe'nin resmini çeken piç kurusu meğer gazeteciymiş. *Son Posta* mı ne haltsa, işte o gazetede hep resimleri çıkmış bunların, plaj güzelleri diye. Ben ne yapacağım şimdi?"

"Sakin ol, Sitare," diyordu Sacide teyze.

"Nasıl sakin olayım, plaj gülleri gibi yan yana resimleri çıkmış. Deli bu Melahat, memnun, iftihar ediyor! Onun kızı Suadiye güzeli seçilmiş, benimki Fenerbahçe! Ay, ölmek istiyorum Sacide! Şu an yer yarılsın dibine gireyim istiyorum!"

"Kızım bu kadar vaveyla etme, bak Melahat senin gibi yapmıyor. Keşke olmasaydı ama ne var bunda büyütecek?" diyordu anneannem.

"Muhittin öldürür beni!"

"Muhittin'in haberi bile olmaz, bu İstanbul gazetesi," diyordu Sacide teyze. Fakat annemi sakinleştirmek mümkün değildi.

"Daha çilem bitmedi. Yarın da bunların arasından, her ne kadar plaj varsa işte, Suadiye, Bostancı, Moda, Maltepe, bütün bu mahalle kızlarının arasından en güzelini seçeceklermiş! Senin gazeteci arkadaşların vardır Sacide, buna mani ol, elini ayağını öpeyim. Zaten senin yüzünden başımıza geldi bu iş!"

"Anne! Sacide teyzenin ne günahı var, nereden bilebilirdik..." diyecek oldum.

"Sus sen! Öldüreceğim seni!" Annem üstüme yürürken odama kaçıp kapıyı kilitledim.

Çok sonra çıktım odadan, ancak Sacide teyze annemi alıp evden uzaklaştırdıktan, sakinleştirdikten sonra. Anneannem kanepeye kurulmuştu, Hacer'i yollatıp aldırdığı gazeteyi salladı bana doğru, alay ederek, "Bak bakalım kendini beğenecek misin Fenerbahçe güzeli!"

Yan yana dizilmiş on kadar genç kız resmi vardı ikinci sayfada. Başımda güneş şapkası olduğu için resmin bana ait olduğunu anlamak mümkün değildi. Resmin altına adımı, Ayşe Kalın diye yazmışlar. Melahat teyzenin kızı Ayşim'in adını da Ayşen yapmışlardı.

"Ne oldu, Sacide teyze bir şeyler yapabildi mi yarınki gazete için?" diye sordum anneanneme.

"Bir yerlere telefon etti ama bilemiyorum," dedi anneannem. "Sen bugün annene pek gözükme."

Gazetede resmimin çıkması ya da plaj güzeli olmak umurumda bile değildi, ben annemi çileden çıkardığım için memnundum. Çünkü hiç suçum olmadığı halde bana yine kızmıştı annem ama gazetede resmimin çıkmasına da mani olamamıştı. Annem, sanki annem değil de benim her an çekiştiğim kız kardeşimdi. O benim üstüme geldikçe, yasaklar koydukça ben de onu mat etmeye soyunuyordum. Anneannemin eve gizlice getirdiği gazetedeki resimde bir genç kız gibi duruyordum ama ruhen gelişmekte olan bir çocuktum henüz.

Sacide teyzenin ameliyatından iki gece önce annemler ve dayımlar Kalamış'taki Todori'de yer ayırttılar. Ben akşam gezmelerine götürülmezdim ama Sacide teyzenin hatırına bu kez bana izin çıkmıştı. İnanılmaz güzel bir mehtabın Kalamış koyuna tüm ihtişamıyla düştüğü o akşam hep bir ağızdan, *Bir Tatlı Huzur Almaya Geldik*, *Kalamış'tan*'dan girdik, *Ada Sahillerinde Bekliyorum*'dan çıktık. Dayımla yengemin alaturkaya giden güzel seslerini duydukça, ben çocukluğumdaki Ada gecelerinin hasretiyle kavruldum. Üst kattaki balkondan gizli gizli seyrettiğim büyüklerin sazlı sözlü rakı sofraları meğer ne keyifliymiş! Dayım, Sacide teyze ameliyatını hayırlısıyla atlattıktan sonra, kendi evinin bahçesinde bir gece düzenleyip akordeon çalma sözü verdi. Şarkılara, türkülere yol boyunca da devam ederek evimize döndük.

Bir gün sonra annemle Sacide teyze sabah erkenden İstanbul'a indiler. Gece annem eve dönmedi, hastanede kaldı. Ertesi gün, Sacide teyzenin ameliyattan çıkmasını beklediği için ancak akşam saatlerinde dönebildi eve. Sacide teyzenin ameliyatı çok iyi geçmişti. Sabah ben, annem ve anneannem, hep birlikte ziyaretine gidecektik. Erken kalkıp bahçedeki güllerden kesecektim ona götürmek için. Annem biraz yorgundu, o gece hepimiz erken yattık. Sabaha karşı olmalı, uykumun içinde bir çığlık duydum. Hayvan inlemesi mi desem, insan ağlaması mı, tuhaf bir ses, yükselip alçalarak, şarkı söyler ya da ağıt yakar gibi yankılanıyordu. Kulak kabarttım... Aman Allahım, annemin sesiydi bu, yatağımdan fırladım, annemin odasına koştum. Annem yatağında oturmuş, telefon kulağında bir öne bir arkaya sallanarak haykırıyordu. Aynı anda anneannem de odaya daldı. Telefonu annemin elinden kapıp kulağına dayadı. Bembeyaz oldu yüzü. Bir şeyler söyleyip telefonu kapattı, yatağa oturup kızına sarıldı.

"Ne oluyor? Bana da söyleyin, ne oluyor?" diye bağırdım. Ölümleri çocuklarından gizlemeyi marifet sayan anneannem, bu kez çaresiz kaldı.

"Akgün'dü telefondaki... Sacide... biraz önce vefat etmiş," dedi.

Ben ki, ölüm acısı nedir bilmez değilim ama, ilk kez ciğerimin ucundan bir parçanın kopup karnıma doğru yuvarlandığını hissettim. İçimde bir alev topu dolanıyordu. Arkadaşım gitmişti. Büyüklerin dünyasından tek arkadaşım, sevgili Sacide teyzem artık yoktu. Yapayalnız, kupkuru kaldım.

Eylül ayında okullar açıldı. Annem Ankara'ya, babamın yanına dönmüştü ama anneannemle ben havalar güzel gittiği için hâlâ Fenerbahçe'de kalıyorduk. Hafta sonları Karaköy'den vapurla Kadıköy'e geçiyor, dolmuşla Fenerbahçe'ye geliyordum, pazar günleri de aynı şekilde okula dönüyordum. Ekim ayını böyle geçirdik. Yağmurlar başlamamıştı ama anneannem kasım başında taşınmaya karar verdi. Yazlıkçılar evlerine çoktan dönmüşlerdi, Fenerbahçe tenhalaşmış, neşeli cıvıltısı yerini ince bir hüzne bırakmıştı.

Yazlığımızdaki son hafta sonu, elimde kirli torbam ve kitaplarımla bahçenin demir parmaklığını açıp içeri girmemle anneannemin hışmına uğramam bir oldu. Anneannem, yüzünde çok iyi bildiğim "felaket habercisi" maskesi, yeşil gözleri çakmak çakmak, beni kolumdan çekeleyerek eve soktu, bağırmaya başladı. Bir eliyle de Nâzım şiirlerinin yazılı olduğu hatıra defterimi burnuma doğru sallıyordu.

"Nerden buldun bu şiirleri? Komünist arkadaşlarının adını şu an eksiksiz vereceksin bana! Sana onları kim tanıştırdı? Bu şiirler... Bu şiirler!" Bir an nefes alamadı, yüzü kızardı, tıkanacak zannedip korktum. Sonra yine gücünü toplayıp bağırmaya başladı. Bağırmaktan bitap düştüğü bir sessizlik anında, "Anneanne," dedim, "hemen defterimi bana geri ver."

"Yakacağım bu defteri!"

"Deftere zarar verirsen, ömrümün sonuna kadar konuşmam seninle. Beni kaybedersin."

"Önce sorularıma cevap ver."

"Önce defterimi ver, sonra ne istersen anlatacağım."

Yüzümde nasıl bir ifade belirdiyse, anneannem bir an durdu, sonra defteri usulca uzattı. Nâzım'ın şiirlerini endişeden körük gibi inip kalkan göğsüme bastırdım. O ana kadar sadece çok çarpıcı bulduğum şiirleri, şimdi başka bir anlam kazanmaya başlamıştı. Şiirlerin üzerinden özgürlük ve kişilik savaşı veriyordum.

"Bundan böyle, çekmecelerim, eşyalarım, defterlerim karıştırılmayacak," dedim, "asla!"

"Sen bacak kadar boyunla kendini adam mı oldun sanıyorsun?" diye sordu anneannem.

"Bir daha eşyalarımı, defterlerimi karıştırırsanız..."

"Ne yaparmışsın?"

"Hafta sonları eve çıkmam."

"Sen bu işlere on sekiz yaşına kadar kendin karar veremezsin."

"Hafta sonunu okulda geçirmem için reşit olmam gerekmiyor."

"Babana hemen mektup yazacağım."

"Yaz anneanne," dedim, "benim kilitli defterimin kilidini kırıp okuduğunu da yazmayı unutma emi!"

Anneannem sokak kapısını hızla çarparak çıkıp gitti.

"Hepiniz delisiniz vallahi, bir defter için bu kadar kavgaya değer mi?" diye sordu Hacer şaşkın şaşkın.

Dayım evimize akşamüzerine doğru geldi, anneannemden bir saat kadar evvel. Yumuşak bir sesle, "Sen Nâzım okuyormuşsun, öyle mi?" diye sordu.

"Anneannem mi söyledi?" dedim.

"Babanın haberi var mı?"

"Neyden haberi var mı?"

"Nâzım'ın şiirlerini bulundurduğundan, okuduğundan?"

"Ben Orhan Veli, Cahit Sıtkı, Yahya Kemal de okuyorum. Babama okuduğum şairlerin listesini yollamadım bugüne kadar."

"Yavrum," dedi dayım, "ben de senin yaşlarındaydım Nâzım'ı keşfettiğimde. Çok etkilenmiştim. Ben de senin gibi, şiirlerini defterime yazıp ezberlemiştim. Hatta annene de göstermiştim; "*Bir Çinli âdem / Gözleri badem/ Sıkacaksın o incecik belini/ Çıkaracak kıpkırmızı dilini*" mısralarını tekerleme gibi birlikte söyler dururduk babam duyana kadar. Düşünsene, babam askerdi üstelik."

Üstün'den duyduğum bilgiyi yumurtladım. "Nâzım da askermiş."

"Sadece talebeydi. Bak Ayşe, güzel kızım, herkes gençliğinde komünist olmaya heves eder. Komünizm bir ütopyadır oysa..."

"Nedir?"

"Yani... Gerçekleşmesi mümkün olmayan bir hayaldir. Gençlerin hayalleri olur hep, derken insan biraz büyür, tecrübesi artar, hayatı tanır ve anlar ki boş bir hayalin peşine düşmüş. Hepimiz bu yollardan geçtik. Sen de benim gibi yap, yırt at o şiirleri. Ne sana bir zarar gelsin, ne de ailene. Bu konuyu da burada kapatalım."

"Ben o şiirleri yırtıp attım bile," dedim.

"Aferin benim kızıma," dedi dayım.

Dayım gittikten sonra odama koştum, yatağımın altına sakladığım defterimi oradan alıp kirli çamaşırlarımın durduğu sepetin içine, çamaşırların en altına sakladım.

Artık gazetelerdeki haberlere bir başka gözle bakıyor, etrafımda konuşulanlara da bilinçle kulak kabartıyordum ve fark ediyordum ki, bir paranoyanın gölgesinde yaşamaktayız. Yaşım ilerledikçe açıkça görüyordum bunu: Amerika'nın McCarthy paranoyası bize de sirayet etmişti iyice abartılarak. Bırakın komünist olmayı, bir komünistin akrabası, dostu, komşusu olmak dahi topun ağzında olmak demekti. Sorgulanmak, suçlanmak, cezalandırılmak demekti.

Sanıyorum insanlar 70'li yıllara kadar Türkiye'de en çok, "komünist damgası" yemekten korktular. Bu öyle bir görünmez baskıydı ki, hiç yoktan atılan çamurun izi bile yetiyordu insanların etiketlenmesine, suçlanmasına, dışlanmasına ve cezalandırılmasına. Hüsrev amcanın hangi saplantıyla görevinden alındığını anlıyordum artık. Hasan Âli Yücel gibi bir kültür devinin yıpranmasına, Türk çocuklarının eğitiminde devrim yaratan Tonguç'un gözden düşmesine sebep hep bu anlamsız korkuydu. Demir Perde gerisinin hayaleti ürperticiydi. Perdenin gerisinde kimse neler olduğunu bilmiyor, sadece tahminde bulunuyor, varsayıyor ve korkuyordu. Bu hayalet cinayetler işletiyor, ocaklar söndürüyordu. Siyasi kişiliğimi belki biraz erken, bu tepkilerle şekillendirmeye başlıyordum.

Vatan Cephesi

Ellilerin ikinci yarısında ben, kişilik bulma ve ergenlik sorunlarımla başa çıkmaya çalışırken evimizde de sıkıntılar baş göstermeye başlamıştı. Okul tatilinde Ankara'ya gittiğimde babamın canını çok sıkkın görmüştüm. Sabahları zaten erken kalkma alışkanlığında olan babam, neredeyse uyku yüzü görmez olmuştu. Gecenin bir vaktinde kalkıp ne zaman tuvalete gidecek olsam, babamı oturma odasındaki berjer koltukta, başı ellerinin arasında düşünürken buluyordum. Bana fark ettirmemeye çalışıyorlar, anlatmıyorlardı ama biliyordum ki bir şeyler iyi gitmiyordu. Israrlarım karşısında baklayı her zamanki gibi anneannem çıkardı ağzından.

"Babandan Gerze'de inşaat yaptığı yerde bir Vatan Cephesi Ocağı açmasını istiyorlar ama Muhittin bu! Babanı bilirsin, kabul etmiyor bir türlü," dedi.

"Kim istiyor?"

"Kim olacak, hükümet!"

Kahkahalarla gülmeye başladım. Sabah, öğle, ikindi ve akşam haberlerinden sonra, radyoda Vatan Cephesi'ne katılanların listesi okunurdu. Ahmet filanca şu kadar kişilik hane mensubuyla, Mehmet falanca, karısı, çocukları, annesi babası, on iki kardeşi, yengeleri ve yeğenleriyle, şu kişi peşinde bilmem kaç kişiyle, bu kişi işyerindeki bütün çalışanlarıyla hatta bazen vefat etmiş kimselerin bile aralarında bulunduğu listelerle, insanlar her Allah'ın günü Vatan Cephesi'ne katılırlardı. Vatan Cephesi'ne katılanların radyoda okunması, Demokrat Parti'nin bir nevi propaganda aracıydı ama herkesin hatta aklı başında DP'lilerin bile alaya aldığı bir maskaralıktı. O kadar ki, İstanbul Valisi Ethem Yetkiner'in girişimiyle 1958 yılında kapattırılan "Ajans Haberlerini ve Partizanca Neşriyatı Dinlemeyenler Derneği" adlı bir dernek bile kurulmuştu.

Anneanneme, "Babam gibi bir adamın ortakları, mühendisleri, kalfaları, ameleleri, inşaatın sarman kedisi, çomar köpeği ve ambar faresiyle Vatan Cephesi'ne geçtiğini radyoda ilan etmesini gerçekten bekliyor musun yoksa?" diye sordum.

"Her insanın öncelikleri vardır," dedi anneannem. "Önceliği ailesi midir, tahsil çağındaki evladıyla karısının iaşesi midir yoksa hükümete olan tepkileri mi, mesele burada. Senin baban ideal sahibi bir adam olabilir ama bencil, sadece kendini düşünüyor."

"Anneanne! Bunu nasıl söylersin! Babamın hayatı boyunca kendi için tek bir şey istediğini görmedim. Hiç mi yoktur bu adamın canının çektiği bir saat, bir alet, bir marka kalem? Ne bileyim, herhangi bir şey?

Babam bu dünyaya sırf beni ve annemi mutlu etmek için gelmiş gibi yaşıyor."

"O zaman açar Vatan Cephesi Ocağı'nı, alır tahsisatını, senin tahsilin, annenin de şeyleri tehlikeye girmez?"

"Annemin neleri?"

"Eee, yeter ama! Kabahat bende ki seni adam zannedip karşıma aldım dertleşiyorum."

"Annemin neleri anneanne, neleri?"

Anneannem ser verir sır vermez halini bir süre daha sürdürdü ama sonunda pes etti. "Kızım, seninkiler, babanın tahsisatını alamaması yüzünden büyük sıkıntı çekiyorlar, Ankara'daki evde, büfenizin üzerinde duran antika çay takımı vardı ya, nenenin verdiği, işte onu satılığa çıkardı, Sitareciğim. Bu gidişle ben de Laleli'deki apartmanı ipotek etmek zorunda kalacağım."

"Babam mı istedi bunu senden?"

"Ne münasebet! Ama ben aptal değilim, baban devletten parasını alamadığı takdirde olacakları görüyorum."

"Ne olur sence?"

"Taahhüt ettiği inşaatı bitiremez ve iflas eder."

İflas! Kafamdan aşağı kaynar sular döküldü. Ben kendi küçük dünyamda güle oynaya yaşarken neler çekmekteymiş annemle babam hatta bu durumda anneannem bile. Üzüntüme rağmen, kendimi de düşünmeden edemedim. "Beni okuldan alırlar mı o zaman?" diye sordum.

"Ben ne yapar eder, sana bitirtirim koleji," dedi anneannem, "ama sen de çok çalışırsın, burs alır, yardımcı olursun bana."

Yüzüm bir karış düştü. Burs alan çocuklar, elbette çok yüksek not almakla yükümlüydüler ve ayrıca hiçbir yaramazlığa, disiplinsizliğe, itaatsizliğe bulaşmamaları gerekiyordu. Yoksa burs hemen kesiliverirdi. Yüksek not almayı çok çalışırsam becerebilirdim de, "iyi kız" olmak pek tarzım değildi. Özellikle yatakhane hayatımız söz konusu olduğunda, ışığı zamanında kapatmamak, yüksek sesle şarkı söylemek, saat on birde Emine'yle hâlâ derin bir sohbetin tam ortasında olmak gibi, vazgeçemeyeceğim büyük suçlarım vardı. Ah evet, Ankara'dayken birbirimizden neredeyse nefret eden iki kız, aynı odayı paylaşmaya başladıktan sonra, birlikte müthiş eğlendiğimizi keşfetmiş ve ayrılmaz iki arkadaş olmuştuk. Emine pek çok hafta sonunu benimle birlikte geçirmek için Narmanlı'ya gelmeye başlamıştı. Biz iki yeniyetme genç kız, odamıza girip kıkırdarken anneannemin bizi dinleyen gölgesini camlı kapının ardında fark eder, sesimizi iyice alçaltır, ara sıra da büsbütün meraklansın diye isterik kahkahalar savururduk. Anneannem sonunda dayanamaz, "Siz niçin gülüyorsunuz bakayım," diye odaya dalardı. Biz de hemen Jane Austen'in o sırada okumakta olduğumuz romanından söz ederdik. Yani, genç kızlarına nefes aldırmayan, onları iyi kocalara pazarlamaya çalışan, sosyete düşkünü anneleri anlatırdık. Anneannem yarı gücenik yüzüyle bizi yalnız bırakır ama az sonra gölgesi camlı kapının dibinde yeniden biterdi. Bir keresinde sırf yasak bir eylem yapmak adına, bir şişe vermutu gizlice odama sokmuş, yarısına kadar midemiz bulanarak, suratımız ekşiyerek içmiş, sonra da banyoya koşup kusmuştuk.

Emine'yi bilmem ama ben bir daha hayatım boyunca ağzıma vermut koyamadım.

Yasaklara karşı tepkileri epey güçlü olan ben, burslu bir öğrenci olmam gerektiğinde ne yapardım acaba? Görünen o ki, bende burslu öğrenci olma kumaşı yoktu. Fakat belki elimden geleni yaparak aile bütçesine katkıda bulunabilirdim, en azından okulumda kalmak için. Bir çare düşündüm ve babama bir mektup döşendim. Eğer bazı sıkıntılarımız varsa, derslerden sonra kütüphanede çalışabilirdim. Ya da yaz aylarında İngilizce öğrenmek isteyen küçük çocuklara ders verebilirdim. Babamdan bana çok sert bir yanıt geldi. "Seni ilgilendirmeyen işlere burnunu sokma," diyordu, "benim vazifem seni okutmak, senin vazifen iyi bir öğrenci olmak. Görev alanlarımızı karıştırmayalım!"

Babam bana derdini açmak, sıkıntısını paylaşmak istememişti. İncindiğini görünce ben de üstelemedim ama ilgisiz de kalamadım. Yüreğimde hep bir ağırlıkla geçirdim o dönemi. Bana zaten verilmekte olan 10 TL harçlığım dışında hiç para istemedim. Kış tatilinde Ankara'ya gider gitmez ise ilk işim büfenin üzerine göz atmak oldu. Gümüş çay takımının yerinde yeller esiyordu. Anneme hiçbir şey sormadım. Babamın mektubunda ağzımın payını almıştım. Zaten o tatil öyle eğlenceli geçti ki, annemle babamın sıkıntılarını unuttum gitti.

Şaka

Annemle babamın Dışişleri'nde çalışan akrabaları ve yakın arkadaşları sayesinde pek çok yabancı dostları olmuştu. Konuştukları yabancı dillerden dolayı ve yol yordam bilen kişiler olarak, adları pek çok sefaretin konuk listesinde olmalı ki, sık sık elçilik davetlerine katılırlar, annem gündüzleri büyükelçilerin eşleriyle kanasta ve briç oynardı. Özellikle İsveç, İspanyol, Alman ve Mısır sefireleri yakın arkadaşlarıydı. Bu dostluklardan ister istemez ben de nasibimi alırdım. Mısır'la aramız açılana kadar örneğin, ilkokuldayken hafta sonları büyükelçinin benim yaşımdaki kızlarıyla oynamam için bir limuzin gelir, beni evden alır, Mısır Sefareti'ne götürürdü. Türkçeyi zar zor konuşan çocuklarla iki Mısırlı dadının gözetiminde oyun oynarken sıkıntıdan patlardım. Allah bana acımış olacak, Mısır'la Türk Hükümeti'nin arası açıldı, sefir geri çekildi ve ben hafta sonu işkencemden böylece kurtulmuş oldum. Annem tatil için Ankara'da olduğum zamanlarda, bana uyguladığı bu eziyeti, gittiği kokteyllere beni de zorla peşine takarak ben ortaokuldayken de sürdürdü. Herhalde kafasının arkasında beni o yaştan itibaren bir diplomat eşi olarak yetiştirmek ve o muhite sokmak vardı. Bunu anladığım andan itibaren, sefaretlere gitmemek için direnmeye başlamıştım. Oysa bazen çok eğlendiğim de olurdu. Hint Sefareti'nde yılbaşı münasebetiyle düzenlenen bir kıyafet balosunda deli gibi eğlenmiştim örneğin. Evinde bize minik porselen tabaklarda çok değişik tatlar sunan Çin sefiresinin ve benim yaşlarımda iki yakışıklı oğlu olan Alman sefiresinin, eğer oğlanlar tatil nedeniyle Ankara'daysalar davetlerine gitmeye hiç itiraz etmezdim. Ama herkesin saatlerce ayakta dikilip lafladığı kokteyllerden nefret ederdim. Her gün bir başka sefaretin milli bayramında veya bir başka gecesinde bulunmak zorunda olan diplomatlara ve eşlerine bütün kalbimle acırdım. Siyasal Bilgiler'de, Dışişleri Bakanlığı'na girmek üzere okumakta olan kuzenim Orhan'la da bu yüzden çok dalga geçerdim. Akşam yemeklerini bizde yiyen Orhan'la hemen her gün bir kavgamız vardı ve eminim Orhan, benim bir an önce İstanbul'daki okuluma dönmem için içinden dua ederdi.

Bir keresinde Orhan'la birlikte İsveç Sefareti'nde bir partiye davet edilmiştik. İsveç sefiresinin on yedi yaşındaki yeğeni, teyzesini ziyarete Ankara'ya geliyordu ve sefire, yeğeninin şerefine sadece gençlerin katılacağı, danslı bir parti vermek istemişti. Parti akşamı Orhan beni evden alacak, İsveç Sefareti'ne birlikte gidecektik. İlk defa yanımda annem ve babam olmaksızın, akşam saatlerinde ve sadece gençlerin katılacağı bir davete gidecek olduğum için heyecanlıydım. Orhan bana, "Ne giyeceksin?" diye sordu.

"Ekose elbisemi giyeceğim."

"Olmaz. Ekose elbiseyle partiye gidilmez. Siyah bir elbisen yok mu?"

"Bu yaşta kızın siyah elbisesi olur mu hiç oğlum?" dedi annem.

"Partiye gidiyorsa olmalı."

"On sekiz yaşından önce siyah giyilmez!" dedi annem.

"O halde düz renk bir elbise giysin."

"Ekose çok moda Orhan, Sabiha teyzesi çok şık bir elbise dikti Ayşe'ye," dedi annem yine.

Orhan bana döndü. "Bari saçlarını atkuyruğu yapma emi!"

"Neden?"

"On iki yaşında kız gibi durma yanımda."

"Ben on iki yaşımı bitireli çok oldu."

"Makyaj filan yapmaya da kalkma sakın!"

"Ne makyajı bu yaşta! Neler söylüyorsun Orhan," dedi yine annem.

"Ne bileyim yenge, özenir bakarsınız, maskaraya döner. İhtar edeyim, dedim."

"Sen merak etme, Ayşe seni utandırmaz," dedi annem.

Orhan'a sinir olmuştum ama çaresiz birlikte gidecektik birkaç gün sonraki partiye. Orhan her zamanki gibi, o gün de akşam yemeğini bizimle yedikten sonra, arkadaşlarıyla paylaştığı evine gitmek üzere çıktı gitti. Ertesi sabah İsveç sefiresi annemi aradı. Şerefine parti düzenlenen yeğeninin uçaktan ateşli indiğini, çok ağır bir grip geçirdiğini söyledi. Partiyi çok üzülerek iptal ediyorlardı. Annem bir zahmet Orhan'a da haber verebilir miydi partinin iptal olduğunu!

"Hiç dert etmeyin, bu akşam bize geldiğinde söylerim," dedi annem ve telefonu kapattı. O an aklımdan ukala Orhan'a bir oyun oynamak geldi. Sanırım aynı fikir şimşek hızıyla annemin aklından da geçti ki, birbirimize baktık, annem bana göz kırptı ve evettt!!! Orhan'a partinin iptal olduğundan söz etmedik. Ben o gün partiye gidecekmişim gibi hazırlandım. Annemin siyah kloş eteğini ve dekolte siyah bluzunu giydim, belimi o günlerin modası, kalın lastik kemerle sıktım. Bana büyük geldiği için bluz omuzlarımdan kayıyor, sutyen askılarım meydana çıkıyordu. Göğsümün tam ortasına bir kırmızı yapma gül taktık. Annem saçlarıma, çocukluğumda 23 Nisan balolarına giderken yaptığı gibi maşa çekti. Saçlarım, iki yanımdan sigara böreği büyüklüğünde lüleler halinde döküldü, yetmezmiş gibi bir kırmızı gül de kulağımın arkasına sıkıştırıldı! Dudaklarıma kıpkırmızı bir ruj, kirpiklerime rimel sürdüm. Ayağımda yine annemin topuklu ayakkabılarıyla salona girdim.

"Bu ne!" diye bağırdı babam, "çingene kızı desem değilsin, sokak yosması desem, yüzün masum kalıyor. Git içeri yüzünü yıka, üzerini değiştir."

Annem babama Orhan'a kurduğumuz tuzağı anlatırken, Orhan iki dirhem bir çekirdek giyinmiş, kapıyı çaldı. Ben içeri kaçtım, kapıyı annem açtı.

"Orhan," dedi annem, "seninki pek heyecanlı. Ekose giymesini istemediğin için siyah bir etek bluz giydi, süsünü biraz abarttı ama o kadar özendi ki, bir şey diyemedim. Lütfen tenkit etmeye filan kalkışıp kalbini kırma. Ne de olsa hayatının ilk ciddi partisi bu."

Az sonra omuzlarımda annemin arjante etolüyle içeri girdim. Orhan oturduğu koltuktan ayağa fırladı, "Bu olmadı işte!" diye bağırdı.

"Ne olmadı?" dedi babam.

"Amca, bu kıyafete müsaade etmeyeceksiniz herhalde?"

"Ayşe'nin kıyafetinden yengen sorumlu! Ben evin içişlerine karışmam," dedi babam.

"Yenge, lütfen söyleyin, Ayşe o ekose elbisesini giysin, makyajını da silsin."

"Ben de söyledim ama dinletemedim," dedi annem. Orhan bana döndü. "Çabuk üzerini değiş, makyajını sil, o gülleri kaldır at. Baksana, topuklarının üzerinde duramıyorsun bile," dedi. "Ben seni bu kılıkta götüremem."

"Götürme o halde! Babam beni taksiyle kapıya bırakır," diyerek babama döndüm.

"Bırakırsın değil mi baba?"

"Elbette kızım. Bu kadar hazırlanmışsın, niye bırakmayayım," dedi babam ciddiyetini korumaya çalışarak.

"Ama amca, şu haline baksanıza! Maskara etmiş kendini," dedi Orhan çaresizlikle kıvranarak.

"Hem yengene, hem de kuzenine ayıp olmuyor mu Orhan?" dedi babam. Üçümüz de gülmemek için göz göze gelmemeye çalışıyorduk.

Orhan bir bana bir babamla anneme baktı, başını iki yana salladı. "Ben vazgeçtim. Partiye gitmiyorum," dedi, kapıya yürüdü.

"Şimdi şu kapıdan çıkarsan oğlum, sana amcalık hakkımı helal etmem," dedi babam. Orhan yüzünde büyük bir hayret ifadesiyle babama döndü ve işte o anda hepimiz kahkahalarla gülmeye başladık.

Orhan o günün intikamını almak için ileriki yıllarda birkaç teşebbüste bulunmadı değil, ama sevgili kuzenim benden hakkıyla intikam alamadan ve üç yıl önce atandığı büyükelçiliğinin de tadını tam çıkaramadan, çok genç yaşta kalp krizi geçirerek vefat etti. Henüz okul çağındaki iki çocuğuyla eşi, kolu kanadı kırık, ablası Semra'yla benim oğullarım da hayat boyu onlara kol kanat gerecek bir dayıdan mahrum kaldılar.

Diplomatlara ilişkin kara mizah gibi bir anım daha vardır.

Ya orta sonda ya da lise birdeydim; yine bir yılbaşı tatili için Ankara'ya gittiğim günlerde, evimizde İran sefirinin de aralarında bulunduğu bir davet vardı. Ben her zamanki gibi annemin ısrarıyla, evin kızı olarak ortalıkta dolanıyor, ikrama yardım ediyordum. Konuklar arasında esmer, uzun boylu bir bey, benimle kırık bir Türkçeyle konuşmaya başladı. Biraz meraklı bir kişiydi, soruları hiç bitmiyordu. Kaç yaşındaydım? Hangi okulda okuyordum? Kaç dil biliyordum? Seyahat etmeyi, yeni yerler görmeyi ister miydim? Bir soru da ben ona sordum. Bu kadar meraklı olduğuna göre gazeteci miydi, acaba?

"Hayır, ben gazeteci değilim, İran Büyükelçiliği Müsteşarıyım," dedi. Sohbet uzamış, ben sıkılmaya başlamıştım. Müsaade isteyip yanından ayrıldım. Bir yarım saat sonra aynı kişi tekrar yanıma geldi ve bana içinde İran Şahı'nın hem tek başına, hem de ayrıldığı eşi Süreyya ile çekilmiş büyük boy fotoğraflarının, ayrıca İran'la ilgili bir sürü broşürün bulunduğu, üstü armalı bir dosya verdi.

"Nedir bunlar?" diye sordum.

"Bunları inceleyin, belki İran'a bir ziyarette bulunmak istersiniz," dedi müsteşar, "çok güzel bir ülkedir İran."

"Siz hep dosyalarınızla mı dolaşırsınız?" diye sordum gülerek.

"Hayır. Az evvel şoförümü sefarete yollayıp size vermek üzere dosyayı aldırttım."

"Zahmet etmişsiniz. Teşekkür ederim." Dosyayı odama bırakmaya giderken annemle babamın koridorda tartıştığını duydum.

"Misafirimizdir, sakın nezaketsizlik etmeye kalkışma, lütfen idare et Muhittin," diyordu annem.

"Bunlar diplomat mı, çöpçatan mı, anlayamadım," diyordu babam. Beni görünce, "Yeter artık ortalıkta dolandığın, gir odana otur," dedi kızgın bir sesle.

"Zaten içerde çok sıkılmıştım!" dedim.

"Kızım, bakma sen babana," dedi annem.

"Feruz Şemsî'yle konuştuğunu görmeyeyim," dedi babam.

"O da kim baba? Haa, şu bana dosyayı veren adam mı?"

"Bir de dosya mı verdi sana? Ver bana o dosyayı."

"Muhittin, sonra bakarsın, lütfen!"

"Ne oluyor Allah aşkına, anlatsana anne?"

"Şimdi sırası değil. Misafirler gitsin, anlatacağım," dedi annem. "Ben salona geçiyorum, sen de benimle gel Muhittin, misafirlere ayıp oluyor." Annemin peşinden babam da asık suratıyla salona yürüdü. Nihayet davet hadisesiz bitti. Son misafirimiz de gittikten sonra salonda kanepeye yayılıp ayaklarımı uzattım ve ortalığa çekidüzen vermeye çalışan anneme, "Haydi anne, anlat bakalım, neydi mesele?" diye sordum.

"Canım, Feruz Bey seni görünce... Aaa baksana Ayşe, senin gümüş çerçevedeki resmin yerinde yok," dedi annem.

"Konsolun arkasına düşmüştür." Yerimden kalkıp konsolun altına eğildim. Resim orada değildi.

"Yemek odasına da baksana, belki biri oraya götürmüştür."

"Yarın ararız anne, şimdi çok yorgunuz hepimiz."

Böyle dedim ama ben de meraktaydım. Salonu ve yemek odasını dikkatle gözden geçirdim. Çerçeve yoktu.

"Garsonlar çalmış olmasın?" diye sordum anneme.

"Bu garsonlar hep geliyorlar evimize. Çerçeveyi niye alsınlar kızım? Onlar yapmamıştır."

"Ne oldu resme o zaman?"

"Ben tahmin ediyorum ne olduğunu... Aman sus şimdi, baban geliyor, sakın duymasın," dedi annem. Babam salonun kapısından kafasını uzatıp anneme o günkü gazeteyi nereye koyduğunu sordu, yanıtını alınca yatak odasına geri gitti. Annem babamın odasına girdiğinden emin olduktan sonra alçak sesle anlattı.

"Feruz Bey, babandan senin fotoğrafını istemiş."

"Neden?"

"İran'a yollamak için. Şah'a yeni bir eş bakıyorlar anladığım kadarıyla. Seni Süreyya'ya benzetmiş, Feruz'un karısı."

"Benzesem bari," dedim.

"Şu kaybolan resimde andırmıyor değilsin."

"Beni İran'a postalıyorsunuz yani!"

"Aptal aptal konuşma," dedi annem. "Baban o kadar kızdı ki, adama bir terbiyesizlik edecek diye ödüm koptu. 'Bizim bir tek evladımız var, onu uzaklara yollamayı asla düşünemeyiz,' demiş. 'Üstelik yaşı da çok küçük, daha önünde lise var, üniversite var,' demiş. Feruz illa da çerçevedeki resmi almak isteyince tepesi atmış... Bilirsin babanı."

"Anne, senin hoşuna gitmez mi İran'a kraliçe olmam?" diye sordum.

"Deli misin kızım, ne işin var nerdeyse baban yerinde adamla İran'larda? Otur oturduğun yerde, kendine uygun bir..."

"Hariciyeci bulayım, değil mi?" diye kestim sözünü.

"Yaşı yaşına uygun, istikbali olan birini bul, hariciyeci olması şart değil. Dengin olsun yeter," dedi annem. Şaşırdım biraz. Beni illa bir diplomata kakalamaya çalıştığına inandığım annemden böyle bir yanıt beklemiyordum. Annem beni hiç tanımıyor diye şikâyet ederken, ben de annemi pek tanımadığımı fark ettim o akşam. Siyah elbisesinin içinde yorgun, solgun ve endişeli duruyordu. Oysa gecenin başlangıcında ne kadar hoştu, inci kolyesi, karavel saçlarıyla. Yüreğimden anneme karşı incecik bir şefkat dalgası geçer gibi oldu.

"Ayşe, baban resmin alındığını hiç bilmesin. Bir skandal çıkmasın. Ben yarın çerçeveyi o eve dönmeden ne yapıp edip geri alacağım," dedi annem.

Gerçekten de ertesi gün annem birkaç telefon görüşmesi yaptı, öğleden sonra müsteşarın şoförü fotoğrafımı geri getirdi. Babam eve dönmeden çerçeveyi yerine koyduk. Olayı büyütmedik, unuttuk gitti. Bir hafta sonra, ben yine arkadaşlarımla birlikte, çok eğlenceli bir motorlu tren sefasından sonra okuluma döndüm.

Biz yatılı öğrenciler, tatillerimizin sonunda okula giriş yaptığımızda kocaman bir deftere adımızı, giriş gününün tarihini ve saatini yazar, yanına imzamızı atardık. O sefer de giriş defterini imzalamak için, Marble Hall'da, masanın başında bekleyen Enise Önüt'ün yanına gittim.

"Ooo Ayşeciğim, canım kızım, tatilin iyi geçti mi?" diye sordu.

Asık suratıyla nam yapmış Enise Hanım'ın sebeplendiremediğim iyi muamelesine şaşarak, "İyi geçti," demekle yetindim.

"Oh oh, dilerim eğlenmişsindir, dinlenmişsindir. Eee, anlat bakalım neler yaptın?"

"Her zamanki gibi efendim, gittik geldik işte."

"Anlatmak istemiyorsun! Öyle olsun! Ama bir kuş bana her şeyi söyledi."

"Ne kuşu?"

"Zümrüdüanka kuşu, kızım, zümrüdüanka kuşu! Başına talih kuşu konmuş, benden saklıyorsun! Ne bakıyorsun öyle yüzüme, haberin yokmuş gibi. Burada senin için tahkikat yapıldı, tahkikat!"

"Ne tahkikatı? Kim yaptı?"

"İran Sefareti yaptı. Eee, kraliçe olmak kolay mı? Sordular işte, derslerin nasıldır? Çalışkan mısın? İyi bir öğrenci misin? Haşarı mısın, değil misin? Sigara alışkanlığın var mı? Neyse, iyi not aldın, sınıfını geçtin. Senin hakkında çok iyi bir rapor verdi okul. Haydi, yolun açık olsun Ayşeciğim."

Ne diyeceğimi bilemeden kalakaldım Enise Önüt'ün karşısında. O kadar şaşırmış, utanmış, kızmış, sinirlenmiştim ki, konuşurken sesim titriyordu.

"Yok öyle bir şey. Hepsi uydurma Miss Önüt," diyebildim.

"Ben nöbetçiydim bu tatil. Hiçbiri uydurma değil."

"Elinizi ayağınızı öpeyim, bundan kimseye bahsetmeyin. Beni gırgıra alırlar, paçamı kurtaramam. Size hepsini anlatacağım ama söz verin kimseye bahsetmek yok. Kimseye!"

"Anlat o zaman," dedi Enise Hanım, iskemlesinde arkaya doğru kaykılarak. Anlatmazsam elinden kurtulamayacağımı düşünerek masasının ucuna iliştim. Ama ya anlatacaklarımı başka kızlara söylerse! Okulun maskarası olursam! Kırk katırla kırk satır arasında kalmıştım. Olanları çok kısa tutarak naklettim. Enise Önüt, bana verdiği sözü tuttu, kimseye bir şey söylemedi; ben de ona olan sözümü tuttum, bu konudaki bütün gelişmelerden onu haberdar ettim. İran Sefareti'nden bana ve anneme resmi bir davet geldiğini, çok teşekkür ederek mazeret beyan ettiğimizi, annemin müsteşarın eşine münasip bir lisanla, uzun uzadıya benim bambaşka hayallerim olduğunu, çok özgür ruhlu bir kız olup saray hayatına intibak edemeyeceğimi anlattığını aktardım. O yıl Enise Hanım, gelişen dostluğumuzun hatırına benim bazı yaramazlıklarıma göz yumdu. Bu iyiydi ama o kış Ankara gazetelerinin "Cemiyet Hayatı" sütunlarında A.K. rumuzuyla, kolejde okuyan bir genç kızın Şah'ın gelin adayları arasında olduğunu yazması iyi değildi. Ankara'da babamı sakinleştirmek yine zavallı anneme düşmüştü. Zaman içinde, Şah seçtiği yeni eşini dünyaya ilan ettikten sonra, Şah'ın tüm büyükelçi, konsolos ve Dışişleri mensuplarının, ona uygun bir eş bulmakla görevlendirildiklerini ve yüzlerce genç kız fotoğrafının sarayda biriktiğini, böbürlenmemi gerektirecek bir ayrıcalığa sahip olmadığımı öğrenecektik. Allahtan böbürlenen ben değil anneannemdi ve İran sarayına gelin olma ihtimalini elimin tersiyle ittiğime en çok o ve Ruhiye teyze üzülmüştü. Anneannem bir deli saraylının torunu olduğu için aklı saraylarda kalmıştı herhalde, Ruhiye teyze ise, İran prenseslerine dikeceği elbiselerle saray terzisi olmayı hayal etmişti.

Gerçek Bir Kolejliyim Nihayet!

Biz ACG'liler, orta kısımda okuyanlara "kolejli" demezdik. Onlar "orta"lılardı. Kolejli olmanın raconu Freshman'de* başlardı. Sırasıyla Sophomore**, Junior*** ve nihayet Senior**** olur, kep giyerdik.

Kep giymek, yani mezun olmak her öğrenciye kolay nasip olmazdı. Her yıl sınıflardan en az on kişi dökülürdü. Yaklaşık yirmi kişilik şubelerin her birinden üç, dört fire verilirdi. Kolay değildi sınıf geçmek. Ortalama notlarımız on üzerinden beş buçuğun altına düşmemeliydi; bu bir! Yıl ortası ve yıl sonu yapılan büyük sınavlarda geçer not alınmalıydı; bu iki! Orta kısımda ve lisede ancak birer kere sınıfta kalınabilirdi; bu da üç! Orta birde sınıfta kalan, ortayı bitirene

---

* Lise 1.

** Lise 2.

*** Lise 3.

**** Lise 4.

kadar; lise birde çakan, lise bitene kadar sınıfta kalma hakkını kaybederdi. Sınıflar ilerledikçe sadece sınıfta kalarak değil, evlenerek, nişanlanarak ya da yurtdışına gitmek için de ayrılanlar olurdu. Aramızdan her ayrılan arkadaşımız için yas tutardık. Mezun olsun olmasın, aynı sıraları paylaştığımız arkadaşlarımız, orta birden veya ihzariden dahi ayrılmış olsalar, gözümüzde kolejliydiler. Kolej, sınıflarına giren, yataklarına yatan her öğrencide tuhaf bir şekilde izini bırakır, bir tarz, bir duruş verirdi. Ama kolej hayatı, işte o başkaydı ve ancak liseye geçtikten sonra yaşanırdı!

Ah o tadına doyulmayan kolej yılları!

Ortaokul diplomamı alır almaz ilk işim, hevesle giyip bıkkınlıkla çıkardığım poposu parlamış lacivert üniformamı, yakaları bir saat içinde kirleniveren gömleklerimi, dirsekleri aşınmış, kolları kısalmış bordo ceketimi, siyah bağcıklı ayakkabılarımı dolabımdan çıkarıp atmak olmuştu. Bundan böyle, ben Marble Hall'da *When the Rumba Rhythm Starts to Play*'e uyarak, Sevgi'nin kollarında ama henüz bilinmeyen bir sevgilinin hayaliyle uçuşurken, kloş kesilmiş eteklerim kabarık jüponumun üstünde havalanacak, ayağımda ise Hayko'dan alınma 10 pont tabir edilen topuklu kırmızı ayakkabılarım olacaktı! Yaşasın!

Freshman'de sınıfımıza yeni öğrenciler katıldı. Bir kısmı High School'u bitirmiş, liseyi okumak için bize gelmiş kızlardı ki, onların İngilizceleri, Fransızcaları ve matematikleri biz ortadan gelenlerden çok daha iyiydi. Tomris Gedik* işte bu kızlardan biriydi.

* Tomris Uyar.

Orta sınıfın çalışkanlarını ve elbette Marusya'yı da bir anda sollayarak, şeref listesinin başına yerleşmişti. Üstelik edebiyat derslerinin de yıldızıydı. High School'dan gelenlerin hepsi İstanbullu oldukları için gündüzlü öğrencilerdi. Bir de başka okullarda ortayı bitirip kolejin ihzarisinde okuyarak bizimle aynı sınıfta buluşan kızlar vardı ki, kolejin orta kısmından gelen bizlerin İngilizcesi de onlarınkinden çok daha iyiydi. Bu kızlar ise çoğunlukla İstanbul dışından geldiklerinden yatılıydılar. İhzariden gelenlerle aynı sınıfta buluşunca, Soysal Apartmanı'ndan çocukluk arkadaşım ve komşumuz Betin'le sınıf arkadaşı da olmuştuk böylece. Sadece Betin'le mi? Onun en yakın arkadaşları Kler ve Feride'yle de elbette. Çünkü nasıl ki İffet üç yıldan beri benim bedenimin ve ruhumun adeta bir uzantısı olmuşsa, Betin-Kler-Feride üçlüsü de üç silahşorlardan farksızdı. Hafta sonlarında dahi birbirlerinden ayrılmazlardı. Biriyle arkadaş olmak isteyen, "üçlü paketi" almak zorundaydı.

Dört yıllık lise döneminde, aynı şubeye, aynı odaya veya yatakhaneye düşenlerimiz hasbelkader çok yakın dost olduk ve arkadaşlıklarımız okul bittikten sonra da sürdü. Ama mezuniyetten sonra tüm sınıfı bir araya getiren sınıf toplantılarına onuncu yıla kadar hiçbirimiz itibar etmedik. Hepimizin yaşamakta olduğu aşklarımız, önemli işlerimiz, büyüttüğümüz çocuklarımız vardı. Onuncu yıl buluşmasına biraz da bunca yıl içinde ne hale geldiğimizi görebilmenin merakıyla gitmiştik. O toplantıda çoğumuz evli ve çocukluydu. Bazılarımız iş güç sahibiydi. Pek azımız bekârdı. Ama hepimiz hâlâ gençtik. Umutlarımız hâlâ yemyeşil elmalar gibiydi avuçlarımızda. Yirminci yıl kutlamamızda, benim yeşil elmam kızarmaya fırsat bulamadan kararmaya başlamıştı. Otuz dokuz yaşındaydım, kaldıramayacağım kadar ağır bir yükü, kuyruğumu dik tutarak, şikâyet etmeden, yorgun ve bezgin olduğumu belli etmeden taşımaya çalışıyordum. İçim kırıktı. Etrafımdaki keyfi yerinde arkadaşlarıma bakmış ve kendimi onlardan bir yıldız yılı uzakta hissetmiştim. Zaten vurgunu değil miydim o şarkının: *Gökyüzünde yalnız gezen yıldızlar/ Yeryüzünde sizin kadar yalnızım!* Kim bilir, arkadaşlarımın arasında da benim gibi hissedenler vardı belki, saçları yapılı, makyajları mükemmel, kıyafetleri özenli, kocalarının ve çocuklarının başarılarını anlatırlarken, neşeli kahkahalar savururlarken, tıpkı benim gibi bir oyun sahnelemekteydiler. Bazılarının bu toplantıya taşımadıkları nice dertleri, acıları olabileceği hiç aklıma gelmemişti. O yaşlar, düşünmeye vakit ayıramadığımız yaşlardı. Sonraki toplantılara ise vaktim olmadığından katılamadım. Çünkü azgın bir şelalenin suyunda yuvarlanırcasına hızlı yaşıyordum, gecemi gündüzüme katarak. Kamera arkasında yaptığım işin saati, duru durağı, gecesi gündüzü yoktu. Yalnızlığım derindi. İlişkilerim çoğu kez yanlıştı. Dağınıktım. Yirmi beşinci, otuzuncu, otuz beşinci yıllarımızın kutlamalarına gidip gitmediğimi anımsayamıyorum. Ara sıra sınıf arkadaşlarımla yan yana dizilip çektirdiğimiz resimler geçmese elime, hiç hatırlayamayacağım. Kırkıncı mezuniyet yılımız, "kırk" sayısının mistik anlamını taşıdığı için olmalı, özeldi. O sene, Tomris Gedik'in dışında, hayatta olanlarımızın tamamı gelmişti toplantıya. Hayretle fark ettim ki, hepimize bir şeyler olmuştu. Zaman hepimizi törpülemiş, okuldayken sinir olduğumuz kızlara, sevmediklerimize, ukala bulduklarımıza ya da çalışkan oldukları için "inek" tabir ettiklerimize sihirli bir değnek dokunmuş, herkes tüm hatalarından, sıfatlarından arınıp kırk yıllık çok sevgili birer arkadaşa dönüşmüştü. Masanın etrafına fırdolayı oturmuş olan ve yüzlerinde zamanın hem tahribatını, hem de bilgeliğini taşıyan arkadaşlarıma bakmıştım içim titreyerek. Hepsini ama istisnasız hepsini ne kadar çok özlediğimi, ne kadar çok sevdiğimi düşünmüştüm. Kırk uzun yılın yolcularıydık biz. Yola on bir yaşlarında hep birlikte koyulmuş, bir koca ömrü aynı kaynaktan beslendiğimiz değerler üzerinden yaşamıştık. Huyumuz suyumuz apayrı da olsa, tuhaf bir şekilde tek vücut gibiydik. İçimden her birini ayrı ayrı kucaklayıp bağrıma basmak, öpücüklere boğmak geliyordu. Ve biliyordum ki, masanın etrafında oturanların her biri aynen benim gibi hissediyordu.

Kırkıncı yılımızı, kıymetini bilemediğimiz senelerin acısını çıkartmak istercesine, bitmek bilmeyen buluşmalarla kutladık. Polonezköy'de bir otelde okuldaki oda arkadaşlarımızla aynı odalarda yattık, garsonların hayret dolu bakışları altında yaramazlıklar, arsızlıklar yaptık. Hep birlikte bir otobüs tutup kapsamlı bir Doğu Anadolu gezisine çıktık. Ve sonra da, önceki yıllarda burun kıvırdığımız sınıf buluşmalarını, özlemle nerdeyse her ay tekrar etmeye başladık. Kırk yıl öncesini yeniden yakalama gayretimizde vaktin çok azalmasının etkisi vardı şüphesiz. Zamanın yıldırım hızıyla geçerek sona yaklaşmakta olduğunu ancak altmışlarına vardığında fark ediyordu insan ve geri dönüp, şımarıkça savurduğu dostlukları, heba ettiği ilişkileri yeniden sımsıkı yakalamak istiyordu. İlkgençlikten genç kızlığa geçtiğimiz Freshman yılımıza dönmek, o yıl dinlediğimiz şarkıları tekrar duymak, kurduğumuz hayalleri bir kez daha düşlemek, önümüzdeki dört keyifli okul yılını bir kez daha doyasıya yaşamak, ah mümkün olabilseydi, eminim birkaç kişilik gruplara hiç bölünmez, hiç ayrışmaz, Hottentotlar gibi hep bir arada yaşardık mezun olana kadar!

Freshman, hoca ve arkadaş yönünden beni müthiş zenginleştirirken yatakhane açısından tatsız başlamıştı. İki yıl üst üste iki, üç kişilik odaların lüksüne alıştıktan sonra yeniden yatakhanedeydik İffet'le. Üstelik bu sefer yatakhanede manzaralı ön bölümde değil, arka taraftaki yataklarda yatacaktık, Boğaz yerine duvarı seyrederek. Allahtan yataklarımız yan yanaydı da geceleri sohbet kolay olacaktı, kapı pervazlarında cirit atan fareleri izlerken.

Bunun karşılığında, Marble Hall'da her gece dans etme imkânımız ve çok şık bir oturma odamız vardı. Dahası, artık dersler için yağmur, kar ve dolu altında, Bingham Hall'a koşmamıza da gerek kalmamıştı. Kolejliler, yatakhanelerinin bulunduğu kısımda ders görecekti bundan böyle. Yemekhanelerimiz de bodrum katında değil, bir üst katta, aydınlık ve manzaralıydı. Sofralarımıza oturan hocalar bize arkadaş gibi davranacaktı. Seçmeli derslerimiz vardı, ben siyaset ilmi, sanat tarihi ve Almanca; İffet ise daktilo, steno ve Fransızca seçmişti. İffet, birlikte Fransızca almamız için ısrar ediyordu, çok eğleniliyormuş Madam Dik'in sınıfında. Oysa çocukluğumdan kalma Almancayla çalışmaya gerek kalmadan idare etmeyi düşünmüştüm. Değiştirdim sınıfımı, Fransızcaya geçtim. Babam işin kolayına kaçmadığım için takdirini belirtince utanmıştım azıcık. Hayatımım kâbusu matematik de bitmişti artık ama şimdi cebir, kimya ve fizik vardı. İki sene daha dişimi sıkarsam, onlardan da kurtulacaktım. Sayılardan kurtulunca harflerin dünyasında gönlümce dolaşacak, İngiliz, Fransız, Rus ve Amerikan edebiyatı okuyacaktım. Yüzlerce roman, hikâye ve şiirin içinde yüzecektim.

Kolejli olduk diye İffet kendine bir ruj edinmişti. Ben ruj kullanamıyordum, köfte dudaklarım bir de ruj sürünce büsbütün pörtlüyordu. Anneannemin makyaj kutusundan seçtiğim allık ve rimelle idare ediyordum ben de. Aradan geçen elli küsur yıla rağmen, makyaj malzemelerim hep aynı kaldı: allık ve rimel. Bazen özenir, pudra almaya kalkardım, üç dört kez kullanamadan miadını doldurur, bayatlardı. Bir de sigara içmediğim halde çakmak sahibi olmaya özenmişimdir nedense. Marka çakmaklara değil de çakmak olduklarını belli etmeyen matrak çakmakları severdim. Benim sigara içmememin tek sebebi ise bu işi becerememiş olmamdı. Ben doğuştan sakardım, iki tane sol elim vardı benim. Bu nedenle düzgün dikiş dikemem, iyi paket yapamam, cetvelle dahi düzgün çizgi çizemem. Bu beceriksizlikle, heves edip sigaraya başladığım zaman, sigaramı yakan çakmağa her eğildiğimde kirpiklerimi yaktım. Sigaralarım, iliştirdiğim küllüklerin kenarından, sanki gizli bir el tarafından itilerek yere düşüp döşemeleri, halıları yaktılar. Parmaklarımın arasındayken tül perdelerde delikler açtılar. Bir türlü uyum sağlayamadım sigaraya. Haddini bilen bir kişi olarak, nasıl fizikçi, kimyager veya doktor olmaya soyunmadımsa, aynı boyun eğişle sigaradan da vazgeçtim. Ama eline sigara yakışan kızlar, benim gibilerden çok daha fazlaydı okulda. Ben iyice yalnız kaldım.

Kolejde bir öğrencinin işleyebileceği en büyük suç, sigara içerken yakalanmaktı! Kopya çekerken yakalanmak bile aynı ölçüde şiddete tabi değildi. Kopya çeken öğrenci işini kopya çekerken yakalandığı hocayla baş başa halledebiliyordu. Özür diliyor, bir daha yapmamaya söz veriyor, mesele kapanıyordu. Oysa sigara içenin, onu yakalayan kişi tarafından, ki çoğu zaman bu Esma Hanım oluyordu, anında müdüriyete veriliyordu adı. Öğrenci ilk ihtarını alıyordu. İkinci ihtarda ailesine haber veriliyordu. Üçüncü yakalanışta ihtar yoktu, doğrudan okulla ilişki kesmek vardı! Bu nedenle birçok sigara tiryakisi hoca, bahçenin bir kuytusunda ya da tuvalette sigara içerken gördüğü kızları görmezliğe geliyordu. Pek çok sigara sabıkası olmayan öğrenci de sabıkalı arkadaşının suçunu üstleniyordu kız kovulmasın diye. Suç üstlenen kızlar, sigara içmeyenlerin arasından çıkıyordu. Çünkü sigara içip de yakalanmamak pek mümkün değildi. Okul idaresi ne kadar çok baskı yaparsa, kızlarda sigaraya karşı o kadar büyük tutku yaratıyordu. Ama nedendir bilinmez, hoşgörü ve özgürlüğün baskın olduğu idarede sigaraya geçit yoktu!

Sigara gece herkesin uykuya daldığı saatlerde, gündüz ise herhangi bir nedenle (mesela hoca gelmediği için) ders saati boş kalmış kızların odalarında içiliyordu. Her odanın anahtarı vardı. Sigara içen kızlar, kendilerini odalarına kilitliyorlar, dumanın içerde kalmaması için camı ardına kadar açıp pencerenin önünde tüttürüyorlardı. İşte o zaman avcı, ava çıkıyordu!

Esma Hanım, kurt gibi takip ediyordu herkesi. Boş saatleri saptadıktan sonra, o saatlerde sigara içen gafilleri iş üzerinde yakalamak için yatakhane bölümüne geliyor, sigara içtiğinden emin olduğu kızın kapısını yanından ayırmadığı maymuncukla deniyor, açılmazsa anlıyordu ki içerde anahtar takılı. Kapının önünde pusuya yatıyordu, zil çaldı mıydı, kız derse gitmek için mecburen çıkıyordu odasından ve bingooo!

Biz İffet'le Sophomore yılımızda, Rengigül'le aynı odayı paylaşıyorduk. Rengigül fena halde keşti. Odayı leş gibi sigara kokutmasından şikâyetçiydik ama her ikimiz de birer kez onun sigara dumanını sahiplenmiş, arkadaşımızı kurtarmıştık. Esma Hanım, İffet'le benim sigara içmediğimizi bilirdi ama pat diye dumanlı odaya daldığında sigara çoktan pencereden dışarı atılmış olurdu. "Vallahi ben bir kerecik denemek istemiştim, billahi sigarayı Rengigül içmiyordu"nun karşısında çaresiz kalırdı. Ama bizim de suçu üstlenebilmemizin sayısal bir haddi vardı.

Çok Sevginin Dayanılmaz Ağırlığı

Okulun bitmesine tam 77 gün kala, Robert Kolej'in son sınıf öğrencileri, 77 adlı bir gece düzenlerlerdi. Aslında o gün, 77 gün sonra mezun olacakların, kendilerine kan kusturmuş hocalara, hortumla ıslatmak da dahil olmak üzere, istedikleri her şeyi yapmakta serbest oldukları gündü. O günün akşamında bir de kıyafet balosu verilir ve partiye ACG'den kızlar davet edilirdi. Son sınıfın kızları 77 gecesinin doğal konuklarıydı ama arada başka sınıflardan kızlar da, adları listeye konmuşsa, son sınıf öğrencilerinin konukları olarak partiye katılırlardı.

Ben Freshman'de olmama rağmen, adımı davetliler listesinde görünce hem şaşırmış, hem de sevinmiştim, oğlanlarla dans etme fırsatı ancak partilerde çıkıyordu çünkü.

Okul partileri dışında, bazı okul arkadaşlarımın evlerinde de saat üçte başlayıp yedide biten danslı partiler veriliyordu ama ben ancak anneannemin kolunun uzanabildiği adreslerdeki partilere katılabiliyordum. Narmanlı'nın yanındaki apartmanda oturan Mine'nin (Koyuncuoğlu) evindeki partilere rahatça gidiyordum, çünkü anneannem mutfak penceresinden hayatını tehlikeye atıp yarı beline kadar sarkarsa, Minelerin yemek odasında dans eden bizleri dikizleyebiliyordu. Bilge Taşcıoğlu'nun Hüsrev Gerede Caddesi'nde oturan ablasının evinde düzenlediği partiye gitmeme de izin verilmişti mesela, çünkü ev Narmanlı'ya sadece iki dakika uzaklıktaydı. O partide Çetin Emeç ve Ercan Arıklı'yla tanışmıştım. Çetin'le Bilge, yaz tatilinden beri "çıkıyorlardı". Mine'yle Şener Koyuncuoğlu neredeyse bir yıldır çıkıyorlardı. Her ikisi de hayatlarının ilk aşklarıyla evlenip çok mutlu olacaklardı. O yıllarda çıkmak demek, birlikte okul etkinliklerine katılmak, cumartesi günleri Yeni Melek Sineması'nın iki buçuk matinesinde film seyrettikten sonra Tilla'da pasta yemek, hafta sonları üç-yedi saatleri arasında evlerde verilen partilerde yanak yanağa dans etmek, saatlerce telefonda konuşmak demekti. Ayrıca, elbette her fırsatta el ele tutuşmak, pek ender de olsa herhalde ara sıra öpüşmekti! Ben o gün yine, annemin sınıf arkadaşının oğlu Koray Bako'ya emanet edilmiştim. Yanımda hep bir emanetçim olduğundan kimseyle "çıkamadığımın" farkındaydım. Yakışıklı Koray'la da çıkamazdım, çünkü Koray iyi terbiye almış bir genç olarak emanete hıyanet etmiyordu. Çoğu arkadaşımın çıktığı biri varken benim yoktu. Kim "çıkardı" saat altıyı çeyrek geçe koşa koşa evine dönen, dönmediği takdirde anneannesi tarafından bizzat eve götürülecek bir kızla? Üstelik Narmanlı'da telefon hâlâ yoktu. Ben ancak sevgilileri olan kızları dinlemek ve onlara öykünmekle yetiniyordum. Ama işte şimdi bir parti vardı önümde, saat sınırı altı buçukla çizilmemişti ve kimseye emanet edilmeden gidebilecek, dans da edebilecektim. Üstelik listede İffet'in adı da yazılıydı, birlikte katılacaktık partiye. Sevinçten havalara uçtum. Tek sorun, ne giyeceğimizdi! Ön bilgi gelmekte gecikmedi. Bu yılki tema, "Çiftlikte Dans"tı. Oğlanlar büyük bir ihtimalle kovboy şapkaları takacaklardı. İffet jüponlu bol bir etek, ben ekose bir pantolon giydim. Demek ki ekose hâlâ modaymış.

Son sınıfın çocukları, 77 Balosu'nun verildiği mekâna, saman getirip dökmüşler, sağa sola dallar, odunlar koymuşlar, bir çiftlik havası yaratmaya çalışmışlardı. İffet'le samanlardan dolayı rutubet kokan alanda, bir saman yığınının üzerinde oturmuş, heyecanla bizi dansa davet edecek birini beklerken önümde biri eğildi, "Merhaba Ayşe," dedi. Hayal meyal hatırlıyordum bu yüzü ama nereden?

"Beni hatırlamadın galiba, ben Güven Osma."

"Aaa, Güven! Elbette hatırladım," dedim. "Ben giriş sınavı için gelmiştim annemle, sen de kız kardeşini getirmiştin değil mi, ne heyecanlıydık ama! Kardeşin girebildi mi, neydi adı?"

"Leyla. O giremedi. Onun teyzesi kolejde çalışmıyor!"

"İyi ki çalışmıyor," dedim, "yoksa elinden bir şey gelmeyeceği için sen bu kafayla canına okumuştun o teyzenin!"

"Şaka yaptım, hemen kızma! Yanına oturabilir miyim?"

Hayır demeye hazırlandım ama Güven yanıtımı beklemeden yanımıza ilişti. Biraz sonra arkadaşları da geldi. Gün boyunca yaptıkları maskaralıkları anlatıyor, bizi çok güldürüyorlardı. Sabah, biyoloji sınıfına bir eşek sokmuşlardı mesela. O kadar eğleniyordum ki, dans etmek aklıma bile gelmiyordu. O gece tanıştığımız gençler, İffet'le beni bir hafta sonraki kıyafet balosuna da davet ettiler. Elbette hemen kabul ettik ama ne giyeceğimiz büyük bir sorun oldu. Bütün bir haftayı okulda geçiren bir öğrencinin kendine kıyafet hazırlaması mümkün değildi. Benim sorunumu, inanılır gibi değil ama, okul partilerine gitmemde mahzur görmeyen anneannem çözdü. Yıllardır içinde ne saklandığını merak ettiğim, arka odada duran kocaman sandık nihayet bu vesileyle açıldı ve içinden anneannemin düğün ertesinde giydiği gülkurusu ipek paçalığından ve çeyiz bohçalarından tutun, annemin doğumunda kullanılan dantelli portbebeye, benim bebeklik zıbınlarıma kadar onlarca giysi, simle işlenmiş örtü, havlu, peçete, yastık yüzü ve peştamal ortaya döküldü. Anneannemin uzun yaşamının sandık lekeli bezden tanıkları sağa sola savruldu. Eğer ben de bir "Leman Hanım'ın Sandığı Müzesi" açmaya kalkışsaydım, anneannemin hırtı pırtıları, tek bir Çukurcuma evine sığmayabilirdi.

Anneannem onca kumaşın arasından bana şarap rengi çizgileri olan bir peştamal seçmiş, göğüslerimin üzerinden dolamış, boynuma da yapma çiçeklerden bir kolye takmıştı. Kıyafet balosuna Şam peştamallı bir Hawaii'li kız olarak katıldım. O gece dans hem erken, hem de hareketli parçalarla başladı. Yerimde duramadığımı gören Güven'le dans pistine yürüdük, keyfime diyecek yoktu, kendimi müziğe kaptırmış çaçaça yapıyordum ki, üzerimdeki kıyafette bir hareketlenme oldu. Anneannem, peştamalı üzerimde iğne iplikle tutturmuştu ve ben önünde kımıldamadan dikilirken emniyette gözüküyordu peştamal. Ama üçüncü çaçaça'da dikişler sökülmüş olmalı, kumaşın göğüslerimden aşağı kaymaya başladığını hissettim. Durdum, kaygan kumaşı yakalayıp yukarı çektim, biraz sonra yine kaydı. Gecenin büyüsü benim için o andan itibaren bozuldu, çünkü hızlı dansları yapamayacağım belli olmuştu. Yerime dönüp oturdum. Partilere gitmek istememin esas nedeni, dans edebilmekti. Dans edemedikten sonra partide ne işim vardı benim! Güven'in bir yerlerden bulup getirdiği çengelli iğnelere rağmen, bir daha dansa kalkmaya cesaret edemedim. O kıyafet balosu, bir köşede oturup dans edenleri seyretmekle yetindiğimden çok hüzünlü ama nihayet bir "boyfriend" edinebildiğim için kazançlı bir etkinlik olmuştu. Çünkü o geceden sonra, Güven beni okulda verilen her konsere, sahnelenen her oyuna davet edecek, ben de onu kız tarafındaki oyun ve konserlere çağırarak karşılık verecektim. Nihayet evimde telefon olmamasına rağmen, benim de "çıktığım" biri vardı artık. Ben Güven'le çıkarken, Emine High School'da okuyan Eren'le, İffet de RC'de* bizimle aynı sınıfta olan Levent'le çıkıyordu. Üç çok yakın arkadaşın boyfriend'leri de birbirleriyle tanışmak ve hafta sonları hep birlikte sinemaya gitmek zorunda kalmışlardı, çünkü o yıllarda yanımızda erkek çocuklarla tek başımıza görülemezdik. Biri bizi görür de ai-

* Robert Collage.

lelerimize söylerse, bunun altından kalkmak mümkün olmazdı ama eğer bir arkadaş grubunun içindeysek suç hafifliyordu. Biraz da bu nedenle, kızlardan oluşmuş bir filo gibi hep birlikte dolaşıyorduk, eksik olan başımızdaki amiraldi. Liseye geçtikten sonra şaperon mecburiyeti kalkmıştı çünkü. Bu büyük bir gelişmeydi ve uzun pazarlıklardan sonra elde edilmiş bir özgürlüktü. İster bizim okulda, ister Robert Kolej'de olsun, okul etkinliklerinde başımızda hocalar bulunduğu için tüm konserlere, piyeslere ve partilere gitmeme izin çıkmıştı. Ama okul dışında saat yediden sonra, en yakın komşumdaki partiye dahi gitmeme izin yoktu, karşılığında sinemaya giderken yanıma anneannem, teyzem veya eniştem katılmayacak, ben bir tanıdığın ya da komşunun güvenilir çocuğuna emanet edilmeyecektim. Böylece komşumuzun oğlu Metin Evrentuğ ve Semiha teyzenin oğlu Koray Bako, emanetçilikten kurtulmuş oluyorlardı. İffet'le benden başka bu çağdışı muameleye maruz kalan da yoktu aramızda. Her ikimiz de evimizle dalaşmaktan o kadar bezmiştik ki, bu pazarlığı kabul edip iki yıl boyunca okul partileriyle yetindik.

Ben isyan bayrağını on yedi yaşında açtım. Sınıf arkadaşımız Işıl Erim, RC'den Akın Önalp'la nişanlanıyordu ve nişanı kış tatilinde Ankara'da, bizim oturduğumuz apartmanın altındaki Süreyya'da yapılacaktı. İffet dahi babasından izin koparabilmişken benimkilerin itiraz edeceği aklımın ucuna bile gelmemişti. Bunu anneannem de düşünmemiş olmalı ki, nişan için Beyoğlu'ndaki CKM'den pembe bir kumaş almıştı ve Ruhiye teyze bana kabarık etekli, güzel bir elbise dikmişti. Nişan kıyafetim hazırdı ama Ankara'da, evimizin altında da olsa, bir pavyona gidiyor olmama itiraz geldi annemden.

"Anne, pavyona değil, nişana gidiyorum," dedim.

"Niye evde yapmıyorlar nişanı?" diye manasızca sordu annem. Sonu gözyaşlarıyla biten tartışmaların sonunda annemle babamı, sınıf arkadaşımın nişanına gitmememin çok ayıp olacağına ikna ettim. Nişan akşamı, yeni dikilen elbisem, topuklu pabuçlarımla kendimi tam bir genç kız gibi hissederek, elimde hediyemle kapıdan çıkarken babam, "Saat tam onda yukarıda ol (Süreyya pavyonu bodrum katındaydı), ben seni kapıdan alırım," demez mi?

"Baba nişan bu, dans edilecek, lütfen on ikide döneyim ve sen gelip beni alma!" "Saat onda," diye yineledi babam. Dudaklarım titremeye başladı.

"On buçuk olsun bari Muhittin," dedi annem.

"Ben on ikide geleceğim," dedim, "beni arkadaşlardan biri getirir."

Kapının önünde dikilmiş, kavgaya hazır kedi gibi sırtımı kabartmış duruyordum. Birden bir bezginlik çöktü yüreğime, "Saat onda döneceksem, hiç gitmeyeceğim. Bu elbiseyi de şimdi odama gidip makasla paramparça edeceğim," dediğimi duydum. Sahi, söylemiş miydim bunu? Söylemiş olmalıyım, çünkü annem hemen atıldı. "Muhittin, ben müsaade ediyorum, saat on birde dönsün ve onu eve bizim Bülent'in oğlu getirsin. Sen hiç çıkma akşam vakti."

Ben bunu duyar duymaz arkamı dönüp kapıdan fırladım ve üçer beşer koşarak indim merdivenleri. Zaten üç adım ötemizdeki Süreyya'ya nefes nefese girdim. Müzik çalan loş salona adım attığım an, bezginliğimden, kızgınlığımdan eser kalmamıştı. Bütün arkadaşlarım oradaydı. Masalara dağılmış oturuyorlardı. Güven yanıma gelip beni masasına götürdü. Bir an evvel dans etmek istiyordum ama dans gecikiyordu. Tüm davetlilerin gelmesi, konuşmalar, yüzüklerin takılması, tekrar konuşmalar, öpüşmeler, pastanın kesilmesi derken saat on olmuş, daha kimse dansa kalkmamıştı. Benimse içim kıpır kıpırdı, dönüşe bir saatim kalmıştı, çalan müzikle sallanıp duruyordum yerimde. Nihayet nişanlılar dansı açtılar. Ben de kendimi Güven'le pistte buldum. Ne kadar süre kaldım pistte bilmiyorum ama bir ara Güven, dans ederken durdu. "Bugün geç kalırsan, baban bizi ömür boyu affetmez, lütfen evine vaktinde dön," diye ısrar etti. Saat on biri on geçe, aklım dans pistinde, içim kan ağlayarak kalktım, vestiyerden paltomu aldım, çıktık. Sokakta başımı kaldırıp evimizin penceresine baktım ki ne göreyim, babam buz gibi havada camı açmış, arkasında hayalet gibi annem, pencerenin önünde benim dönüşümü bekliyorlar.

"Yaklaşma, yanıma çok yaklaşma," dedim Güven'e. Apartmana girdiğimizde babamın ayak seslerini duyduk. Merdivenleri Güven'le birlikte çıkmayayım diye aşağı beni almaya iniyordu.

Ankara tatili sırasında ben böyle "genç kız olma" sorunlarıyla boğuşurken dikkatimi başka yöne çekecek, gezme tozma tartışmalarını gölgede bırakacak, önemli bir olay oldu. Kıbrıs görüşmeleri için Londra'ya giden Başbakan Menderes'in uçağı, Londra'ya yaklaşırken arızalanıp düştü. Başbakan bir ağacın dallarına asılı kaldı ve bir çiftçi tarafından kurtarıldı. Menderes'in düşen uçaktan sadece hafif yaralarla kurtuluşu bir mucize gibiydi. Yurda dönüşünde, Orta

Doğu ülkelerine has bir tantanayla karşılandı. Menderes, Allah'ın kayırdığı başbakan olarak, gücünü ve karizmasını ikiye katlamıştı. Muhalefetin samimiyetle yaptığı geçmiş olsun ziyareti ise aralarındaki buzları eritir gibi olmuştu. Bu barış havası ülkede bir bahar yeli estirmişti bir süre. Ayrıca, kazadan hemen sonra imzalanan Londra Antlaşması'yla da Kıbrıs Cumhuriyeti kurulmuştu. O sıralarda ilgi alanım kendi hayatlarımızın önemsiz ayrıntılarından önemli memleket meselelerine kaydı ve uzun bir süre babamla Güven, gezmeye gitmek, geç kalmak konularını konuşmaz olduk.

İstanbul'da, Ankara'da olduğumdan biraz daha özgürdüm. Anneannemle çekişme alanım, gezmek tozmaktan, eve geç gelmekten çok, mikrop ve intizam üzerineydi. Onun koyduğu acayip kurallara uyar, ellerimi ikide bir yıkar, odama ayakkabımla girmez, Narmanlı'nın misafirlere ve Hacer'e ayrılmış İtalyan fayanslı şık banyosunu değil de sadece ona ve bana ayrılmış küçük tuvaletini kullanırsam, aramızda pek sorun çıkmıyordu. Ailece alışmıştık odasına kimseleri sokmayan, pikesini yatağın üzerine aşırı gergin yayarak üstüne herhangi bir şeyin değmesine izin vermeyen anneannemin hallerine. Fenerbahçe'deki evde, hiç üşenmeden hemen her gün, pikenin üzerine üç parmağımı birleştirip birkaç tane kedi ayağı izi yapardım eskiden. Vaveylayı annemle oturma odasından duyardık, anneannem pikesini kirliye atarken bağırırdı.

"Hınzır kedi, yine camdan içeri dalıp yatağımın üzerinde yürümüş!"

"Sen de camı açık bırakma anne," derdi annem bana göz kırparken.

"O zaman da oda havasız kalıyor, kızım!"

Annem ömrü boyunca anneannemin titizliğinden çok çektiği için sadece bu konuda benimle işbirliği yapmaktan gocunmazdı. Onların da ana kız bana karşı yürüttükleri eşyalarımı karıştırma kampanyasıyla ben tek başıma mücadele ederdim. "Bilgi güçtür" düşüncesinden yola çıkarak her şeyimi kontrol ederlerdi bir yanlışım olursa zamanında müdahale etmek için. Çekmecelerimi, dolabımı, okul çantamı, defterlerimin, kitaplarımın arasını ben evde yokken karıştırdıklarını bilir, ifrit olurdum. İntikam almak için çamaşırlarımın, kitaplarımın arasına, yastığımın altına, "*Ey Meraklı Dudular! Yine mi bir şeyler arıyorsunuz eşyalarımın arasında? Bu kötü huyunuzdan vazgeçmezseniz, Allah sizi cezalandıracak! O cezalandırmazsa, babam cezalandıracak!*" gibi şeyler yazılmış notlar bırakırdım. Eve döndüğümde, yüzlerine bakar bakmaz odamda arama yapıp yapmadıklarını hemen anlardım. Notumu okumuşlarsa, eşyalarımı karıştırdıklarını açık etmemek için hiçbir şey söylemezlerdi ama suratlarından düşen bin parça olurdu. Annem babamın bana yazdığı mektupları da okumak isterdi. Babamın mektuplarını neden merak ederdi hiç anlayamamışımdır, çünkü bu mektuplar genelde nasihat dolu, biraz da sıkıcı mektuplar olurdu. Yine de sırf annem okuyamasın diye mektubu okuduktan sonra ufacık parçalara böler, tuvalete atardım. Annem sorardı: "Babanın son mektubu nerde?"

"Başucumda duruyordu," derdim, "kim aldı acaba? Rüzgâr uçurmuş olmasın?"

Mektuplarından sonra babam da çıkagelirdi birkaç günlüğüne. Çok yorgun olurdu. Kısa süren bu ziyaretlerde bana dair tüm şikâyetler sunulurdu babama. Annemle anneannem, babamın durmadan eşyalarımın karıştırılmasını onaylamayacağını bildiklerinden sadece benim edepsiz notlarımı babama aktarmazlardı ama ben hepimizin bir arada bulunduğu yemek masasında soruverirdim, "Bir kabahatim daha vardı, onu niye şikâyet etmediniz," diye. Annem ve anneannem için, 12–18 yaşlarım arasında çekilmez bir mahluktum kısacası. Yine de beni sever, sakınır ve hep birlikte olduğumuz yaz aylarında sürekli peşimde dolanırlardı. Aşırı sevgi ve ilgiden, başıma bir şey gelecek diye merak edilmekten bezgindim. Bir arkadaşımızın evinde parti varsa mesela, dayım beni arabasıyla gelir alır, parti mekânına bırakırdı. Saat tam on ikiyi vururken dayımla annem beni geri götürmek üzere, Kül Kedisi'nin perisi gibi kapıda biterlerdi. Arkadaşlarıma rezil olurdum. Ailesi tarafından "getirilen ve götürülen" benden başka kız kalmamıştı çevremde. Anne ve anneanneyle girilen bu tartışmalar, bu sinir savaşları, babamı rahatız etmemek için onun kısa ziyaretleri sırasında geçici bir barış sürecine girerdi. Yaşım ilerledikçe gezme özgürlüğümün kısıtlanması konusunda babam da onların safına katılacaktı. Kısıtlamalar sadece gezme tozmayla ilgili olsa, sineye çekilebilirdi ama hayatımın akışını değiştirebilecek imkânları da sırf beni merak ettikleri için kaçırdığım oldu, işte onları hiç affedemedim. Ortayı bitirirken, notları yüksek, kişilikleri renkli çocukların arasından üç beş kişi Fullbright Bursu ile bir yıllığına Amerika'da bir koleje gönderilirdi. Pek az öğrenciye nasip olan bu fırsat, benim de elime geçmiş, namzetlerin arasında gösterilmiştim. Babam ne yaptı? Benden iki yıl önce aynı bursla Amerika'ya giden kuzinimin babasını aradı, fikrini sordu. Kıskanç adam, kızı yolladık ama sonra çok özledik, çok pişman olduk, demiş. Zaten gönülleri yoktu yollamaya, hemen vazgeçtiler. Göz göre göre bursu kaçırmıştım.

Liseye geçtiğim yıl, büyük bir hevesle okulun Atçılık Kulübü'ne yazılmıştım, haftada bir gün Silahtarağa'daki haraya bir saatliğine at binmeye gitmeyi hayal ederek. Kulübe üye olmak için evden izin kâğıdı getirmem gerekiyordu. Anneannemin ayaklarına kapandığımı hatırlıyorum izin vermesi için. Nuh dedi, peygamber demedi. Düşermişim, bir yerimi kırarmışım, üşütürmüşüm, emanet çocukmuşum, merak edermiş beni! Ailemin bana olan sevgisi, meraklarla, yasaklarla örülmüş, taşınması zor bir küfe gibiydi sırtımda.

Ne Olacak Bu Memleketin Hali!

1959 yazında her zamanki gibi yine Fenerbahçe'deki evimize ilk önce anneannem, Hacer ve ben taşındık. Annem Ankara'dan biz eve iyice yerleştikten sonra gelecekti. Eve yerleşmek demek, Narmanlı'daki buzdolabı, radyo, ocak gibi büyük boy, çatal, bıçak, tabak, tencere, tava gibi ıvır zıvır ev eşyalarının Fenerbahçe'deki eve götürülmesi demekti. İki yıl önce eve ilk taşındığımızda Ada'daki konaktan getirilmiş olan koltuk, kanape, masa, yatak gibi demirbaş eşyalar yazlıkta bırakılıyor, diğerleri yaz başı ve yaz sonunda bizimle birlikte gidip geliyordu. Hiç kimsenin aklına bu eşyalardan ikişer set almak gelmiyordu diyemeyeceğim; buzdolaplarını, radyoları çiftleştirecek para orta sınıfta yoktu.

Babam eskisi gibi muntazam mektup yazmıyordu bana o yaz. Çok sıkıntıda olduğunu hissediyordum.

Hep rüyamda görüyordum babamı. Bir dağı aşmaya çalışıyordu kan ter içinde. Anneanneme soruyordum, Vatan Cephesi baskısı kalktı mı üzerinden diye. Anneannem hükümete İstanbul'u delik deşik ettiler diye eskisi gibi yüklenmiyordu, açılan çukurlar kapanmaya, geniş caddeler ortaya çıkmaya başlamıştı ama bu kez şikâyet için başka nedenleri vardı. Lafına Menderes'e kızarak değil, "Senin baban!.." diye başlarsa, vaziyetin bizim için parlak olmadığını hemen anlıyordum! "Senin baban laf dinler mi! Açmadı bir Vatan Cephesi Ocağı, hep beraber çekiyoruz ceremesini işte!" Bu, babamın başının hâlâ dertte, annemin hâlâ tedirgin, anneannemin apartmanının ise ipotek edilmiş olduğunu açık eden, çok açılımlı bir cümleydi. Bana böyle bir yem attıktan sonra anneannem dudaklarına kilit vuruyor, hiçbir sorumu yanıtlamıyordu. Babam da ara sıra yolladığı mektuplarda, bana sadece güneşin altında çok kalmamam, her hafta değişik bir kitap okumam, anneannemle iyi geçinmem gibi tembihlerle yetiniyordu. Oysa ben ne kadar hazırdım üzerime düşen bir şey varsa hemen yapmaya. İş sıkıntılarının devam ettiği günlerde, Fenerbahçe'de geçirdiği ender hafta sonlarının birinde, yine babamı çok düşünceli görmüş, "Baba, ben büyüdüm artık, dertlerini benimle paylaşabilirsin. Sana bir faydam dokunamasa da kalbim seninle beraber olur, yükünü hafifletirim," demiştim.

"Mâço, Allah'a şükür bir derdim yok, sağlığım yerinde, çalışma gücüm, çok sevdiğim bir eşim ve bir kızım var, daha ne olsun?" demişti.

"Paran da olsun diye düşünenler var."

"Param da var, bize yetecek kadar."

"Şu Vatan Cephesi'ni açsaymışsın daha da çok paran olabilirmiş, diyorlar."

"Hayat, kızım, hep tercihler sunar insana. Doğrudur, açsaydım, evlerin inşaatını çabucak bitirir, zengin olurdum. Zengin ama kendine saygısı olmayan biri olmayı, zengin olmayan ama başı dik biri olmaya tercih ettim."

"İyi yaptın, baba," dedim.

"Paramız olsaydı en çok ne yapmak isterdin?"

"Seninle yurtdışı gezisi yapmak! Almanya'da öğrenciyken yaşadığın evi, gittiğin üniversiteyi görmek isterdim."

"Ona imkân yok Mâço, Berlin Demir Perde gerisinde kaldı. Ama sana söz veriyorum, elime para geçtiğinde, seninle bir yurtdışı gezisi yapacağız. Annenle balayımızda gittiğimiz Roma'ya bu kez de kızımızla gideriz. Belki Venedik, Paris..."

"Baba, annem bütün buraları gezdi seninle. Bir daha görmek ister mi? O Londra'ya gitmek ister, ben biliyorum."

"Annen üçümüzün birlikte yapacağı bir seyahati her yere tercih eder Mâço," dedi babam. "Şimdi bu konuyu değiştirelim ve sen bana bir şeyi açıkla. Şu Güven denen çocuk nasıl biri? Anladığım kadarıyla pek sık dolanıyormuş bizim evin etrafında."

Ah annem!

"Güven, Bülent Osma'nın oğlu, babasını tanıyorsun, annesi de annemin kolejden arkadaşı Vedia Hanım. Güven RC'yi bitirdi, Ankara'da Hukuk Fakültesi'ne gidiyor."

"Ankara'da yaşayan çocuğun Fenerbahçe'de işi ne?"

"Baba, sen de Ankara'da yaşamıyor musun? İşte buradasın şimdi!"

"Bana laf yetiştirme Ayşe! Ortalıkta ne Güven'le, ne de bir başkasıyla dolanmanı istemiyorum."

"Baba, herkesin bir arkadaşı var. O benim arkadaşım... O benim..."

"Ben kızımın sokaklarda erkek arkadaşlarıyla gezmesini istemiyorum."

İşte bu cümle, tamamen annemin cümlesiydi. Tek farkı, şu anda babamın sesiyle dillendiriliyor olmasıydı!

"Nerelerde gezebilirim o halde, madem sokaklar yasak?"

Babam hayretler içinde baktı, "Hiçbir yerde!" dedi.

Babam makul bir insandı, duygularının aklının önüne geçmesine müsaade etmezdi. Ona, benim yaşımda her kızın bir arkadaşı var, bu çağda artık çok doğal bir şey, buna izin vermezseniz ya çok mutsuz olur ya da yalana başvururum, demek istedim. Beni yalana yönlendiriyorsunuz, oysa ben size karşı hep dürüst olmak istiyorum, ne olur buna fırsat verin desem, belki de anlardı ama diyemedim. Kozumu yine her zaman olduğu gibi annemle paylaşacaktım. Annemin tedbirli olmak adına fol yok yumurta yokken beni babama azarlatması tipik bir "Reşat Bey'in Kızları" sendromuydu. Bahçeye çıktım, çardağın altında kahvesini içen annemin yanına gittim. "Evde oturup senin seçeceğin bir hariciyeciyle (bunu ağzımı büzerek annemin ses tonuyla söyledim) evleneyim istiyor idiysen, niye beni koleje yolladın?" diye sordum.

"Ne demek bu şimdi?"

"Beni babama şikâyet etmişsin, anne."

"Haa, şu mesele!"

"Aynen!"

"Ben de kolejliyim, unuttun mu? Ama beni çaylara babam götürürdü, sonra gelir, kapıdan alırdı."

"O yirmi beş yıl önceydi. Madem böyle davranacaktın anne, beni dizinin dibinde tutup iki kapı ötendeki biçki dikiş yurduna yollasaydın, koleje değil."

"Yolladığıma yavaş yavaş pişmanlık duymaya başlıyorum zaten!"

"Endişelenme, on sekiz yaşına girince gideceğim."

"Nereye?"

"Nereye olursa!" Elimle uzaklara işareti yapmak üzere döndüm, babam tam arkamda duruyordu.

Kuşaklar arası savaş, bizim evde o gün resmen başladı. Görüşmemi istemedikleri Güven, büsbütün kıymete bindi. Sigarayı bir kere daha denedim ama netice yine ucu yanık kirpiklerdi, vazgeçtim. Akşam yemeklerinde surat astım, yemeklerden sonra hemen odama kapandım ve okullar açılır açılmaz, benim gibi "ev eziyeti" çeken İffet'e kavuşunca, bir protesto eyleminde bulunmaya karar verdik. Derslerin erken bittiği bir gün her zamanki gibi platoya yürüdük, platonun ucundaki meyilden hızla bayır aşağı koştuk, sonra yavaş yavaş ve etrafı kollayarak ağaçların altından yürüyüp duvardan atladık, bir sokağa indik. O sokaktan bu sokağa geçe geçe kendimizi Arnavutköy'ün sahilinde bulduk. Bebek'e kadar yürüdük. Özsüt'te oturup cebimizdeki para iki çaya yetmediği için bir bardak çay ısmarlayıp birlikte içtik. Geldiğimiz yolu bir daha bulamayacağımız için okula mecburen kapıdan giriş yaptık. Gayet doğal davranmaya çalışarak kapıdaki bekçiyi selamladık, yokuşu tırmandık, üst bahçedeki kulübenin bekçisiyle göz göze gelmemeye dikkat ederek, çok önemli bir şey konuşuyormuşuz gibi mırıl mırıl, kafa kafaya, adamın önünden yürüyüp geçtik. Böylece, okuldan kaçmış olduk! Eğer yakalansaydık Özsüt'te bir çayı paylaşmak uğruna okuldan atılmanın pek aptalca bir iş olabileceğini konuştuk aramızda ve korktuk. Yakalansaydık herhalde Mrs. Hanson'un karşısına geçip, karılarını aldatan adamların, "Karım beni anlamıyor," klişesi gibi, "ailelerimiz bizi anlamıyor, o yüzden kaçtık," açıklaması yapardık diye biraz da güldük.

1959-60 öğrenim yılında Junior öğrencileriyken, İffet, Rengigül ve ben Sage Hall'da üç kişilik odada kalıyorduk. Aslında odamız iki kişilikti demek daha doğru olur, çünkü Rengigül bir hafta varsa iki hafta yoktu. Olduğu zamanlarda bir hastalık bahane edip revire iniyor, ders saatlerini revirde geçiriyordu. Müdüriyet, İstanbul dışında ayrı ayrı şehirlerde yaşayan anne ve babasını kızlarının durumunu konuşmak için birçok kere okula çağırmıştı ama gelen olmamıştı. Son döneme Rengigül hiç gelmedi. Her gece yatağında hıçkırıklarla ağlamasına neden olan sevgilisiyle değil, başka biriyle evlendiğini duyduk.

Junior senemizde Rengin Pakel ve Ayla Serengeçti gibi evlenerek aramızdan ayrılan başka arkadaşlarımız da oldu. Dişlerini sıksalar da diplomaları alsalardı keşke diye düşünmüştüm, sanki bir diploma hayatlarında çok mühim bir değişiklik yapacakmış gibi. Her ikisinin de şansı çok yaver gitti, bir diplomaya hiç ihtiyaç duymadılar. Aramızdan ilk uçan kuş ise, orta biri bitirdiğimiz yıl Eskişehir'in Kanatlı ailesine gelin giden Mine'ydi. Rengigül gidince oda tamamen İffet'le bana kalmıştı. Yatağının üzerine renkli bir örtü serdik, üzerine yastıklar attık ve boş yatağı bir divan gibi kullandık. Böylece, diğer odalara göre bir ayrıcalığımız dahi oldu!

İffet'le ayrıcalığımız o yıl sadece odamızla ilgili değildi. Seçmeli derslerde her ikimiz de Siyaset Bilimi dersini seçmiş ve çok özel bir hocaya düşmüştük, Dr. Suna Kili'ye.

Bir hocanın, bir öğrencinin hayatına getirebileceği açılımların canlı göstergesiydi hem Suna Kili, hem de öğrettiği dersin konusu. Siyasi bilincimizin evimizdeki birikim dışında, ilk kez bir başka elde yoğrulmaya başlaması, bize bir dünya görüşü, bir duruş, bir felsefi yaklaşım vermişti. Dr. Kili bizde yaptığı etkinin farkında mıydı hiç bilmiyorum ama İffet'le ben onun derslerine, kırk derece ateşle yatıyor da olsak, gidecek gücü bulabilecek kadar düşkündük. Faşizm, komünizm, liberalizm birer sözcük olmaktan çıkıp ete kemiğe bürünüyordu. Değişik siyasi akımların hayatımıza getireceği yaşam tarzlarını ilk kez idrak ediyorduk. Sanırım birer demokrasi tutkununa o yılın ortalarında dönüştük. Dünyada ve kendi ülkemizde neler olup bitiyor, bu kez derinden ilgilenmeye başladık. Her ikimizde Ankara'da büyümüş çocuklar olarak, zaten siyaset mikrobuyla şerbetlenmiştik ama artık bilinçlenmiş olarak ilgilenecektik siyasetle, böyle düşünüyorduk. Ne acıdır ki tam da o sıralarda kötü bir sınav veriyordu hükümet. Demokrat Parti, özgürlük ve demokrasi vaadiyle gelmiş, iktidarının ilk yıllarında, özellikle basın yasalarında bazı iyileştirmeler yapmıştı, bir bahar havası estirmişti memlekette. Ama ikinci kez ezici çoğunlukla kazandıkları 1954 seçiminden beri, vaat ettiklerinin tam tersini yapmaya başlamışlardı. İktidarı öven gazetelere çeşitli menfaatler sağlanırken, eleştiren gazetelerin maddi imkânları daraltılıyor, boğazları sıkılıyordu. Resmi ilan yoluyla bir sürü satışsız gazete piyasaya sürülür olmuştu. Kâğıt ve döviz tahsisleri, resmi ilanlar, kamu bankalarının kredileri ancak iktidar yanlısı gazetelere yarıyordu. Devletin radyosu tamamen hükümetin emri altına alınmıştı. 1954 seçimlerinde Kırşehir, Osman Bölükbaşı'nın kurduğu partiye oy vermişti. Hemen Kırşehir Kanunu diye anılan yeni bir kanun çıkarılarak, Kırşehir ilden ilçeye dönüştürülmüş, DP oylarının çok olduğu Nevşehir ise il yapılmıştı. Hükümet çıkardığı bir kanunla yüksek yargıçları ve üniversite profesörlerini gördüğü lüzum üzerine işten uzaklaştırma yetkisini kuşanmış, istediği zaman memurlara bir süre için işten el çektirtecek veya emekli edebilecek bir kanun çıkartmıştı. Muhalefet partilerinin seçim propagandası, halkın toplantı ve gösteri yürüyüşleri yapması gibi pek çok şey yasaklanıyordu. Bütün bu olanları heyecanla izliyor, bileniyordum. Anneanneme hafta içinde aldığı gazeteleri benim için biriktirmesini söylemiştim. Hafta sonları eve çıktığımda, birikmiş gazeteleri okuyordum saatlerce.

Bu arada Başbakan'la ilgili eğlenceli dedikodulara da kulak kabartmıyor değildim. Başbakanımız çapkındı, güzel kadınlara dayanamıyordu. Bir sopranoyla, bir sosyete güzeliyle, bir yazarla yaşadığı aşk ilişkileri kulaktan kulağa dolaşıyordu. Yazar sevgili, önemli bir görevde bulunan eşiyle Nişantaşı'nda oturduğu için Başbakan İstanbul'u ziyaretlerinde bu semti şereflendirmeden geri gitmiyordu, semt sakinleri de geç saatlere kadar pencere önlerinde nöbete duruyorlardı. Öyle günlerde bizim apartmanın tüm katlarında dedikodu kazanı fokur fokur kaynıyordu ama devir başkaydı, Başbakan'ın aşk ilişkileri ima yoluyla geçiştiriliyor, basında ayağa düşmüyordu o yıllarda. Anneannem bana bu konuda bildiklerini aktardıktan sonra, "Gazete okuyacağına, derslerini çalışsana," diyordu.

"Bu da ders, Siyaset ödevini yapıyorum," diye atıyordum anneanneme. Dr. Kili'nin bizden gazete okumamızı istediği filan yoktu elbette.

"Ne siyaseti kızım? Bulaşayım deme siyasete," diyordu anneannem. "Bu memlekette siyasete bulaşanın kafası gider!" Gülüyordum anneanneme, "Hangi devirde yaşıyoruz, ilahi ihtiyar," diye düşünüyordum. Gazeteleri okuduktan sonra bir uzun mektup babama, bir uzun mektup da Güven'e yazıyor, Teşvikiye'deki postaneden Ankara'ya postalıyordum mektupları. Babama Dr. Kili'nin derslerinde öğrendiklerimden, Güven'e günlük yaşantımdan haberler veriyordum.

Babamla mektuplaşmalarımız, sohbetlerimize hiç benzemezdi. Babamın konuşmaları renkli, eğlenceli ve çeşitliydi. Ayaklı ansiklopediye benzettiğim babamın birbirinden ilginç anılarını heyecanla dinler, eğlenir, istifade ederdim. Benimle arkadaşıymışım gibi konuşur, anlatacaklarımı da duymak isterdi. Mektuplarıysa tam tersine, kuru ve nasıhat doluydu. Üniversitelerde DP karşıtı gösteriler başlayıp gençler sokaklara dökülünce babamın mektuplarına bir hayatiyet geldi. Bana bu yürüyüşlere asla katılmamam için yine nasihat ediyordu ama artık memleket meseleleri üzerine yazışırken babamın mektuplarının benimle sohbet zeminine kaydığını görüyor, seviniyordum.

Ankara'daki siyasi havadan, üretime başlayan Tortum Hidroelektrik Santrali'nden, hizmete giren Hirfanlı Barajı'ndan söz ediyordu. Hirfanlı Barajı'nın açılışına katılmıştı mesela, öğlen yemeğinde Başbakan yemek odasından çıkmadan önce, yemekleri bittiği için kalkıp giden mühendisleri çok ayıplamıştı. O, günahı kadar sevmediğini bildiğim Başbakan'ı sırf devletinin başbakanı olduğu için yemeğini bitirene kadar tek başına kaldığı masasında oturup beklemişti. Saygısı Menderes'in şahsına değil, makamınaydı. Sevmek sevmemek, beğenmek beğenmemek, oy vermek vermemek ayrı bir şeydi ama başbakanlardan hademelere kadar hiç kimseye saygısızlık edilmemesi gerektiğine inanırdı babam.

Menderes'e karşı tepkilerin giderek arttığı günlerden birinde, Dr. Kili sınıfa girdi, yerine oturdu, kitaplarımızda açmamız gereken sayfayı söyledi. Sınıftaki dokuz öğrenci, kitaplarımızı açtık bekledik.

"Bugünkü konumuz liberalizm," çocuklar, dedi hocamız. "Şimdi size demokrasinin..." lafını bitiremeden sustu, yutkundu, yeniden konuşmaya başlamadan önce bir süre bekledi, konuştuğunda sesi titriyordu. "Tahkikat Komisyonu gibi bir komisyonun var olduğu bir ülkede, sizlere demokrasiden söz etmek... Affedersiniz çocuklar, affedersiniz..." Suna Kili, bu gencecik hocamızın gözleri yaşla dolu, ayağa kalktı. "Bugünün ders konusunu anlatmayı başaramayacağım. Siz kendiniz kitabınızı içinizden okuyun, sessizce," dedi ve ayağa kalkıp sınıftan çıktı. Hiçbirimizden çıt çıkmıyordu. Bir süre kitaplarımız önümüzde açık, sessizce oturduk. Sonra içimizden biri, "Neden böyle yaptı?" diye sordu.

"Liberalizmin L'sinin bulunmadığı bir memlekette, bize liberalizmi anlatmayı içine sindiremedi de ondan," dedi bir başkası.

Kimimiz düşünceli, kimimiz de hiç oralı olmayarak sınıfı boşalttık. Ben hafta sonunda sınıfta yaşadığımız olayı babama yazmaya karar verdim. İffet'le yan yana, yüzümüzde kederli ifadelerle platoya yürüdük. Yaşıtlarımız sevgililerine dair dedikodu yaparlarken biz memleketin halini konuştuk. Ne olacaktı bu memleketin hali?

Adım Adım 27 Mayıs'a

O yıl Paskalya tatilini Ankara'da geçirirken belki de ilk kez annemle ve babamla olmayı arkadaşlarımla olmaya tercih etmiştim. Büyükler bir araya geldiklerinde sadece siyaset konuşur olmuşlardı, ben en büyük keyfi, aralarına katılıp onları dinlerken alıyordum. Hemen her akşamüstü, annem ve babamla, Sabiha teyzenin Piknik'in arka sokağındaki evine gidiyorduk. Sabiha teyze uzun zamandır CHP'nin kadın kollarında görevliydi. Evinde çoğu kez birkaç partili arkadaşı oluyordu. Saat altı sularında Hasan Âli Yücel de geliyordu. Biraz edebiyat ve şiir, sonra da mutlaka siyaset konuşuluyordu. Öğrenciler Ankara ve İstanbul'da gösteri yürüyüşleri yapmaya başlamışlardı. Başbakan Menderes'i protesto etmeye yeltenen son sınıftan Ekin Kardam adlı arkadaşımızı polisler fena tartaklamışlardı, kolu kırılmıştı. Protesto gösterileri giderek yaygınlaşıyordu anacaddelerde. Hükümet her iki ilde de sıkıyönetim ilan etmiş, nisan ayında Ankara ve İstanbul üniversitelerini diğer yüksekokullarla birlikte bir ay için kapatmıştı. Onuncu günün sonunda okula döndüğümde, siyasetle hiç alakası olmayan arkadaşlarımı da siyaset konuşurken bulunca şaşırmıştım. Ankara'daki gerginlik, siyasetin tamamen dışında yaşayan İstanbul'a da sirayet etmişti. Okulda yatılı olan bizler, gündüzcü arkadaşlarımızdan gazete getirmelerini istiyor, dışarıdaki havayı sorup duruyorduk. O günlerin birinde, kanına benim gibi siyaset mikrobu girmiş, benden bir büyük sınıfta olan Efsa, kütüphaneden çıkarken bir ara yanıma geldi, Tahkikat Komisyonu'nu protesto amacıyla cumartesi günü Harbiye'den Taksim'e doğru bir yürüyüşün düzenlendiğini, katılmak istersem saat ikide Harbiye'de olmamı söyledi ve ekledi; yanımda Atatürk'ün *Nutuk*'unu da bulundurursam, iyi olurdu.

Ah bu Tahkikat Komisyonu! Ankara'da tatildeyken dedikodusu dolaşmaya başlamış olan komisyonu nihayet gerçekleştirmişlerdi ve biz Suna Kili'nin sınıfında bu konuda konuşmak istediğimizde, hocamız kitabın dışına taşmayalım çocuklar diyerek konuyu kapatmıştı ama çoğumuz biliyorduk ne olduğunu. Komisyonun esas amacı, muhalefeti sindirmek, susturmaktı. Hepsi Demokrat Partili milletvekillerinden oluşan 15 kişilik bu komisyon, 18 Nisan tarihinde resmen kurulmuştu. Muhalefet ve basın hakkındaki tüm iddiaları bu komisyon soruşturacaktı. İsterse mitingleri, toplantıları yasaklayabilecekti. Her türlü yayını yasaklamak, dağıtım ve basımını durdurmak, istedikleri evleri basıp izinsiz aramak yetkisine sahipti. Hükümetin tüm iletişim araçlarından yararlanabilecekti. Kısacası, hem mahkemelerden, hem de parlamentodan daha güçlüydü; yetmezmiş gibi savcı ve hâkimlerin yetkisini de elinde tutuyordu. Komisyon kararlarına karşı çıkanlar hapisle cezalandırılacaktı. Sonraki günlerde gazeteler kapatıldı, bazı gazeteciler cezaevine gönderildi, sokaklarda beş kişinin bir araya gelerek yürümesi yasaklandı, mektup ve telgraflara sansür kondu. Ben, gençliğin verdiği kör cesaretle, babama gönderdiğim mektup zarfının arkasına, "Vah ki vah, Türk'üm diyene!" diye yazmıştım, babamın başına gelebilecek bir kötülüğü hiç düşünmeden!

Efsa'nın beni düzenlenen yürüyüşe çağırdığı hafta sonu, her zamanki gibi anneannemin Narmanlı'daki evine çıktım. Nice kavga dövüşten sonra, nihayet cumartesi günleri Yeni Melek, iki buçuk matinesine anneannem veya aileden herhangi biri yanımda olmaksızın, sadece arkadaşlarımla gidebilme hakkını elde etmiştim ya, o hafta da kızlarla sinemaya gideceğimi düşünen anneannem, öğle yemeğinde, "Bugün Beyoğlu'na birlikte inelim, benim de o tarafta işlerim var," dedi.

"Bugün sinemaya gitmeyeceğim, anneanne," dedim. "İffet'le Taksim'de buluşup Bebek'e gideceğiz."

"Ne yapacaksınız Bebek'te?"

"Bebek'te Rengin'e gideceğiz," dedim.

"Rengin evlenmedi miydi?"

"İyi ya işte, bizi evine çağırdı."

"Rengin daha yeni evli, ne işiniz var orada, cumartesi günü kocası evdeyken?"

"Anneanne, hafta içinde de bizim okulumuz var. Kocası bu hafta sonu ava gidiyormuş."

"İffet Bebek'te oturmuyor muydu? Niye Taksim'de buluşuyorsunuz?"

"Hediye alacakmış Rengin'e," dedim. Anneanneme kuzinlerimle, "Tilki Leman" adını boşuna takmamıştık. Gerçekten de annemin, hatta babamın gözünden kaçabilecek tüm ayrıntıları dakikasında görürdü. Aslında söylediklerimin çoğu yalan değildi çünkü Rengin'in kocası sık sık ava gidiyordu hafta sonları, bizleri bir hafta sonu evine davet etmişti ve İffet hediye almak için Beyoğlu'ndaki Angelidis'e gitmek istiyordu.

"Şimdi sen de hediye götürmek istersin, eli boş gidilmez ki," dedi anneannem. "Ben de geleyim, bir hediye de senin için alalım."

"Evlendiğinde hediye vermiştim ben," dedim.

Anneannem ikna oldu, öğlen yemeğine oturduk. Benim değişmesini hiç istemediğim hafta sonu menüm, köfte, kızarmış patates, domatesli pilav tam sofraya konmuştu ki, komşumuz Sabiha Hanım zilimizi çaldı.

"Bir şeyler duydum efendim, Ayşe cumartesileri sinemaya gidiyor ya, gitmesin diye bildireyim, dedim. Bugün o taraflarda arbede bekleniyormuş," diyordu kapı dibinde anneanneme.

Anneannemin, "İyi ki söylediniz. Ayşe çıkmasın bugün evden," dediğini duyunca hemen odama koştum. Okul çantamın içinde okuldayken Yurttaşlık Bilgisi kitaplarından kopardığım *Nutuk* sayfaları vardı, onları alelacele Sacide teyzemin yadigarı kırmızı çantama tıkıştırırken anneannem odama daldı.

"Nedir onlar?" diye sordu.

"Ders notları."

"Sen ders mi çalışacaksın Rengin'in evinde?"

Çantama sığmadığından dışarı sarkan kâğıtları almak için hamle yaptı. Ben çantamı yukarı kaldırdım. Anneannem koca gövdesiyle bir panter gibi sıçrayıp çantayı çekti. İçindekiler yerlere saçıldı. Bir anda her ikimiz de dizlerimizin üzerine çöküp saçılan sayfaları toplamaya çabaladık.

"Bu nedir, bu?" diye sordu anneannem, yırtılmış bir kitap sayfasını yüzüme doğru sallayarak.

"Atatürk'ün *Nutuk*'u!"

"Ne işi var bunun çantanda sen arkadaşına giderken?"

Anneannemi yanıtlamadım. Yerden kapabildiğim sayfaları çantama koyup aceleyle yatağın üzerinde duran ceketimi aldım ve kapıya koştum. Anneannem benden hızlı davrandı, koşarak önüme geçti ve iki kolunu yanlara açarak sokak kapısının önünde durdu dışarı çıkmamı engellemek için. Anneannemi ittirmeye cesaret edemedim. Geri döndüm, mutfağa giden uzun koridoru yıldırım hızıyla geçtim ve mutfak kapısından dışarı fırladım. Anneannem arkamdan avaz avaz bağırırken karanlık merdivenleri ikişer üçer atlayarak indim, Hüsrev Gerede Caddesi'ne açılan kapıdan çıkıp yokuş aşağı koştum ve apartmanlardan birine girerek saklandım. Bir süre apartman aralığında bekledim. Sonra caminin arkasından dolanıp anacaddeye çıktım, etrafı kolaçan ettim. Anneannem görünürde yoktu. Rahat bir nefes alıp hızlı adımlarla Harbiye'ye doğru yürüdüm. Benimle buluşacak olan arkadaşımı göremedim ama aşağıdan kalabalık bir grup şarkı söyleyerek geliyordu.

Olur mu böyle olur mu?
Kardeş kardeşi vurur mu?
Kahrolası diktatörler
Bu vatan size kalır mı?

Ben de onlara katıldım. Kimdiler, hangi üniversitenin ya da okulun öğrencileriydiler, hiç bilmiyordum. Bildiğim tek şey, az sonra kızlı erkekli genç insanların arasına karışmış olduğumdu. Her sırada kol kola girmiş, ellerini birbirine kenetlemiş, sekiz-on genç, yüzlerce kişilik bir kalabalık halinde Taksim'e doğru detone seslerle marşımızı söyleyerek akıyorduk. Ön sıradakilerin ellerinde Atatürk resimleri, Türk bayrakları vardı. Sokakta yürüyen halk da bize katıldıkça çığ gibi büyüyorduk. Ön sıradakiler ara sıra duruyor, slogan atıyor, konuşmalar yapıyorlardı, sonra tekrar yürüyorduk. Duraklamaların birinde çantamdaki *Nutuk*'tan bölümlerin yer aldığı sayfaları çıkarıp konuşma yapan gençlerden birine verdim. Yüksek sesle okudu. Ben de artık ön sıradaydım. Biri elime bayrak tutuşturdu. Yürümeye devam ederek Nişantaşı kavşağını geçtik, Tam Harbiye'nin önünden geçerken elleri coplu polisleri gören gençler dalgalandılar, saflarını bozdular. Polis herkesi değil ama birkaç kişiyi yaka paça yakalayıp götürmeye kalkışınca arbede çıktı. İtiraz edenler, küfür edenler, tekme atanlar, tekme yiyenler birbirine karıştı. Kaçmayı kendime yediremiyordum ama polis tarafından tartaklanmayı da göze alamıyordum. Bir süre ne yaptığını bilemeden çırpınan gençlerin arasında sürüklendim, bayrağımı düşürdüm. Herkes birbirinin üzerine çullanıyor, kimi sağa kimi sola koşuşturuyordu. Bir ara kalabalıktan sıyrılmayı başarıp yana kaçtım, Nişantaşı istikametine doğru koşmaya başladım. Saçım başım didik didik olmuş, üzerimdeki deri pardösünün sol kolu yırtılmıştı. Saat beşe doğru evdeydim. Kapıyı Hacer açtı.

"Anneannen hastalandı, odasında yatıyor," dedi.

"Geçmiş olsun."

"Öyle geçecek gibi değil. Ölüyordu kadın. Sabiha Hanım'ı çağırdım. Kalp geçirdi kalp!"

Anneannemin odasının kapısını aralayıp içeri baktım. Anneannem yatağında sırtüstü, gözleri tavanda, hiç kıpırdamadan yatıyordu.

"Anneanne?"

"Bana anneanne deme! Beni öldürüyordun bugün! Resmen öldürüyordun! Bu akşam babana telefon edeceğim. Gelip alsınlar seni. Ya da anan gelip başını beklesin. Ben bu yaştan sonra seninle başa çıkamam. Dikilme orada! Gözüm görmesin seni! Çekil git odana!"

Kapıyı kapatıp odama gittim. Ben de yatağımın üzerine uzandım. O kadar yorgundum ki uyuyakalmışım. Hacer'in kapıyı tıklatmasıyla sıçradım yerimden.

"Amcan gelmiş, seni bekliyor salonda," dedi.

"Anneannem mi çağırtmış?"

"Yoo... Onun bugün dışarı çıkacak hali mi vardı ki!"

"Seninle haber yollatmıştır."

"Ben kimseye haber maber götürmedim," dedi Hacer. Toparlanıp kalktım. Saçlarımı acele atkuyruğu yapıp salona geçtim. Amcam asık yüzüyle kanepede oturuyordu.

"Hoş geldiniz, amca."

"Hoş buldum diyemeyeceğim, Ayşe Hanım!"

"Bir şey mi oldu?"

"Olmadı mı?"

"Ah bu anneannem! Beni şikâyet etti, değil mi?"

"Henüz etmedi. Ama herhalde edecek ve çok haklı olacak. Bugün ben seni yolda elinde bir bayrak, sokak serserilerinin arasında nümayiş yaparken bizzat gördüm. Sakın inkâr etme, şu iki gözümle gördüm çünkü!"

Anneannem ayaklanmış, elinde çay tepsisiyle odaya giriyordu. Demek ki kalp krizi geçirmemiş, ölmüyormuş da. Çayı amcamın önüne bıraktı, bana öldüren gözlerle bakıp çıktı odadan.

"İnkâr etmiyorum," dedim. "Ama amca, nümayiş yapmıyorduk, protesto yürüyüşü yapıyorduk."

"Ayşe, senin o serseri güruhunun arasında işin ne? O komünistlerle ne işin var senin?"

"Amca ben tesadüfen katıldım yürüyüşe. Aralarında kimseyi tanımıyordum ama hiçbirinin de komünist olduğunu sanmıyorum. Ben de komünist değilim..." Amcam lafımı kesti. "Yok bir de olacaktın! Senin komünistin ne olduğundan haberin var mı?"

"Ben komünist filan değilim amca, ben sadece Demokrat Parti'den nefret ediyorum. Bugünkü yürüyüşe tesadüfen rastladım ve sadece hükümeti protesto etmek için katıldım."

"Sen kendini ne zannediyorsun, kuzum? Bir lise öğrencisi, ne biliyor ki bir partiden nefret ediyor, hükümeti protesto etmeye kalkıyor! Ukala sen de! Bu akşam babana telefon edeceğim. Bir de teferruatlı mektup yazacağım. Baban seni Ankara'ya aldırırsa, benden bil! Böylece haddini bilir, başından büyük işlere karışmazsın! Başını da belaya sokmazsın! Ne kendi başını, ne de babanınkini!"

"Amca, Demokrat Parti'ye olan sevginizi, düşkünlüğünüzü biliyorum. Keşke partiye yazılsaydınız, hiç olmazsa hayrını görürdünüz. Çünkü sadece kendilerinden olanları ihya ediyorlar."

"Nasıl laflar bunlar Ayşe?"

"Siz söylemediniz mi şimdi onlara karşı olanın başının belaya gireceğini. Sokakta ben yürümüşsem, bundan ta Ankara'da oturan babama ne? Üstelik Vatan Cephesi açmadığı için babamın iflasa sürüklendiğini de biliyorsunuz ama hâlâ koruyorsunuz bu partiyi!"

Allahtan babam senin gibi değil, o ne Demokrat Parti'ye âşık, ne de Demokrat Parti'den korkuyor, diye geçirdim içimden, ben de iyi ki senin değil, onun kızıyım. Benim amcam, ailenin dehası, mucidi, nasıl olur da gerçekleri göremezdi! Amcam ona söyleyebildiklerimi duymazlığa geldi.

"Bak kızım, seninle bir anlaşma yapalım," dedi bana. "Bundan sonra hiçbir yürüyüşe katılmayacağına söz ver, ben de babana mektup yazmaktan vazgeçeyim."

Tam o sırada anneannem, bu sefer elinde kolu parçalanmış deri pardösümle girdi odaya.

"Nusret Bey, bakın şuna Allah aşkınıza, bu pardösüyü alalı daha bir ay bile olmadı, şu hale bakın! Sitare kendi üstüne başına almıyor, bu nankör kızı giydiriyor! Utanmadan katılmış çapulcuların arasına, ne hale gelmiş üstü başı. Şimdi bu tamir de olmaz!"

Pardösüyü fırlatıp boş koltuklardan birinin üzerine attı anneannem, "Neyse, yine ucuz kurtulmuş, ya kendine bir şey olaydı! Ya kafasına bir kurşun yiyeydi. Emanet çocuk, ben ne yapardım, düşünsenize!"

"Ben de aynı şeyi söylüyordum. Babasına bildireceğim eğer bana söz vermezse..."

"Bu akşam ben babama yürüyüşe katıldığımı zaten yazacağım," dedim. "Gizlenecek bir şey yok bunda. Babam benim siyasi fikirlerimi biliyor."

"Sen daha on sekiz yaşında bile değilsin. Oy dahi kullanamazsın, dolayısıyla siyasi fikrin olamaz! Önce diplomanı al, üniversitene git, adam ol, siyasi fikirlerin ancak ondan sonra oluşabilir," dedi amcam. Hiç cevap vermedim. Suratımda alaycı bir gülümsemeyle yüzüne bakıyordum amcamın.

"Seninle nafile yere nefes tüketiyorum. Sen hâlâ asi bir çocuksun! Muhittin seni çok şımartıyor." Amcam ancak yarısını içtiği çayı sehpaya bıraktı. "Ben kalkayım artık Leman Hanımefendi," dedi. "Konuşmanın bir faydası olur sanmıştım ama görüyorum ki..."

"Siz onun böyle durduğuna bakmayın efendim, gayet iyi farkında çok saçma bir iş yaptığının. Bir iki gün müsaade edin, size özür beyanına gelecek. Üstüne varıldı mıydı, kedi gibi hırlama âdeti vardır. Genç işte!" dedi anneannem.

Amcam kapıdan çıktıktan sonra, rahmetli dedemin hâlâ portmantoda, aynı yerinde duran gümüş saplı şimşir bastonunu eline alıp üzerime doğru sallayacaktı anneannem. "Amcana böyle dediğime bakma, öldüreceğim seni! Sen beni öldürmeden ben seni öldüreceğim!" diyerek. Anneannemin kılıma dokunmayacağına emin olduğum için önünden yavaşça süzülüp odama girdim, kapımı kilitleyip yazı masama oturdum ve babama ayrıntılı bir mektup döşendim. Babamdan yanıt bir hafta sonra geldi. Daha doğrusu, bu kez okula değil, Narmanlı'ya yolladığı mektubu ben hafta sonu eve çıktığımda buldum. Bana yine henüz lisede öğrenci olduğum için bu tür eylemlere katılmamın doğru olmayacağını yazıyordu. Ama katılmış olduğum için de azarlamıyordu. Babam amcam gibi düşünmüyordu, bu açıktı. Sevindim. Bir de müjde veriyordu; yaza Fenerbahçe'deki evi kiralamayacaktık, onun yerine annem, babam ve ben, Roma, Venedik, Floransa gibi İtalyan şehirlerini kapsayan on beş günlük bir Avrupa turuna çıkacaktık. Resim ve mimari sanatını yakından görmemi, tanımamı istiyordu. Ve araştırıyordu babam, aynı pakete Paris'i de katıp katamayacağını. Haftaya belli olacaktı. Sevinçten havalara uçtum.

***

Babam kıpırdanıp duruyordu yatağında, yanına gidip üzerine eğildim konuşmak için, çünkü aldığı antibiyotiklerin etkisiyle az duymaya başlamıştı.

"Bir şey mi istedin canım?"

"Pencere kapalı mı, çok sıcak geldi de."

"Pencere açık. Kapıyı da açıp cereyan yaptırayım," dedim.

"Annen nerede?"

"Eve kadar gitti temiz çamaşır getirmeye."

"Mâço, annenle seni çok yordum. Diyorum ki, hastaneden çıktıktan sonra üçümüz güzel bir tatil yapalım. Bodrum'a gidelim, ne dersin?"

"Gidelim de plan yapmayalım babacığım. Ne zaman plan yapsak bir mani çıkıyor. Hatırlıyor musun, yıllar önce üçümüz İtalya'ya gidecektik. Sen muhteşem bir seyahat planı yapmıştın. Sonra 27 Mayıs oldu, gidemedikti."

"Yurtdışına çıkışlar yasaklanmıştı."

"Seyahate gideceğiz diye Fenerbahçe'deki evi de tutmamıştık o yaz. Resmen açıkta kalmıştık. Sen de annemle beni yaz ortasında Büyükada'ya yollamıştın denize girelim diye. Ben ne yaptım, gittim orada Mehmet'i buldum. Ne uğursuz bir yazmış, baba!"

"Kısmet öyleymiş Mâço. Uğursuz deme, o evlilikten Metemizle Alimiz doğdu."

"Yine doğsalardı da bir başka babadan doğsalardı keşke," dedim.

"Kader neyse o oluyor," dedi babam. "Hayatın akışını değiştiremiyoruz. Ben de istemez miydim bu kadar çalışmaya biraz da para kazanmış olayım, annenle sana daha rahat bir hayat temin edebileyim. Ama olamadı işte. Bugün sıkıntıdaysan, bu benim hatamdır."

"Olur mu hiç? Mehmet'i seçmek, benim hatamdı."

"Olaya şöyle de bakabiliriz: Benim yeterli param olsaydı, o yıl hem seyahate çıkar, hem de Fenerbahçe'deki yazlığı kiralardık; o zaman Büyükada'ya gitmez, Mehmet'le tanışmazdın."

"Senin bu memlekette zengin olmana imkân yoktu, biliyorsun bunu baba," dedim. "Ben küçükken sana Almanya'dan ve Macaristan'dan iş teklifleri gelmişti, keşke kabul etseydin, Avrupalılar kıymetini bilirlerdi en azından."

"Kıymetimi sevdiklerimin bilmesi bana yetiyor," dedi babam. "Tek üzüntüm sana ve annene daha müreffeh bir yaşam temin edememiş olmam."

"Sen hayatına yeniden başlasaydın, yine aynı şeyleri yapardın, baba," dedim. Cevap vermedi. Devlet Su İşleri Reisliği, İller Bankası Umum Müdür Yardımcılığı, Yapı Kredi Bankası İdare Meclisi Üyeliği yapmak, son olarak da İstanbul'un İmar Planı'nda söz sahibi olmak gibi rüşvete en açık mevkilerde çalışmış babamın bir hafta sonu karısını koluna takıp Boğaz lokantalarının birine yemeğe götürmeye bütçesi yetişmiyorsa, buna sebep rüşvetin R'sini duymaya tahammülü olmamasıydı! Orta Doğu değerlerinin hüküm sürdüğü, kendi karakter yapısına ters düşen bir ülkeye doğmuştu babam, doğruydu söylediği, kaderin karşısında yapacak hiçbir şey yoktu!

"Beni zengin olup olmaman hiç ilgilendirmedi baba. Parayla hiç aram olmadı. Benim hatam Mehmet'le evlenmekti, senin hatan da bana hayır dememek."

Hasta yatağında yatan babama böyle ağır bir suçlama nasıl kaçtı ağzımdan ben de bilmiyorum. Ne dediğimi duyduğum anda dehşete düştüm ve sözümü geri almaya çalıştım. Oysa babam sandığım gibi gücenmemişti bana.

"Seni istemeye geldikleri zaman, sabahlara kadar düşünmüştüm Mâço," dedi babam. "Annenle de uzun uzadıya konuşmuştuk. Her ikimizin de gönlü elvermiyordu bu evliliğe ama açıkçası kızım, senden korktuk."

"Neyimden korktunuz?"

"Yasaklamalara karşı nasıl tepkiliydin, hatırlasana. Aslında biraz törpülenmiş olsan da şimdi bile öylesin. Sana hayır dersek, bizi dinlemeyeceğinden çekindik. Tek evladımızla bir çıkmaza girmek istemedik. Ayrıca, ailesi çok varlıklıydı."

"Senin o taraklarda hiç bezin yoktu hani?"

"Benim yoktu ama ben kendi dünya görüşüm yüzünden annene istediği hayatı yaşatamamıştım. Senin de kısmetini tepmek istemedim açıkçası."

"Ah babacığım, varlıklı olan Mehmet değil, ailesiydi. Ona verecekleri parayı davranışlarına göre ayarlıyorlardı. Benim gibi iyi bir kızla evlenirse ve onların istedikleri gibi yaşarsak akıtmak, oğulları beğenmedikleri biriyle birlikteyse musluğu kısmak gibi..."

"Bunu bilemezdim. Üstelik sen tahkikat istemiyorum diye tutturmuştun, hatırladın mı? Doğrusu şu ki, ailesi sana çok iyi davranıyordu. Allah selamet versin, anneannen de etkilediydi bizi. Ben zengin olmayı da fakir olmayı da iyi bilirim oğlum, zengin olmak daha iyidir, kızın kısmetine mani olmayın, dediydi. Sen de istiyordun ki, alıp getirmişsin karşıma oğlanı, ikna etmişsin yurtdışında birlikte tahsil yapmaya. Ben o yıllarda seni yurtdışında okutacak imkâna sahip değildim. Borçlarım vardı. Sırf bizim içimize sinmiyor diye senin istikbaline mani olmak istemedikti annenle."

"Şu 1960 yılı, bize o yılı yaşarken çok hayırlı gözükmüştü. 27 Mayıs olmuş, "Kendime sabık başbakan dedirtmeyeceğim," diyen Menderes'i indirmişler, ben Mehmet'le tanışmışım, birlikte Londra'da üniversite okumaya karar vermişiz, anneannem zengin koca buldum diye keyfinden dört köşe olmuş; annem hariciyeciyle evlenmiyorum diye biraz buruk, o başka! Sonra felek çarkını birden tersine döndürüverdi. O korkunç idamlar, olmaması gereken bir evlilik, sonuçları hiçbirimiz tahmin edememişiz. Meğer ne uğursuz bir yılmış 1960."

"Kabahati yıllarda değil, bizlerde ara, Mâço," dedi babam. Yorulmuştu, o gözlerini yumunca ben de her zamanki yerime, divana yürüdüm, yüzüm duvara dönük, kıvrılıp yattım.

İlk Darbe

Sokak yürüyüşüne katılmamın haftası mıydı, on gün sonrası mı, hatırlamıyorum, sabah güneşi odamızı çoktan aydınlatmıştı ama ben ve İffet hâlâ derin uykudaydık kapımıza vurulduğunda. Ben rüya gördüğümü zannettim, tınmadım. Kapıdaki tık tıklar kesilmeyince doğruldum yatağımda, İffet ise yastıktan kafasını kaldırmış şaşkın şaşkın bakıyordu. Aynı anda fırladık kapıyı açmaya. Üzerinde gecelikle o sabah kimya sınavı olan kızlardan biriydi, erken kalkmıştı çalışmak için. "İhtilal oldu, ihtilal oldu," diye bağırdı.

"Ne ihtilali?"

"Radyonuzu açın radyonuzu!" dedi ve koşarak başka kapıları vurmaya gitti. İffet'le benim radyomuz yoktu ki açalım. Terliklerimizi giymeyi unutup radyosu olan Mine Atafırat'ın odasına koştuk, kızı uyandırdık, radyoyu açar açmaz tok bir ses doldurdu odayı. "NATO'ya bağlıyız, CENTO'ya bağlıyız..." Biraz daha bekledik ve anladık Silahlı Kuvvetler'in ülke yönetimine el koyduğunu. Önce birbirimizi öpüp kutladık, sonra ben Suna Kili'nin odasının bulunduğu Gould Hall'a doğru koşmaya başladım. Biz öğrencilerin öğretmenlerin yatak odalarının bulunduğu Gould Hall'a girmesi yasaktı ama kim dinler! Koridorun başına gelince durdum, Suna Kili'nin hangi odada kaldığını bilmiyordum. Birden kapılardan biri açıldı ve fizik hocası sevimsiz Somerson, "Sen burada ne arıyorsun bu saatte?" diye sordu.

"Dr. Kili'nin odasını arıyorum."

"Neden?"

"Çok önemli bir haber vereceğim." Eliyle gösterdi odayı, içeri girip kapısını kapattı. Suna Kili'nin odasına koştum, kapısını tıklattım, az sonra açtı. Saçlarına bigudiler sarmıştı.

"Aaa, sen n'apıyorsun burada Ayşe?" diye sordu telaşla.

"İhtilal oldu hocam!" dedim sesim heyecandan boğularak. "Radyonuzu açın hemen!"

"İçeri gel," dedi. Girdim. Manzaraya karşı, küçük ama çok hoş bir odası vardı. Çalışma masasının üzerindeki radyoyu açtı, radyo aynı haberleri sürekli tekrar ettiği için uzun beklemedik, sonradan Alparslan Türkeş'e ait olduğunu öğreneceğimiz o tok ses, Silahlı Kuvvetler'in memleket idaresine el koyduğunu söylüyordu. Hocamın yüzündeki derin endişeyi görünce, "Sevinmediniz mi?" diye sordum.

"İhtilaller iyi şeyler değildir ama böyle de gidemezdi," dedi. Uzun beyaz geceliği, kafasında bigudileriyle öyle komik bir hali vardı ki, ne söylese ciddiye alınamazdı o kıyafetiyle. Şaşkınlığından çabuk sıyrıldı. "Seni burada görmesinler, haydi yatakhanene dön," dedi. "Haber verdiğin için teşekkür ederim."

"Bugün ders yapacak mıyız hocam?" diye sordum.

"Bugün sohbet ederiz," dedi.

Koridorlarda adeta uçarak odama dönerken yol üzerindeki bütün kapıları ihtilal oldu diye bağırarak tıklattım. İçim içime sığmıyordu. Aklıma bu işe sevinmeyecek birilerinin olabileceği ihtimali hiç gelmiyordu. Gazetecileri en ufak bir eleştiri yazısında içeri tıkan, 141 ve 142. maddelerde yaptığı değişikliklerle şiddete bulaşmayan sol görüşlü insanları örgütlenme ve propaganda suçlarından cezaevlerinde süründüren, muhalefetin seçimlerde tek yayın organı olan radyoda konuşmasını engelleyen ve demokrasiyle yakından uzaktan ilgisi olmayan Tahkikat Komisyonu'nu kuran bir partinin gidişine kim sevinmezdi ki?

Ama Ankaralı birkaç arkadaşın dışında kızlara fazla bir şey ifade etmemişti ihtilal. Bense bu konuda saatlerce konuşmak için ölüyordum. Ankara'daki babama da ulaşmak istiyordum ama bu mümkün değildi. Hafta sonunu bekleyecektim. Hafta sonunda babama telefon etmek için amcamın evine gidecektim ve ona diyecektim ki... Ne diyecektim amcama? DP'nin her yaptığı işi göklere çıkaran, DP hayranı amcam kim bilir ne kadar üzgündü şimdi. Babam ona, "Ağabey, madem bu kadar çok beğeniyorsun faaliyetlerini, git yazıl bari bu partiye," der dururdu. İyi ki yazılmamış, yoksa şimdi başı dertte olacaktı diye düşündüm. Tuhaf bir ülkeydi benim memleketim. Birilerinin başı mutlaka dertte oluyordu. Memleketin tüm insanlarının dertsiz tasasız yaşayabilecekleri bir günün güneşi henüz doğmamıştı bu topraklarda!

Kaderi Kimin Kalemi Çizer Alnımıza?

Şanslıydım, benim ailemden ne kimse asıldı, ne de hapiste yattı 27 Mayıs Darbesi'nde. Tek ayrı düştüğüm, Necdet dayımdı. Demokrat Parti mebusu olan, annemin baba tarafından kuzeni Necdet dayım, 27 Mayıs'ta Cenevre'deydi. Darbeyi duyunca yurda dönmemişti. Çok iyi bir hukukçu olduğu için önce İsviçre'de bir hukuk bürosunda iş buldu, sonra Nijerya'ya geçti ve yıllarca Afrika'da kaldı. Onu uzun yıllar göremedim. Tekrar buluştuğumuzda o yaşlıydı, ben orta yaşın eşiğindeydim. Sanırım 27 Mayıs'ın kişisel açıdan hayatımdaki en olumsuz yanı, uzun yıllarımı bir sevgili dayıdan mahrum yaşamak oldu. Bir de keyif kaçıran ufak tefek olumsuzluklar yaratmıştı ki, şimdi düşündüğümde gülüyorum. Efendim, 27 Mayıs yüzünden kraliçe olamamıştım. Yok yok, İran tahtına değil, Robert Kolej'in geleneksel spor günü Field Day'in tahtına! Generaller her türlü toplantıyı yasakladıkları için o sene Field Day etkinlikleri de yasaklanmıştı haliyle. Field Day, her sene okullar kapanmadan Robert Kolej'in geniş bahçesinde yapılan spor oyunları günüydü. Daha önce gerçekleştirilen müsabakalarda, en iyi performansı gösteren sporcu kral seçilir, kız tarafından da bir kraliçe seçerdi. İkinci ve üçüncüler de prens olur, prenseslerini seçerlerdi. Kral ve prensler çoğu kez kız arkadaşlarını seçerlerdi ama bazen de seçim, gönül işleri gözetilmeksizin yapılırdı, 1960 baharında o yılki kralın flörtü olmadığım halde beni kraliçe seçmiş olması gibi. Seçildiğim haberi gelir gelmez anneannemle pazarlığa oturmuştum, çünkü taç giyen altı kişi aynı gece başka arkadaşlarıyla birlikte, Hilton Roof'a müzik dinlemeye gidiyorlardı. Bu, Hilton Oteli'nin açıldığı 1955 yılından beri bir gelenek haline gelmişti. Benim o geceye katılabilmem için evde hemen mücadeleye başlamam ve tüm kozlarımı kullanmam gerekiyordu.

"Annen de prenses olmuştu kolejde okurken ama Hilton'a filan gitmemişti," demişti anneannem.

"O zaman Hilton yoktu."

"Park Otel vardı, Pera Palas vardı. Gece gezmek yoktu ama!"

"Annemin seçilmesinden bu yana 25 yıl geçti anneanne."

"Bazı âdetler hiç değişmez."

"O zaman annemi de görücü usulü evlendirseydiniz, babamın sadece resmini göstererek! Tıpkı senin yaptığın gibi."

Bu anlamsız konuşma uzun sürmüştü. Ben sonunda, bin bir rica ve minnetle anneannemi ikna etmiştim ama o gece yanına dayımla yengemi katıp Roof'da bir başka masaya çöreklenececeğini ve bütün gece beni dikizleyeceğini adım gibi biliyordum. Neticede boşuna dil dökmüşüm, çünkü Field Day iptal edildi, annemin öğrencilik yıllarında prenses olarak kurulduğu tahta ben hiç oturamadım. Buna üzülüp üzülmediğimi hatırlayamıyorum ama o yıl kraliçe olamadığıma değil, babamın çok istediği ve planladığı yolculuğu yapamadığımıza yanarım hâlâ. O yolculuğa çıkabilseydik, belki kader çizgim başka yöne doğru akardı. Belki aynı yazgıyı yine yaşardım ama hiç olmazsa biricik babamla anısını hiç unutmayacağım bir yolculuğum olurdu. Kader mi alnımıza yazılıyor yoksa biz mi batırıyoruz kalemimizi mürekkebe, inanın bu yaşımda hâlâ bilmiyorum. Gelin olayların akışına bakıp birlikte karar verelim.

1960 yazında Fenerbahçe'deki evi, yurtdışına çıkacağımız için kiralamamıştık. Yurtdışı çıkışları yasaklandığından yolculuğa da çıkamamıştık. Kalmış mıydık açıkta, annem, anneannem ve ben!

Haziran ayını Ankara'da geçirdim. Fazilet teyzenin ablası Hüviyet hala da birkaç hafta bizde kaldı. Fazilet ve Hüviyet, annemin halasının kızlarıydı ama ben birine teyze, diğerine hala derdim nedense. Hüviyet hala, cumhuriyetin en önemli eğitimcilerinden biriydi. Çocukluğum boyunca okuduğum *Grimm Kardeşlerin Masalları*'nın da tercümanıydı ayrıca. Bizde misafir kaldığı sürece benim odamda yattığı için geceleri uzun uzun sohbet ediyorduk. Ona rahatlıkla Nâzım'dan, siyasetten, hatta annemin yanında asla lafını edemeyeceğim cinsellikten ve anneannemin yanında ağzıma alamayacağım ölüm temasından dahi söz edebiliyordum. Ne kadar doyurucu konuşmalar yapıyorduk Hüviyet halamla.

Kendimi büyümüş, tamamlanmış hissediyordum onunla konuşurken. 27 Mayıs'tan dolayı birçok kişinin de mağdur olduğunu ilk o işaret etmişti bana, bu konuda düşünmüştüm. Hapiste olan dostlarımız vardı. Bazı sınıf arkadaşlarımın babaları da içerdeydi. Necdet dayı yurtdışında olmasaydı, o da Yassıada'da yatıyor olacaktı. Birdenbire bir ağırlık çökmüştü yüreğime. Hüviyet halayla bu konuyu konuştuğumuz akşamın sabahında babama ne hissettiğini sormuştum.

"Kelimelerle tarif edemeyeceğim kadar derin bir üzüntü," demişti babam.

"Kızıyordun ama Demokrat Parti'ye?"

"Hâlâ kızıyorum, o başka. İnsanların mutsuz ve mağdur edildiği durumlara sevinmek ancak zalimlerin işidir kızım."

Babamla da enine boyuna didiklediğimiz bu konuyu, annemle hiç konuşmamıştım, çünkü onunla tartışmalarımız ben büyüdükçe azalacağına çoğalıyordu. Güven'le gezmeme kızıyordu, seçtiğim elbiseleri beğenmiyordu, arkadaşlarım hakkında değişik fikirleri vardı. Kimini çok seviyor, illa onlarla görüşmemi istiyor, annelerine iyi davranmadığını düşündüğü arkadaşlarımın etkisinde kalacağım diye onlarla görüşmeme mani olmaya çalışıyordu. Kızı olduğum halde beni hiç tanıyamıyordu annem, kimsenin etkisinde kalmayacağımı, tüm yasaklara şiddetle tepki verdiğimi göremiyordu. Bir hırgürdür gidiyordu aramızda. Bir gün kızlarla oğlanların ilişkileri konuşulurken, "Eğer benim kızım öpüşmüşse, ben kendimi şu pencereden atarım," demişti. Doğru dürüst öpüşmemiştim bile ama yine de, "Atlasana anne!" diye cevap vermiştim. Annem yerinden fırlayıp beni tokatlamak için eli havada bana doğru koşmuş, son anda vazgeçmişti.

"Seni doğuracağıma..."

"Taş doğursaydın! Hiç olmazsa yontar, benden güzel bir heykel yaparlardı. Sen de istemediğin hiçbir şeyi yapamayacağı için heykel çocuğunu çok severdin. Ne güzel olurdu!"

"Ayşe beni çok yoruyorsun!" demişti zavallı anneciğim.

İşte annemi yorgun düşürdüğüm o yazın haziran ayını Ankara'da, temmuzun ilk yarısını dayımın, diğer yarısını da Sabahat teyzemin Arnavutköy'deki evinde geçirdim. Yaz geldi miydi, bizim aile için denize girmek bir mecburiyet oluyordu çünkü. Bu sadece bizim aile için değil, tüm İstanbullu aileler için de böyleydi. Denize yakın yazlıklara gidemeyenler, her gün sürü sepet plajlara taşınırlardı ellerinde plaj torbalarıyla. Ben küçükken plajdaki anneler, tanışmıyor olsalar dahi, mutlaka sorarlardı birbirlerine: "Efendim, sizin çocuk kaç banyo aldı bu yaz?" "Banyo almak," denize girmek demekti. Otuz banyodan azı düşünülemezdi bile. Banyo sayısının çokluğu itibarı artırırdı. Denize bol girenlerin kış boyu hastalanmayacağına, nezle bile olmayacağına inanılırdı. Ben genç kızlığa adım atarken, "banyo" sohbeti gündemden düşmüştü ama denize girme modası bütün hızıyla sürüyordu. Bu sefer de güneşte zenci gibi yanmak moda olmuştu. Ne kadar koyuysa, o kadar makbuldü ten rengi! Belki biraz da bu nedenle, ağustos ayında da illa denize girmemiz gerektiğinden Büyükada'daki Anadolu Kulübü'nde kalacaktık annemle. Babam bir aylığına bir oda tutmuştu. Ara sıra, hafta sonları o da gelecekti, denize girmek için değil, bizimle birlikte olmak için.

Büyükada'ya ellerimizde birer küçük valizle saat beş sularında vardık. Arabaya binmedik, çünkü arabacılar o kadar yakına gitmek için sıralarını kaybetmeye yanaşmıyorlardı. Valizlerimiz ağır değildi Allahtan, annemle yavaş yavaş yürüdük kulübe kadar. Resepsiyonda kaydımız yapılırken merdivenlerden paldır küldür birileri iniyordu. Aaa, bir de baktım Alev'le Ertem. Birbirimize sarıldık, öpüştük, sevinç çığlıkları attık.

Annem, "Burada da buldunuz birbirinizi," dedi. "Siz Ankara çocukları, göbeğiniz adeta beraber kesilmiş sizin!" Biz birbirimizle hasret giderirken içeri üç beş delikanlı girdi. Alev ve Ertem'le selamlaştılar. Ertem, "Çocuklar, bu Ayşe," dedi, "bizim sınıf arkadaşımız. Akşama masada ona da yer ayıralım."

Annem hemen diklendi, "Ne masası? Ayşe kulüpten dışarı çıkamaz. Babası tembih etti..."

"Sitare teyze, biz de bu bahçedeki masadan bahsediyoruz zaten. Yemekten sonra pistin kenarında oturup dans edenleri seyrediyoruz," dedi Alev, sonra da delikanlıları tanıştırmaya başladı: "Mehmet, Ali ve Yılmaz."

Annemle ben odamıza çıkmaya yeltendik ama o sırada valizleri yukarı çıkartacak kimse ortalıkta gözükmüyordu.

"Ben kendi valizimi taşırım," dedim.

"Bırakalım burada, az sonra yukarı yollarlar," dedi annem.

Adı Yılmaz olan genç atıldı. "Ben taşırım teyze." Annemin itiraz etmesine fırsat vermeden iki valize yapışıp merdivenlerden çıkmaya başladı.

"Oğlum zahmet oluyor, biz üçüncü kattayız. İstersen bırak," dedi annem ama Yılmaz birinci kata gelmişti bile. Annem kulağıma eğildi. "Kimin nesi bu çocuklar acaba? Bahşiş versem ayıp olur mu?" diye sordu.

"Anne, Alevlerle aynı masada oturuyorlarsa, herhalde komi değiller. Ne bahşişi?" dedim.

"Doğru, doğru," dedi annem ve Yılmaz'a teşekkür etmekle yetindi.

"Rica ederim, teyze," dedi Yılmaz.

Yılmaz valizlerimizi odaya bırakıp çıktıktan sonra, bana o hâlâ odadaymış gibi sesini alçaltarak, "Hiç sevmem tanımadığım insanlardan bu 'teyze' muhabbetini," dedi annem. "Halis mahalle ağzı!"

"Ne deseydi?"

"İlla bir şey diyecekse, 'hanımefendi' diyebilirdi."

"*Düşmanıyım asaletin kelimelerde bile,*" dedim.

"Hele burada asla duymayacağım Nâzım'dan mısralar!" dedi annem.

Akşam yemeğinden sonra arkadaşlarla bahçede buluştuk. Mehmet de vardı. Ertesi gün Mehmet'in kıçtan takma motoruna binip Maden tarafına gittik denize girmeye. Akşam yine bahçede buluştuk. Bir gün sonra Mehmet'in motoruyla Nizam tarafına denize gittik. Annem, "Kulübün önünde deniz mi yok, niye illa bir yerlere gidiyorsunuz?" diye sordu. Alev'le Ertem, "Oraları daha temiz," dediler. Öğleden sonra kulübün bahçesinde hep birlikte çay içtik. Bir ara Ertem kulağıma eğilip, "Bu Mehmet seninle pek ilgileniyor," dedi. "Yok yaa!" dedim. "Vallahi, bak dikkat et." Dikkat ettim. Gerçekten de iskemlesi nasıl oluyorsa hep benim yanımdaydı, benimle ilgilenmesi hoşuma gitti, daha bir alıcı gözle baktım bu Mehmet'e. Fena değildi, yakışıklı sayılabilirdi. Güven'den daha uzun boyluydu ama Güven kadar sempatik değildi. Bir ara hangi okulda okuduğunu sordum. Askerden yeni dönmüş. Hangi okulu bitirmişti, pekiyi? İngiltere'de okumuş. Yaa! Batı hayranıydık ya, bu da hoşuma gitti.

Bir hafta boyunca yedi sekiz kişilik grup hiç ayrılmadık. Annem sabahları denize açılmamıza karışmıyor fakat akşamüstünden itibaren kulüpten çıkmamı istemiyordu. Diğer kızların böyle bir kısıtlamaları yoktu ama benim hatırıma onlar da kulüpte kalıyorlardı. Sekizinci gün, öğlen yemeğinden sonra Ada turu yapmaya karar verdik. Arabalara dörder dörder binilecekti, Mehmet nasıl bir manevra çevirdiyse, biz ikimiz arabada yalnız kaldık.

On yedi yaşında bir kızla, yirmi iki yaşında bir genç 1960 yılında ne konuşabilirler ve ne yapabilirlerse, biz de onları yaptık. Ben kendime gizemli bir hava vermeye çalıştımsa da pek beceremedim, o bana acemice iltifat etti. Sonra birbirimizi daha iyi tanımak için sorular sorduk, ben onun İngiltere'den sonra Amerika'da bir üniversiteye gittiğini ama bitirmeden yurda döndüğünü, o benim son sınıfa geçtiğimi, mutlaka üniversitede okumak istediğimi öğrendi. Arabada birbirimizin sıcaklığını hissedecek kadar yakın, el ele oturup ara sıra diğer arabalardaki arkadaşlarımıza laf attık, turu tamamlayıp kulübün önüne geldik. Diğer arabalar bizden önce gelip dizilmişlerdi kapıya. Arabadan inerken kapıda annemi gördüm. Suratı bir tuhaftı. Ödüm patladı. Mehmet'le el ele tutuştuğumu görmüş müydü acaba? Tabii görmüştü!

"Gel buraya!" dedi. "Hemen odaya çık!"

Süklüm püklüm yürüdüm merdivenlere.

"Ne yaptığını sanıyorsun sen?" diye bağırdı odaya girdiğimizde.

"Ada turu yaptığımı sanıyorum."

"Niçin tek başınaydın o herifle arabada?"

"O herif değil, Mehmet!"

"Bak Ayşe, gözünü oyarım senin. Sen o kim biliyor musun?"

"Biliyorum, İsmail Bey'le Nilüfer Hanım'ın oğluymuş."

"Babası fabrikatör onun. Zengin bir piç kurusu yani!"

"So?"*

"Ne so'su! So, seninle gönül eğlendirip arkandan gülecek!"

"Ben de onunla gönül eğlendi... Aaa anne, ne yapıyorsun Allah aşkına!"

Annem dolaplardan çıkardığı eşyalarımızı anneannemin tabiriyle, orospu bohçası gibi tıkıştırıyordu valizlere rasgele.

"Gidiyoruz," dedi, "hemen çıkıp gidiyoruz buradan, sen başını taşlara vurmadan önce."

Güleyim mi, ağlayayım mı, şaşırıp kalmıştım.

"Hiç mi itimadın yok bana anne? Sen beni manyak mı zannediyorsun ya da seks delisi filan mı? Nedir bu halin? Ben ne yaptım seni bu hale sokacak? Bak sene-

---

* Yani?

ye mezun oluyorum kolejden, kendime bir burs bulup, başımı alıp gideceğim."

"Söyleyip duruyorsun bunu! Nereye gidiyor muşsun?"

"Gidebileceğim en uzak noktaya! Senin sebepsiz öfke patlamalarını, suçlamalarını duyamayacağım kadar uzağa. Hatta telefon, telgraf, posta da olmasın gittiğim yerde. Çin'e gideceğim. Cehennemin dibine gideceğim!"

"Git! Ama önce benimle Narmanlı'ya dönüyorsun," dedi annem. Tam o sırada Saliha teyze kapıyı vurarak girdi odamıza. "Ne bağrışıp duruyorsunuz, sesiniz ta aşağıdan duyuluyor ayol!" dedi.

"Bu bizim her zamanki halimiz, Saliha teyze," dedim.

"Hiç de değil, uydurma," dedi Saliha teyze. "Sitare, aşağıda bekliyoruz seni, sen gelmeyince yukarı çıktım. Haydi, hazır mısın?"

"Nereye siz?" diye sordum.

"Bu akşam Muallalarda yemek var," dedi Saliha teyze.

"Ama biz bu akşam evimize dönüyoruz," dedim.

"Aaa olur mu öyle şey! Mualla bu geceyi annenin şerefine tertip etti. Son dakika fikir değiştirilmez, çok ayıp!"

Annem ne yapacağını bilemez halde odanın ortasında duruyordu. Bana döndü. "Ben mecburen gidiyorum ama sen çıkmayacaksın bu odadan," dedi. Saliha teyze hayretle anneme baktı. "Kulüpten çıkma demek istiyorsun herhalde Sitare," dedi.

"Kulüpten çıkmam," dedim.

Annem yatağın üzerine savurduğu çantasını aldı, saçlarını elleriyle düzeltti, Saliha teyzenin peşinde odadan çıkarken işaretparmağını bana doğru salladı. Kapı kapanınca arkasından dilimi çıkarıp yastığı bütün gücümle kapıya doğru fırlattım.

O gece Mehmet'e ertesi gün erkenden Ada'dan ayrılacağımızı bildirdim. Hani ay sonuna kadar kalıyorduk? Kalamayacaktık işte, annemin bir işi çıkmıştı. İş mi yapıyordu annem? Yoo, işi beni sinir etmekten ibaretti. Mehmet güldü, bütün anneler öyleydi! Kendimizi, annelerimizi konuşurken ve annelerimizden samimiyetle yakınırken bulduk. Ben itiraf ettim sonunda, annem beni onunla el ele gördüğü için götürüyordu. Nereye? Nişantaşı'na! Hay Allah, ne olacaktı ki Nişantaşı'na gitmekle, o da Şişli'de oturuyordu, iki adım ötede! Gelir, bulurdu beni. Telefon ederdi. Ah! Nasıl söyleyeceğimi bilemedim; bizim eve telefon bağlanmamıştı ki! "Zarar yok," dedi Mehmet. "Benim sarı, üstü açık bir arabam var, evin altına gelir, korna çalarım. Evde kimse yoksa inersin. İnemiyorsan, her yarım saatte bir deneriz. Olmadı, ertesi gün gündüz buluşuruz."

"Akşam çıkamam ama eğer istiyorsan, ertesi gün saat on ikide Nişantaşı'nda buluşalım," dedim ve dediğim anda aklıma Güven geldi. Ne yapıyordum ben? Nitekim annem de o akşam odaya biraz sakinleşmiş olarak döndükten sonra hatırlatacaktı.

"Elin oğlanınla el ele tutuşuyorsun! Güven ne olacak? Sen onunla flört etmiyor muydun?"

"Sayenizde edemiyordum. Çünkü hiçbir yere gitmeme izin vermiyordunuz. Hem sen Güven'den nefret etmiyor muydun?"

"Yoo, niye nefret edeyim, o benim arkadaşımın oğlu."

"O halde niye her adını duyduğunda ifrit oluyordun?"

"O, Güven'i sevmediğimden değil, baban flört için yaşını erken bulduğundan," dedi annem.

"İşte şimdi sana doyasıya nefret edeceğin birini buldum anne," dedim. "Babam flört yaşımı erken bulduğu için, sen de Mehmet zengin olduğu için dertlenirsiniz karşılıklı."

"Hiç komik değilsin," dedi annem. "Zengin ailelerin çocukları şımarık ve sorumsuz olurlar. Başını belaya sokmak istiyorsan, ben karışmıyorum artık sana!"

"Allah senden razı olsun," dedim elektrik düğmesini çevirmeden önce. Sinir harbinden ikimiz de perişandık. Başımız yastığa değdiği anda uyuduk.

Ertesi gün annem bir gün önce verdiği tepkiden biraz pişman görünüyordu ama tükürdüğünü yalamadı, eşyalarımızı daha muntazam bir şekilde toparlayıp valizlerimizi kapattı. Her ikimizde de birer karış surat, öğlen vapuruyla şehre indik. Anneannem bizi karşısında görünce şaşırdı. "Hafta sonu ben de Ada'ya sizi ziyarete gelecektim, hani bir ay kalacaktınız," diye söylendi. "Ne oldu? Neden döndünüz?"

"Torununa sor," dedi annem.

Ben çoktan pencerenin önünü mekân tutmuş, Mehmet'in sarı arabasını bekliyordum. Nitekim yolun başında gözükmesi uzun sürmedi. Arabayı hemen tanıdım; kuyruklu, yumurta sarısı arabanın direksiyonunda Yılmaz, yanında da Mehmet oturuyordu. Odama geçip balkona çıktım, el salladım. Balkonun tam karşısına park ettiler. İşaretle annemin evde olduğunu anlatmaya çalıştım. Gazlayıp gittiler. Ada'dayken kararlaştırdığımız gibi ertesi gün, öğlen saatlerinde evden çıktım, Nişantaşı'nda buluştuk. Kaldırım kenarına park edilmiş sarı arabaya binip Harbiye'ye geldik. Mehmet beni Harbiye'de birkaç basamakla inilen bir lokantaya götürdü. Masalarda işadamı görünüşlü erkekler yemek yiyordu. Bir başka masada da rahmetli Sacide teyzenin gelini Betûl Mardin vardı birileriyle. Başımdan aşağı kaynar sular döküldü. Ya anneme beni gördüğünü söylerse! Bana neşeyle el salladı Betûl. Elim kurşun gibi ağır, ben de sallamaya çalıştım ama bütün neşem kaçmıştı. Ismarladığım şnitzelden tek bir lokma yiyemedim. Mehmet'in de hiç iştahı yoktu. Önümüzdeki yemekleri didikledik durduk. Lokantadan çıkarken Betûl'un yanına gittim. "Siz Mehmet'le tanışıyorsunuz, öyle mi? Ne güzel!" dedi. Demek o da tanıyordu Mehmet'i.

Yerlerin dibine geçerek, "Annem bilmiyor bugün buraya geldiğimi," dedim.

"Bilmesin," dedi Betûl Mardin. Başka hiçbir şey söyleyemedim. Geldiğime bin pişman çıktım lokantadan. Ben ancak annem okullar açıldıktan sonra Ankara'ya dönünce rahat edebilecektim ama daha okulların açılmasına zaman vardı ve Mehmet benimle her gün görüşmek istiyordu. Ailemin muhafazakârlığı hakkında Güven gibi anlayışlı da davranmıyordu. Ah evet, Güven! Ona mümkün olduğu kadar çabuk bir açıklama yapmam gerekiyordu. Birkaç güne kadar İstanbul'a gelecekti. Gelmeden önce bir mektup yazmalıydım. Ne yazacaktım? Ben başka birine âşık mı oldum diyecektim? Âşık mıydım ki, böyle yazayım? Hayatımda biri var desem ve ilave etsem, onunla el ele tutuştum ve bir öğlen yemeği boyunca etimi didikledim, ne olurdu tepkisi acaba? Ayrıca, "hayatımda" lafı o kadar komik kaçıyordu ki, elim varmayacaktı böyle bir cümleye. Kendimi ona bilgi vermek zorunda hissettiğim için kızıyordum, biraz kendime biraz da ona. Güven nişanlım mıydı, sözlüm müydü? Onunla evleneceğimi mi beyan etmiştim? Neden bir açıklama yapmak zorunda kalayım ki? Ben karar veremedikçe zaman geçiyordu. Mektup yazmaya fırsat kalmadan Güven İstanbul'a geldi.

İffet'in annesiyle babası kaplıcalara gitmişlerdi. Güven'le İffet'in evinde buluştuk. İffet bize çay hazırlamaya mutfağa geçti ve çay hazırlığı neredeyse yarım saat sürdü; ben Güven'e Mehmet'le nasıl tanıştığımı anlatırken, "Eee," dedi Güven, "sadede gel!"

"Demek istediğim şu: Ben Mehmet'le tanıştım ya..." Lafımı bitiremiyordum, çünkü ne diyeceğimi bilemiyordum. Mehmet'le ne? Belki annem üstüme bu kadar gelmeseydi, hiçbir şey olmayacaktı.

"Ne diyeceğimi bilemiyorum," dedim.

"Ben demek istediğini anladım," dedi Güven. Yüzü bembeyazdı. Çöktüğü koltukta kıpırdamadan oturuyordu. Çayları içmiştik, tek bir kelime etmemişti.

İffet, akıllıca davrandı, "Çocuklar," dedi, "bizimkilerin eve dönme saati yaklaşıyor. Şimdi ikinizi de burada görürlerse hoş olmaz. Bilirsiniz, benimkilerin de pek farkı yoktur Ayşe'ninkilerden. Güvenciğim, sen istersen yavaştan..."

Güven yerinden kalktı, "Çay için teşekkür ederim İffet," dedi, benim yüzüme bile bakmadan çıktı gitti. Ben ağlamaklı suratımla, bir saat daha oturdum, biraz da ağladım galiba, sonra ben de toparlanıp kalktım. Hava kararmadan evde olmam gerekiyordu. İffet'in Bebek Caddesi üzerindeki evinden çıkmış, en yakındaki otobüs durağına yürüyordum, acı bir fren sesiyle yana kaçtım. Güven, kime ait olduğunu bilmediğim bir arabanın direksiyonundaydı. Ön kapıyı açıp, "Gir içeri!" dedi.

"Kimin arabası bu?"

"Sana içeri gir, dedim!"

Girdim, yanına oturdum. Arabayı gazladı. Deli gibi gitmeye başladık dar caddede.

"Nereye gidiyoruz?"

"Bilmem, sen söyle."

"Beni eve bırak lütfen."

"Emrin olur!"

"Güven, yavaşla, bir kaza yapacağız... Ayyy!.. Kediyi ezecektin az daha!.. Güven, Allah aşkına yavaşla, bir kaza olursa ikimiz de sakat kalırız..."

"İyi olur, meheldir sana," dedi Güven. Korkudan donuma etmek üzereydim ama büsbütün kızdırmamak için de üstüne varmak istemiyordum. Arabaları, otobüsleri sollayarak, çılgın gibi gidiyorduk ve ben bir polise rastlamamız için dua ediyordum. Yapacağımız muhtemel kazayı görmemek için gözlerimi kapattım. Hiç konuşmadık aramızda. Gözlerimi açtığımda Akaretler'i tırmanıyorduk. Bir mucize oldu, kimseye çarpmadan, kimseyi ezmeden Narmanlı'nın önüne kadar geldik. Güven kapının önünde ani bir frenle durdu. Kapıyı açtığım gibi kendimi dışarı attım ve ancak dışarıdayken eğilip, "Yalvarırım kendine gel. Yavaş sür arabayı," dedim. "Hiçbir şey ölmene, yaralanmana değmez. Ben hiç değmem!"

"Öyleymiş meğer!"

Kapıyı usulca kapattım, apartmana girdim. Dizlerim titriyordu. Asansörde zor dayandım. Zili parmağımı kaldırmadan çaldım, kapıyı açan Hacer'in şaşkın bakışları altında dörtnala tuvalete koştum. "İshal mi oldun? Yine abur cubur yemişsindir," diye arkamdan seslendi Hacer. Güven'e aylar sonra Ankara'da rastladığımda Mehmet'le nişanlanmıştık, anneme rağmen!

Annem İstanbul'da benim Mehmet'le buluşmalarımı önlemek için haftalar boyunca helak olmuş, eylül sonunda mecburen Ankara'ya, evine dönmüştü. Anneanneme çok sıkı tembih etmişti gözlerini açması, Mehmet'in etrafta dolanmasını önlemesi için. Annem kurda kuzu teslim ettiğinin farkında değildi. Çok varlıklı bir ailede, konaklarda, köşklerde büyüyen anneannem, paranın gücünü annemden çok daha iyi biliyordu. Osmanlı'nın hüküm sürdüğü dönemde, varlıklı ve nüfuzlu bir aileye doğmuş, cumhuriyet döneminde orta halli olmaya boyun eğmiş, son yıllarda maddi sıkıntıları giderek artmış, geçim derdi her geçen yıl enflasyonla birlikte çekilmez boyutlara ulaşmıştı. Biricik torunu olan benim, Sitare'sinden daha müreffeh bir yaşam sürmemi istiyordu. Ailesinin çok zengin olduğunu öğrendiği Mehmet'e anneannem, annemin gözüyle bakmadı.

Ben son senemde yatılı değil, gündüzlü öğrenciydim. Sabahları okula Nişantaşı'ndaki kızları toparlayan taksiyle gidiyor, dönüşte yanımızdaki apartmanda oturan sınıf arkadaşım Ayşe Manioğlu'nun özel arabasıyla geri dönüyordum. Sözde öyle dönüyordum. Aslında, her okul çıkışında Mehmet, çoğu kez Yılmaz'la birlikte sarı arabasıyla kapıda beni bekliyordu. Önce Emirgan'a uzanıyor, birer çay içiyorduk. Dönüş yolunda direksiyona Yılmaz geçiyor, Mehmet'le ben geniş ön koltukta el ele oturuyorduk. Mehmet'le nerdeyse yapışık yaşayan Yılmaz'ın Mehmet'in arkadaşı değil de, babasının şoförü olduğunu öğrendiğimde çok şaşırmıştım. Yılmaz gerçekten çok efendi bir insandı ve Mehmet'le arkadaşlığından dolayı muhasebeye geçirilmişti, şoförlük yapmıyordu artık. Çalışmaları gereken saatlerde Yılmaz ve Mehmet, her gün kolejde olmak için işyerine ne mazeret uyduruyorlardı, sormak hiç aklıma gelmedi.

Ben okuldan çıktıktan bir buçuk saat sonra evde oluyor, derslerime oturuyordum. Anneannem hiç geç kalmadığım için beni eve Mehmet'in getirdiğinin farkında bile değildi. Ama benim bir de halletmem gereken hafta sonları vardı. Cumartesileri sinemaya gitmek ve saat altı buçukta evde olmak bana yetmiyordu. Ara sırada da akşam yemeğine çıkmak istiyordum ki, buna asla izin yoktu. Sonunda anneanneme açılma kararı aldım. Anneannem bu konularda annemden çok daha sakin ve makul biriydi. Titizlikle, temizlikle ve mikropla bozmuş olmasının dışında başka kusuru yoktu benim gözümde. Üstelik Mehmet'e annem gibi karşı olmadığını da hissediyordum.

"Bak anneanneciğim," dedim, "son sınıfta okuyan kocaman bir kızım ben. Seneye Amerika'ya gidebilmek için okullara başvurdum. Notlarım yüksek, burs bulabilirim. On sekiz yaşımı doldurduktan sonra burs bulabildimse beni buralarda kimse tutamaz. Sizleri çok seviyorum ama beni boğuyorsunuz. Nefes aldırmıyorsunuz. Böyle giderse, beni kaybedeceksiniz."

"Ne yapalım istiyorsun? Sokağa mı salalım seni?"

"Bütün arkadaşlarımın aileleri gibi olun.

"Lafı nereye getirmek istiyorsun?" dedi anneannem.

"Şu Mehmet var ya..."

"Çorap fabrikatörünün oğlu mu?"

"O işte. Bir akşam, kızlı erkekli, arkadaşlarımızla birlikte yemeğe gitmek istiyoruz Hilton'a."

"Olmaz!"

"Pekâlâ!" dedim. Ama yüzümde nasıl bir ifade belirdiyse, anneannemin ikinci lafı, "Saat kaçta döneceksin. Dokuzda evde ol!" oldu.

"Dokuzda evde olamam anneanne. Mümkün değil, çünkü lokanta zaten sekizde açılıyor. Ama saat on ikiden geç kalmam."

"Olmaz. Onda evde ol."

"On bir."

"On biri bir dakika geçirirsen, kalkar lokantaya gelirim, bilmiş ol!"

"Hem de çok iyi biliyorum," dedim, partilerden, çaylardan ailem tarafından toplanmış biri olarak!

Mehmet yemeğe çıkacağımız akşam, elinde bana bir yaka orkidesi, anneanneme de bir kutu çikolatayla eve geldiğinde anneannemle tanıştılar. Ben saat tam on bire on kala evde oldum. Anneannem Mehmet için, "Pek efendi bir çocuk," dedi.

Kız İsteme

Annem odasında, yatağına sırtüstü uzanmış, kimseye cevap vermiyordu.

"Kızım kalk şu yataktan," dedi anneannem. "Vallahi beni deli edeceksin Sitare! Kadınlar asansöre binmişlerdir bile, haydi kalk!"

Anneannemin "kadınlar" dediği, Mehmet'in annesi, teyzesi ve ablası Tomris'ti. Beni istemeye geliyorlardı. Biz sadece annesi gelecek zannederek, annem, anneannem, ben ve üzerime abanan Hacer, pencereye üşüşmüş sokağa bakarken, siyah Buick'in Narmanlı'nın kapısına yanaştığını ve içinden üç adet astraganlı hanımın indiğini görmüştük. İşte o zaman annem bir koşu odasına gitti ve yatağına sırtüstü devrildi.

"Kızını vermek istemiyorsan, daha üniversiteye gidecek dersin. Bir mazeret bulursun! Kalk şimdi, haydi. Sen olmadan olmaz! Ayıp denen bir şey var." Annem kımıldamadı bile.

"Kızım ben sana demedim mi içme şu viskiyi, alışık değilsin gündüz vakti içkiye. Hay Allah müstahakkını versin Sitare! Ne var bu kadar heyecan yapacak!"

Anneannem annemi çekiştirirken zil çaldı. Hacer peşinde anneannemle kapıya koştu. Ben annemle odada kaldım.

"Efendiiim, hoş geldiniz, sefalar getirdiniz, bendeniz Ayşe'nin anneannesiyim," diyordu anneannem. Annem aniden, ifadesiz bir yüzle, robot gibi kalktı yataktan, yukarı sıyrılan eteğini çekeledi ve dışarı çıktı. Onun boşalttığı yatağa bu sefer ben uzandım. Konuklarımızın gelmesinden az önce kapı çalınmış, sayamayacağım kadar çok beyaz gülden derlenmiş bir buket gelmişti Mehmet'in kartvizitiyle. Gülleri sığdıracak genişlikte vazo bulamamıştık. Allahtan boyları uzun değildi, dedemin Limoge marka yemek takımının çorbalığına koymuştuk, yıllardır büfedeki yerinden çıkmamış kâsenin kalıplaşmış tozunu ancak ıslak bezle alabildikten sonra. Annem gereğinden fazla heyecanlıydı, bir misafir gelir de ikram edilir diye kaçakçıdan alınan ve neredeyse iki yıldır kapağı açılmamış viskiyi içki dolabından çıkartıp bardağa bile koymadan bir fırt çekmişti. Olaylar onun kontrolü dışında gelişiyor, vaziyete hâkim olamıyordu. Zengin piç kurusu benimle gönül eğlendirmeyecekmiş ki, annesi beni istemeye geliyordu; söyleyecek lafı kalmamıştı annemin. Beyaz güllerden düşen bir iki tomurcuğu atmaya kıyamamış, suya koymuştum, şimdi tam karşımdaki küçük vazodan bana bakıyorlardı ve adeta soruyorlardı: "Ne yapıyorsun sen?"

Bilmiyordum ne yaptığımı. İçerdeki kürklü kadınlar, beni istemeye gelmişlerdi. Aralarından sadece Mehmet'in annesini tanıyordum, çünkü iki hafta önce evlerinin önünde, Mehmet cüzdanını yukarıda unuttuğu için iki dakikalığına durduğumuzda, Mehmet'le birlikte arabaya gelip benimle tanışmıştı. Geçtiğimiz hafta ise beni istemeye geleceği haberini yollatmıştı anneanneme rahmetli Sacide teyzemin annesinin vasıtasıyla. Cemile teyze anneannemin başının etini yemiş olmalıydı, "Lemoşum aile pek zengin, Lemoş'um bu çocuğun annesi İstanbul sosyetesinin gözbebeğidir," diyerek. Komşumuzdan edilen telefonla annem İstanbul'a çağrılmıştı acilen.

Şimdi annem Güven'i zamanında babamın gözüne sokamadığı için karalar bağlıyordu ama iş işten geçmişti. Bu gidişle, ben okulu bitirince Mehmet'le evlenecektik. Evet, çünkü Mehmet bana birlikte üniversiteye gideceğimize dair söz vermişti. Önce, git babanla konuş, demiştim. Konuşmuş. Babası da onun yarım bıraktığı üniversiteyi bitirmesini istermiş meğer. Ben evlenmekten çok, üniversiteye gitmek istiyordum. Üniversiteye annemle babamdan uzak bir şehirde gitmek istiyordum ki, eğlenebileyim de. Eğlenmek benim için dans edebilmekti. Dans ancak akşamları ediliyordu gece kulüplerinde. Biriyle evlenmezsem, nerede dans edecektim ben? Üniversiteye Ankara'da gidersem, sürekli annemle, babamla cebelleşecektik. İstanbul'da gidersem, başıma anneannemi dikeceklerdi. Beni tahsil için yurtdışına yollamaya parasının yeteceğini sanmıyordum babamın. Eğitim bursunu ancak Amerika'da bulabilirdim, oraya da çok uzak diye yollamazlardı. Tek bir seçenek kalıyordu, Mehmet'in evlenme teklifini kabul ederek hem okumak, hem de eğlenmek! Çünkü ikisini de delice istiyordum. Her ne kadar birbirleriyle alakalı görünmeseler de, ders ve dans aynı değerdeydi benim için. Üniversiteyi bitirmeyi okumayı sevdiğim, öğrenmeye çok açık olduğum ve ilerde kendi ayaklarımın üzerinde durabilmek için istiyordum, dans etmeyi de müzik içimden geçtiği, dans etmek beni sonsuz mutlu ettiği için! Evlenmek, şartlar değişik olsa bekleyebilirdi ama kendimi teselli etmeye çalışıyordum, her kız eninde sonunda evleniyordu. Biz de nasılsa, ilerde bir gün Mehmet'le evlenecektik. Ne diye çile çekeydik ayrı şehirlerde üniversite bitecek diye, madem birlikte okuyabilecektik!

Anneannem odaya geldi. "Senin de annenden farkın yok, ikiniz de delisiniz," dedi. "Çabuk kalk o yataktan, toparlan, saçını başını tara, içeri gel. Kahveleri sen getireceksin."

"Asla getirmem!"

"Pekâlâ, sadece içeri gel. Seni sorup duruyorlar."

"Ders çalışıyor, deyin, yarın sınavım var."

"Saçmalama!" dedi anneannem zehir zemberek yeşil gözlerini aça açа. Kalktım yerimden, kendi odama geçerken, "Yüzüne biraz allık sür," dedi. "Hortlak gibisin. Ayrıca, çok hoş insanlar, boşuna korkuyorsun."

"Kim korkuyor, ben mi?" dedim dudak bükerek ama dizlerim titriyordu.

Ben allık sürüp saçlarımı taradıktan sonra salona giderken kapı çaldı, amcamın karısı Ecla yengem geldi. Salona birlikte girdik. Kendini Boşnak prensinin karısı zanneden ve bu yüzden aramızda hep dalga geçtiğimiz Ecla yengem, prenses olmakla dahi yetinmeyip, Avusturya-Macaristan imparatoriçesiymiş gibi bir edayla elini uzattı, "Hanımefendi," dedi Mehmet'in annesine, "sizi müşterek dostlarımızdan hep duyuyordum. Tanışmak bugüne nasipmiş." Kimseye burnundan kıl aldırmayan kadın, o eda karşısında boş bulunup ayağa fırladı yengemin elini sıkmak için. O kalkınca ablası ve kızı da kalktılar. Annem kulağıma eğilip çok kısık bir sesle, "Tuşe" dedi. Yanakları al al olmuştu, gözleri de pırıl pırıldı. Viski anneme ne kadar iyi geliyor diye düşündüm, ara sıra ona viski içirmeliyim.

Mehmet'in annesi, teyzesi ve ablası benimkilerle o gün çok anlaştılar, çok eğlendiler, bir sürü müşterek ahbap keşfettiler, bazılarının dedikodusunu yaptılar ve günün sonunda, beni babama bile sormaya gerek duymadan Mehmet'e verdiler. İki hafta sonra da Mehmet ve annesi Ankara'ya beni bir de babamdan istemeye gittiler. Babam o sırada yeni kurulmakta olan Orta Doğu Teknik Üniversitesi'nin inşaatlarının başındaydı. Sıkıntılı günleri geride kalmış gibiydi ama babamın ne zaman kiminle takışacağı belli olmadığı için annem diken üzerindeydi. Soysal Apartmanı'ndan çıkıp Kavaklıdere'de, bahçe içinde, iki katlı bir evin üst katına taşınmışlardı. Çok zevkli olan annem, evi çok güzel döşemişti. Evin şömineli bir salonu, kır manzaralarına açılan bir balkonu vardı. Anneciğim nihayet gönlündeki eve kavuşmuştu. Üstelik alt katta da evin sahibi olan sevgili arkadaşı Nazlı Başan oturuyordu. Annemin o akşam Mehmet'le annesini içine sinen yeni evinde gönül rahatlığı ile çok iyi ağırladığına eminim. O tanışma yemeğinden sonra babamdan bana gelen mektup, "Mâçocuğum," diye başlıyordu ki, bu iyiye işaretti. Mehmet'le tanışmalarını, neler konuştuklarını ve annemin peynir suflesinin çok beğenildiğini anlatıyordu. Mehmet, göründüğü kadarıyla, terbiyeli bir çocuktu ama hakkında tahkikat yaptırtacaktı. Bir de soruyordu bana: "Niçin Mehmet?"

Hemen kaleme sarıldım. "*Sevgili babacığım, yalvarırım tahkikat yaptırmayın. Bu çok onur kırıcı bir şey! Mehmet'in kulağına giderse, rezil olurum. Onlar benim için yaptırsalar, senin hoşuna gider mi? Ben duysam, o an evlenmekten vazgeçerim. Senden rica ediyorum, tahkikat yaptırma,*" diye yazdım. "Niçin Mehmet?" sorusunu ise yanıtsız bıraktım.

Birkaç ay sonra, okulun kış tatiline rast gelen şubat ayında, Ankara'da, Kavaklıdere'deki evimizde, Mehmet'in doğum gününde nişanlandık. Ben nişanın Süreyya'da değil de illa baba evimde olması için çok ısrar ettim. Hem yeni evimiz böyle bir tören için çok müsaitti, hem de böylece babamı gereksiz bir masraftan kurtardığımı düşünüyordum.

Babam nişan öncesinde İstanbul'a geldi ve birlikte, Mehmet'in annesinin terzisi Mualla'dan hem benim nişan elbisemin kumaşını, hem de annem için gri bir dantel aldık. Annem her zamanki gibi ona aldığımız danteli beğenmedi (yaşamı boyunca kendine hediye edilen hiçbir şeyi beğenmedi annem) ama kumaşa dünyanın parası ödenmiş olduğu için diktirmek zorunda kaldı. Mualla Hanım nişan elbisemi dikmek için çok ısrar etmiş, ben nerdeyse gözyaşlarıyla direnmiştim. Nişan elbisemi ya Sabiha ya da Ruhiye teyzelerden biri dikmeliydi ki, elbise bana uğurlu gelsin! Benim beyaz tafta üzerine aplike edilen lacivert dantel elbisemi İstanbul'da Ruhiye teyze, annemin elbisesini ise Ankara'da Sabiha teyze dikti. Benim ve Mehmet'in ne kadar akrabası varsa, nişan için Ankara'ya taşındılar. Bâlâ eniştem, Sabahat ve Suat teyzelerim ile Filiz, Volkswagen'leriyle Ankara'ya gelirken yolda kaza yaptılar. Onlara bir şey olmadı ama araba haşat oldu. Tersine dönmüş arabanın penceresinden Suat teyzemin büyük göğüslerinin teker teker çıkarılışını dinlerken katıla katıla gülerek biraz ayıp ettiğimi hatırlıyorum.

"Bu daha çocuk, biz bunu nasıl kocaya vereceğiz, Muhittin?" demişti annem.

"Ben seni aldığımda, senin de pek farkın yoktu, Sitare," diye yanıtlamıştı babam.

Evdeki nişan töreninden sonra arkadaşlarımla hep birlikte Süreyya'ya dans etmeye gittik. Kapıdan çıkarken, kaçta geleyim gibisinden babamın yüzüne baktım. Bir yıl önce Işıl'ın aynı yerdeki nişanı için bana çektirdiği eziyeti hatırladı mı bilmiyorum ama bana, "Sen artık nişanlı bir kızsın. Ne zaman döneceğine kendin karar ver, Mâço," dedi babam. Babama içimden, "İşte bunun için Mehmet, baba," diye fısıldadım. "Kendi hayatıma sahip olmak için! Ama seni o kadar çok seviyorum ki, seni üzmemek için bunu sana hiç söylemeyeceğim!"

"Duyamadım canım, ne dedin?"

"Merak etme baba, çok geç kalmayız," dedim.

Yıldızı Düşük Bir Yıl

İlginç bir yıldı 1961. Ara Güler, İngiltere'de yayımlanan *Photography Annual*'da, dünyanın en iyi yedi fotoğrafçısından biri olarak o yıl yer almış. Devlet Planlama Teşkilatı, Hacettepe Üniversitesi'ne bağlı Sağlık Bilimleri Yüksekokulu, Ankara Meydan Sahnesi, Kent Oyuncuları, Adalet Partisi, Yeni Türkiye Partisi, Türkiye İşçi Partisi hep o yıl kurulmuştu. İlk Türk otomobili Devrim de o yıl üretildi. Sağlık hizmetlerinin sosyalleştirilmesi kanunu o yıl kabul edildi, Türkiye'nin Ortak Pazar'a (AB'ye) katılma daveti o yıl reddedildi ve cumhuriyet tarihimizin alnından lekesi bugüne dek silinememiş korkunç hata o yıl yapıldı.

Dışişleri Bakanı Fatin Rüştü Zorlu, Maliye Bakanı Hasan Polatkan ve Başbakan Adnan Menderes hakkında verilen ölüm cezaları, tutuklu bulundukları İmralı Adası'nda, 16 Eylül günü, 1961 yılında yerine getirildi.

Ben idamlar sırasında yurtdışındaydım. Bu korkunç haberi gazetelerde okuduğum zaman, 27 Mayıs öncesi sokak nümayişlerine katılan, darbe günü sevinçten uçan ben, nerdeyse baygınlık geçiriyordum. Günlerce yemek yiyemedim. Kâbus görmeden uyku uyuyamadım. Ben bu haldeysem, idam edilenlerin aileleri, yakınları, dostları ne haldeydi, kim bilir?

1961 yılının kış aylarında, Mehmet'in o sırada Dışişleri Bakanı olan dayısının temin ettiği davetiyelerle Yassıada'ya gitmiştik duruşmayı izlemeye. Çırpınan denizde sallanarak, Kabataş'tan bindiğimiz bir motorla vardığımız Yassıada'da sevimsiz bir binanın hayli geniş salonundaki sıralara oturmuş, beklemiştik. Biraz sonra "elleri bağlı olmayarak" getirilen mahkûmlar girmişti salona. Sırayla kendilerine ayrılan iskemlelere yerleşmişlerdi. Biz bir gösteri izler gibi seyrediyorduk bir yıl öncesinin parlamento ve kabine üyelerini. Onlar içeri girmeye başladığı anda pişman olmuştum geldiğime. Ne işim vardı burada? Bu çaresiz insanları niye seyrediyorduk? Duruşma bitmeden çıkıp gitmek de mümkün değildi. O gün, koca salonu dolduran tutuklular arasından sadece iki kişinin görüntüsü nakşolmuş zihnime, Japon tutkalıyla yapışmış gibi! Menderes'in ve Bayar'ın yüz ifadeleri!

Dik yakalı gömlekler giyen, başı hep dik duran ve etrafına küçümseyen bir ifadeyle bakan kibirli Başbakan, bitkindi. Yüzü çökmüş, kaşları uzamış, saçları beyazlamıştı. Öğretmeninin vereceği cezaya razı bir çocuğun ifadesiyle oturuyordu iskemlesinde.

Benim için o güne kadar çok yaşlı bir adam olan Celal Bayar ise başı dimdik, yüzünde hâkimler kurulunu da, biz seyircileri de küçümseyen, kibirli bir ifade ile girmişti salona. Yerine yerleştikten sonra da baston yutmuş gibi, öyle dimdik oturmuştu etrafına hiç bakmadan. O iki bahtsız adamın birbirinden çok farklı yüz ifadelerini hafızamdan silebilmek için çok çaba sarf etmiştim ve idamları öğrendiğimde, "Allahım, benim yaşadığım dünyadan idam cezasını kaldır! Suçlu olsun olmasın, kimse bir başkasının canını almasın, senden başka," diye dua etmiştim.

"Memlekette acı çeken aileler varken, tantanalı bir düğün yapmayalım efendim. Aile içinde evlendirelim çocukları," demişti babam. "Onlar da yakın arkadaşlarını davet ederler, mütevazı bir..." Mehmet'in annesi lafını kesmişti babamın. "Bakın Muhittin Bey," demişti, "benim eşimin geç yaşta sahip olduğu tek bir evladı var. Oğlunun mürüvvetini görmek istiyor. İnsan hayatta ne için para kazanmak ister? Böyle günlerde gönlünce harcayabilmek için, öyle değil mi? Mehmet'e ve Ayşe'ye layık oldukları düğünü yapmasına mani olmayınız. Rica ederim. İnsanların acı çekiyor olması bizim kabahatimiz değil!"

Babamın güzel yüzüne düşen gölge kaçmamıştı gözümden. O gölgeyi daha kaç sefer düşürttüm babamın yüzüne, kaç sefer!

Düğün hazırlıklarına ben daha mezun olmadan başlamıştı Mehmet'in ailesi. O yıllarda Hilton Oteli'nin havuzu en mutena düğün mekânıydı. Düğünümüz benim diploma törenimin ardından otelin havuz başında yapılacaktı, ben diplomamı alabilirsem elbette, çünkü oturup çalışmam gereken zamanların çoğunda Mehmet'le ya da ailesiyle gezmelerdeydim.

Mehmet'in babası beni çok sevmişti, her cumartesi günü öğle yemeğini onlarla yememi istiyordu. Akşamları Mehmet ve arkadaşlarıyla çıkıyorduk. Pazar günleri yine Mehmet'in ailesiyle, anneannemi de alarak Emirgân'daki Abdullah Efendi Lokantası'na gidiyorduk. Tomris ablanın (Mehmet'in anne bir baba ayrı ablasına Tomris abla diyordum) evlenme yıldönümünü kutlama gecesine, dayısının İstanbul ziyareti şerefine verilen akşam yemeğine, kayınpederimin veya Tomris'in oğlu Ahmet'in yaş günlerine ve daha nice çeşitli etkinliklere, ertesi gün en önemli sınavım da olsa, gitmezlik olamazdı. "Zaten evleniyorsun, tut ki diplomanı alamadın, ne olacak yani!" zihniyetiyle mücadelede pes etmiştim. Nişanlımın ailesinin tüm kutlamalarına, yemeklerine, çaylarına, davetlerine katılmaya çalışıyordum. Eve döner dönmez, saat kaç olursa olsun derse oturuyordum. Sabah uykumu alamadan kalkıyordum. Yorgun oluyordum. Hırçın oluyorum. Ama ne pahasına olursa olsun alacaktım diplomamı. Kepimi ve cüppemi kesinlikle giyecektim.

Benim gibi ders kitaplarıyla cebelleşmekte olduğu için halimden anlayan tek kişi, Tomris ablanın oğlu Ahmet'ti. Ahmet de sanırım o yıl ortayı bitiriyordu. Her çalışmayı sevmeyen öğrenci gibi, onun da hayatını karartan, ona takmış bir öğretmen vardı okulunda. Ben bu yollardan birkaç yıl önce geçmiş biri olarak, dudağımın ucunda bir gülümsemeyle dinliyordum derdini ama annesi oğlunun yakınmalarına kesinlikle inanıyordu. Biraz da hayretle, bu ailede erkek çocukların her söylediklerinin peygamber kelamı muamelesi gördüğüne şahit oluyordum. Fakat Ahmet o kadar cana yakın, sevimli bir oğlancıktı ki, şımarıklıkları itici gelmiyordu.

Bir koca yılı Mehmet'in ailesiyle birlikte gezme tozma, akşam yemeklerine çıkma furyası içinde geçirdikten sonra bitirme sınavlarını verip iyi dereceli bir diplomayı almayı nasıl başardım, hiç bilemiyorum.

Diplomayı aldım ama sorun diploma almakla da bitmiyordu. Öğrencilere diploma törenine katılacak konukları için beş altı adet davetiye verilirdi, anneler babalar, varsa kardeşler için. Benim diploma törenime annem, babam, anneannem, teyzelerim ve eniştelerim, amcam ve yengem, nişanlım, nişanlımın annesi, babası, ablası ve kocası, bir de annemle babamın evliliğine vesile olmuş Raif amca davetliydi. Tam on beş adet davetiye! Allahtan Sabahat teyzem okulda çalışıyordu da üç beş davetiyeyi o halletti. Birkaç taneyi ben yalvara yakara başka arkadaşlarımın kontenjanlarından aldım. Benim konuklarım, bir sıraya sığamayıp ikinci sıraya taştılar. Benimkilerin ortaokul diplomamı alırken de bu yollardan geçmişliği vardı. Mehmet'in ailesi ise ilk kez bir diploma törenine katılıyordu. Sabırla oturup konuşmacıları dinlediler, hiç tanımadıkları kızların diploma almalarını seyrettiler. Sıra bana gelip de diplomamı almak üzere sahneye yürüdüğümde müthiş bir gürültü koptu, dönüp ne oluyor diye arkama baktım ki, benim iki sırayı dolduran konuklarım ayağa kalkmış, beni alkışlıyorlardı.

Benim ailem bu diplomayı ne kadar çok önemsediklerini, bana verdikleri bütçelerini aşan armağanlarla belli ettiler. Anneannem eski bir mücevherini bozdurup bana bir arı broş yaptırmış, annem de Adler'den, o yıllarda çok moda olan, kedi biçimde ametist bir broş almıştı. O güne kadar gümüş okul yüzüğünden başka takısı olmayan ben, birdenbire mücevherlere boğulmuştum. Ayrıca, inanılmaz bir de çeyiz düzülüyordu bana. Sofra örtülerim ve yatak çarşaflarım için beyaz, mavi, pembe, sarı ve uçuk yeşil ketenler alınmıştı, her biri elle nakışlanıyordu. Altışar çift yatak takımı, sekiz adet sofra örtüsü, Amerikan setleri, keten havlular, yumuşacık tüylü havlular, bitmez tükenmez gecelikler ve hayatında pijama kullanmayan Mehmet'e, yapmayın, giymez dememe rağmen, ipek pijamalar, ropdöşambırlar, bornozlar hazırlanıyordu. Bütün bu çeyiz, profesyonel bir ütücüye özel olarak ütülettirilip, ipek kurdelelerle bağlanıp, Tahir'in annesi Bedia teyzenin bana düğün hediyesi olarak Amerika'dan getirdiği mavi Bullentine valizlere yerleştirilip, Mehmetlerin evine gönderildi ve orada eşe dosta sergilendi. Bunca masrafı, zengin ailenin karşısında eski ve itibarlı bir aile olduklarını göstermek uğruna yaptılarsa, ne büyük bir saçmalık ettiler diye düşünürken öğrendim ki, annemle babam Kavaklıdere'de bin bir fedakârlıkla aldıkları arsalarını satmışlar. Üç yıl sürecek evliliğin çeyizine feda edilen bir arsa! Fransızların meşhur "noblesse oblige" sözü, ayağını yorganından dışarı uzatan ailem için söylenmiş olmalıydı!

Düğün

Düğünümüz o yaz Hilton'un havuz başında yapıldı. 750 kişinin davetli olduğu, kalabalık bir düğündü. Gelinliğimin kumaşını kayınvalidem Paris'ten getirmişti. Hiç beğenmemiş, çok beğenmiş gibi yapmıştım. Gelinliği kayınvalidemin terzisi Mualla dikmişti. Sabiha teyze dikemediği için çok üzülmüş ama belli etmemiştim. Bana Mehmet'in ailesinin taktığı broşu, kolyeyi, bileziği gölgelemesin, onlara ayıp olmasın diye, annemin verdiği aile yadigârı elmas kuşu gelinliğimin ancak beline takmıştım. (Nenemin yüzgörümlüğü olan kuş, sırasıyla düğününde anneanneme, babamla evlenirken de anneme geçmişti. Bu yolculuk esnasında, sıra bana gelene kadar, önce kuşun gagasında taşıdığı elmas dalın ucundaki zümrüt, sonra da dal kırılmış ve kaybolmuştu. Kuş bana gagası boş geldi. Üç yıl sonra, öterken peynirini düşüren, ağzı boş kalan kargaya benzememde, göğsümde yer bulamayan bu kuşun intikamı olduğunu düşünmüşümdür.) Başımda, Hüsrev Gerede'nin eşi Lamia teyzeden ödünç alınmış pırlantalı tacımla, nedense pek de mutlu görünmeyen babamın kolunda, yanan meşalelerin arasında merdivenlerden havuza indim, babam beni Mehmet'e teslim etti. Mehmet'le ne yapacağımızı bilemediğimizden merdiven başında bir süre bekledik ve sonra dans etmeye başladık. Her ikimiz de ne kadar genç, acemi ve korkaktık. Birinci dansı bitirdikten sonra ikinci dansı da yaptık. Üçüncüye başlarken kayınvalidemin yanımıza gelip bizi ikaz ettiğini hatırlıyorum hayal meyal. Masaları dolaşıp 750 kişinin elini tek tek sıktıktan, çoğunu öptükten, tacımdan sarkan gelin tellerinden birer tel çekip her isteyene verdikten sonra helak olmuştum. O gün bugündür, düğün yapan gençlere çok acırım.

Düğün gecemizi otelde geçirdik. Mehmet arkadaşlarının kendine çeşitli oyunlar oynamasından korktuğu için odanın dört bir tarafını aradı, yatakların altına baktı. Tedirgin yattık ve sabah erkenden balayımızı geçireceğimiz Roma'ya uçmak üzere havaalanına geldik. Roma'ya gitmemizi, annemle balayını İtalya'da geçiren babam çok arzu etmişti. Roma'dan sonra Paris'e geçip Mehmet'in Londra'da yaşayan yakın arkadaşı Günerman'la buluşacak, bir araba kiralayıp hep birlikte Nis'e inecektik. İstanbul'a dönüşümüz ise aylar sonra olacaktı, çünkü balayının sonunda Londra'ya giderek üniversitelerimize yerleşecektik. Plan buydu!

Havaalanına her ikimizin de ailesi, tüm fertleriyle bizi geçirmeye gelmişti. Hilmi eniştemin elime balayında harcamam için dolar sıkıştırmaya çalıştığını gören kayınvalidem, atmaca gibi bitmişti yanımızda. "Aman efendim, sakın! Çocukların üzerinde yakalanır, süründürürler onları birkaç dolar için! Onlar paralarını Roma'ya varınca alacaklar, merak etmeyin," demişti.

Ben yurtdışına ilk kez çıkıyordum. Para işleri nasıl halledilir, yanımıza kaç para alınır, bilemiyordum ama üzerinde tek bir dolarla yakalanan kişinin burnundan geldiğini çok iyi biliyordum. Ne komik kanunlarımız vardı, insanlar durmadan ceplerinde sıfır döviz ve azıcık Türk parasıyla yurtdışına çıkıp bavullar dolusu eşya ile geri geliyorlardı; kimse soruşturmuyor, bunca günü hangi parayla geçirdin, bu eşyaları nasıl aldın, demiyordu. Ama birinin üzerinde birkaç dolar yakalanmayagörsün!..

Biz Mehmet'in babasının tanıdığı görevliler sayesinde, imtiyazlı kişiler olarak, büyükçe bir odada hep birlikte oturduk bir süre. Gitme vaktimiz gelince anneannemi, teyzelerimi, eniştelerimi kucakladım. Sımsıkı sarıldım onlara. Annemi didişmelerimizden pişman, yüreğimde keşkelerle defalarca öptüm. Sonra babama geldi sıra. Başımı göğsüne yasladım kalp atışlarını duymak için. İnanıyordum ki, o kalp attıkça bu dünya yüzünde bana hiç kimse kötülük edemez, beni üzemez.

"Haydi," dedi birisi, "haydi çocuklar, ayrılma vakti geldi."

Babamın göğsünden koparken babam kulağıma, "Häschen klein ging allein in die weide welt hinein,"*

* Küçük tavşan uzaklara tek başına gitti.

diye fısıldadı çocukluğumda her gece okuduğu masalın birinci satırını! Yüzüne baktım ve hayatımda ilk kez babamı ağlarken gördüm. Beni nasıl geçeceğini bilemediği yeni yaşamıma yolcu ederken bir damla yaş gözpınarından kayıp yanağına düştü, sonra da benim yüreğime!

ÜÇÜNCÜ BÖLÜM

Dürbünümde Londra

9 Eylül 1961, Londra

Canım Anneciğim, Babacığım,

Nihayet Londra'dayız. Oxford Street'in üzerindeki Cumberland Oteli'nde kalıyoruz. Size artık değişik şehirlerden neşeli kartpostallar atamayacağım. Birbirinden güzel şehirlerde gezip tozmak, eğlenmek, yemek içmek, kısacası balayı bitti! Sıra, güneşi kıt bir şehirde hayatın sıkıcı ayrıntılarıyla uğraşmaya geldi. Birazdan çıkıp kendimize ev ve okul bakacağız. Gazete ilanlarında bir sürü kiralık ev ilanı vardı, bazılarını işaretledik. Birkaç gün içinde bir yer buluruz nasılsa. Asıl zor olan, üniversite faslı! Dün dehşet içinde, elimdeki koskoca diplomanın bu memlekette geçersiz olduğunu öğrendim. Başımdan aşağı kaynar sular indi. Bu ülkede herhangi bir üniversiteye girebilmek için

İstanbul'daki Amerikan Koleji'nde yedi yıl okumak yetmiyormuş meğer. İlla İngilizlere özgü bir standart olan GCE sınavlarından geçmek gerekiyormuş. Bunu Mehmet'in biliyor olması lazımdı ama nedense aklına gelmemiş bana söylemek. Üniversiteye girmenin ayrıntılarını dün Türk Talebe Müfettişliği'nde öğrendim. Burada bambaşka bir sistem olduğunu bilseydim, buraya mı gelirdik, giderdik Amerika'ya; ben değil üniversiteye girmek, fazladan kredi bile alırdım elimdeki diplomayla. Ama şimdi bunun için çok geç kalındı, burada kalıp elimizden geleni yapacağız. Dün müfettişlikte bana, Davies School adında bir okula yazılıp GCE sınavlarına hazırlanmamı tavsiye ettiler. O ve A (Ordinary ve Advanced) seviyelerinde birkaç dersten sınava girmem gerekiyor. Onlar nedir, derseniz, şöyle izah edeyim, O Level orta kısım, A Level da lise düzeyine tekabül ediyor. Konuştuğum kişiler, elimdeki diplomayla bunun benim için çok kolay olacağını söylediler. O level ile hiç uğraşmayıp doğrudan A level için başvuracağım. Tam sınavlardan kurtulduğumu düşünürken başıma gelene bakın! Düşünsenize, biz kolejliler, üstelik herkesin 3 yıl okuduğu lisede tam 4 yıl, bir yıl da fazladan, seçmeli derslerimiz için okuduk. Şimdi zaten bildiğim şeyleri sil baştan yeniden çalışmak yutulur gibi değil. Neyse, başa gelen çekilir, önce bu hafta içinde evimizi tutacağız, sonra hemen evimize en yakın bir Davies School bulup (Şubeleri olan bir okulmuş bu, banka gibi!) kaydolacağım. Mehmet şanslı, orta ve liseyi burada okuduğu için onun böyle bir sorunu olmayacak inşallah. Yarından itibaren de onun üniversite işiyle uğraşacağız. Allahtan üniversiteler ekimden önce açılmıyor, daha zamanımız var ama İngiliz polisinin bize tanıdığı kalma süresi üç ay. Bir an evvel okul işlerini halletmemiz gerekiyor. Eğer üç ay içinde ikimizden biri bir üniversiteye kapağı atamadıysa, kös kös geri dönmek zorunda kalabiliriz. Çünkü burada sürekli oturabilmek için üniversiteye gidiyor olmak gibi geçerli bir sebep gerekiyor. Ne olur bizim için dua edin, işlerimiz rast gitsin.

Londra'da bugün dördüncü günümüz, oh ne güzel bir gün diyerek her sabah pırıl pırıl bir güneşle uyanıyoruz, öğle vakti bulutlar toplanmaya başlıyor ve öğleden sonra, hiç şaşmadan şarr diye indiriyor yağmur. Dün birer şemsiye edindik bu yüzden. Londra, gördüğüm diğer Avrupa şehirleri gibi dünya güzeli bir şehir değil. Kendine özgü bir mimarisi var. Bazı mahallelerde kırmızı tuğladan yapılmış, cadı evini andıran sıra binalar iç kapatsa da gizemli bir havası, kendine göre bir ruhu var bu şehrin. Hemen ayılıp bayılmıyor insan Paris'te, Roma'da olduğu gibi ama gün geçtikçe tuhaf bir şekilde bağlanmaya başlıyor şehre. Sanki bildik ülkelerin çok uzağında, her semti sayfiyeyi andıran dokularla inşa edilmiş, çok yeşil, çok çiçekli, çok parklı, huzurlu, sakin ama aynı derecede de dinamik bir yer. Ha, bir de trafik ters yönde akıyor. Mehmet buna alışık ama ben sürekli ezilme tehlikesi atlatıyorum. Allahtan İtalya ve Fransa'nın aksine, sürücüler yayalara karşı çok dikkatli ve saygılı. Arabalarını şehir içinde hızlı sürmüyorlar. Yoksa burası turist mezarlığına dönerdi herhalde!

Canlarım, sizler nasılsınız? Annem artık Ankara'ya dönmüştür diye mektubu Ankara'ya postalayacağım. Anneannemin yalnızlığa dayanamayıp bu kışı Ankara'da geçireceğine eminim. Uzun zamandır ayrı düştüğün için unutmuşsundur, şimdi bak bakalım anne, tuvaletin kapısında çişini ettikten sonra elini yıkadın mı diye bekleyen Leman Hanım'la bir kış geçirmek nasıl oluyor.

Size kısaca son bilgileri verdiğim mektubumu burada kesiyorum, çünkü bir benzerini de kayınpederle kayınvalideye yazacağım daha. Hafta sonuna kadar ev tutabildikse adresimizi bildiren bir mektup yazar, sizden acele yanıt beklerim. Orada neler oluyor? Ölüm cezaları bağışlanacak, diyordunuz telefonda son konuştuğumuzda, bağışlandı mı? Çok merak ediyorum, adresimi alır almaz bana bu konuda bilgi veren bir mektup yazın, emi!

Her ikinizi de hasretle, sevgiyle kucaklıyor, ellerinizden, güzel yüzlerinizden şapur şupur öpüyorum.

Mâço.

P.S Anneciğim, anneanneme benden mektup aldığını söyleme, kartpostal aldım de lütfen, ona kart attım, sana mektup yazdım diye gücenmesin, biliyorsun çok alıngandır. İlk fırsatta hepinize uzun uzun yazacağım.

***

20 Eylül 1961, Londra

Sevgili Babacığım,

Bu mektubu Orta Doğu'ya gönderdim, çünkü şimdi yazacaklarım yalnız senin gözlerin için. Anneme ayrıca bol havadisli bir mektup döşeneceğim moralim biraz düzelince. Evet, babacığım, birkaç gündür bende moral sıfır! Öncelikle idamların beni perişan ettiğini belirteyim. Sizin ayrıntılı mektubunuz elime geçmeden önce, elbette orada olup bitenleri televizyondan öğrendik. Kötü haberler yüreğime bıçak gibi saplandı. Bu neticeyi hiç beklemiyordum. Ben zaten bugünlerde mide bulantıları çekiyorum, kendimi tuvalete zor attım. Öğürdüm durdum. Geceyi uykusuz geçirdim. Birkaç gün sonra tesirinden kurtulurum sanıyordum ama inan baba, her gece kâbus görmeye devam ediyorum. Ne insafsız bir karar bu! Ortaçağda mı yaşıyoruz? Ne bu kuzum baba, bu asırda insanlar idam edilebilir mi? Yüreğimdeki acı bir yana, bir de burada insanların yüzüne bakabilme sorunumuz var. Dün sabah Midland Bank'a para çekmeye gittim, genç bir banka memuru Türk olduğumu anlayınca suratıma pislik görmüş gibi baktı ve ağzının içinde bir şeyler geveledi. "Anlamadım, bir daha söyler misiniz," dedim. Bu kez küstah bir eda ile, "Başbakanınızı öldürdünüz, ne hissediyorsunuz?" demez mi! Kan beynime çıktı, "Başbakanı ben öldürmedim. Ben şu anda bankanızda bir müşteriyim, siz de bana hizmet etmekle yükümlüsünüz, fikir beyan etmekle değil!" dedim. "Buna itirazınız varsa, şefinizi çağırın, ona danışayım." Terbiyesiz herif, suratıma bile bakmadan, alelacele işimi yaptı. Kendimi dışarı attım. Sokakta gözlerimden yaşlar boşandı. Baba, ne yaptık biz! Nasıl yapabildik böyle bir vahşeti! Şimdi ben her karşıma dikilip bana bunun hesabını soran İngiliz'e, ne diyeceğim? Nasıl savunacağım ülkemi? Keşke buralara hiç gelmeseydik. Keşke bu utancı kendi ülkemde, kendi vatandaşlarımın arasında yaşasaydım. Babam, çok mutsuzum. İdam kararlarını ben vermişim gibi vicdan azabı çekiyorum. Yürümez olaydım 27 Mayıs öncesi o yollarda. Bağırmaz olaydım boğazımı yırta yırta. Biz sadece demokrasiyi yerleştirmek adına Menderes'in dikta rejiminden kurtulmak istemiştik. Böyle mi yerleşir demokrasi? Politikacıları alaşağı ettikten sonra onlara politikadan uzak kalma cezası vermek varken öldürmek niye? Kimin aklı bu idam? Ne olur baba, bana uzun uzun yaz, kendi fikirlerini de açıkla, emi!

Babacığım, keşke bugünlerdeki rahatsızlığım bu idamlarla sınırlı olaydı. Özel hayatımda da büyük bir hüsran yaşadığımı bil ama bilhassa şimdi sana anlatacaklarımı sakın hiç kimseye, anneme bile söyleme. Bunlar aramızda kalsın. Aslında sana da yazmak istemezdim ama içimi birine dökmezsem, aklımı kaçıracağım. Üzüntümü, hayal kırıklığımı biriyle paylaşmam lazım. Mehmet de tıpkı benim gibi üniversiteye giremedi. Çünkü onun da elinde üniversiteye girebilmek için geçerli belgesi yokmuş. Bunca yıl İngiltere'de o okulda, bu okulda cirit atıp bir O ya da A Level sınav sonucu çıkaramamış. Bunu benden saklamış olması bir yana, hiç önemsememesi, yani bir ortaokul belgesine dahi sahip olamamasından gocunmaması bende derin bir hayal kırıklığı yarattı. Üzüntümün nedenini de bir türlü anlatamadım kocama. Beni ciddiye bile almadı. Onun üniversiteye mi ihtiyacı varmış arkasında koskoca fabrika dururken? Bilgi, kültür ve insanlık belgeyle mi ölçülürmüş? Ben de girememişim üniversiteye, bu beni cahil mi yapıyormuş? Bir diploma, diyelim ki bir kâğıt parçasıdır ama bir birikimin de göstergesi değil midir? Yarın öbür gün fabrikayı elinden alırlarsa ya da fabrika yanarsa mesela, ne yaparız dediğimde, bana, "Sen boşuna Davies School'da vakit kaybetme, bu hayal gücü sende varken, hemen roman yazmaya başla," dedi. Fabrika yanarsa, romanlarımın geliriyle geçinir gidermişiz! Ona meselenin bir kâğıt parçası değil, bir duruş, görüş farkı olduğunu anlatamadım. Diplomayı bir kâğıt parçası telakki eden biriyle evlenmişim. Ben ne yaptım baba? Günlerdir bunun kavgasını yapıyoruz. Ona benimle aynı okula yazılmasını söyledim. Benim gibi senin de bir birikimin var, birkaç ay birlikte çalışır, sınava gireriz, dedim, kabul etmedi. Allahtan burada özel teknik kolejler varmış. Şimdi onlara bakacağız. İşte böyle babacığım, senin Häschen Klein bugünlerde çok dertli. Tıpkı kitaptaki gibi, keşke baba evinden hiç ayrılmasaydım, dünyayı görmek için yollara düşmeseydim, diyor.

Sen bana hep derdin ya, insanları oldukları gibi kabul etmelisin, değişen durumlara ayak uydurmayı bilmelisin diye, öğütlerinden hiç olmazsa ikisini tutacağım bir durum çıktı karşıma. Boşuna dil dökmemişsin yani kızına!

Neyse, içini daha fazla karartmayayım. Konuyu değiştireyim.

Bana son mektubunda, geçen hafta yapılan seçimde CHP'nin ve DP'nin, ay pardon o partinin adı şimdi

Adalet Partisi oldu, değil mi, AP'nin oylarının birbirine yakın olduğunu yazmıştın. İdamlar olmasaydı, kesin CHP kazanırdı bence. İdamlar onların suçu değil ama görürsün baba, bu kara leke onların sırtına yıkılacaktır zaman içinde. Şimdi ne olacak? Koalisyon mu yapacaklar? Tek partiyle idare edilemeyen memleketi, kedi köpek gibi hırlaşan iki parti bir arada nasıl idare edecek bakalım. Al sana canımızın sıkılması için bir neden daha! Baba, sesini duyar gibiyim, eminim Allah sağlık verdiği sürece her sıkıntının üstesinden gelinir, diyorsun şu anda bana. Dilerim öyle olur!

Sana anlattığımın aramızda kalacağına inanıyorum. Beni mektupsuz, havadissiz bırakmayın.

Annemi, seni kucaklıyor, binlerce kere sevgiyle öpüyorum canım babacığım.

Mâço.

***

27 Eylül 1961, Londra

Canım Annem,

Mektubun dün geldi. Okurken sizleri ne çok özlediğimi bir kere daha fark ettim. Beni merak etme canım, biz iyiyiz. Yavaş yavaş hayatımızı düzene koyuyoruz. Öncelikle ilk iyi haberi vereyim. Evimizi tuttuk. Marble Arch'da, Seymour Street'te sefertası gibi bir evin hem birinci, hem de çatı katı. Yedi sene Marble Hall'dan sonra şimdi de Marble Arch! Mermerden kurtuluş yok anlayacağın! (Mezarımı da mermerden oyun, diyeceğim ama anneannem kör bıçakla dilimi keser!) Ev iki katlı dedimse, konak zannetme. Anakapıdan giriyorsun. O katta ev sahibimiz olan doktorun muayenehanesi var. Soldaki merdivenlerden bodrum katındaki daireye iniliyor. Bizim eve ise sağdaki kapıdan girip daracık merdivenle çıkıyorsun bir kat, geliyorsun Narmanlı'nın banyosu büyüklüğünde bir oturma odasına. Aynı kata bir küçük mutfak sıkıştırılmış, içinde bir masa ve iki iskemle var yemek odası niyetine. Birinci kat bundan ibaret. Sonra yine daracık bir merdivenle yukarı çıkarken, merdivenin köşeyi dönerkenki azıcık genişleyen yerine bir küçük tuvalet sıkıştırmışlar. Ama nasıl tuvalet? Bir ufak hücre, içinde bir hela taşı. Kesinlikle 65 kilonun altındaki canlar için yapılmış bir tuvalet bu! İngilizler taharet nedir bilmediklerinden bu tuvalette musluk yok! Sadece tuvalet kâğıdını asmak için bir çıkıntı var duvarda ki, o da tuvalete oturunca sağ bacağına batıyor. Yukarıya çıkmaya devam, geliyoruz yatak odasına. Küçücük bir başka odaya çift kişilik bir yatak koyulmuş, karşı duvar ise baştanbaşa dolap. Yatağın bir yanında komodin var, diğer yanında bir musluk! Evet, yatak odamızda bir musluk var! Popo da, ayak da bu muslukta yıkanacak, diş de bu muslukta fırçalanacak zahir, çünkü evde mutfaktakinin dışındaki yegâne musluk bu! Ama itiraf edeyim, yatak odasının mor salkımlı perdeleri ve yatak örtüsü pek hoş! Yatak odasının hemen yanında bir kapı daha var ki, açınca hayatımın sürpriziyle karşılaştım: Uzunlamasına konmuş bir banyo küveti! Başka hiçbir şey yok banyoda, dedim ya, lavabo dahi yok. Zaten olması da imkânsız, çünkü duvarla küvetin arasına ancak sıska bir insan sığabilir. (Bu yüzden bize gıda malzemeleri yollamaya kalkışmayın, kilo alırsak banyo bize dar gelir!) Darlığını sineye çektik de, bu banyonun duşu da yok. Musluğunun bir yanından ateş gibi sıcak, diğer yanından buz gibi soğuk su akıyor. Sular birleşip ılınamıyor. İlk işimiz gidip bir plastik duş aleti almak oldu. İnsan yaşadıkça, gezdikçe öğreniyor, İngilizler banyoyu suyla doldurup içine otururlar, sabunlanır çıkarlarmış. Yani saç, baş, kıç hepsi aynı suda yıkanıyor. Bunun adı temizlenmek! Tamam, şartları şurtları olmayan bir millet ama bunlar umumi tuvaletlerde dahi musluğa su doldurup ellerini yüzlerini o durgun suda yıkıyorlar. Daha önce gelen biri o musluğa tükürmüş ya da sümkürmüş, hiç umurlarında değil! Ve düşünsene anne, temizlikten bunca uzak milletin bu kadar ilkel bir banyo sistemini, ev sahibi biz Türk olduğumuz için uzun uzadıya izah etmeye kalktı ve sifonu anlattı bize, sifonu! Dayanamadım, "Kusura bakmayın ama sizler Avrupa'da oturak kullanırken bizim Osmanlı İmparatorluğu'nda alaturka hela sistemi vardı, bu işleri bize anlatmayın," dedim. Adam duraladı, yüzüme baktı şaşkın şaşkın.

"Siz bilmeyebilirsiniz, Osmanlı İmparatorluğu en uzun yaşamış üç modern imparatorluktan biridir, diğeri de sizinki," dedim. Mehmet irkildi, ukala olduğumu yeni keşfediyor. Benim de ona dair bazı keşiflerim yok değil. Evlenmeden önce gezip tozmaya izin verilmeyince böyle oluyor işte anneciğim, paketten sürprizler çıkabiliyor!

Ev için anlattıklarımın hepsi doğru. Şimdi sen diyorsun ki, öyleyse bu evi niye tuttunuz? Bakma sen yazdıklarıma, aslında çok şirin bir ev bu! En büyük özelliği ve lüksü de ısınmak için kaloriferlerine para atmayacak olmamız. Mehmet para atılarak çalışan kaloriferlerden çok çekmiş buralarda yaşarken. O da neyin nesi, değil mi? Bu şehirde hâlâ bazı kaloriferlerin yanında kumbara gibi bir şey var, atıyorsun birkaç kuruş, bir müddet çalışıyor. Bozuk para bitti miydi, ısınmak da bitiyor. Bu yüzden evin küçüklüğüne hiç itiraz etmedim, bizim ev merkezi sistem ısınıyor çünkü. Burası medeniyetin beşiği sayılan Londra efendim! Medeniyetin kaloriferde, duşta değil, başta olduğunu da böylece öğreniyoruz yavaş yavaş!

Anneciğim, evimizin tüm eşyalarını, bize yakın Selfridge adlı bir mağazadan ısmarladık. İki hafta içinde getirecekler. (Nazlı teyzenin önerdiği Harrods da tıpkı böyle bir mağaza ama o hem çok pahalı, hem de bu kadar yakın değil evimize.) Şimdi bu mağazayı anlatacağım sana. İstanbul'daki Lion mağazasının on mislini düşün, üstelik beş katlı. Zemin katında gıda satılıyor. Birinci katında her türlü makyaj malzemesi (anne, öyle bildiğin gibi değil, bin bir çeşit makyaj malzemesi) çorap, şemsiye ve hediyelik eşya satılıyor. İkinci katı kadın, erkek ve çocuk giyimine ayrılmış. Üçüncü katında her türlü ev eşyası var. Battaniye, çarşaftan tut, tencere, kap kacak, bardak çanak, hepsi bu katta. En üst katta mobilyalar var. Biz evimize bir kanepe, bir koltuk ve bir sehpa aldık. Alışverişimizi yaparken bize yardım eden satıcı Türk çıkmaz mı? Adı Atilla'ymış. Gerçekten de Moğol tipi var adamda ama bize o kadar yardımcı oldu ki, taşınınca onu bir içkiye davet edeceğiz karısıyla. Barbara adında bir İngiliz kızla evliymiş. Karısı da bir şirkette sekreterlik yapıyormuş. Burada orta sınıf kadınlarının tümü çalışıyor. Üst sınıftakiler de hayır işlerinde çalışırlarmış. Sözüm meclisten dışarı, zamanını bezik oynayarak geçiren kadın cinsine burada pek rastlanmıyor. (Sen şimdi bana kızdın. Özlemişsindir bana kızmayı diye yazdım zaten!)

Babam sana anlatmıştır, bir önemli işi daha tamamladık anneciğim, ben Davies School diye bir okula kayıt yaptırdım. Haftaya başlıyorum. Mehmet de köprünün öte yanında bir Bussiness School buldu. Oraya girebilmesi için fabrikasından yollanacak mektubu bekliyor. Büyük şirketlerin yüksek seviyedeki elemanları bilgilerini yenilemek için kurslara gidiyorlarmış. O kontenjandan girecek okula, çünkü öğrenci kayıtları kapanmış. Biz ev bakalım filan derken gecikmişiz. Onunki yüksekokul olduğundan henüz açılmadı. Ekimde başlayacak inşallah. Bense haftaya başlıyorum. Babam bu haberlere sevinecektir, ona hemen bildir.

Anneciğim, şimdi sana biraz da Marks & Spencer'dan söz edeceğim, çünkü bu mağazadan anneanneme, sana ve teyzelerime birer yün bluz aldım, İstanbul'a gelen biriyle yolluyorum. Narmanlı'da kapıcıya bırakacak paketi. Anneannem takip etsin.

Anne, şu anda Mehmet telefon etti, geldiğimizden beri Hitchcock'un *Psycho* adlı filminin peşindeydik. Kenar mahallelerden birinde oynuyormuş, beni almaya geliyor, iki matinesine yetişeceğiz, bu yüzden mektubu mecburen bitiriyorum. Sana Marks & Spencer'ı bir başka mektupta anlatırım artık. Babama söyle, hafta sonu ona söz verdiğim gibi, British Museum'a gideceğim. Sonra size uzun uzun yazarım gördüklerimi.

İkinizi de hasretle, sevgiyle öpüyorum.

Ayşe

***

21 Ekim 1961, Londra

Sevgili Babacığım,

Biraz önce gazetede, Türkiye'de İnönü'nün başbakanlığında bir koalisyon hükümeti kurulduğunu okudum, hemen kaleme sarıldım sana yazmak için. Demek hükümetin başına benim ihtiyar getirildi. Ne varsa eski topraklarda var zaten. Sen ve Sabiha teyze çok sevinmişinizdir İnönü'nün yeniden başbakan olmasına. Allah hayırlı uğurlu etsin ama birbirine tahammülü olmayan iki partinin insanları bir araya gelip nasıl hükümet edecekler, aklım almıyor. İnşallah yeni bir darbeye giderek başka idamlara neden olmaz bu koalisyon. İnsanın sorası da geliyor, madem birlikte çalışabilecektiniz, ne halt etmeye birbirinizi yiyip durdunuz diye! Kabinede tanıdıklar var mı? Mesela Vedat amca (Dicleli) bakan oldu mu? Bana teferruatlı bilgi verir misin lütfen?

Bu arada biz evimize taşındık, okullarımıza başladık. Ben senin bana hediye ettiğin Ekrem Muhittin Yeğen yemek kitabından ilk pilavımı (lapa oldu), ilk fasulyemi (dibi tuttu) pişirdim. En zoru omlet yapmakmış. Hep tavaya yapışıp parçalanıyor. Omleti henüz beceremiyorum ama bulaşık yıkamasını, yer silmesini öğrendim. Bir de hizmetçi tuttuk, haftada iki saat gelecek, ütü yapmaya, çünkü ütü bir türlü başaramadığım işler arasında. Mehmet'in bir gömleğini yaktım. Bir de kravatı vardı, ütüyü bastırınca cazz etti, ütüye yapıştı. Meğer kravat ütülenmezmiş. Bu işlere anneannem elimi sürdürtmedi, bakın neticeye! Üstüne üstlük, ev işi yapmayayım diye zengin aileye gelin gitmemi istedi. Allah'ın sopası yok, anneannemin günahını torununa yazdı. Bu ülkede hizmetçiler saatle çalışıyor ve saat başı dünyanın parasını alıyorlar. Bu yüzden bizimki ancak benim bir türlü beceremediğim ütü için gelecek, Mehmet'in gömleklerini filan ütüleyecek. Her hafta dağ gibi erkek çamaşırı birikiyor. Baba, sen de mi böyleydin, hiç dikkatimi çekmemişti Hanife'nin saatlerce ne ütülediği. Meğer gömlek ütülermiş!

Babam, yolladığın mektubun ilk paragrafını okumasam da olurdu, çünkü bana bunları yazacağını adım gibi biliyordum. Evet, haklısın, insaniyet belgelerle, karnelerle, diplomalarla ölçülmez. Evet, yine haklısın, tahkikat yapmana ben mani oldum. Yine haklısın, bu konuyu uzatmanın âlemi yok! Bir de ben kendi görüşümü yazayım sana da gör bak nasıl bir aşama kaydetmişim: Başa gelen çekilir/ Kendi düşen ağlamaz/ Kol kırılır yen içinde bir şeyler olur, filan. Başka atasözü aklıma gelmiyor şu anda. Ama gördüğün gibi, dalında olgunlaşan armut misali, ben de bir aşama kaydetmişim, malum konuyu artık hiç açmıyorum. Aramız daha iyi. Bir atasözü daha; her şeyde bir hayır vardır derler ya, belki Mehmet de böylece artık sorumluluk sahibi olur ve ben romancı olmayacağıma göre, bir gün fabrika yanabilir endişesiyle bir diploma elde etmeye bakar. Çünkü fabrikanın yolladığı mektup sayesinde, Mehmet kaydını bir Technical College'in İşletmecilik ve Finans bölümüne yaptırabildi. Sınıfında kendi durumunda birkaç öğrenci daha varmış şirketleri tarafından bilgi tazelemeleri için yollanan. Hatta öğrencilerden biri Çinli! Adı da Ho. Yemeğe davet ettik, bu hafta tanışacağım hayatımın ilk Ho'suyla.

Babacığım, şimdi de mektubundaki soruları tek tek cevaplayayım: Benim okul eve iki otobüs durağı mesafesinde. Güzel havalarda yürüyorum. Benim mezun olduğum okuldan her bakımdan çok farklı. Öyle geniş bahçeler içinde, gösterişli, sütunlu binaları yok. Bir apartman binasına sıkışmış, okul olduğunu ancak binanın üzerindeki tabeladan anlayabildiğin bir okul. Usul ve erkânı da çok değişik! Sınıflara girip sıralarda oturmuyoruz bütün gün. Sınıflarda oturan öğrenciler var ama ben o dersleri zaten bildiğim için benim vaktimin çoğu tutor'umun (özel öğretmenimin) odasında geçiyor. Öğretmene tutor deniyor nedense. Benim tutor'un adı Mr. Graham. Yaptığı işe yönlendiricilik de diyebiliriz. Sınavını vereceğim derslerle ilgili beni yönlendiriyor. Kitaplar tavsiye ediyor. Kompozisyonlar ısmarlıyor yazmam için. Zaten vereceğim sınavlar 1) İngiliz edebiyatı, 1. Elizabeth devri (bu konuda ben B.A yapmışım, hepsi bildiğim şeyler.) 2) Tarih (Hangi tarih olduğuna birlikte karar verdik: 18. asır sonu ve 19. asır Avrupa tarihi 3) Türkçe.

Baba, şşşttt! Yine kolayına kaçmış bizim kız dedin, duymadım zannetme. Ayıp oluyor ama! İnsan hamile kızını üzer mi?

Yaa, işte bu mektubun bir de sürprizi vardı! Anneme sakın söyleme! Ona ben bizzat yazacağım bu akşam. Az sonra okula yollanmam gerek, haydi bana eyvallah, babacığım! Başka bir mektupta buluşmak üzere!

Seni, annemi, anneannemi hasretle öpüyorum. Şaziye'ye saygıyla selam ederim.

Mâço.

25 Ekim 1961, Londra

Canım Annem,

Ben de sizi çok çok özledim. Sana çok özel mektubuma verdiğin cevabı okurken ağladım da. Evet, biraz erken oldu ama oldu. Seni, senin anneannemi yaptığın gibi, çok genç ve güzelken anneanne yapıyorum, fena mı? Torunun ne güzel anneannem var diye gururlanır. Çok iyi duygudur, bizzat bilirim. "Aman efendim, ben sizi çocuğun annesi zannetmiştim. Pek gençsiniz de anneanne olmak için," lafına kırım kırım kırıtan anneannem gözlerimin önünde şu anda. Sen de aynen öyle yapacaksın!

Sakın benim için üzülme canım, dönmeyi düşünmüyoruz, ben hem okurum, hem bebeğime bakarım. Mehmet'in okulu üç yıllık. O bitirmeden dönmeyeceğiz. Benim tahsil durumu uzayabilir. İlerde ben üniversiteyi İstanbul'da da tamamlayabilirim.

Babamdan beklediğim politika havadislerini sen ondan önce yazmışsın. Yurdanur'un kocası Kamuran'ın da kabineye girdiğine çok şaşırdım vallahi. Hem bakan olmak için çok genç, hem de benim bildiğim Kamuran, sıkı bir İnönü karşıtıydı. Demek iktidar aşkı, İnönü nefretini yendi! Malatyalı Kamuran'ın hangi bakanlığa tayin edildiğini yazmamışsın, lütfen yaz, meraktayım. Yoksa onun için bir kayısı bakanlığı mı kuruldu? Yurdanur, bakan karısı olduğu için havalara girdi mi? En çok Rüksan teyze için sevindim, çok iftihar etmiştir kızıyla.

Dün Nur'la* birlikteydik. Bildiği diller yetmemiş, o bu kışı Londra'da geçiriyor İngilizcesini ilerletmek için. Chelsea taraflarında bir pansiyonda kalıyor, ona akşam yemeğine gittim, Kızılay Parkı'ndaki çocukluk günlerimizi andık. Arkadaşımın pansiyondaki hayatını görünce içim cız etti, başına buyruk bir üniversite hayatı da çok güzel bir şey anne. Sen kızların liseyi bitirince hemen evlenmesinden yanasındır ama bir hayatım daha olsa, kimseleri dinlemez, kesinlikle evlenmek için acele etmezdim. Mutsuz olduğum için değil, sakın yanlış anlama, sadece zaten her kadının ömrünün sonuna kadar yapacağı ev kadınlığının biraz daha ertelenmesi için. Ev kadınlığı iç sıkıcı bir iş dalı. Bugün yine yemeğin dibini tutturdum. Gün aşırı tencere dibi kazımaktan iflahım kesildi. Saatlerce ocak başında yemek pişiriyorum, bir yiyişte bitiyor. Haydaa, ertesi gün aynı terane! İçinden niye hizmetçi tutmuyor bunlar, diyorsundur. Ev hap kadar, kaç saat burun buruna yaşayabilirsin ki bir yabancıyla? Üstelik gündelik değil, saat başına para alıyorlar. Kısacası, hizmetçisiz bir ev kadını olmanın ev hali iyi, iş hali kötü!

Birazdan hazırlanıp okula gitmek için çıkacağım. Önce postaneye uğrayıp mektubunu atacağım. Mr. Graham beni bu sabah 8.30'da özel bir konuşmaya çağırdı, artık ne diyecekse? "Ancient Mariner" üzerine yazdığım yazıyı tartışacağız herhalde. Benim o şiiri beş yaşındayken ezbere okuduğumu bilse dilini yutar. Nereden bilecek annemin her sabah bana "Ancient

* Nur Vergin.

Mariner"i okuyarak kahvaltı ettirdiğini. Acaba söylesem inanır mı? Anneannemin deyimiyle, bu "ecnebiler" bir tuhaf. Türkiye'de bir annenin çocuğuna İngilizce şiir okuyabileceğini tasavvur bile edemiyorlar. Siz çıkın memleketinizden, ta Hindistan'a kadar gidin sömürmeye, sonra da İngiliz olmayan birileri dilinizi biliyor diye şaşın! Allahtan Mr. Graham çok tonton, çok babacan bir adam. Bana Hilmi eniştemi hatırlatıyor. Ah Hilmi eniştem, ah teyzelerim! Annem, her birinizi ne kadar çok özledim, bilsen! Haydi canım, daha fazla cıvımadan, gözlerime yaşlar dolmadan, seni öpücüklere boğarım; babamı, anneannemi de sen benim için öpücüklere boğ. Anneannem seni titizliğiyle boğmaya başladı mı, onu da yaz, biraz dedikodu iyi gelir herkese. Şaziye'yi katiyen unutma, postacı kocasına kadar selam ettiğimi söyle.

Çift canlı kızın,

Ayşe

İstanbul'u Özlemek

İnişli çıkışlı yolları olmayan bu dümdüz şehirde yokuşlarını özlüyorum İstanbul'un. Sahillerinin tuz kokusunu özlüyorum. Camilerin ardında, üzerine kubbe ve minare siluetleri işlenmiş, güneşin kızıla boyadığı gün batımlarını, çirkin sesleriyle bağırarak kanatlarını suya değdirerek uçan martıları özlüyorum. Simidi, bozayı, kâğıt helvasını, kara kazanlarda haşlanan sütlü mısırları, çift kaşarlı tostları, sucuklu yumurtaları, Suat teyzemin bol maydanozlu kuru köftelerini, dedemden kalan alışkanlıkla evimizde pilavın yanından eksik edilmeyen kuru üzümlü erik hoşafını, patlıcan yemeklerini, domatesli pilavı, anneannemin her hafta sonu benim için elleriyle hazırladığı bisküvili-kakaolu mozaik keki özlüyorum. Ne çok şeyi özlüyorum, hayatımın parçası olduklarının farkına dahi varmadığım. Sokaklarında kedilerin, köpeklerin gezinmediği bu şehrin geniş ve temiz caddelerinde yürürken, doğduğum kentin eciş bücüş merdivenli dar sokakları, dar sokaklarının arasından birdenbire gözüküveren denizi, iskeleti kalmış harabe evleri burnumda tütüyor. Ne işim var benim burada? Aşk soneleri okunurken kıkırdayan, on altı on yedi yaşında, ergenlik çağını henüz atlatamamış, sivilceli, çipil mavi gözlü oğlanların, mini eteklerinden kıçları gözüken püskül saçlı, kirli tırnaklı kızların arasında ne işim var?

Gittiğim okulun ahalisinde, annemin hayalini kurduğu nefis aksanlı asil İngiliz hanımefendilerinden, kibar beyefendilerin çocuklarından eser yok. Cockney ağızlarıyla dediklerini zor anlıyorum, aynı sınıfta buluştuğum gençlerin.

Bu kuyuya ben bir hayalin peşinden koşarken düştüm.

Neydi o hayal?

Genç bir çift, el ele üniversiteye gidecekti! Üniversite yerine, lise bile olmayan bir hazırlama okulunun sıralarında otururken ben, Mehmet de şehrin öte yakasında, yine saygın bir üniversite olmayan okulunun sıralarında vakit öldürüyor saatlerce. Hepsi benim yüzümden. Bazen bana neden tahammül ettiğine şaşıyorum hayatını allak bullak ettiğim kocamın. Babasının fabrikasındaki maroken koltuğunu, üstü açılabilen kuyruklu, sarı, Amerikan arabasını, rahat hayatını bırakıp, sefertası bir evin içinde, her gün defterlerini, kitaplarını karıştırıp ne öğrendiğini kontrol eden jandarma karısına ayak uydurmaya çalışıyor. Yazık ona! Ama bu noktaya geldikten sonra, ikimiz de kuyruğumuzu bacaklarımızın arasına sıkıştırıp geri gitmeyi göze alamıyoruz; ben sınavı verip İngilizlere inat üniversiteye girmeyi kafaya takmış olduğum için, o da benim dümen suyumda yüzmeye başlamış olduğundan. Zaman içinde öğreneceğim ancak, kocamın tıpkı su gibi, en yakınında bulunan kişinin kabına dökülüp ona uyduğunu! Uyumlu bir kişiliği var aslında.

***

30 Ekim 1961

Canlarım,

Bu mektubu biraz geciktirerek yazdım. Çünkü müthiş haberimi verebilmek için beklemem gerekiyordu. Nedir müthiş haber? Haydi, birlikte sevinelim! Aralık ayının başında üniversiteye başlıyorum! Nasıl mı becerdim? Vallahi ben becermedim, Allah ondan bin kere razı olsun, Mr. Graham becerdi bu işi! Mr. Graham, daha önce de yazdım size, benim tutor'um. Birlikte çalışmaya Shakespeare'in soneleriyle başladık. Bazılarını ezbere bilmeme şaşırdı. Derken sıra *Hamlet*'e geldi, şaşkınlığı büsbütün arttı. Neyse, kısa keseyim, Mr. Graham bana, "Kızım sen bunları biliyorsun, bildiğin şeyleri tekrar okumana gönlüm elvermiyor. Eğer kabul edersen ben üniversite ile görüşüp bir randevu ayarlayacağım. Üniversitelerde "Special Student"* denilen bir öğrenci statüsü vardır. Sen istediğin derslere katılırsın, sana bu dersleri okumuş olduğuna dair belge verirler. Bu belgeyle bir Amerikan üniversitesinde kredi dahi elde edebilirsin," dedi,

---

* Özel öğrenci.

laf aramızda giderek büyümekte olan karnıma da yan gözle bakarak! Ben randevunun neticesini almadan size yazmak istemedim. Mr. Graham'ın aracılığıyla London School of Economics'te ayarlanan görüşmede biri kadın ikisi erkek, üç profesörün sorularını yanıtladım kırk dakika boyunca. Az önce sabah postasıyla gelen mektup elime ulaştı. Special Student olarak sosyoloji derslerine katılmamı kabul ediyorlar. Birazdan kayıt yaptırmak ve para yatırmak için çıkacağım evden, postane yol üzerinde, bu mektubu size postalayıp metroya bineceğim. Henüz Mehmet'in bile haberi yok, eve geldiğinde öğrenecek. İlk size yazıyorum müjdemi. Ne kadar mutlu olduğumu anlatamam! Belki de metroya binmem, kanatlarımı çırpar, uçarım LSE'ye kadar. LSE, gideceğim üniversitenin kısaltılmış adı.

Her ikinizi ve elbette Ankara'ya kamp kurmuş anneannemi de sevgiyle öpüyorum. Biraz ıslanacak yanaklarınız, çünkü ayran budalası gibi ağzımın suları akıyor sevinçten. Şaziye'ye de söyleyin, dualarını eksik etmesin, okusun ve bana doğru (batı yönüne) üflesin, vallahi çok iyi geliyor nefesi.

Mâço

Birkaç Hafta Sonrası

Şehir sinsi sinsi sevdiriyor kendini bana. Ona alışayım, hasletlerini keşfedeyim diye elinden geleni ardına koymuyor. Benim biricik şehrimden çok değişik ama Londra'nın da kendine özgü bir büyüsü var, inkâr edemediğim. Yüzyılların mimarisi dikkatle korunmuş olduğundan bazı mahallelerinde ortaçağda gezer gibi dolaşıyorum. Modern binaların aralarına sıkışmış, tahta kasnaklı, kiremit damlı evleri, birden tarihin içinden fırlayıp üzerime geliyorlar, zamanın hem kalıcılığını hem de sonsuzluğunu hatırlatarak. İstanbul'da daracık sokakların aralıklarından birden beliriveren muhteşem bir tarihi görüntü nasıl şaşkına çevirirse İstanbulluyu, burada da aynı köşe kapmaca oyununu oynuyor, eski binalarla yarışan ve her mevsim çiçeğe durmayı beceren ağaçlar. Ağaçlar olmasa binalar gülümseyemeyecek. İç kapatan, karanlık yüzlü evlerin omuz omuza sıralandığı kasvetli bir sokak güler yüzlü bir meydancığa açılıveriyor, meydanın orta yeri silme çiçek. Bir başka sıkıcı sokağın tekdüzeliğini, elektrik direğinin orta yerine asılmış salkım saçak bir saksı bozuyor. Ya da her tarafından çiçekler fışkıran, kırmızı damlı bir pub! Yüzünüze her an bir mutlu ifade kondurabilecek sürprizlerle dolu bu şehir. İnsanları da aynen öyle, değişik, eksantrik ve sürprizli. Kimi klasik, kimi iyice çılgın, çoğu sevecen, bazısı durgun. Tutucu olanına henüz rastlamadım, Allah'a şükür. Halbuki İngilizler soğuk ve mesafeli diye bilinirler. Evet, inci kolyeli, devetüyü mantolu, krokodil çantalı hanımlarla, fötr şapkalı, şemsiyeli beyler öyle olabilirler. Ama girin bir pub'dan içeri, barın arkasında servis yapan kişi mutlaka sizi "hello love" diye karşılayacaktır. Elinde bira bardağıyla yanında dikilen İngiliz de önce havanın yağmurlu oluşundan söz açar ama on dakika içinde türlü konuyu deşmeye hazır bir arkadaş haline geliverir. Duş, buz makinesi, merkezi ısıtma gibi Amerikan çıkışlı lükslerle yeni yeni tanışan, biralarını hâlâ sıcak içen, su boruları hâlâ binaların dış cephesinde döşeli olduğundan soğuk günlerde musluklarında suları donan, sıcak ve soğuk suyu karıştırarak akıtamadıkları için yıkanırken eziyet çeken bu çilekeş halka sempatim giderek artıyor. İkinci Dünya Savaşı sırasında, çikolata, yumurta, et, beyaz ekmek yokluğuna hiç şikâyet etmeden göğüs germelerine, karaborsaya yüz vermemelerine, krallarının dahi bir kraldan beklenmeyen bir alçakgönüllülükle halkıyla birlikte yokluğun katmerlisine katlanmış olmasına, milletçe onurlu duruşlarına, disiplinlerindeki sevimliliğe, hoşgörülerine gıpta ediyorum. Hele de aynı savaşın sürecinde kendi ülkemdeki savaş zenginlerini düşündükçe! İngilizler inanılmaz ölçüde kendilerine özgü bir millet, buna rağmen şovenist ve ırkçı değiller. Türkiye'ye yazdığım ilk mektuplarda şikâyet ettimse halimden, her zamanki aceleciliğimle yazıldığındandır, geri alıyorum şikâyetlerimi. Hiç pişman değilim geldiğime. Londra'ya da, Mehmet'e de giderek alışıyorum, benzerleriyle daha önce hiç tecrübem olmamasına rağmen. Hatta memnunum bile. Güneşli sabahlara merhaba deyip, her an bastırabilecek yağmura hazırlıklı olmaktan, bulutlu günlerde dahi güler yüzlü olabilen meydanlarda dolaşmaktan, birbirini muntazamca kesen caddelerde kaybolmadan yürümekten, şehri baştanbaşa kuşatan ve insanın şehirle tüm irtibatını kesip doğanın doğallığıyla buluşturan yemyeşil parklarda, sincapların arasında, ulu ağaçların sonbahar kızılı yapraklarını hışırdatarak dolaşmaktan çok memnunum. İnkâr edemem, şehrimi çok özlüyorum ama bambaşka bir kültürle tanışmanın hayatıma kattığı boyut ve keyif de çok büyük!

Sis

Sis! Hayır, Tevfik Fikret'inki değil, Londra'nın sisi! Anlatmaya kelime yetmez! Anlayabilmek için ancak yaşamak lazım. Pencerenin önünde durduğun halde, bir duvarın önünde durduğunu sanmak, nefes alamamak, yön tayin edememek, bej bir dumanın içinde kolsuz kanatsız kalmak, kör olmak, sağır olmak, çaresiz kalmak ve kelimelere dökemediğim binlerce olumsuz duygu daha, hepsi bir arada!

Sabah uyanıp her zaman yaptığım gibi havanın açık mı kapalı mı olduğunu görmek için camın önüne yürüdüm ve perdeyi araladım. Aralayamadığımı sanıp biraz daha sağa doğru çektim kalın yün perdeyi. Yün perdenin ardındaki tüle de asıldım bütün gücümle. Tülün gerisinde bej ve gri karışımı kalın bir perde daha vardı. Camı açtım. Genzimin yanmasına aldırmadan kolumu uzattım kesif griliğe. Kayboldu kolum. Aman Allahım! Kolum resmen yoktu!

"Mehmeeeeet!" diye bağırdım.

"Bugün pazar, bana rahat ver," dedi kocam.

"Mehmet, Allah aşkına kalk! Tuhaf bir durum var burada."

Az sonra ikimiz de camın önündeki duvarı zorluyorduk ellerimiz kollarımızla.

"Bu işte, Londra'nın sisi," dedi Mehmet.

"Görmemiş miydin daha önce?"

"Böylesini görmemiştim."

Aceleyle giyindik. Giyinirken televizyonu açtı Mehmet. Televizyonda sabah programının müziği yerine sisle ilgili bildiriler vardı. Tok bir erkek sesi, bir darbeyi haber verir gibi (benim bildiğim bir şeydi bu) ciddiyetle, yaşlıların, çocukların astım hastalarının ve hamilelerin asla sokağa çıkmaması talimatını veriyordu. Hamileydim ama talimatı dinlemiyordum elbette. Hayatımın ilk sisinin içinde erimeye koştum.

Evin kapısından çıkmadan önce Mehmet'le el ele tutuştuk. Sokak kapımızın hemen yanında başlayan alçak duvarı elleyerek ilerleyecektik sokağımızda caddeye varana kadar, sonra aynı şekilde ters dönüp eve yürüyecektik. Böyle yaparsak, kaybolmamız mümkün değildi. Öyle zannediyorduk sokağa ilk adımımızı atmadan. Ben kalın kaşkolu burnuma kadar çekmiştim kendimi sisin zararlarından koruyabilmek için. Kapıdan çıktık. Birkaç adım attık, Mehmet sağ kolunu uzattı duvarı bulmak üzere. Bir adım sağa gittik, duvar yoktu, bir adım daha ilerledik, duvar hâlâ yoktu. Durduk. Hep aynı yöne ilerlememize rağmen, artık ne sağımız, ne solumuz vardı. Önümüz neresi, arkamız neresi bilmiyorduk. Kaldırımda mıydık yoksa arabaların geçtiği caddeye mi inmiştik?

"Sağ kolumun istikametine yürüyelim birkaç adım," dedim, "Sonra tam aksi yöne gider, evimizi buluruz."

"Sen önce evimizi bulsana, tam önünde duruyor olmamız lazım," dedi Mehmet. Önümüze dönüp ilerledik, evin kapısına varamadık. Dehşet içindeydik. Evimiz yoktu, sağımız, solumuz yoktu, evin önünde olduğunu bildiğimiz ağaç, elektrik direği, çöp bidonu yoktu. Sevimsiz, koyu renk bir bulutun içinde kaybolduk.

"Bu ne kadar sürer? Açılmaz mı bu sis?" diye sordum sesim titreyerek. Arnavutköy'de de sis olurdu bazı sabahlar. Uyanırdık, yatakhanemizdeki kocaman pencerelere açık gri bir tül gerilmiş olurdu. Kahvaltıdan dönüşte, bakardık kalkmış sis ya da yer yer açılmış. Saat dokuzu buldu muydu, sisten eser kalmazdı. Belki biraz beklersek bu da açılırdı.

"Bilmiyorum. Benim için de ilk kez," dedi Mehmet.

Ellerimizi öne uzatıp körler gibi yürümeye çalışırken birine tosladık.

"Ne işiniz var bu siste sokaklarda? Televizyon, radyo dinlemediniz mi?" dedi polis olduğunu anladığımız kişi.

"Kapının önüne çıkmıştık sadece ama şimdi kapıyı bulamıyoruz. Çok yakınında olmalıyız, eşim hamile, siste kalmaması gerekiyor, ne olur yardım edin," dedi Mehmet.

"Hiç dışarı çıkmamanız lazımdı!" Bu bir başkası, sesinden anladığımız kadarıyla. Demek ikişer ikişer dolaşıyordu polisler.

"Adresi verin."
"Seymour Sokağı, 19 numara," dedi Mehmet.
"Kendi sokağınızdasınız. Eviniz yakın."
Onu biz de biliyoruz, dedim içimden. Polislerden biri elimi tuttu, beni yürüdüğümüz istikametin tam tersine doğru çekti yavaşça. Şaşırdım. Bana sorsalar, aksi yöne yürürdüm.
"Ya bu ev ya da yanındaki, ilerleyin kapıyı bulana kadar."
Bir elim önümdeki Mehmet'in omzunda, diğeri polisin elinde, birkaç adım attım. Kapıya çarptık. Kapıyı açamayınca, "Yandaki ev olmalı," dedi Mehmet. "Biz kapıyı kilitlememiştik." Körler gibi yine birbirimize tutuna tutuna, polisin peşinde yürüdük bir yandaki eve doğru gittiğimizi umarak. Bir kapıya daha çarptık. Anahtarsız açıldı kapı, içine girdik, oh Allahıma bin şükür, kendi evimizin girişindeydik. Polislere, "Gelin yukarı, size bir kahve yapayım," dedim.
"Siz bize tek bir iyilik yapın, sis kalkana kadar sokağa çıkmayın," dedi polislerden biri.

İşte böyleydi Londra'daki hayatımız. Her ikimize de yeni şeyler, yeni yerler öğreterek geçip gitmekteydi. 1961'i 62'ye bağlayan geceyi Kopenhag'da geçirmiştik mesela. Yedi sekiz arkadaş iki ayrı arabaya doluşup araba vapuruyla Kıta Avrupası'na geçmiş, yol üzerindeki şehirlerde kala kala, Kopenhag'a varmıştık. Kopenhag'ın eğlence merkezinde bir balıkçı lokantasında bağıra çağıra yeni yılı kutlarken mutluydum. Şanslı olduğumu düşünüyordum. Dünyanın en iyi üniversitelerinden birine devam ediyordum, Shapiro gibi dev isimlerin dersine giriyordum, geziyor, yeni şehirler görüyordum, eğleniyordum ama istediğim gibi dans edemiyordum, çünkü "üniversite/dans/evlilik" paketinden karnıma bir de bebek düşmüştü hiç hesapta olmayan. Genç anne olacağım için pek üzülmüyordum. Ailemin tanıdığım tüm kadınları genç anne olmuşlardı. Bir yolunu bulacaktım derslere devam etmenin. Gerekirse sadece en önemli derslere gidecektim. Kitapları eve taşıyıp evde çalışacaktım bebek uyurken. Bebeklerin beşiklerine yatırılınca uyuyuverdiklerini zannediyordum. Tatillerde bebeğimizle birlikte dolaşacaktık dünyayı. Türkiye'ye yaz tatilinde arabayla dönecektik, yol üzerindeki yerlere uğrayarak. Ah gençlik! Yontulmamış taş devri ömrümüzün! Çok şey bildiğini zanneden, birikimsiz bir genç kadındım. Kafama vura vura bilmediklerimi öğretti hayat. Pek çoğunu Mete'yle, Ali'yle birlikte öğrendim üçümüz birden 60'lı yılların içinde büyürken.

Mete

Mete, Londra'da su borularında suların donduğu, karın günlerce erimediği, buz gibi bir kış günü doğdu. Çok uzun sürdü dünyaya gelme süreci. Yaşamının ilk yıllarında başına gelecekleri bilmiş gibi, ayak sürçtü, 27 saat avaz avaz bağırttı beni. Tam doğum anında, yüzüme bastırdıkları bir maskeyle uyuyakaldım. Kendime geldiğimde doğumhaneden odama getirilmiş, yatağımda yatıyordum, gözlerimi yana kaydırdım, yanımdaki beşik boştu.

"Bebeğim nerde?" diye bağırdım.

"Merak etme, oğlunu birazdan getirecekler," dedi Mehmet.

"Oğlan mı? Sen gördün mü? İyi mi? Normal mi? Kime benziyor?"

"Gördüm. İyi, sağlıklı, çok güzel bir oğlan! Gözleri yumuktu, rengini göremedim ama sapsarı saçları var..."

"Saçları mı var?"

"Hem de ne biçim! Altın gibi parlıyor saçları. Favorileri bile var."

Oğlum! Benim oğlum! Sarı saçlıymış!

"Niye getirmiyorlar?"

"Giydiriyorlarmış. Gelir birazdan."

Gözlerim kapanıyordu yorgunluktan. Ne olur uyuyakalmasam bebeğim gelmeden, çünkü tıpkı Fazıl Hüsnü Dağlarca'nın şiirinde olduğu gibi, *Hastayım ama ne kadar güzel/Gidiyor yüzer gibi, vücudumun bir yeri.* 27 saatin yorgunluğuyla, ıstırabıyla, yüzer gibi ben de uykunun derin sularına dalmaya hazırdım ama direndim üstüme kalın bir yorgan gibi kapanan uykuya. Sonunda, başında mavi bir başlıkla, açık mavi, havı dökülmüş battaniyeye sarılı, çıkageldi oğlum. İlk oğlum. İlk göz ağrım. Mete'm. Hemşire battaniyeyi kucağıma verdi, kokladım bebeğimi. İnsanın içi nasıl bir evcil kokuysa, o ana kadar hiç bilinmedik, tarifi olmayan bir can kokusuysa, işte öyle kokuyordu bebecik. İnsan insan kokuyordu! Bir mandalinadan daha küçük yüzüne, minicik ağzına, sımsıkı yumulu gözlerine, iplik gibi ince el parmaklarına baktım. Sonra başındaki minik takkeyi çekip çıkardım. Aman Allahım! Gerçekten de lambanın ışığında yaldız yaldız parıldayan, altın rengi, ipek gibi saçları varmış. Doğurduğum bebeğe hayran kaldım. Çok uzun süre gözlerimi ayırmadan yüzüne baktım bebeğimin. Başımı oğlumun kundağına düşünce, hemşire kollarımdan alıp yanımdaki beşiğe yatırdı bebeği.

"Bence annesi de bebek de uyusun, babası da artık evine gidip dinlensin," dedi kibarca. "Her üçünüz de çok yoruldunuz. Hepinizin iyi bir uykuya ihtiyacı var. Yarın sabah erkenden gelirsiniz yine."

Mehmet'i ve o uzun, çileli gün boyunca bizi yalnız bırakmamış olan arkadaşımız Zeynep Tarzi'yi nazikçe kovalıyordu odamdan.

"Ankara'ya telgraf çekmeyi unutma, Mehmet," dedim.

"Unutur muyum hiç," dedi, "herkese haber vereceğim. Annemlerin oteline de telefon edeceğim eve gidince."

"Uyuyorlardır."

"Uyansınlar. Torunları doğdu," dedi Zeynep.

Annem, babam ve anneannem Ankara'daydılar ama kayınvalidem ve kayınpederim İsviçre'deydiler o sırada. Doğumda bulunmak üzere yola çıkmışlar, yol üzerinde İsviçre'ye uğramışlardı fakat Mete acele etmiş, babaannesiyle dedesinin Londra'ya varmasını beklememişti. Annem doğumdan sonra gelecekti bana yardımcı olmak amacıyla. Babam ise ancak yaza görebilecekti torununu, annemle gelemeyecekti, çünkü çalışıyordu.

Mehmet beni öptü, bebeğin beşiğine eğilip ona son bir göz attı ve Zeynep'le birlikte çıktı. Mete ve ben odada baş başa kaldık. Bana ait, benim dünyaya getirdiğim, kanımla beslediğim, canımın bir uzantısı gibi yanımda sessizce yatan bebeğimle baş başa kalmak, inanılmaz güzel bir duyguydu. Kolumu uzatıp beşiği çekerek yatağımın yanına iyice yaklaştırdım, elim altın saçlı oğlumun üzerinde, huzurlu, mutlu bir uykuya daldım.

Ertesi sabah, oda aydınlanmaya başlayınca gözlerimi açtım ve nerede olduğumu hatırlamaya çalıştım.

Yanımda bir beşik vardı. Eğildim beşiğe, bir çift masmavi gözü işte o zaman gördüm. Babamın gözlerinin mavisi oğluma geçmiş diye sevindim. Mete bana bakıyordu. Hiç kimse inanmıyordu bu söylediğime ama ben biliyordum annesine, bu dünyada onu herkesten çok sevecek insanın gözlerinin içine baktığını, bilerek bakıyordu. Ben kötü de, çirkin de, hastalıklı da olsam, başarısız, haylaz, tembel de olsam, gözlerini bana dikmiş bu kadın, beni asla yalnız bırakmayacak şu geldiğim dünyada, o var oldukça ben yalnız kalmayacağım, diyordu gözleri. Bir ana oğlun sessiz sedasız, sadece bakışlarıyla imzaladıkları bir anlaşmaydı bu. Tuhaf bir şekilde, bildiğim bir duyguydu. Gülümsedim oğluma. Onun da bu anlaşmadan dolayı o an gözlerinin içinin güldüğüne emindim.

1960'lı yıllar henüz anne sütünün kıymetinin anlaşıldığı bir zaman dilimi değildi. Tersine, bebek maması imal eden şirketler, müthiş bir kampanya ile genç annelerin aklını çeliyorlardı.

Doktorum, doğum öncesinde bana, "Bebeğinizi emzirmek mi istiyorsunuz, mamayla beslemek mi?"-diye sormuştu. Aval aval yüzüne bakmıştım. Hayatında bebek nedir görmemiş, bir kardeşi dahi olmayan, ilk çocuğunu bekleyen gencecik bir anne adayı ben, ne anlardım ki?

"Ne tavsiye edersiniz?" diye sordum.

"Hemen şekle şemaile girmek istiyor musunuz?" diye sordu.

"Nasıl yani?"

"Emzirecek olursanız, kolay kilo veremezsiniz. Sizin de çok iyi beslenmeniz lazım çünkü. Eğer bir bakıcı tutmayı düşünüyorsanız, mamayı tavsiye ederim."

Bakıcı tutmayı ben düşünmüyordum ama Mehmet'in annesi mutlaka isteyecekti. Mektuplarında yazmaya başlamıştı bile münasip birini aramamızı. Neticede, hayatımızın akışının bozulmasını istemeyen Mehmet, mamayı gazlamaya çalışan doktorum ve ben, hep birlikte mamada karar kıldık. Doğumun ertesi günü, bir hastabakıcı gelip kalçamdan bir iğne yaptı. Bebeğe de doğumundan 24 saat sonra biberon verdiler.

Doğumun ertesi günü, akşam saatlerine doğru geldi kayınvalidemle kayınpederim.

Bebeklerin bölümüne gidip camın ardından torunlarına baktılar. Sapsarı saçlı bebeği herkes kendi ailesine ait bir büyüğüne benzetmeye çalışıyordu ama Mete, mavi gözleri, sarı saçlarına rağmen, bana dahi benzemiyordu. Kimsenin annesine babasına, amcasına, teyzesine de benzemeyerek bir nevi kafa tutuyordu hepimize. Sadece kendine has, çok güzel bir bebecikti! Kayınvalidem bebek ziyaretinden odama dönünce, "Bebeği sen emziriyorsun, değil mi?" diye sordu.

"Hayır," dedim, "doktorla birlikte karar verdik, mamayla besleniyor."

"Ne!"

"SMA diye bir mama var, anne sütüne en yakın olan oymuş..."

Lafımı kesti kayınvalidem. "Bu senin mama tavsiye eden doktorun kendini doktordan mı sayıyor? Hiç mama verilir mi bebeğe? Olmaz kızım, emzirmen lazım."

"Valla başladık artık, böyle gitsin bence."

"Ayşeciğim, mutlaka emzirmelisin! Anne sütünün üstüne yoktur. Ha sütün gelmez, o başka! Sütün var mı?"

"Bilmiyorum ki! Bana bir iğne yaptılar doğumdan hemen sonra, galiba sütü kesmek içindi."

Kayınvalidem odada gezinerek bana anne sütünün hikmetlerini anlatmaya başladı. Sonra yatağımın kenarına diz çöktü, sol elinin yüzük parmağındaki etrafı pırlantalarla çevrili, turkuvaz taşlı yüzüğü çıkardı, bana uzattı.

"Bak, süt verirsen sana bu yüzüğü armağan edeceğim."

"Bana rüşvet vermenize gerek yok," dedim. "Madem bu kadar çok istiyorsunuz ve madem bu kadar değerliymiş anne sütü, seve seve veririm."

Zile bastım, az sonra benimle hep meşgul olan hemşire geldi.

"Bebeğimi emzirmeye karar verdim," dedim.

"Ama mamaya başlamıştınız. Size sütü geriletecek iğne yaptık. Ne olacak şimdi?"

"Bir iğne daha yapamaz mısın sütü geri getirmek için? Ben bilseydim bu sütün değerini, zaten kestirmezdim. Lütfen."

"Doktora danışayım," dedi, çıktı odadan.

"Teşekkür ederim," dedi kayınvalidem.

"Ben de teşekkür ederim uyardığınız için. İnanın hiçbir fikrim yoktu bu konuda."

"Annen bir şey söylememiş miydi?"

"Annem bana hamileyken sıtma geçirmiş. O zaten emzirememiş beni."

"Keşke doğuma yetişebilseydim, o iğneyi yaptırtmazdım," dedi kayınvalidem.

"Merak etmeyin, nasılsa daha birkaç gün buradayız," dedim. "Mete sünnet olacak. O arada ne yapar eder, getirirler sütümü."

"Ne dedin sen?"

"Mete sünnet olacak, dedim."

"O daha yeni doğdu."

"İyi ya, hiç acı hissetmeyecekmiş bu yüzden. Korkmayacak da. Travma yaşamayacak ilerde. Ada'daki bahçede Mete önde, sünnetçi arkada koşuşturmayacaklar. Kimse oğlumu yaka paça yakalayıp kollarını bacaklarını tutarak, bağırta çağırta..."

"Sus! Bayılacağım şimdi. Ama unutma ki, mürüvvetini de göremeyeceksin. Sünnet düğünü yapamayacaksın!"

"Ben öyle mürüvvet görmek istemiyorum."

"Ben istiyorum ama."

Bunu sesli söylemedim fakat, Mete müsaade ederseniz sizin değil benim çocuğum, dedim içimden, siz kendi oğlunuzun tüm mürüvvetlerini gördünüz. Sünnetti, düğün dernekti, kimseyi dinlemediniz, dilediğinizi yaptırdınız. Şimdi sıra bende!

"Bakın efendim, süt konusunda size hak verdim ve sizi dinledim. Ama sünnet konusunda fikrimi asla değiştirmeyeceğim," dedim.

"Ne zaman olacak bu sünnet?"

"Yarın sabah."

Konuşmamızı içeri giren hemşire böldü.

"Dönün bakalım poponuzu," dedi bana elindeki enjektöre ilaç çekerken. "Doktorunuz size bir iğne ve yepyeni bir beslenme yazdı. Birazdan bira mayası, sütlü tatlılar ve yoğurt getireceğim. Kilo alacaksınız, çaresiz."

"Olsun," dedim, "yeter ki sütüm gelsin."

Hemşire gittikten sonra yeni bir pazarlık başladı.

"Lütfen bu yüzüğü alın," dedim kayınvalideme, başucuma bıraktığı yüzüğü geri uzatarak. "Sonra Mete'yi her emzirdiğimde bunu rüşvet için yaptığımın gölgesi düşecek üstümüze. Süt yaramayacak oğluma."

"Kızım, inandın mı bana? Ben bunu sana doğum hediyesi olarak getirmiştim. Süt versen de vermesen de yüzük senin. Ama sünnetten vazgeçersen, işte o zaman fazladan bir hediyeyi hak edersin."

"Sünnetten vazgeçmeyeceğim, efendim," dedim. "Hem biliyor musunuz, biz yedi göbekten rüşvet kabul etmez bir aileyiz." Sonra kayınvalideme babam Su İşleri Müdürü'yken Anadolu'da çalışan bir genç mühendisin tayinini iki küçük çocuğunun hatırına Ankara'ya çıkarmış olduğunu, bu mühendisin karısının bir sabah elinde paket edilmiş bir küçük gümüş tepsiyle evimize geldiğini, annemin babamın buna çok kızacağını söylemesine rağmen, tepsiyi bırakıp gittiğini, babamın eve döndüğünde köpürdüğünü, annemle ertesi günü tepsiyi mühendisin evine geri yollattığını, hatta ısrarcı olurlarsa, tayini geri alacağını bildirdiğini anlattım. Mühendisin eşi Mecla Hanım, iki gün sonra, bu kez elinde iki kahve fincanıyla babamın evde olduğu bir saatte evimize tekrar gelmiş, "Muhittin Bey, sizi asla rüşvetçi yerine koymak istememiştim. Sadece size gönülden teşekkür ettiğimi göstermek istemiştim. Bakın bu iki kahve fincanının faturası burada. İki paralık kahve fincanları ama benim size olan minnetimi ifade ediyorlar. Onları da kabul etmiyorsanız, buyurun başımda kırın," diyerek eğdiği başını babama doğru uzatmıştı. Babam kahve fincanlarını kadını zor durumda bırakmamak için geri çevirmemişti ama annem babama o fincanlarda kahve içiremediydi hiç.

"Kızım," dedi kayınvalidem, "İstanbul'da bazı meslek odalarının başındaki kişiler, babanın geri çevirdiği o hediyeler sayesinde zengin oldular. Bazen bu kadar gururlu olmak insana zarar verir."

"Belki ama ben o babanın kızıyım."

Sesimde öylesine bir tını vardı ki, babamın kızı olmanın verdiği kibirle, sanki dünyanın en zengin insanı bendim. Küçük dağları ben yaratmıştım.

"Bu da yeni moda oldu," dedi kayınvalidem. "Yahudiler gibi, çocukları doğar doğmaz sünnet ettirme!" Ve bana bebeklerini doğumdan hemen sonra sünnet ettirdiğini bildiği beş İstanbullu ailenin daha adını verdi.

"Aklın yolu birdir," dedim kayınvalideme.

"Çocuğu onca eğlenceden ve hediyeden mahrum ediyorsunuz," dedi ama kabullendiğini köşedeki koltuğa oturup somurtmasından anladık.

Ertesi gün kayınvalidem erkenden hastaneye geldi, elinde bir Kuran-ı Kerim, Mete'nin sünnet edildiği küçük ameliyathanenin koridorunda, sünnet bitene kadar dua edip kapıya doğru üfledi durdu. On dakika kadar sonra, hemşire yanımıza gelerek, "Sünnet tamamlandı. Bebeğinizi çocuk koğuşuna aldık, uyuyor, isterseniz gidin bakın," diye haber verdi. Kayınvalidemle koşturduk, bebeklerin uyuduğu odaya girdik. Mavi battaniyenin altında bir bebek avaz avaz ağlıyordu. Her ikimiz de ağlayan bebeğin beşiğinin başucunda durup çırpınmaya başladık.

"Vah yavrum vaah!" diyordu kayınvalidem bana yiyecekmiş gibi bakarak.

Peşimizden gelen hemşire, "Yanlış bebeğin başındasınız hanımlar," dedi. "Sizinki burada, bakın, mışıl mışıl uyuyor."

Beni karar değiştirdiğimden beri neredeyse saat başı süt ağırlıklı gıdalarla besliyorlardı. Ertesi gün, sabah uyandım ki, çarşafım, battaniyem sırılsıklam. Sanki ben uyurken birisi göğsüme ibrik dolusu sıcak su dökmüştü. Doğrulmak istedim, doğrulamadım. Önümde bana ait olmayan iki koskocaman "şey", kalkmama, doğrulmama mani oluyordu. Zile bastım, hemşire geldi.

"Aaa, sütünüz gelmiş," dedi. "Henüz sabah mamasını vermedik, şimdi hemen getiriyorum bebeği."

"Tuvalete gideceğim," dedim. "Kalkamıyorum. Göğüslerim acıyor."

"Bebek emince rahatlarsınız," dedi ve koşa koşa gitti. Yerimden zorlukla kalktım, sızlayan göğüslerimi ellerimle tutarak tuvalete gidip geldim. Mete'yi getirdiler. Bebek göğsümün ucunu ağzıyla arayarak buldu, emmeye başladığında keskin bir acı duydum, kendimi geri çektim ama öyle bir yapışmış ki, kurtulamadım ağzından. Allahtan bir an sonra kendi bıraktı ve çığlık çığlığa ağlamaya başladı. Hemşirenin de yardımıyla tekrar mememi bebeğin ağzına verdik. Bir yudum süt alıyor, yüzünü ekşitip çekiliyor, aglamaya başlıyordu. Birkaç deneyden sonra bebeğin çığlıkları artınca hemşire gidip mama dolu biberonu getirdi. Çocuk hemen atılıp içmeye başladı.

"Biberonun tadına alıştı ya, anne sütünü sevmedi," dedi hemşire.

"Eee, ne yapacağız şimdi?"

"Tekrar tekrar deneyeceğiz. Şimdi biraz doysun, sonra yine deneriz."

Sonra yine denedik. Mete sütümü yine içmek istemedi. Her üç saatte bir, bebeğimi emzirmeye boşuna çalıştım. Onun içmek istemediği süt, göğüslerimi iki kocaman küpe döndürdü. Sırt üstü yattığımda önümde sürekli süt sızdıran ve geceliğimden battaniyeme kadar her yeri ıslatan, iki kocaman dağ yükseliyordu. Korkunç acı veriyorlardı. Doğrulduğumda daha da beter oluyordu halim. "Bir tepsi getirin bana," diye bağırıyordum yatağımdan kalkmak istediğim zaman. Zaten kadınları büyük göğüslü bir aileydik, çocukluğum boyunca anneannemin aşan taşan göğüsleriyle eğlenip durmuştum. Akıtamadığım sütle, benimkiler anneanneminkileri de geçmişti. Acıdan yerimde duramıyordum. Hemşire sütü çekmek için tuhaf bir aletle geldi. Gözümden yaşlar aktı sütü boşaltmaya çalışırken.

Akşamüstü yeniden getirdiler bebeği emzirmem için. Bir kez daha denedik. Kayınvalidem de odadaydı bu kez. Bebek memedeydi, benim üzerimde göğsümü Mete'nin ağzında tutmaya çalışan hemşire, onun üzerine abanmış, vaziyete nezaret eden kayınvalidem vardı. Ter içindeydim. Acı içindeydim. Mete avaz avaz bağırıyor, ben ağlıyordum. İçeri Mehmet girdi, manzarayı gördü.

"Bu sütün tekrar geri gitmesi mümkün mü?" diye sordu hemşireye.

"Zaten çocuk anne sütüne alışmazsa mecburen müdahale edeceğiz," dedi hemşire.

"Hemen kesin o halde. Görmüyor musunuz, karım ıstırap çekiyor."

Kayınvalidem, "Şunun şurasında iki gün oldu. Biraz daha deneseydik. Mama vermezlerse ister istemez içecek..." diyecek oldu.

"Dışarı gel, anne," dedi Mehmet. Kayınvalidem hemşirenin üzerinden doğruldu, dışarı çıktı.

"Boşuna uğraşıyoruz," dedi hemşire. "Bebek şişeye alıştı, mamasını istiyor."

O da dışarı çıktı bebekle. Ben önümde Hüt dağı gibi yükselen göğüslerimle sırtüstü uzandım. Memelerimden süt, gözlerimden yaş akıyordu sürekli. Aynı akşamın gecesinde, geç saatlerde kaskatı oldu göğsüm. Acısı dayanılır gibi değildi. Sıcak su dolu bir büyük tas getirip önüme koydular, memelerimi içine bırakıp yumuşatmaya çalıştılar. Biraz rahatlar gibi oldum. Dalmışım. Birden korkunç bir depremin etkisiyle sallanmaya başladım. Çanlar çalıyor, herkes bir başka tarafa koşuşuyordu, o hengâmede Mete'mi kucağımdan düşürüyordum. Onun da benim de üzerimize basarak koşuyordu insanlar. Çan sesleri giderek yükselince uyandım. Yatağımda yatıyordum, kâbus görmüştüm ama her yanım alev alev yanıyordu. Sabaha karşı hemşire, sütünü vereyim diye bebeğimi getirdiğinde, yüzümü görür görmez, başucumdaki çekmeceden çıkardığı dereceyi dilimin altına soktu. Ateşim kırk bire çıkmıştı. Koşarak gitti ve nöbetçi doktorla geri geldi. Bana bir iğne yaptılar. Ben tekrar uyandığımda, ter içindeydim. Yatağım, çarşafım, yastığım sırılsıklamdı. Kollarımda, bacaklarımda ıslak havlular sarılıydı. Hemşire başucumda oturuyor, düşmemesi için alnımdaki ıslak bezi eliyle tutuyordu. Gözlerimi açtığımı görünce, "Ateşinizi düşürmeyi başardık," dedi. "Ama korkuttunuz bizi. Bir iğne daha yaptık sütü kesmek için. Biraz sarsılacaksınız ama birkaç güne kadar normale döner her şey. Süt çekilir göğsünüzden. Bir daha fikir değiştirmek yok, ona göre!"

Hastaneden eve, yanımızda İrlandalı, dünya tatlısı bir hemşireyle çıktık. Hem tam eve çıkacakken ateşlenip zayıf düştüğüm, hem de sünnetli bebeğe pansuman gerekeceği için kayınvalidem böyle uygun görmüş, Maureen'i hastanede soruşturarak bulmuştu. Evin bodrum katındaki, boyası ve dekorasyonu yeni bitmiş, kiracı bekleyen daireyi de Maureen'le anlaştığı gün hemen kiralamıştı. Bebek ve bakıcısı o küçük stüdyo katında birlikte kalacaklardı. Kayınvalidemin hayatımızda bu kadar çok söz sahibi olmasına biraz içerliyordum ama her şeyi gerçekten bizim iyiliğimiz için yaptığının da farkındaydım. Maureen'in bizimle kaldığı üç hafta boyunca bebek de aşağı katta onunla birlikte kaldı, ben bol bol uyudum, toparlandım. Maureen evden ayrılınca, onun yattığı odaya, torununu görmeye gelen annem yerleşti. Kısacası, o katı da kiralamakla isabet etmişti kayınvalidem ama pek isabetli olmayan ve beni inciten davranışları da yok değildi. Mesela, Mete'yi eve getirişimizin haftasında çok kırılmıştım ona. Maureen hafta sonu iznine çıkmıştı. Mete cuma akşamından itibaren, pazar sabahına kadar, geceleri her yarım saatte bir uyanıp ağlamıştı. Mehmet uyanmasın diye bebekle birlikte oturma odasına inmiştim. Onu kanepenin üzerinde kollarımda sallarken uyuyakalmışım. Mızıldanmasıyla gözlerimi açtım ki, her tarafım soğuktan uyuşmuş. Kalorifer otomatik olarak gece onda sönüyor, sabah yedide tekrar çalışmaya başlıyordu. Yatağın içinde uyurken pek hissetmiyorduk soğuğu. Ama bir kanepenin rahatsız zemininde, üzerimde hiçbir şey olmadan uyuyakalınca ellerim, ayaklarım donmuş. Doğrulmuş, kendime gelmeye çalışmıştım. Bebek avaz avaz ağlamaya başlamıştı. Onu kollarımdan kanepeye aktarıp yukarı kata fırlamıştım. Başucumdaki saat, altıyı gösteriyordu, Mehmet derin bir uykudaydı, Mete açlıktan ölmek üzereydi. Işığı yakmadan karanlıkta çorap çekmecesini çekmiş, içinden el yordamıyla bir çift çorap alıp ayaklarıma geçirmiş, üzerime bir yün hırka giymiş, bir koşu aşağıya inmiştim. Bebeğimin mamasını hazırlamış, içirmiştim ama kusmuştu. Su ısıtmış, bir kat yukarıdaki banyoya birkaç kez inip çıkarak, küvetin içine yeteri kadar su doldurmuş, bebeğimi yıkamış, giydirmiştim. Kustuğu için bir kere daha mama hazırlayıp içirmiştim. On beş dakika bebek kollarımda, ayakta gezinerek sırtını ovalaya ovalaya gazını çıkarmaya çalışmıştım. Bu kez altını doldurmuştu. Yine yukarı çıkıp altını yıkamış, en aşağı inip bezini değiştirmiştim. Oturma odasına indirdiğim beşiğine yatırmıştım. Susmadan, çığlık çığlığa ağladığı için yeniden kollarıma alıp uzun süre küçücük odada dolap beygiri gibi gidip gelmiştim. Dalar gibi olmuştu. Korkumdan beşiğine bırakamamış, onu hep kollarımda tutarak, mutfağa kahvaltı sofrasını hazırlamıştım, çünkü kayınvalidem bana yardımcı olmak üzere sabah çok erken geleceğini söylemişti, hiç gerek yok, ben idare ediyorum, siz zahmet etmeyin diye yalvarmalarımı göz ardı ederek. Kayınpederimi yalnız bırakmayacağına göre, ikisi birlikte saat sekizde bende olacaklardı.

"Sen de bebeği bize bırakır, biraz uyursun kızım," demişti. Gerçekten de uyku gözümde tütüyordu. Üç günden beri gece uykusu nedir unutmuştum. Çayı koyarken kapı çalmıştı. Mete kollarımda aşağıya inip kapıyı açmıştım. Gelmişlerdi. Mis gibi kokan, fırından yeni çıkma çörekler getirmişlerdi. Çörekleri tabağa yerleştirirken, "Haydi Mehmet, kalk artık, annenler geldi," diye yukarı seslenmiştim. Birazdan Mehmet paldır küldür aşağı inmiş, bana bakıp, "Sen daha giyinmedin mi?" diye sormuştu.

"Seni uyandırmak istemedim. Mete'yi de bırakamadım elimden, kucağımdan indirince ağlıyordu," demiştim. "Şimdi gidip giyineceğim."

"Benim çoraplarımı giymişsin."

"Ayaklarım çok üşüdü sabaha karşı."

"İyi de, çorapların biri siyah diğeri lacivert," dedi. Baktım ayaklarıma, gerçekten de öyleymiş. Gülmeye başlamıştım.

"Karanlıkta aldım çorapları ama sen çekmeceni daha düzenli tutsan, her ikisi de aynı renk olurdu."

Mete'yi kayınvalidemin kollarına aktarmak için döndüğümde, iki çift gözün bana hiç de dostane olmayan bakışlarla baktığını görüp ürpermiştim. Kocamın gözleri, balıkgözü gibiydi. Daha önce niye hiç fark etmemişim gözlerinin zaman zaman balıkgözünü andırdığını! Kayınpederimin elaya çalan açık renk gözlerindeyse, beni henüz bilmediğim tehlikelere karşı korumak isteyen ama bunu başaramayacağını bilen, çaresizlik ifadesi vardı. Kayınvalidemin öfke mi, nefret mi, küçümseme mi, tam adlandıramadığım gizli duygularının izi, gözlerinde miydi yoksa merdivenlerde kulağımın arkasında çınlayan sesinde mi?

"Kızım, kendine özen göstermelisin! Böyle olmaz! Genç ve yakışıklı erkekleri elde tutmak..." Gerisini duyamadım. Odaya ondan önce girmiş, "Giyineceğim efendim, müsaade ederseniz," diyerek kapıyı usulca kapatmıştım. Aslında kapıyı, hayalimde hızla, hoyratça çarpmıştım yüzüne. Beni hiç anlamadığına on beş yaşındayken kesin karar verdiğim annem burada olsaydı şimdi, yine beni ifrit ederek, Mehmet'e duyurmadan tıslıyor olurdu kendi kendine: "Aman uyanmasın Mehmet Bey! O uyanmasın diye, benim kızım donacak aşağı katta, sonra da karanlıkta ayağına geçiriverdiği çorabın hesabını verecek haspaya!"

Ne yalan söyleyeyim, annemin gerçek ve taşkın sevgisini çok özlemiştim! Yatağın üzerine oturup sessizce ağladım.

Annemi karşılamaya havaalanına Mehmet tek başına gitti. Ben evde bebeğimle kaldım. Ona en şık tulumunu giydirdim, altın saçlarını geriye doğru taradım. O akşam uslu durması için dualar ettim ve ikimiz pencerenin önünde annemin gelişini beklemeye başladık. Kapının önünde duran taksiyi görünce Mete'yi bir yastığın üzerine itinayla yatırıp aşağı koştum. Annemle sarıldık. Anneme daha önce hiç böylesine derin bir hasretle, sevgiyle sarılmamıştım. El ele yukarı çıktık.

"Şimdi sana bu dünyaya doğmuş en müthiş bebeği göstereceğim anne," dedim ve oturma odasının kapısını ardına kadar açtım. "Da da da dannn! İşte dünyanın en güzel bebeği!"

Annem Mete'ye koştu, onu yastığıyla birlikte kucakladı, boynunu öptü ve bana döndü. "Dünyanın en güzel bebeği sendin!"

Kalakaldım. İçimden önce anneme kızmak geçti ama çabuk toparlandım. Annelik demek ki buydu işte, kendi çocuğunu mevcutların en iyisi, en güzeli zannetmekti!

Annem Londra'ya endişeli gelmişti. Ankara'dan ayrılmadan önce, ihtilal dedikodularının yine ayyuka çıktığını söylüyor, babamı merak ediyordu. Türkiye'nin iki ana partisi, yürütebildikleri bir koalisyonla iktidardayken ve Cumhurbaşkanı da, 27 Mayıs Darbesi'nin başındaki Cemal Gürsel'se, neyin darbesiydi ki bu?

Haberleri birkaç gün sonra İngiliz gazetelerinden almakta gecikmedik. 22 Şubat'ta, Ankara'da Harp Okulu Komutanı Albay Talat Aydemir ve arkadaşları, hükümet darbesine teşebbüs etmişler, olay bastırılmış ve ayaklanmaya katılan subaylar emekliye sevk edilmişlerdi. Haberi okur okumaz, hemen Ankara'ya telefon açtık. Sabah onda istediğimiz telefon ancak gece saat on birde bağlanabildi.

"Muhittinciğim, Ankara'dan ayrılmaya gelmiyor, yine ihtilal yapmışsınız orada," dedi annem gülerek. Babam telefonun öbür ucunda pek gülmüyordu.

"Bu işin çivisi çıktı Sitare. Kafası kızan, hükümete eleştirisi olan her subay darbeye kalkışırsa, ne olur bu memleketin hali?" diyordu babam. O da değişmişti. Bir ihtilal, hepimizi darbelerin tekin işler olmadıkları konusunda eğitmişti. İdamların gölgesi her attığımız adımda kendi gölgemizin üstüne düşüyordu sanki. Sokaklarda elimde bayrakla koşuşan ben dahil, hepimiz darbe konusunda terbiye olduğumuzu zannediyorduk o sırada. Olmamış olduğumuzu ileriki yıllarda görecektik milletçe.

Annemin Londra'da bulunduğu günlerde, Ankara'dan arkadaşı ünlü soprano Leyla Gencer ve ayrıca Kavaklıdere şaraplarının sahibi Cenap And Bey de Londra'daydılar. Bir gece annemi ve Leyla Gencer'i Cenap Bey, Savoy Oteli'ne yemeğe davet etti. Mehmet annemi otele kadar götürmek istedi ama annem kabul etmedi, taksi çağırdık, giyindi, süslendi gitti. Akşam on iki sularında, Mete'nin gece sütünü vermek için ayaktaydım. Kapıda anahtar sesini duyunca aşağıya indim.

"Nasıl geçti gecen, anneciğim?" diye sordum.

"Aman hiç sorma," dedi annem. "Rezil oldum, rezil!"

"Yaa! Ne oldu?"

"Leyla'nın sesi tarazlanmış, bir gün sonra konseri vardı ya, tedaviye almış kendini, o gelmedi. Biz Cenap Bey'le baş başa kaldık. Yemeğimizi, şarabımızı ısmarladık, birkaç kadehten sonra Cenap Bey başladı anlatmaya. Oğlu Metin'le çok sorunları varmış. Karısını da biliyorsun yeni kaybetti trafik kazasında, zaten acılı adamcağız, başına gelenleri anlatırken başlamaz mı iki gözü iki çeşme ağlamaya. Ne yapacağımı şaşırdım. Yapmayın Cenap Bey, herkes bize bakıyor, dedim ama hiç oralı olmadı. Ha anlatır, ha ağlar. Etrafımızdaki masalar hep dolu, belli etmeden gözucuyla bakıyorum kimler farkında diye. Zannedecekler ki, ihtiyar adama naz yapıyorum ya da âşık kavgası yapıyoruz. Nereden bilecekler oğlu için gözyaşı döktüğünü. Rezil oldum, rezil!"

"Anne, bu yüzden mi rezil oldun?"

"Elbette! Ya tanıdık biri olaydı?"

"Tanıdık biri, Cenap Bey'in neden ağladığını bilirdi. Tanımadıklarından da sana ne?"

"Ben insanlar şey zannetsin istemem," dedi annem. Bu "şey zannetme" uğruna yaptığımız onca kavgayı hatırladım. Demek sadece bana karşı değildi tutumu, bir akşam yemeğini kendine de zehir etmeyi başarıyordu annem. O an, Ankara'da onun yanında oturmaya yanaşmayıp evlenmekle ne kadar isabet ettiğimi düşündüm. Ne tuhaf, aslında son derece komik, neşeli, yerinde duramayan, gezmeye tozmaya düşkün, insana ağırlık vermeyen, eğlenceli bir insandı. Üstelik çok da güzeldi. Yıllar sonra Güneri Civaoğlu, Karanfil Sokak'ın delikanlılarının, annem ince uzun topuklarının üzerinde bir ceylan gibi sekerek ve kumral saçlarını savurarak Eminelere her gittiğinde nasıl duvarın üzerine sıralanıp onu hayranlıkla seyrettiklerini anlatmıştı bana. Onun neşesine ve görüntüsüne çok ters düşen bu tutuculuğu nerden kaynaklanırdı, hiç bilemedim.

Annem, doğumun üzerinden kırk gün geçmiş olmasına rağmen, beni hâlâ loğusa zannediyor, ev işi yapmama karşı çıkıyordu. Alışverişi, yemek pişirmeyi, bulaşığı (bulaşık makinesi erişilmez bir lükstü 1962 İngilteresinde) ve bebeğe gece bakmayı annem üstlendiğine göre, ben de derslerime dönerim demiştim ama annemle yeni kavgalara sebebiyet vermemek için o varken üniversite lafını hiç ağzıma almadım, üniversiteye hiç uğramadım. Sabahları Mete'yi alıp Hyde Park'a yürüyorduk. Eve dönerken akşam yemeği için alışveriş ediyorduk. Öğleden sonraları, annem biraz dolaşmaya çıkıyor, bana ve Mete'ye aldığı armağanlarla geri dönüyordu. Yemekten sonra Mehmet televizyon seyrederken biz mutfakta ya da Mete'nin yattığı katta oturup laflıyorduk. İlk haftayı böyle geçirdik.

Bu arada Mehmet çarşamba günlerini içki gecesi ilan etmişti. Çeyrek boy bir viski ile geliyor, televizyon seyrederken viskisini içiyor, şişeyi bitirmeden yatmıyordu.

"Bu da nesi böyle, ilaç içer gibi bir mecburiyeti mi var her çarşamba viski şişesini bitirmenin?" demişti bana annem.

"Karışma anne, çarşamba akşamları maç seyrederken içiyor işte," demiştim. "Kimseye bir zararı yok ki!"

"Kızım, kendine zararı var! Hani bir eğlenceye gidersiniz, dansa, düğüne, derneğe gidersiniz, anlarım. Evde oturup tek başına içilir mi? Sen de onunla içmiyorsun, değil mi?"

"Uzatma anne," demiştim. Viskinin tahtakurusu tadından nefret ettiğimi söylememiştim, yine karıştığı için kızdığım anneme.

Çarşamba günü, Mehmet her zamanki gibi küçük viskisiyle geldi, yemekten sonra şişesini, suyunu ve bardağını bir tepside yanına alıp televizyonun karşısına çöktü. Biz annemle mutfakta oturduk bir süre. "Oğlan uyanır yakında, aşağı inelim," dedi annem.

"Ağlarsa duyarız sesini, kapıları açık bıraktım anne," dedim.

"Yok yok, içim rahat değil. Aşağıda oturalım."

Kalktık, "Sen in, ben geliyorum," dedim. Mutfaktaki çöp bidonu tepeleme dolmuştu. Genellikle Mehmet indirirdi çöpü kapının dışına ama o sırada maç seyrediyordu, keyfini bozmak istemedim. Bidondan çıkardığım plastik torbayı yüklendim, annemin arkasından merdivenlerden inerken nasıl olduysa ayağım kaydı, ben yuvarlandım, torba elimden fırladı, çöpler üstüme ve yerlere döküldü. Annem merdivenin son basamağındaydı, gürültüye döndü ve manzarayı gördü. Beni kaldırmaya yukarı koşarken, "Bu senin işin mi?" diye bağırdı. "Çöp dökmek, senin işin mi kazık kadar kocan dururken!"

Aynı anda Mehmet, merdivenlerin başında bitti.

"Hep ben döküyorum çöpü. Bir kere de o dökse, eline mi yapışır?" Suratı allak bullak, gözleri kan çanağı gibiydi.

"Sen git maçını seyret, biz hallederiz," dedim.

"Gideyim de annen beni çekiştirmeye devam mı etsin?" dedi Mehmet. "Zaten beni başından beri hiç sevmediniz. Ayşe'yi bucak bucak kaçırdınız benden. Şimdi de bana karşı dolduruyorsunuz," diye ekledi anneme bakarak.

"Sus!" dedim.

"Yalan mı?"

"Suuus!" diye bağırdım bu kez.

"Kızım, üstüne varma, içki şişede durduğu gibi durmaz," dedi annem. Merdivenlerin sonundaki kapıdan çıktı, yavaşça kapattı kapıyı, aşağıdaki kata inen ayak seslerini duydum.

"Annemi kırdın! Seni asla affetmeyeceğim!"

"Ama o da seni bana karşı dolduruyor."

"Saçmalama. Git annemden özür dile."

"Asla."

"O zaman evi terk ediyorum."

Yatak odasına fırladım, elime geçen eşyayı dolabın tepesinden indirdiğim valize tıkıştırmaya başladım. Mete'nin varlığını tamamen unutmuştum. Deli gibi her çekmeceyi önce yere boşaltıyor, sonra valize dolduruyordum. Bir ara yatak odasının kapısında annemle Mehmet'i gördüm. Ne zaman gelmişlerdi oraya?

"Ne yapıyorsun, sen deli misin?" dedi annem.

"Gidiyorum."

"Nereye?"

"Bir otele."

"Mete?"

Duraladım.

"Mete'yi de alacağım elbette." Ağlamaya başladım. Annem valizi geri boşaltırken Mehmet kapının yanında süklüm püklüm dikiliyordu.

"Mehmet, özür dileyecek bir şey yok ama benden özür diledi," dedi annem. "Sen de saçmalama artık. Bir yanlış anlaşma oldu. Her ailede olur. Haydi oğlum, sen televizyonuna in, biz bunları yerli yerine yerleştirelim kızımla, haydi..."

Mehmet çıkınca, annem, "Öldüreceğim seni," dedi bana. "Beni yuva yıkan kaynana yapacaktın az daha. Deli misin sen nesin?"

"Sen de mecbur muydun çöpü döküyorum diye mesele çıkarmaya?"

"Ne bileyim bizi dinlediğini. Bana hayatta çöp döktürmedi baban, ağır taşıtmadı. Bu neslin erkeklerinden baban gibi düşünceli koca beklemenin hata olduğunu ben de yeni öğreniyorum işte."

Mete'nin sesi yükseldi en aşağı kattan.

"Git bebeğini besle," dedi annem. "Ben bunları yerleştiririm."

Orta kattaki kocamın yüzüne bakmadan aşağı kata indim. Mete'yi beslerken biraz utandım yaptığımdan. Ama kocamın anneme yaptığı terbiyesizlik bağışlanır gibi değildi. Mete'nin sütünü içirip altını değiştirdikten sonra, ayaklarım geri geri giderek yukarı çıkınca indi annem aşağıya. Herhalde Mehmet onu çekiştirdiğimizi zannetmesin diye yanıma gelmemişti. Hiç konuşmadan soyundum, yatağa girip kendi köşeme büzüldüm kocama arkamı dönerek.

"Annene hakaret etmek istememiştim," dedi Mehmet.

"Biliyorum," dedim.

Ertesi gün annem öğleden sonra biraz dolaşmaya çıktı. Eve beşe doğru döndü. Akşam yemeğimizi yedikten sonra, sofradan kalkmadan, "Çocuklar," dedi, "sizden bir ricam var, ben aşağı katta biraz rahatsız oldum. Geceleri kitap okumak istiyorum, bebek uyanır diye lambayı açamıyorum. Yatağında kıpırdasa, hemen gözlerim açılıyor, çünkü hep kuş uykusundayım. Yani uykusuzum kaç gecedir. Yoruldum biraz. Bu nedenle hemen şuracıkta, size iki adım ötede, Cumberland Oteli'nde bir oda tuttum kendime, son haftamı otelde geçireceğim. Yine her sabah gelirim ama gece otelime dönerim. Mehmet oğlum, benim valizi arabanla atıverirsin otele değil mi?"

"Mete'nin yatağını yukarı alırız," dedi Mehmet. "O zaman rahat uyursunuz. Zaten siz gidince Mete yanımıza gelecekti."

Annemin söylediği bahanelerin doğru olmadığını biliyordum. Dün geceden sonra, taş çatlasa artık bizimle kalmayacağını da.

"Israr etme," dedim kocama. "Annem kafasına bir şeyi koydu mu, vazgeçmez. Kim bilir, belki bir kısmeti çıkar otelde."

"Böyle şakaları sevmem," dedi annem.

"Tamam anne, tamam," dedim. "Dalga geçiyorum işte."

Annem ilk gecesini otelde hadisesiz geçirdi. Ertesi gün, Mehmet okula gittikten sonra geldi, Mete'yle ilgilendi, yemek yaptı, sonra beş çayını içmek için Mete'yi de yanımıza alıp annemin otelindeki lobiye gittik. O yıllarda otellerin lobilerinde beş çayı servis edilirdi. O kadar çok pasta yedik ki, annem akşam yemek yiyemeyeceğini söyleyerek benimle eve gelmedi, otelde kaldı. Ertesi sabah Mehmet evden çıkar çıkmaz telefon çaldı, açtım, annemdi. Heyecanlıydı sesi, "Dün gece ne oldu biliyor musun?" dedi.

"Ne oldu? Sinemaya mı gittin?"

"Keşke gitseydim. Bir adam bana, düşünsene kızım bu yaşımda utanmadan bana, ahlaksız teklifte bulundu."

Tam da adamını bulmuştu, kimse o, kahkahalarla gülmeye başladım.

"Ben sana kısmetin çıkar dememiş miydim? Allah söyletmiş, meğer!"

"Sus, sus! Bu gece yemeği sizinle yiyeceğim. Sonra beni otele getirir, odama sokar, dönersiniz evinize."

"Ne oldu, anlatsana anne?" dedim.

"Dün sen gittin, ben biraz daha lobide oturup dergilere baktım. Sonra tam toparlandım odama çıkmak için, bir adam karşımdaki koltuğa oturdu, kibarca selam verdi. Siz de bu otelde mi kalıyorsunuz diye sordu. Evet, torunum doğdu, onu görmeye geldim, dedim iftiharla. Ben Manchester'dan üç günlüğüne iş için geldim, müsaade ederseniz sizi akşam yemeğine davet edebilir miyim demez mi! Edemezsiniz efendim, ben evli barklı, torun sahibi bir insanım, dedim. Fark etmez, dedi. Size etmeyebilir ama bana eder çünkü ben Türk'üm, dedim, tanımadığım insanlarla yemek yeme âdetim yoktur. Hemen kalktım, asansöre yürüdüm. Arkama bakmadığım için peşimden geldiğini görmedim. Asansöre bindim, bir de ne göreyim, o da asansörün içinde. Ben katıma bastım, benimle aynı katta indi. Yürüyorum, peşimden geliyor. Yüreğim küt küt atıyor. Durdum. Geri döndüm. Sırıtarak yüzüme bakıyor, terbiyesiz. Nereye gidiyorsunuz diye sordum. Sizin odanıza geliyorum, çok iyi vakit geçirebiliriz, kimseler görmez, bilmez, merak etmeyin, demez mi! Kan beynime sıçradı. Gerisin geriye döndüm, asansöre binmeye cesaret edemedim, merdivenlerden koşarak aşağıya indim, doğru resepsiyona gittim. Bir ara size gelmeyi de düşündüm ama Mehmet katiyen bu rezaleti duysun istemem. Resepsiyondaki adama, benim bazı korkularım var, odama kadar biri bana refakat etsin lütfen, dedim. Tuhaf tuhaf baktılar ama yanıma bir komi verdiler. Herif asansörün önünde durmuş, bana bakıyor. Yanından geçerken, beni bir daha rahatsız ederseniz, bu kez doğrudan polisi arayacağım, dedim. Komi beni odama soktu, kapıyı sıkıca kilitledim, televizyonu açtım, saat üçe kadar gözüme uyku girmedi, bir ara dalmışım. Mehmet çıktı değil mi? Onun çıkış saatini bekledim aramak için."

"İlahi anne, Mehmet duysa ne olur ki?"

"İstemem rezil olmak."

"Bak, senin yerinde anneannem olsaydı, iftiharla anlatırdı bu yaşta bile onu güzel bulanlar çıkıyor diye. Âlemsin vallahi."

"Ben anneannen değilim. Hoşlanmam böyle şeylerden," dedi annem.

"Sakınan göze çöp batar anne," dedim Cenap Bey'le olan macerasını da hatırlayarak. "Sen kahvaltını etmedinse hemen geliyorum, birlikte ederiz, Manchester'lı da hâlâ oradaysa, gösterirsin bana, onu bir güzel döverim anneme asıldığı için."

"Bu İngilizler sapık," dedi annem. "Benim yaşımda bir kadına sarkabildiklerine göre, haza sapık bu adamlar." Annem bunu bana söylerken henüz kırk üç yaşındaydı. Telefonu kapattım, Mete'yi hazırlayıp arabasına koyarak bir koşu otele gittim. Annem olanları bana bir kez daha naklederken yeniyetmeler gibi kızarıyordu. Tedirgin geçirdiği birkaç günün sonunda, annem cebinde kalan bütün parasını bana bırakıp Ankara'ya geri döndü kendine Marks & Spencer'dan bir çamaşır olsun almadan.

Annem otele çıktığından beri geceleri annemle yatan Mete, yatak odamıza gelmişti. Gündüzleri Mehmet de evde olmadığı için yirmi dört saatimin tümü Mete'yle baş başa geçmeye başladı. Sabahları hayatım kolaydı. Mete'yi hava yağmurlu değilse arabasına koyup çok yakınımızdaki Hyde Park'a götürüyordum. Kocaman çınar ağaçlarının altına serdiğim battaniyeye yatırıyordum oğlumu yaprakların kımıltısını seyretmesi için. O, tepesinde dalgalanan yapraklara bakarken ben de onu seyrediyordum. Allahım ne güzel bir çocuk doğurmuştum ben! Altın sarısı saçları kulaklarının yanlarında kıvrılmaya başlamıştı. Gözlerinin mavisi, babamınkilerden değişikti, sağ gözünün içinde yeşil hatta sarı noktalar keşfetmiştim. Göz rengi, üzerine giydirdiklerimin rengiyle daha maviye ya da daha yeşile çalabiliyordu. Beyaz tenli, pembe yanaklıydı. Reklamlara çıkan bebeklerin hepsinden daha güzeldi benim oğlum. Onu seyretmekten hiç bıkmıyordum. Parkta etrafıma bakıyor, daha güzel bir çocuk göremiyordum. Hyde Park gezilerimizde bir de ünlümüz vardı, *Lawrence of Arabia* filminde Lawrence'i oynayan Peter O'Tool, eşi ve iki üç yaşlarındaki gözlüklü küçük kızı, yakınlarda bir ağacın altına yerleşmiş oluyordu. Demek ki o da Marble Arch civarında bir evde otuyordu. Uzaktan selamlaşıyorduk. Türkleri aşağılayan bir yorumla çekilmiş olan filmden dolayı bir türlü yanlarına gidip sohbet edememiştim, ağzımdan ters bir laf kaçar diye.

Gündüzleri Mete uyurken ben de ders çalışıyordum. Uyuyamadıysa, arabasında hemen daldığı için onu parka götürüyordum ama geceleri dünya güzeli bebeğimle nasıl başa çıkacağımı bilemiyordum. Her gece yarısı ağlamaya başlıyordu. Ne yapsam susmuyordu. Mehmet'i uyandırmaması için aşağı kattaki oturma odasına iniyorduk. Süt veriyordum, altını değiştiriyordum, kollarımda sallıyordum, sonunda ben de ağlamaya başlıyordum. Ana oğul karşılıklı avaz avaz ağlıyorduk bir süre. Sonra haykırışların arasında emdiği birkaç yudum sütle yetinip sabaha karşı derin bir uykuya dalıyordu kollarımda. Uyanmasından korktuğum için hiç kımıldamadan hep aynı pozisyonda kalarak ben de onunla birlikte uyuyordum. Ancak o uyanınca uyanıyordum ben de ama her tarafım tutulmuş olarak. Bu arada kulağım iki değişik sese karşı fazlasıyla hassaslaşmıştı. Mete'nin değil ağlamasını, çıkartabileceği en ufak mırıltıyı dahi en derin uykumda duyabiliyordum (annelik böyle bir şeydi işte), bir de günde iki kez belli saatlerde kapımızın önüne mektup bırakan postacının ayak sesini.

Bu arada, Türkiye'de olup bitenleri ancak annemle babamdan gelen mektuplardan takip edebiliyordum. Şişli'deki Atatürk Müzesi'nde yangın çıkmıştı mesela. Annem anneannemi İstanbul'a ziyarete gittiğinde, yeni açılan Küçük Sahne adlı tiyatroda Gülriz Sururi ve Engin Cezzar'ın bir oyununu seyretmiş, hayran kalmıştı.

Annem aile içi dedikoduları da ihmal etmiyordu. Anneannem hangi gazetede okuduysa, Küçükçekmece'de kurulan atom reaktörünün hizmete girmesinden dolayı telaşa düşmüştü.

"Yine her zamanki gibi, sızlanmak için bir bahane buldu anneannen. Ya reaktörde bir kaza olursa ne yaparmışız? Hepimiz kansere duçar olurmuşuz maazallah! Düşünsene Ayşeciğim, böyle bir senaryo yazmış, kendine dert ediyor günlerdir. Bunuyor mu diye endişeleniyorum," diye yazmıştı bir keresinde.

Ben üniversitedeki derslerime ancak annemin gidişinden birkaç hafta sonra, Miss Linne adında bir İsveçli kadını Mete'ye bakmak üzere tutmamızdan sonra dönebildim. Mete'nin gece uykuları bir düzene girmeye başlamış, zamansız uyanmaları dört beş saatte bire inmişti. Sabah ben okula giderken genellikle o uykuda oluyordu. Dersler biter bitmez, dörtnala eve koşuyordum oğlumu kucaklamaya. Ama kucaklayabilene aşk olsun! Miss Linne'nin beni bebeğimden uzak tutmak için mutlaka bir bahanesi oluyordu. Kadın elli yaş civarında, sadece sevimsiz değil, Mehmet'le benim tepemizden bakan boyuyla, otoriter ve sert bir insandı. Ondan her ikimizin de ödü patlıyordu. Mehmet'e sigara içtiği için, bana da okulda kim bilir hangi mikroplara bulaşmış olabileceğim için Mete'ye yaklaşmamızı yasaklıyordu örneğin. Önceleri her dediğine boyun eğdik. Ben her gece rüyamda Mete'yi doyasıya öpüp kokladığımı, ellerimle yemeğini yedirdiğimi, kollarımda uyuttuğumu görmeye başladım. Bir süre aynı evin içinde bebeğimize hasret yaşadıktan sonra ikimiz de isyan noktasına geldik ve kadına ay sonunda işi bırakmasını söylemeye karar verdik. Bir aylık fazla maaşını hazır ettik, her türlü azara hatta hakarete göğüs germeye razı olduk ama beni birden korku sardı. Ya hiç evlenmemiş ve Mete'ye fazla düşkün olan bu yarı çatlak kadın, oğlumuzu kaçırmaya kalkışırsa? Acaba bu cadıya, yaza kadar bekleyip İstanbul'a tatile giderken mi yol verseydik? Bir iki haftayı daha böyle endişelerle geçirdikten sonra evde hayat yaşanmaz hale geldi. Miss Linne, sadece Mehmet'e değil, eve gelen arkadaşlarımızın sigaralarına da karışmaya başlamıştı.

Bir sabah erkenden Mehmet kadının odasının kapısını çaldı ve önemli bir şey konuşmak üzere yukarı gelmesini söyledi. Kadın bir kat yukarı, oturma odasına çıkınca ben hemen aşağıya inip Mete'yi kaptım ve en üst kattaki yatak odamıza götürdüm, kapıyı kilitledim, heyecandan titreyerek beklemeye başladım. Kadın az sonra bavulunu toplayıp çıkarken aşağıda uyuması gereken çocuğun nerede olduğunu dahi sormadı. Kapıyı gümm diye vurup gitti. Çocuğumuzu kaçıracağı vehmimize epey güldük Mehmet'le.

İsveçli dadının yerine, çocuğumuzla aramıza set çekmeyen, yaşlı, tonton bir başka "nanny" bulduk. Ben hem üniversitede derslere devam ediyor, hem evin alışverişini yapıp yemek pişiriyor, bulaşık yıkıyordum. Sonra sabah bulantılarım başladı, bulantıların yüzünden derslere gidemez oldum. Önceleri bulantıların sebebini fazla yorulmama verdik ama mesele çabuk anlaşıldı. Hiç hesapta olmayan bir ikinci hamilelikle daha karşı karşıya kalmıştım! Mete üç ayını doldurmamıştı henüz!

Londra'da Zaman

Londra bir yılın içinde "benim şehrim" olmuştu. Değişken havasından uçsuz bucaksız parklarına, geniş ferah caddelerine, karanlık, kasvetli mahallelerine, insanlarının mesafeli, sakin terbiyesine, alt sınıfların içten sevecenliklerine, hele de Hyde Park'taki Speaker's Corner'da her pazar insanların bir tabureye çıkıp gönüllerince konuşmalarına, komünizmden tutun, ateizme kadar her fikri serbestçe tartışabilmelerine bayılıyordum. Oxford aksanından, Queeen's English'ten, Cockney'den Manchester aksanına kadar, çeşitli ağızlarına da. Televizyon programlarına da hayrandım, üniversitenin bin bir kültürü kucaklayan hoşgörüsüne de. Eğer bir gün kendi ülkemden başka bir ülkeyi mesken tutmak zorunda kalırsam, biliyordum ki ben ancak İngiltere'de barınabilirim. Londra'ya ve İngilizlere karşı böylesine güzel duygular beslerken pek çok da arkadaş edinmiştim sağda solda.

Üniversitede dördü erkek, biri kız olmak üzere beş kişilik bir grubum vardı. Onlar bana derslerde yer tutuyorlar, aldıkları notları veriyorlar, kaçırdığım derslerin özetini anlatıyorlardı. Üniversitenin içinde onlarla takılıyordum. Bir keresinde eve çağırmak istemiştim ama iyi netice vermemişti. Mehmet'in evimize davet ettiği Çinlisi de iyi netice vermemişti. Onu yemeğe çağırdığımız akşam sıkıntıdan patlamış, bundan böyle okul arkadaşlarını okul sınırları içinde tutma kararı almıştık. Mehmet benim arkadaşlarımı merak etmedi. Evimize gelen Çinli ve Paskalya tatilinde, Portekiz'e gittiğimizde bizi ağırlayan Portekizli öğrenci hariç, ben de diğer arkadaşlarını hiç tanımadım Mehmet'in. Portekizli genç çocuk sayesindeyse, o güne kadar pek ilgimi çekmemiş Salazar rejiminin yakın plan resmini çekebilecektim tüylerim ürpererek. Elbette, Portekiz'de bir diktatörün yıllardır hüküm sürmekte olduğunu biliyordum ama bir diktatörün ülkesinde insanlar ne büyük acılar çeker, nasıl çaresiz kalır, işte onu tam olarak bilemiyordum.

Denizinin koyu mavisi, daracık yokuşları, tramvaylarıyla bana İstanbul'u çağrıştıran Lizbon'da, şimdi adını hatırlayamadığım Portekizli oğlanın evine bir akşam yemeğine davet edilmiştik. Sofrada annesi, babası ve kız kardeşleri vardı. Gece boyunca Salazar rejiminin kötülükleri dışında başka hiçbir şey konuşulmadı. Çaresizlik ve nefret, ailenin tüm fertlerinin yüzüne, sesine, vücut dillerine sinmişti. Birkaç şişe şaraptan sonra baba, "Ülkenize dönünce herkese çektiklerimizi anlatın. Bilmeyenlere, duymayanlara anlatın halimizi, ibret alsınlar," demiş ve ağlamaya başlamıştı. Mehmet'le ne yapacağımızı şaşırmıştık. Otelimize dönerken takside, darbeyle indirdiğimiz Menderes'in en sevilmediği günlerde bile hiç bu kadar şiddetli ve toplu bir nefrete maruz kalmadığını düşünmüştüm.

"Acaba biz de tehlikenin ucundan mı döndük?" diye sordum Mehmet'e.

"Nasıl yani?" dedi.

"27 Mayıs darbesi olmasaydı, Menderes bir Salazar kesilir miydi başımıza? Ne dersin?"

Bu tür konular kocamın ilgi alanı dışında kalıyordu.

"Bizimkinin kız kardeşi beş altı kilo verse, bayağı güzel bir kız olur. Niye onu bir rejime sokmuyorlar acaba?" dedi Mehmet.

"Anneannem der ki, bir gram et bin ayıp örtermiş," dedim. "Belki o yüzdendir."

"Ablamın hiçbir ayıbı yok, şu halde," dedi. "Böyle giderse, ayıplarının yanı sıra günahları bile örtülebilir."

Sürekli girdiği perhizlere rağmen hiç kilo verevemeyen Tomris ablayı gözümüzün önüne getirip kahkahalarla güldük. Ciddiyete fazla tahammül edemeden, hiçbir şeyi takmadan, gailesiz ve mutlu yaşıyorduk.

O sene, Londra'da yaşayan pek çok Türk arkadaşımla karşılaştım. İlkokuldan sınıf arkadaşım Ömer Çavuşoğlu'yla liseden sınıf arkadaşım ressam Orhan Taylan Mete doğduğunda ellerinde bir buket çiçekle tebrik ziyaretine gelmişlerdi. Başka Türkler de vardı ama Mehmet kızlı erkekli pek çok arkadaşımın arasında yakın dost olmak için Eren'i seçti. Buna neden, sanırım müşterek araba sevdalarıydı. Eren, Birmingham'da maden mühendisliği okuyordu ama bazı hafta sonlarını arabasına doldurduğu üniversite arkadaşları ve mutlaka sevgililerinden biriyle Londra'da geçiriyordu. Mehmet de bir ara üşenmeden Eren'le beraber Birmingham'a kadar gidip (Londra'da araba satılmazmış gibi) Eren'in tanıdığı bir galeri sahibinden Sunbeam marka spor arabamızı almıştı. Bu yakınlaşmanın sonunda bazı hafta sonları Eren ve sevgilisi Londra'ya geldiklerinde bizde kalmaya başladılar. Fakat Londra'da en sık görüştüğümüz arkadaşlarımız o sırada bir İsveçli kızla evli olan Mehmet Konuralp, Zeynep Tarzi, Nur Vergin ve Günerman'dı. Fransız erkeklerine çok meraklı olan İngiliz kızlarına, Günerman kendini Philip diye tanıtmıştı. Galatasaray mezunu olduğu için Fransızcası da idare ediyordu. Bence Günerman kendini Fransız olarak tanıtmasa da kızları yine kolaylıkla tavlayabilirdi. Londra'da mimarlık okuyan, King's Road'da oturan, Mefisto gibi, astarı kıpkırmızı siyah bir pelerinle dolaşan ve azıcık Yves Montand'ı andıran bir genç adamı kim istemezdi ki!

Selfridge'te alışveriş ederken tanıştığımız Atilla ve karısı Barbara da sık görüştüğümüz arkadaşlarımızın arasındaydılar. Onlarla daha çok hafta içinde görüşüyorduk. Evleri bize yakın sayılırdı. Mehmet'le Atilla, gazeteleri önlerine yayıp tahminler yürüterek çeşitli spor dalları, atlar ve köpekler üzerine birtakım spor totolar oynarken Barbara ve ben aramızda çok eğlenirdik. Şimdi düşünüyorum da hiçbir geçmişimizin ve ortak paydamızın olmadığı insanlarla şıp diye kolayca anlaşıvermek ve her şeye gülmek ancak o genç yaşlarda mümkünmüş meğer!

Bir de Yücel Lugal vardı. Bir gün kapımız çalınmış, dirsekleri deri yamalı tüvit ceketi, kadife pantolonu, ağzında piposuyla, tipik bir İngiliz görüntüsünde çıkagelmişti. Mehmet bizi nasıl bulduğuna şaşıp kalmıştı. Yücel, Mehmet'in Isle of Wright'ta, ilk yollandığı okulda birlikte okuduğu arkadaşıydı! Oxford'da üniversiteyi bitirdikten sonra, öğrenciyken tanıştığı İngiliz kızla evlenmiş, Amerika'da mastır yapmış, İngiltere'ye geri dönmüş, Oxford'dun şehir mimari ofisinde başmimar olarak çalışmaya başlamıştı.

Onunla tanışmamın haftasında Oxford'a, Yücellere hafta sonunu geçirmeye gittik. Karısı Dinah, sapsarı saçları, mavi gözleriyle dünyanın en güzel ve tatlı kızıydı. Üstelik onun da benim gibi karnı burnundaydı. O kadar iyi anlaştık ki, her hafta sonu ya onlar bize ya da biz onlara gider olduk. Böylece hafta sonları evde, Eren'le sevgilisine yer kalmadı.

Cuma ve cumartesi geceleri, Saddle Room adını taşıyan gece kulübüne, arkadaşlarımızla birlikte dansa gidiyorduk. Ben hamileyken dahi danstan vazgeçmemiş olduğum için kulübün adeta müdavimi olmuştuk. Pazar günleriyse, evde yorgunluk atmakla ve ders çalışmakla geçiyordu.

Londra'da yaza doğru zaman inanılmaz güzelleşir, güneş saat dokuza, ona kadar batmak bilmez, günler uzar da uzar. Mayısla birlikte çiçeklerin şöleni başlar parklarda.

İngilizler bulutların arasından güneşin yüzünü yarım yamalak gördükleri anda yarı çıplak çimenlere serilirler. 1962 yazı, Beatles'ın müziğiyle her yıl olduğundan daha da güzel geldi. Haziran sonuna kadar okulların kapanmasını beklerken, uzayan yaz günlerinden istifade ettik. Pub'ların sokaklara taşan kalabalığına karıştık, bir hafta sonu bebeğimizi alıp arabayla Brighton'a bile gittik, balık yedik, sahil boyunca yürüyüşler yaptık ve uçsuz bucaksız denizin, Boğaz'ın koyu mavisiyle kıyaslandığında ne kadar şahsiyetsiz kaldığını konuştuk. Boğaz'a hasret uzun sürmedi, haziran sonunda, Mete'yi ve nanny'yi uçakla önden yolladık, biz de İngiltere'de yaşayan arkadaşlarımızla birlikte arabalarla yola çıkıp Fransa kıyılarını da tarayarak İstanbul'a geldik ve ailelerimize bir bebek daha beklediğimizin müjdesini verdik. Mehmet'in annesiyle babası bu havadise pek sevinirken benimkilerin yüzü gölgelendi.

"Üst üste iki doğum seni yormayacak mı?" diye sordu annem. "Keşke birkaç sene bekleseydin, kızım."

"Mâço, iki çocukla üniversiteye nasıl devam edeceksin?" diye sordu babam.

"Nereden çıktı bir çocuk daha! Meteciğimin pabucu dama atılacak! İnsan üstelik böyle dünya güzeli bir erkek çocuk doğurmuşken bir tane daha neden ister ki! Vah zavallı yavrucuğum, ihmale uğrayacak şimdi," diye çok sert tepki veren anneannem, diğerleri gibi susmak bilmedi, yaz boyunca sürekli söylendi. Böylece anneannemin beş altı yaşlarındayken doğan kız kardeşi Suat'ı çok kıskandığı için doğumdan sonra birkaç aylığına büyükbabasının Eyüp'teki konağına yollandığını, bu yüzden uzun süre annesiyle babasına küstüğünü ve bu travmadan ötürü ikinci çocuklardan hiç hoşlanmadığını öğrenecektim.

Biz Mehmetlerin Büyükada'daki evlerinde kalıyorduk. Annemle babam da iskeleye yakın Anadolu Kulübü'nde kaldıkları için onları her gün görüyordum. Bazen annemle babam da bize geliyorlardı denize girmeye. Fakat akşam yemeklerini ben mutlaka onlarla yemek istiyordum. Sanırım babamla hayatım boyunca hiçbir yazı bu kadar sık görüşerek geçirmemiştim. Yılların hasretini kapatmak ister gibi saatlerce konuşuyorduk. Babam ben evlendiğimden beri baba disiplinini bir kenara bırakmış olduğundan dünyanın en tatlı insanı olmuştu. Yemek bittikten sonra, dans pistinin kenarında, arkadaşlarımızın bulunduğu masaya yürürken aklım babamın sohbetinde kalıyordu. Derken müzik başlıyordu ve hepimiz kendimizi piste atıyorduk. Biraz da, dans edebilmek için evlenmiş değil miydim? Piste ilk koşan ben oluyordum. Allahtan Mehmet de seviyordu dans etmeyi. Bazı akşamlar Moda'da oturan arkadaşlarımız için motorumuza atlayıp Moda'ya geçiyor, bazen Eren'in Yeniköylü grubuyla buluşmak için vapurla İstanbul'a inip Boğaz'daki kulüplerde eğleniyorduk.

Eren'in Yeniköy'deki evine davetli olduğumuz bir gün, yaşlı büyükannesi benim soyumda bir Fransız'ın olup olmadığını sormuştu... "Hayır," demiştim, "hiç Fransız akrabam yok."

"Olamaz," diye ısrar etmişti. "Araştırın, atalarınızın arasında mutlaka bir Fransız vardır."

Bir damla olsun Fransız kanı taşımadığıma yemin ettimse de büyükanneyi inandıramadım. Sonunda pes ettim, "Biri var," dedim. "Adı Philip, kan bağımız yok ama yakınımızdır."

"Ben nasıl da bildim ama!" dedi nihayet içi rahat eden yaşlı kadın. Günerman'ın Fransızlığı bir kere olsun işe yaramıştı. Eren konuşmamızı duyunca gülmeye başlamıştı.

"Büyükannem sana hayatının iltifatını yapmış," demişti. "Eğer birini çok beğendiyse, onu mutlaka Fransızlara benzetir!" Büyükannenin beni beğendiği belliydi, çünkü o gün bana ısrarla benimle yaşıt bir akrabam olup olmadığını da sormuştu Eren'le tanıştırmam için. Eren'in o yaz yanında getirdiği İngiliz kızdan nefret ediyordu. İngiliz kız da Eren'in hem büyükannesiyle annesinden, hem de Türk yemeklerinden nefret ederek intikamını alıyordu. Sonuçta Eren, kızı Suadiye'de oturan dayısının evine götürmek zorunda kalmıştı. Böylece biz de motorla Ada'dan sık sık Suadiye'ye geçer olmuştuk. Mesafelerin bize hiçbir şey ifade etmediği bir yaştaydık. Bizi Ada'ya ziyarete gelen Emine ve Arda'yla, akşam yemeğinden sonra, son vapurla şehre inmiş, Şişli'deki evin garajından arabamızı alıp ta Yeşilköy'deki Mini Kulübe kadar gitmiştik dans etmeye. Koca İstanbul'un her bir köşesine, henüz köprüler bile inşa edilmediği halde, aklımıza koyduk muydu, gidiveriyorduk. Şehrin dört bir tarafındaki bütün gece kulüplerinde dans ediyor, deli gibi eğleniyor, her şeye gülüyorduk. Ah gençlik!

İşte o yaz, yine neşeli geçmesi beklenen bir başka güne beklenmedik bir haberle uyandık. Bir ağustos sabahıydı, Mehmet'le balkona kurulmuş kahvaltı masasına doğru yürürken Mehmet transistorlu radyoda güzel bir sabah müziği buldu. Radyoyu yemek masasının ucuna yerleştirdi. Masanın başında mahzun bir yüzle oturan babası, "Kapat o müziği oğlum," dedi. "Bugün dünya, en güzel kadınını kaybetti. Evde bir günlük matem ilan ettim! Müzik yasak!"

"Kim ölmüş?" diye sordum, aklımdan tanıdıkların, komşuların arasından, yüreğim ağzımda bin bir ihtimali geçirirken. Kayınpederimin sesi ağlamaklıydı. "Marilyn Monroe intihar etmiş," dedi. "Güzelliğinin kurbanı oldu. Zavallı kadın!"

Son Sis

Yaz sonunda Londra'ya dönünce, Seymour Sokağı'ndan Seymour Place'e terfi ettik. Yine aynı mahalledeydik ama Oxford Street'e daha yakındık ve bu kez bir sefertasında değil, düzayak, ferah feza iki yatak odalı, geniş salonlu bir apartman katındaydık. Evdeki turuncu perdeler ve evi baştanbaşa kaplayan çağla rengi halı bizden önceki kiracılardan kaldı. Onları değiştirmedik, sadece temizlettik. Sefertası evimizdeki kanepemizi ve sehpamızı yeni evimize taşıdık, kendimize yatak, yemek masası, iskemleler ve iki koltuk aldık. Burayı hevesle, keyifle döşedik, elbette Selfridge'ten ve elbette Atilla'nın yardımıyla. Nanny, İstanbul'dan döndükten sonra, çok yaşlandığını bahane ederek bizden ayrılmış, onun yerine Jean adında genç bir kız gelmişti. Kızın sayesinde üniversiteye devam imkânı bulmuştum. Hatta o yıl çok hızlı başlamıştım, dersleri hiç aksatmadan gidebildim birkaç ay.

Kasım ayında bir hafta sonu, Yücel ve Dihan, o sırada beş aylık olan minik oğulları Cengiz'i de yanlarına alarak bize hafta sonunu geçirmeye geldiler. Çocukları uyuttuktan sonra Jean'e bırakıp önce yemek yemeye, sonra da bir sinemaya gittik. Soho'da sinemadan bir çıktık ki, sisten göz gözü görmüyordu. Etraf polis düdüğünden, araba kornasından inim inim inlemekteydi. Ve benim yine karnım burnumdaydı, siste dolaşmam doğru değildi fakat bu kez evimizin önünde bile değil, şehrin en kalabalık, en civcivli mahallesindeydik. Arabalar, otobüsler, insanlar iç içe geçmişti, sürekli yüzünüze bir başkasının uzanmış eli, kolu çarpıyordu, biri tosluyordu. Aslında hamile olmasam çok eğlenceli olabilecek bu durum, benden çok bebeğim için tehlikeli olduğundan keyfine varamıyordum. Dört kişi ele ele tutuşmuş, nereye vardığımızı bilemeden, sağa sola dolandık durduk bir süre.

"Yakınlarda bir otel bulup geceyi orada geçirelim," dedi Mehmet.

Güçbela bulduğumuz bir polisten, ben hamile olduğum için öncelik alarak, arkasına zincir olup metroya kadar yürüdük. Metroya binip kendi mahallemiz Marble Arch'ta indik. Metrodan çıkınca eve nasıl gideceğimizi nerdeyse adım adım ezbere biliyorduk ya, Mehmet, "Ben sizi eve kadar nasıl olsa götürürüm," dedi bir yıl önceki tecrübesini tamamen unutmuş olarak! Metrodan çıktık. Birkaç adım attık, yine ne sağımız belliydi, ne solumuz. Sokaklardaki insanları teker teker evlerine bırakıp geri gelen polisleri bekledik ve sıramız gelince pek de uzak olmayan evimize götürüldük. Bu benim ikinci ve son sis maceram oldu. İngiltere birkaç yıl önce çıkarttığı bir kanunla, bacalara filtre sistemi getirmiş, kömür kullanımını yasaklamıştı. Sanırım 1963 sisinin ardından bir başka sis krizi yaşanmadı Londra'da ama kasım ayının son haftasında, bütün dünyayı sarsan çok acı bir olay yaşadık! 22 Kasım günü Amerikan Başkanı John F. Kennedy, Dallas'ta vuruldu. Televizyonda, kare kare, yavaş ilerleyen bir arabada Kennedy'nin başının karısının kucağına düşüşünü, Chanel tayyörüne kan bulaşmış eşinin şaşkın yüzünü, hastane kapısındaki koşuşturmaları, Başkan'ın kurtarılamadığı haberini, aynı gün yakalanan katilin iki gün sonra da polislerin arasında götürülürken bir şişman adam tarafından vuruluşunu seyredecektik dehşet içinde! Yarabbi, neler oluyordu? O hafta içinde, biletlerini çok önceden almış olduğumuz bir oyunu seyretmek için tiyatroya gitmiştik. Oyun başlamadan önce bütün oyuncular sahnede yer aldılar ve Başkan Kennedy için bir dakikalık saygı duruşunda bulundular. Biz seyirciler de ayaktaydık. Geniş salonda omuz omuza, mahiyetini henüz bilmediğimiz bir korkunç tehlikenin varlığı karşısında tek vücut olmuş gibi duruyorduk. Kalabalığın içinden hıçkırık sesleri yükseliyordu. Devlet terörü ve suikastlar için Amerika'da düğmeye basılmıştı ve orada başlayan, müzikten modaya, resimden edebiyata, hayat tarzından siyasete iyi kötü her akım, her şey dünyaya hemen yayılıverecekti.

O sene kış, yine bir yıl öncesindeki gibi şiddetli geldi aralık sonuna doğru. Ben doğumu ocak ortalarında bekliyordum ama ikinci bebeğim de aceleciydi. Ocak başında doğdu.

Alimoli

Ali de Mete gibi, suların su borularında donduğu, karlı, soğuk bir ocak günü doğdu. On gün daha bekleyebilseydi, kardeşiyle aynı günde, üç gün önce doğsaydı, kardeşiyle aynı yılda doğacaktı. Alimoli (Ali'ye bir haftalıkken taktığım bu isim şu ana kadar aile içinde üstüne yapışmış durumda) doğduğunda ben baygın değildim. Gece bebeği değil, gündüz bebeğiydi Ali. Pek efendice buyurmuştu dünyamıza. Uykumu bölmemiş, kahvaltımı etmemi beklemiş ve adeta kapıyı vurarak haber vermişti gelmekte olduğunu. Deneyimli bir anne olarak, sancılar başladıktan sonra evimde birkaç saat geçirmiş, hatta anneme yeni bebeğin yola çıktığını bildiren bir mektup yazdıktan sonra çıkmıştım evden. Beni, ağabeyi gibi saatlerce bağırtmadan, kolayca doğdu ikinci oğlum. Doktorum, bebeğin kordonunu keser kesmez, elime verdi Ali'yi, yattığım yerden kollarımı uzatıp aldım, yüzünü yüzüme yaklaştırdım ve dehşete kapıldım. Fırça gibi dimdik duran kapkara saçları ve siyah gözleri vardı. Çocuğu neredeyse baş aşağı tuttuğumdan kapkara iki gözü burnuna yakın gelmiş, şaşı bakıyordu. Üç kilonun biraz altında olduğu için derisi bumburuşuktu. Suratı ve gövdesi yeşilimsi, yağ gibi bir şeyle kaplıydı. Daha önce yıkanmamış bir yeni doğan bebek görmediğim için dondum kaldım! İçimden çıkarılıp o an elime verilmemiş olsa, bu çocuk benim değil, diyebilirdim. Mete'ye de benzemiyordu. Yüzümde nasıl bir ifade belirdiyse, hemşire hemen elimden alıp, yıkayıp temizlemeye götürdü.

"Her şeysi tamam mı?" diye sordum titreyen sesimle.

"Her şeysi tastamam!" dedi doktor. "Kilosu birkaç gram az ama iki haftada fıstık gibi olur."

Beni ameliyathaneden çıkararak yine geçen yıl kaldığım geniş odaya götürüp yatırdılar ve az sonra da bebeğimi kundaklanmış olarak getirdiler. Minicik yüzünde kalemle çizilmiş gibi muntazam hatları vardı ama bir türlü yatmayan saçları yüzünden küçük bir kirpiye benziyordu. Mete'nin renkli güzelliğinin yanında küçücük bir kirpicikti, görenlerin ağabeyiyle karşılaştırdıklarında, "Pek şekermiş," deyip susuverecekleri. Hem doğduğu an Mete gibi güzel olmadığından, hem de anneannemin, eşinin ailesinin esmerliğini unutarak, "Bu çocuk esmer! Doğumda karıştırılmış! Hemen doğum yaptığın hastaneye geri gidin, kendi çocuğunuzu arayıp bulun," diye tutturmasına karşı, Ali'ye yüreğimde kocaman bir koruyucu şemsiye açacaktım. Anneannem o kadar ısrarcıydı ki, doğum anında baygın olmadığıma şükrediyordum. Oğlum, içimden çıkışını gözlerimle gördüğüm, biricik bebeğimdi. Bütün aile, anneanneme karşı cephe aldık. Bizlere hatta babamın azarlarına bile pek aldırmadı ama kayınvalidemin sitemine duyarsız kalmadı.

"Neyse, giderek güzelleşiyor Allahtan," dedi sonunda.

Ali gerçekten de giderek güzelleşti ve bir yaşına doğru, gamzeleri, anneminkini andıran cıvıltılı bakışları, upuzun kirpikleri, sevimli suratıyla dünyanın en güzel bebeği oldu. Yirmili yaşlarına geldiğinde ise bence oğullarımın en yakışıklısıydı. Üstelik son derece de iyi huyluydu. Mete'nin çocukluk hırçınlıkları, Kerim'in ergenlik huysuzlukları, Selim'in sivriliklerine karşın o her zaman uyumluydu. Büyüdüğünde de değişmedi. Başına gelenlere, uğradığı haksızlıklara bir iç tevekkülle tepkisiz kaldı. Tepkiyi onun yerine Mete verdi, kardeşinin sessizliğinin acısını o çıkardı canını yakanlardan.

Sonraki yıllarda hayat öylesine deli rüzgârlarla esecek, kötülüğün paranın emrindeki gücü soluğumu öylesine kesecekti ki, çoğu zaman çocuklarımdan ayrı düşecektim. Ama sanırım bu hasret, beni ve çocuklarımı görünmez bir zincirle birbirimize kenetleyecekti. Ana oğul ilişkisini aşıp zulüm görenleri birbirine bağlayan o çözülmez iplerle bağlayacaktı. İki büyük oğlum ve ben, dünyanın hangi köşesinde olursak olalım, sık konuşmasak da, yazışmasak da, buluşamasak da, hep üçlü bir bütün olarak kaldık.

Ali, tüm çocuklarımın arasında, benim yanımda en çok kalan çocuğum oldu tesadüfen. Büyüdüğünde onunla birlikte seyahat etme ve aynı evde bir müddet birlikte yaşama imkânı bulduk. Ana oğuldan çok iki arkadaşa dönüştük zamanla. Benim gerçekten de iç bayıltan, "Sigara, içki içmeyin, düzenli uyku uyuyun, sağlıklı beslenin" dırdırıma hırçınlaşmadan tahammül gösteren tek oğlumdur Alimolim. Diğerlerinin ona kıyasla, eleştiri kaldırma eşikleri oldukça düşüktür.

Mektuplarda Memleket

Annem Ali'nin doğumuna gelemedi. Kayınvalidemle kayınpederim de doğumdan bir gün sonra elleri kolları hediye paketleriyle dolu koşturmadılar başucuma. Londra'ya gelmek için baharın gelmesini beklediler. Yepyeni bir torunun tüm heyecanı bir yıl önce aynı tarihlerde yaşanmıştı. Dünyaya gelmekte çok aceleci davranan ikinci bebeğe, aynı alayişli ilgiyi göstermeye henüz kimsenin gücü, enerjisi, hevesi yeterli değildi. Bu da en çok benim işime yaradı. Evimin bir yaşında ve birkaç günlük iki bebekle oluşan olağan kargaşasına misafir ağırlamanın da yorgunluğunu katmadan, rahatça yaşadım ilk birkaç ayımı. Hatta bir keresinde, bluzumu aydınlıkta inadına ters giydim, hırkamın iliklerini inadına yanlış ilikledim. Hayat tek başımayken ne kadar keyifli diye düşündüm! Ne büyük bir mutluluk karışanın olmaması!

İki çocukla uğraşmaktan, uykusuzluktan ve yorgunluktan zerre kadar gocunmuyordum. Tek üzüldüğüm, üniversiteye gitmeye artık vakit kalmamış olmasıydı. Jean bir yaşında ve bir aylık iki bebekle kolayca başa çıkamıyordu. Yıkanacak bezler bir misli çoğalmıştı. O çamaşır yıkar, ütü yaparken, Ali'yi beslemek, altını değiştirmek, uyutmak bana düşüyordu.

İki yatak odalı evimizin bir odasında Mete ve Jean yatıyorlardı, diğer odasında biz ve Ali. Ali gece uyanıp huysuzluk ederse, tekerlekli beşiğini sürüyerek salona götürüyordum ama bu pek ender oluyordu. Mete'ye kıyasla daha kolay bir bebekti Alimoli, uykuları muntazamdı. Mete de artık düzene girmişti, geceleri hiç uyanmadan uyuyordu. Gündüzleri ağlamıyordu. Evden uzun süre uzak kalamadığım için ancak çok önemli bulduğum birkaç hocanın dersini takip etmeye çalışıyordum. Allahtan metro sisteminde herhangi bir yere ulaşmak çok zaman almıyordu.

Memleketle ve ailemle bağımı 1963 yılı boyunca yine mektuplar sağladı.

Anneannemden yılbaşı ve doğum tebriklerinden sonra gelen ilk mektupta, Sarıyer'deki tarihi Kefeli Oteli'nin yandığı haberini aldım. Satırlarda anneannemin gözyaşları da vardı.

"Hususi tarihimiz ve hatıralarımız yanarak, yıkılarak yok oluyor, kendimi her geçen gün yaşadığım şehre daha az aşina, dünyaya daha fazla yabancı hissediyorum, kızım," diye yazmıştı. Henüz içinde büyüdüğüm evle-

rin hiçbiri yıkılmamış olduğundan kederinin dozunu abartılı bulmuştum.

Anneannemin acısı bol mektubundan sonra, bir başka mektup da Ankara'dan, annemden geldi. Havada çarpışarak Ulus Meydanı'na düşen ve 91 kişinin yanarak ölmesine neden olan kazayı anlatan satırları okudum.

"*... Baban o gün evden şehre inmek üzere çıkmıştı* (Kızılay semtinde mesken tutanlar uzun yıllar Ulus semtine gitmeyi nedense şehre inmek diye adlandırmışlardı), *faciayı radyodan duydum, ne yapacağımı şaşırdım. O tarafa gitmeye kalksam, yolları kesmişler, yukarı kata Nazlı'ya çıksam, ya eve telefon gelirse diye kımıldayamıyordum. Ayşeciğim, kafesine hapsedilmiş aslan misali, evin içinde kükreye ağlaya dolandım durdum. Akşam saatlerinde hiçbir şey olmamış gibi, elini kolunu sallayarak çıkageldi baban! Meğer şehre inmekten son anda vazgeçmiş, doğru üniversiteye gitmiş. İnsan bir telefon etmez mi! Merak etme, ben iyiyim, demez mi! Bu da düşünceli koca güya! ...*"

Babamın mektuplarındaysa başka havadisler vardı. Nisan ayında, yeni bir bayrama kavuştuğumuzun müjdesini veriyordu.

"*... Onca bayram yetmiyormuş gibi, şimdi bir de 27 Mayıs bayramımız oldu. 26 Mayıs öğleden sonra başlayarak, 27 Mayıs günü, Hürriyet ve Anayasa Bayramı kabul edildi. İyi güzel de, bu memleketin insanları ne zaman çalışacak yahu?*"

Sonra siyasi konulara geçiyordu babam. Türkiye'nin gidişatından memnun olmayan dört ordu komutanı, İnönü'ye şikâyette bulunmak üzere huzura gitmişler, İnönü onları karşısında görünce, "Görüyorum ki sizler buradasınız. Peki, ya orduların başında kimler var?" diye sormuş. Ne kastettiğini anlayıp hiçbir şikâyette bulunamadan kös kös geri dönmüş komutanlar.

"... İşte Mâço, devlet adamlığı budur. İma yoluyla dahi hizada tutabilmektir emrindeki güçleri..."

Bir ay sonraki başka bir mektubunda ise babam, Talat Aydemir ve arkadaşlarının Kara Harp Okulu Zırhlı Tank Taburu'nun desteğiyle Radyoevi'ni ele geçirdiğini ama İnönü'nün buna da pabuç bırakmadığını, ayaklanmaya katılan tüm askerleri tutuklatarak mahkemeye sevk ettiğini yazıyordu.

1963 yazını bir sene önce olduğu gibi yine Büyükada'da geçirdik ve annemler yine Anadolu Kulübü'nde kaldılar ama o yaz babamı çok az görebildim. Üniversitedeki işleri giderek artıyor, tatile vakit ayıramıyordu. Babama tatili az, çalışması bol bir kader yazılmıştı anlaşılan, emekli olduktan sonra dahi hep çalışacaktı babam hasta yatağına düşene kadar.

1963 yazının hatırlanmaya değer tek olayı, Jean'in Tomris ablanın aşçısına âşık olmasıydı.

Aşçı genç bir adamdı ve sanırım köyünde imam nikâhlı bir karısı vardı. Boşanma gerektirmeyen nikâhı, Jean nikâhtan saymadı. Tomris abla da aşçısının kızın peşine takılıp İngiltere'ye gitmesinden korktu. Evin bütün çalışanlarının ikisinin muhtemel buluşmalarını önlemek için hafiyelik yaptıkları o yazın sonunda, o kadar yüzgöz olunmuştu ki, Londra'ya döndüğümüzde, Jean'i işten çıkarmak zorunda kaldık. Oysa ben artık bakımları kolaylaşan iki oğlumu da Jean'e teslim edip üniversiteye devam etmeyi planlamıştım. Olamadı, çünkü ya yeni kişilere çocuklar alışamadı ya da ben çocukları onlara emanet edemedim. Sonuçta şu neticeye vardım: Allah benim bilemediğim bir sebepten dolayı üniversiteye gitmemi istemiyordu! Kaderci olmak doğru olmayabilirdi ama insanın durumunu kabullenmesine yardımı oluyordu. Olayların akışına teslim olmanın getirdiği huzura ihtiyacım varmış, üniversiteyi gözden çıkardığıma göre, o yıl evimize bir yabancı sokmayacak, gündeliğe gelen bir yardımcı bulacak, çocuklarıma kendim bakacaktım. Oh be! Bu kararı verince rahat bir nefes aldım. Memleket hasretini ise yine mektuplarla geçiştirmeye çalışıyordum. Babamın eylül ayındaki mektuplarında iki önemli haber vardı: Birincisi Talat Aydemir ve altı arkadaşının idam cezasına çarptırılmasıydı, diğeri babama göre pek hayırlı bir haberdi, Türkiye'nin Ortak Pazar'a "ortak üye" olarak katılmasını sağlayan antlaşma nihayet Ankara'da imzalanmıştı. Neden hayırlı bir haberdi bu, hiç anlayamamış, babamın bir düşündüğü var zahir, demiştim. Benim için ise hayırlı haber, Metin Erksan'ın yönettiği *Susuz Yaz* filminin bir yıl sonra bize, ilk uluslararası ödülümüzü kazandıracak olmasıydı.

Manken Pabucu Yarım!

Dersleri aradan çıkarınca kendimi dinlemeye ve sorgulamaya vakit kalmıştı. Çocuklar öğleden sonra uykularını uyurken, ev işlerini erken kalkıp sabah bitirmiş olduğumdan onlarla beraber elimde bir kitapla yatağa uzanıyor ama okuyacağıma düşünüyordum. Biz burada ne yapıyorduk? Benim üniversiteyi bitiremeyeceğim belliydi. Bunu zor da olsa kabullenmiştim sonunda! Mehmet okuluna gidiyor muydu? Bundan emin değildim bir süredir. Sormuyordum. Doğru yanıtı almayacağımdan çok, doğru yanıtı alma korkusuyla sormuyordum. Aklıma takılan başka şeyleri de sormuyordum kocama. Neden bir süreden beri üstüne başına hatta kilosuna bu kadar özen gösterir olduğunu, okuluna giderken iki dirhem bir çekirdek giyindiğini, kolonyalar süründüğünü sormuyordum. Giderek uzaklaşmamızın hatta hiç birleşemememizin nedenlerini de sormuyordum. Bir korkak mıydım ki ben, kafamda yarattığım kuşkuların üzerine gideceğime, soruşturup rahat edeceğime, kuşkularımdan kaçmayı tercih ediyordum. Tek soruşturmaya cesaret edebildiğim, mutlu olup olmadığımdı. Mutlu muydum? Yanıt evet değildi. Yine soruyordum kendime: Mutsuz muyum? Yanıt yine evet değildi!

Yakışıklı bir kocam vardı. Bana kötü mü davranıyor, beni dövüyor muydu? Hayır! İki dünya güzeli minik oğlum vardı. Onlardan hoşnut muydum? Hem de nasıl! Benim arzum üzerine Londra'ya yerleşmiştik ve burada tam olarak ne yaptığımız belli olmasa da yaşayıp gidiyorduk işte. Yazları memlekete dönerken ve yaz sonları Londra'ya geri gelirken değişik ülkelerde seyahat etme imkânı yakalıyorduk. Hafta sonları eğleniyorduk. Yapayalnız kalmış değildik, arkadaşlarımız vardı. O halde ben niye mutlu değildim? Ne istiyordum ben hayattan? Ne?

O aralar amcamın kızı Semra'dan mektup geldi, bir aylığına Londra'ya gelmek, evimiz müsaitse bende kalmak istiyordu. Yüceller, Eren'le çeşitli sevgilileri gelip kalıyorlardı da o niye kalmasındı? Mehmet'e de sordum gelsin mi diye.

"Gelsin elbette," dedi.

"Anladığım kadarıyla, kocasıyla bazı sorunları var, morali bozuk. Kafa dinlemeye geliyor, onu gezdiririz, değil mi? Hafta içi müzelere, sinemalara, tiyatrolara, hafta sonları Windsor'a, Oxford'a, country'ye götürürüz."

"Bak ne diyeceğim," dedi Mehmet. "Onunla keyfince gezebilmen için birini tutalım, sen eve bağlanma. Siz gezerken o çocukları bekler."

"Yatılı olmasın. Çocukların odasında Semra yatacak."

"Yatılı tutmazsak, gece hiçbir yere gidemeyiz. Semra diğer arkadaşlarımız gibi salondaki divanda yatsın."

"Bir ay boyunca olur mu öyle orta yerde?"

"O seninle yatsın, ben geçerim salona," dedi Mehmet.

"Ne münasebet! Olur mu hiç!"

"Olur olur! Ben de gönlümce televizyon seyrederim siz uyurken."

Semra gelmeden önce yatılı bir kadın bulduk. Çocukları çok sevdi, güzel yemek de yapıyordu üstelik. Semra gelince Mehmet salonda yatmakta ısrar etti, hepimiz için çok eğlenceli bir dört hafta başladı böylece. Akşamları Semra'yı gezdirmek bahanesiyle lokanta lokanta geziyorduk. Gündüzleriyse Semra illa bir hayırlı iş yapmak, vazoya çiçek yerleştirme ya da bir yoga kursu gibi bir kursa gitmek istiyordu. Bir gün kol kola Regent Street'ten aşağı doğru yürürken binaların birinden birbirinden güzel kızların çıktığını gördük. Başımızı kaldırıp kapıdaki tabelaya baktık, "Lucy Clayton Mankenlik Okulu" yazıyordu.

"Var mısın?" dedi Semra, ne de olsa Aylin'in kuziniydi!

"Deli misin be, o kızlar genç ve güzel."

"Biz de öyleyiz, yürü!"

"Semra, ne yapacağız içerde? Manken mi olacağız?"

"Sadece, mankenlerden bir farkımız var mı, yok mu, onu öğreneceğiz."

Semra'ya alıcı gözle baktım. Demin yanımızdan geçen kızlardan gerçekten de hiçbir farkı yoktu. Bunu kulaklarıyla duymak hoşuna gidebilirdi. Girdik içeri. Bir form doldurduk. Biraz bekledik, bana o sırada orta yaşlı görünen ama herhalde kırkından gün almamış, çok hoş bir hanım geldi yanımıza, ne istediğimizi sordu.

Semra, "Manken olabilir miyiz, onu öğrenmeye geldik," dedi.

"Ne mankeni olmak istiyorsunuz?"

"Nasıl yani?"

"Podyum mankeni mi? Fotomodellik mi? İç çamaşırı sergilemeye itirazınız var mı? Dış ülkelere seyahat eder misiniz?"

"Herhangi biri olabilir," dedi Semra.

Kadın ikimize de alıcı gözle uzun uzun baktı.

"Ayağa kalkar mısınız?"

Kalktık. "Boyunuz tam sınırda hanımlar. Podyum mankenleri için ideal boy 1.72'den sonrası. Siz 1.70'ten fazla değilsiniz herhalde. Ben sizlere fotomodelliği öneririm. Ama önce beş haftalık bir kurs görmeniz gerekecek," dedi. "Kursta makyaj yapmak, podyumda elbise taşımak, kamera önünde rahat poz vermek öğretilir. Sonra bir sınav var. Geçerseniz sizi moda ajanslarına yönlendireceğiz."

"Pekâlâ," dedi Semra.

"Ama hepsinden önce müdürümüzle görüşmeniz gerekecek."

Ben araya girmeye fırsat kalmadan kadın, "Böyle buyurun," diyerek önünde dikildiği kapıyı açtı, kendimizi müdürün odasında bulduk. Şık yazı masasının gerisinde, orta yaşlı, mavi gözlü, tipik bir İngiliz erkeği otuyordu. Semra gerçekten manken olacakmış gibi, rahat bir edayla kadına söylediklerini tekrarladı. Adam telefonu kaldırıp az önce doldurduğumuz formları istedi sekreterinden. Formlar geldi. Adam gözlüklerini takıp inceledi. Biz yan yana sınava girecek öğrenciler gibi oturuyorduk. Nedense ellerim terliyordu ve uzayan oyundan sıkılmaya başlıyordum.

"Siz efendim, ölçüleriniz uygun ama yaşınız mankenliğe başlamak için ne yazık ki biraz fazla," dedi Semra'ya "Mankenlik on yedi yaşlarında başlıyor, yirmili yaşların sonlarında bitiyor. Otuzu geçenleri eğitime almıyoruz... Ama siz (bana döndü) kursa hemen yazılabilirsiniz."

Semra'nın hayal kırıklığına uğrama ihtimali, mankenliğe filan zaten niyeti olmadığını unutturdu bana, laf ola girmemiş miydik içeri. Yine de, "Ama kuzinim yaşını göstermiyor ki," diye atıldım. "Bakın, bu hanımefendi demin anlamadı bile otuz yaşında olduğunu!"

"Efendim, nüfus kâğıdına göre otuzunu doldurmuş."

"Ama göstermiyor."

"Uzatmasana," dedi Semra. "Kabul etse mankenlik mi yapacağım?"

"Siz akraba mısınız? Benzeşmiyorsunuz,"dedi adam. "Nerelisiniz?"

"Türk'üz."

"Doğulularda, bizim İngiliz kızlarında olmayan, esnek, yumuşak bir vücut dili oluyor. Sizi kursa almak isterim. Fotojenikseniz eğer, fotomodellik de yapabilirsiniz."

"Biz Doğulu değiliz. Bizim doğduğumuz şehir Avrupa'dadır."

"Adama şimdi de coğrafya dersi veriyorsun," dedi Semra.

Adam bana birtakım broşürler uzattı. "Bunları inceleyin, uygun görürseniz, yeni başlayacak kursa sizi kaydedelim," dedi. Broşürleri ayıp olmasın diye aldım. Semra'yla, adamın ve kadının ellerini sıkıp çıktık odadan. Merdivenlerden inerken gülme krizine tutulduk. Lucy Clayton'ın iki adım ötesinde Fenwicks mağazası vardı, oraya daldık, elbise bölümünde 3 pounda, siyah beyaz pötikare, yakasının kenarı kırmızı biyeli, inanılmaz ucuzlukta bir elbise bulduk. O fiyata bir başka elbise yoktu koca dükkânda. Değil aynı şehirde, aynı ülkede bile yaşamadığımız için, o elbiseden ikimiz de aldık. Bugün şaka gibi geliyor ama o gün ikimizin de aldığı elbise, 8 bedendi, yani bugünün ölçüleriyle sıfır beden!

Semra'yı Türkiye'ye yolcu ettikten sonra sakin yaşamımıza geri döndük. Günler eski temposunda akmaya başladı. Bir gün Mehmet'in bir gece önce yemek döktüğü pantolonunu kuru temizlemeye götürmek için dolabını açtım ki, ne göreyim, kitapları dolapta duruyor. Akşam eve geldiğinde, "Sen bugün okula gitmedin mi?" diye sordum.

"Gittim."

"Derslere eli boş mu giriyorsun?"

"Ne demek o?"

"Kitapların, defterlerin, notların dolabındaydı."

"Haa! Unutmuşum almayı," dedi.

Mehmet'in itinayla seçilmiş gömleğine, kazağına, kadife ceketine baktım bir süre, sonra gidip odamdan Lucy Clayton'da müdürün elime tutuşturduğu broşürleri getirdim, ilk defa incelemeye başladım. Haftaya yeni bir kurs başlıyordu. Neden olmasın? Kocam, kıl pranga kızıl çengi, bilmediğim bir yaşamın içinde dolanırken, ben de nihayet gönlümden üniversiteyi çıkartmayı başarmışken, makyaj yapmayı, kendime bakmayı öğrenmek... Hatta kim bilir, belki bir fotoğrafçının önünde bir ruj ya da rimel reklamı için poz verip bir iki kuruş kazanmak!

"Ben Lucy Clayton'ın kursuna gitmek istiyorum Mehmet," dedim.

"Neymiş o?"

"Hani sana anlatmıştık Semra buradayken. Hani gırgır olsun diye gitmiştik de bizi ciddiye almışlardı..."

"Hatırladım. Manken mi olacaksın?"

"Yoo! Sadece hoş vakit geçireceğim. Kurslar her gün sabah onda başlıyor, birde bitiyor. Beş hafta sürüyor. Pahalı değil, hazır evde yardımcı da varken... Ne dersin?"

"İyi, git!" dedi Mehmet.

Sabahları eskiden ben üniversiteye giderken olduğu gibi, yine evden birlikte çıkmaya başladık. Ben Lucy Clayton'daki kursuma, o kolunda dosyası ve kitaplarıyla kim bilir nereye.

Bir uğursuz kuşku gelip oturduysa birinin yüreğine, o kuşkuyu giderecek yanıtları almak istemez mi insan? Doğrusu bu değil midir? Kesinlikle öyle olmalı ama benim hayatım boyunca yapmayı beceremediğim şeylerden biriydi bu, şüphelenmeye tenezzül etmek! Ya da bu yüzden kavga etmek! Ne büyükbabalarımın evinde, ne de kendi çekirdek ailemin içinde hiç kavga görmemiştim. Ailemin erkekleri bağırıp çağırmazlardı, kadınları dırdır eder, kavga etmezlerdi. O yaşa gelene kadar, geniş ailemin içinde, ne kadın ne erkek, hiç kimseyi, hizmetçi azarlarken dahi duymamıştım. Yüksek sesle konuşmanın ayıp, gönül kırmanın günah olduğuna inanan insanların arasında büyüdüğüm için olmalı, kavga etmek yerine, kavga sebebinin yükünü çekmeye hazırdım. Bir de kahrolası gururum vardı hayatım boyunca bana faydadan çok zarar getirecek olan. İçimde birikmekte olan cerahati deşip dökemiyordum. Düşünmemek için de sürekli iş yaratıyordum kendime. Kurs dönüşleri çocukları parka götürüyor, alışveriş yapıyor, yemek pişiriyor, ev temizliğine yardım ediyordum. Yeni yardımcımız Laura, yemek yapmayı, banyonun, mutfağın temizliğini, ütüyü, toz almayı ve ben kurstan dönene kadar çocuk bakımını üstlenmişti. Bu yüzden, gözüm arkada kalmadan gittiğim Lucy Clayton'da keyfim yerindeydi. Manikürden makyaja, kaş almadan ruj sürmeye, bedenin kusurlu yerlerini saklama marifetlerinden podyumda, kapalı mekânlarda ve sokakta dik ve alımlı yürüme yöntemlerine kadar, yaşamın içinde işime yarayacak, yaramayacak bir sürü ıvır zıvır bilgi, yol, yöntem öğreniyordum. Bu arada her sabah yarım saat yoga ve jimnastik de yaptığımız için vücudum şekle giriyor, belim inceliyordu. Kendi bölümümde ders gören birkaç kızla kurstan çıkıp ara sıra öğle yemeğine gidiyor, çok eğleniyordum.

Beş hafta çabuk geçti. Girdiğim sınavda podyumda yürüme diploması bile aldım. Sonra Lucy Clayton, bana iki haftalık bir burs armağan etti fotoğraf modelliği için. İlk derse zamanında gidemedim çünkü ajans, Oxford Street'in üzerindeki sokaklardan birinde bulunan bir kürkçüde bana bir saatlik bir iş ayarlamıştı. Kürkçünün taşradan mal almaya gelmiş müşterilerine dükkânın salonunda kürklerini teşhir edecektim. İlk işimdi bu, heyecandan dizlerim titreyerek gittim. İskemlelere yan yana oturmuş birilerinin önünde, dokuz on adet kürkü giyip çıkardım, önce üzerimde sonra kolumda kürkle yürüdüm, kürkün yakasından tutup kuyruk gibi arkamda yerde sürükledim, tembihlenmiş olduğum şekilde yüzümde kocaman yapay bir sırıtışla. İşim bitince kürkçü bana bir 10 pound uzattı. Kıpkırmızı oldum. Nerdeyse, "Teşekkür ederim, istemem," diyecektim. Makbuz imzalayıp paramı aldım ve koşa koşa evime geldim.

"Yemek yaptın mı?" diye sordum Laura'ya.

"Yaptım," dedi.

"O halde ben çocukları parka götüreyim."

Arabanın içine Ali'yi, arabanın üstüne taktığım oturaça Mete'yi bindirdim, Hyde Park'a yollandık. Kendi sularımda yüzmenin verdiği iyi duygularla tadını çıkardım bulutsuz havanın.

Akşam yemeğe oturduğumuzda, "Nasıl geçti senin bugünkü mankenliğin?" diye sordu Mehmet.

"İyi geçti," dedim.

"Kaç para aldın?"

"On pound."

"Eh, fena sayılmaz!"

"Mehmet, paraya ihtiyacımız var mı bizim?"

"Yok Allaha şükür," dedi Mehmet.

"O halde ben bir daha mankenlik yapmayacağım."

"Neden?"

"Sevmedim!"

"Ne diye gittin kursa o halde?"

"Vakit geçsin diye!"

"Evde iki çocuk var, vakit geçmiyor mu?"

"Ben kafamın içindeki vakitten söz ediyorum."

"Bilmece gibi konuşma."

"Tamam. Açık konuşayım. Bana yalan söylüyorsun!"

İrkildi. "Ne münasebet!"

"Sen her gün evden çıkınca okula mı gidiyorsun sahiden?"

"Nereye gideceğim ya?"

"Bilmiyorum. Belki Atilla'yla köpek veya at yarışı oynamak için büfelere, belki başka yerlere."

"Nerden çıkartıyorsun bunları?"

"Bir keresinde Atilla ağzından kaçırmıştı."

"Bir iki kere gitmişimdir, ne var bunda?"

"Bunda bir şey yok ama okula gitmiyorsan Mehmet, bence burada oyalanmayalım. Zaten Londra'ya senden çok, benim üniversiteye gidebilmem için gelmiştik. Ben gidemediğime göre, sen de asmaya başladınsa derslerini, İstanbul'a dönsek daha iyi olur."

"Yaz başını bekleyelim, nasılsa yazın gideceğiz, gidince de geri dönmeyiz," dedi Mehmet.

İstanbul

1964 yazının sonunda Londra'ya dönmedik. Yaz aylarını kendimize ev bakarak, evin döşenmesiyle meşgul olarak geçirdik. Konu komşunun gözünde, tahsillerini tamamlayıp yurda dönmüş gençlerdik ama hangi birimizin tahsilinin tamamlandığı çok su götürürdü. Allahtan kimsenin bizden belge, diploma istediği yoktu. Mehmet'in yaz sonunda babasının fabrikasında işe başlayacak olmasından ailesi memnundu. Maçka'da, parkın karşısında güzel bir kat bulmuş, kiralamıştık. O evin döşenmesinin heyecanı dışında tatilimiz sakin geçiyordu ki, kayda değer bir olay oldu. Yanımızda getirdiğimiz yardımcımız Laura, annemle kayınvalideme meydan dayağı çekti.

Laura, çok sigara içen, biraz başına buyruk, ilginç bir kadındı. Çocuklarla çok iyi anlaştığı, bize birbirinden güzel salatalar hazırladığı için biz ondan memnunduk. Büyükada'da kayınvalidenin evine adım atar atmaz sorunlar çıkmaya başlamıştı oysa. Kayınvalidem, Laura'nın sigarasından, mutfağa girip kendi yemeğini pişirmeye kalkmasından, lafını dinlememesinden şikâyetçiydi. Laura da sürekli tenkit edilmekten, sigarasının kısıtlanmasından, mayoyla mutfağa girmesinin yasaklanmasından rahatsızdı. Çocuklar yeni ortamlarına alışana kadar herkesten sabır rica etmiştik. Nasılsa yaz sonu biz şehre taşınırken Laura'yı da Londra'ya geri yollayacaktık.

Mehmet'le şehirde kaldığımız bir akşamın sabahında Ada'ya döndük ki, annem nedense günün o saatinde kendi otelinde olacağına Ada'daki evdeydi ve herkeste tuhaf bir hal vardı. Sadece kayınvalidem ortalarda gözükmüyordu. Tansiyonu çok yükselmiş olduğu için odasında uzanıyormuş.

"Hayrola!" dedik. "Tansiyonunu yükseltecek bir olay mı oldu?"

Kimse bir şey söylemeden önce annemin konuşan gözlerini gördüm. Annemin ela gözleri gevezeydi. Sır tutmasını, duyguları belli etmemesini bilmezdi. Bu yüzden pek çok kart oyunu oynadığı halde, bak gözlerine, elinde hangi kart var, hemen anla; poker oynayamamıştı annem! Aynı nedenle yalan da söyleyemezdi, gözleri yalanını hemen ele verirdi çünkü. Baktım, annemin gözleri, kahkahalarını zor tutup ayıp olmasın diye de ciddi gözükmeye çalıştığını beyan ediyorlardı.

"Tomris abla, belli ki bir durum var, ne oldu kuzum?" diye sordum.

"Annemle annen, dün gece sizin Laura'dan meydan dayağı yediler," dedi Tomris abla!

Yapmacık olmamasına çalıştığım bir tonla, "Aman Allahım!" dedim. "Ben şimdi gösteririm ona! Nasıl oldu bu iş?"

"Hiçbir şey gösteremeyeceksin ne yazık ki, çünkü çekti gitti, terbiyesiz karı!" dedi Tomris abla.

"Ne oldu, anlatır mısınız?" Bu kez sahiden meraklanmıştım.

"Mehmet de gelsin, birlikte dinleyin," dedi aile içindeki adıyla Tomy.

Mehmet geldi, yan yana oturduk, annemle Tomris ayakta, bir tiyatro oyunu sahneler gibi canlandırarak, bize olup biteni anlattılar.

Mehmet'le ben vapura yetişmek üzere evden ayrıldıktan sonra, Laura izninden saat altıda dönmesi gerekirken akşam onda dönmüştü. Kayınvalidem Fransızca ve yüksek sesle hesap sormuştu. Laura da İngilizce ve bağırarak, ben size hesap vermek zorunda değilim, demişti, bu yaşta kimseye hesap vermem ben! Kayınvalidem o kadarını anladığını söylüyordu. Laura'nın eteğinin arkasına ve sırtına yapışmış çam dalları varmış. Çamlıkta uygunsuz işler yaptığı kanısına varmışlar. Derken Türkçe, Fransızca ve İngilizce bir ağız dalaşı başlamış aralarında, her ikisi de birbirine bağırıyor fakat ne dediklerini anlayamıyorlarmış. O sırada Tomris de evde değilmiş. Kadın gitmeye kalkmış. Kayınvalidem anneme telefon açıp hemen gelmesini söylemiş. Telaşe müdürü annemin bir arabaya atlayıp tercümanlık yapmak üzere, nasıl alı al moru mor gelmiş olabileceğini tahmin edebiliyordum. Laura'nın onlardan alacağı kalmadığını beyan eden bir kâğıdı imzalamasını istemişler. Laura üzerinde ne yazdığını bilmediği kâğıdı imzalamamış. Annem gelip de tercüme etmeden, yani kâğıdı imzalamadan çekip gitmesini önlemek amacıyla, kayınvalidem, kayınpederim, aşçı, bahçıvan ve evdeki bilumum diğer görevliler, iriyarı kadını iteleyerek tuvalete sokmuş, üzerine kapıyı kilitlemişler. Annem eve varınca en tatlı sesiyle kâğıtta yazanları okumuş, imzalayıp gidebileceğini söylemiş ve usulca kapıyı açmış ki, yarım saate yakın bir süre tuvalette hapis kalan kadın, bir vahşi kaplan gibi atlamış annemin üzerine, önce onu dövmüş, sonra da elindeki çantayı kayınvalidemin kafasına, gözüne indirmeye başlamış. İşin en acı yanı da Mete'yle Ali'nin Laura'nın safında yer alıp küçücük yumruklarını sallayarak onu korumaları olmuş. Evdeki altı yedi kişinin zaptedemediği kadın, bizimkileri iyice dövdükten sonra çekip gitmiş. Ada halkına rezil olmamak için (bu eminim annemin aklıydı) polise haber vermemişler. Aslında çok kızmamız ve üzülmemiz gerekirken Mehmet'le gülmekten kramp giren karınlarımızı tutarak nerdeyse yerlerde yuvarlandık. Sanırım birlikte içtenlikle son kez eğlenmemizdi bu!

Kayınvalidemin tansiyonunu düşürmek için ona çok güzel bir ev tuttuğumuzun müjdesini verdik. "Evi kendiniz tuttunuz ama bir sonraki dadıyı ben tutacağım, siz dadı tutmayı beceremiyorsunuz," dedi ve hemen bir dadı aramaya başladı. İki hafta içinde buldu da. Yeni dadı, kalçaları yanlara doğru fazla genişlemiş, yusyuvarlak yüzlü, gözlüklü, içimin hiç ısınmadığı, sevimsiz bir kadındı. Konuşurken yarım yamalak duyduğu yabancı kelimeleri yanlış kullanıyor, örneğin beni ilgilendirmez diyeceğine, beni enteresan etmez, diyordu.

"Biraz daha beklesek, belki daha sevimli birini bulurduk," diyecek olmuştum kayınvalideme.

"Her gün gezmeye gidiyorsunuz, her gece çıkmak istiyorsunuz. Kim bakacak bu çocuklara? Referansları çok iyi! Koynuna alacak değilsin ki, varsın sevimsiz olsun," demişti. Kendi açısından haklıydı ve ben Laura'nın attığı dayağın ağırlığı altındaydım hâlâ. İstemeyerek kabul ettim. Yeni dadı Ada'ya yerleşti, biz Mehmet'le evin döşenmesini bitirmek üzere şehre indik.

Evimizi boyatmak, eşyalarını seçmek ve bitmiş halini hayal etmek keyifliydi. O yıllarda yıldızı yeni parlamaya başlamış olan İç Mimar Yıldırım Koacıklıoğlu'nun İnterno adlı dekorasyon şirketiyle anlaşmıştık. Yıldırım benim çok sevgili sınıf arkadaşım Ertem'in kuzeniyle yeni evlenmişti, dolayısıyla aileden sayılıyordu. Turan adında, kendi gibi gencecik bir de ortağı vardı. Evimizi adeta kalplerini ortaya koyarak döşediler. İstanbul'da bir halı fabrikasına ısmarlanan duvardan duvara ilk halı bir otel için dokunmuştu. İkincisi bizim ev için dokundu. Halının çağla yeşili tonunu yakalayan salon perdelerinin desenini Yıldırım çizdi, perdeler de halı gibi özel olarak dokundu. Yuvarlak, beyaz yemek masamız, modern iskemlelerimiz, salonun bir köşesindeki alçak bar ve arkasındaki duvarı boydan boya kaplayan İstanbul gravürüyle, dekorasyon dergilerinden fırlamış, ultra modern ama çok şık bir evimiz olmuştu. Eylül başında evimize taşındık. Bu evde vaktimizin çoğunu gezmeye ve eğlenmeye ayırarak hızlı yaşamaya başladık. Arkadaşlarımızın hemen hepsi Büyükada'dan tanıdıklarımızdı. Benim okul arkadaşlarımın da çoğu evlenmişti ama onlarla görüşmüyorduk. Mehmet arkadaş konusunda çok seçiciydi ve illa kendi dostlarıyla birlikte olmak istiyordu. Hafta içinde sık sık grup halinde sinemaya gidiyor, sinema sonrası dışarıda yemek yiyorduk. Cuma geceleri eğlenceye ayrılmıştı. On, on iki kişiyi bulan gruplarla, o sırada moda olan Boğaz balıkçılarında ya da Beyoğlu ve Taksim civarındaki lokantalarda, önce yemeğe, sonra Reşat'a dans etmeye gidiyorduk. Evlerimize genellikle Hilton'da ettiğimiz sabah kahvaltısından sonra dönüyor, akşamüstüne kadar uyuyorduk. Akşamüstü ise her hafta bir başkasının evinde buluşuluyordu oyun oynamak için. Mehmet'in erkek arkadaşlarının poker, karılarının konken oynadığı geceler de yine sabaha kadar sürüyor, pazar günleri öğleden sonra yine geç saatlere kadar devam ediyordu. Ben oyun oynamıyordum. Arkadaşların zorlamasıyla denemiş, zerre kadar zevk almamıştım. İnsanların kesif sigara dumanı altında, para kaybetme korkusu veya para kazanma hırsıyla stres altında, sinirleri gerilmiş şekilde masa başında saatlerce oturmaları benim için bir keyif değil, eziyetti.

Ekim ayını bitirirken şunu anlamıştım: Kocamla benim, çocuklarımızla birlikte geçireceğimiz hafta sonlarımız olmayacaktı. Hep beraber bir kır gezisi, bir kültür etkinliği veya spor asla yapmayacaktık. At binmeyecektik örneğin, pikniğe gitmeyecektik. Arabamıza binip İstanbul banliyölerini keşfe çıkmayacaktık. Çünkü hafta sonlarımız, Mehmet'in arkadaşlarıyla oynadığı pokere ayrılmıştı! Böylece, düşüyordum haftanın yedi gününden en değerli iki günü. Kalan beş günün içinde ben okul arkadaşlarımı ancak gündüzleri görebiliyordum.

Akşamları ise hayata benim gözlüklerimle bakmayan insanlarla birlikte yemeğe çıkıyor, sohbet ediyordum. Allahtan yakın dostlarımızdan biri, gazeteci Abdi İpekçi'ydi. Onunla baba evinde duymaya alışık olduğum sohbetlere girme imkânım vardı ama uyarılmıştım Tomris abla tarafından, güzel bir kadın olmanın sakıncaları üzerine. Kıskanılma eşiğim yüksekti, dikkatli olmalıydım. Erkek arkadaşlarımızın karılarının hassasiyetlerini göz önünde bulundurmalıydım. Yoksa dedikodu çıkardı hakkımda. Her geçen gün, çok da haksız olmadığını görüyordum Tomris'in. Üç yıldan beri Londra'da birlikte olduğum arkadaş grubundan çok değişikti buradakiler. Mehmet de değişmişti üstelik. Londra'daki küçük evimizde az sayıdaki arkadaşlarımız ve çok daha sade yaşamımızda, son zamanlara kadar kesinlikle daha mutlu ve daha yakındık. Bunu ona söylediğimde cevabı, "Burası babanın memur şehri Ankara değil," oldu. Bana, kendini değiştir ve bana uyum sağla, demek istiyordu kocam.

O sonbahar, hayatının gidişatından sıkılan sadece ben değildim.

Babamın da Ankara'da canı sıkılıyordu anladığım kadarıyla. Üstlendiği Orta Doğu Teknik Üniversitesi inşaatının mühendisliğinde, başlarda hayatından çok memnunken artık değildi. Üniversitenin bazı teknik donanımlarını, eskiden yanında çalışmış, sonra da onun istifa ederek bıraktığı Su İşleri Müdürlüğü'ne getirilmiş Süleyman Demirel ismindeki mühendise vermişti. Demirel, şirketini belediyelere uygulanan bir vergi muafiyetinden yararlandırmak istemiş, babam kabul etmemişti. Çünkü karşısındaki bir belediye değil, bir firmaydı. Demirel bunun üzerine üniversitenin rektörüne gitmiş ve Kemal Kurdaş'a istediğini kabul ettirmişti.

Babam da kendiden bekleneni yapmıştı. Üniversitenin rektörü Kemal Kurdaş, hem yanlış icraat yaptığı için, hem de babamın sorumluluk ve yetki alanına girdiği için basmıştı istifayı. İstifalar müdürü babam benim! Annem saçını başını yoluyordu yine.

1964 yılının kasım ayında, arkadaşlarımızdan Tefo, Sıraselviler'in üzerinde bir gece kulübü açmaya karar verdi. Eski Normandiya Gazinosu'nun giriş katını kiralamıştı. Arkadaşları olarak hepimiz onu destekleme kararı aldık. Her cuma Reşat'a gitmekten de usanmıştık biraz da. Yepyeni plaklarla, zamanın en moda danslarıyla ve hemen her gece bizlerden oluşan bir gençlik grubunun varlığıyla, "Tefo'nun Yeri" çabuk parladı, İstanbul'un en gözde gece kulüplerinden biri oldu. Gece on ikiden sonra Tefo'nun karısı Gönül'ün her sabah taze pişirdiği sebze çorbası servis ediliyor, eve dönüşlerimiz ikiyi, üçü buluyordu. Önceleri dans tutkumdan dolayı, evim telakki edebileceğim bir mekân bulduğuma çok sevinmiştim. Hele de o mekânda Tefo gibi muhteşem dans eden bir dans partneri varken! Meğer papaz her gece pilav yemek sahiden istemezmiş. Dans etmekten soğuma noktasına geleceğimi rüyamda görsem inanmazdım. Aralık ayına girdiğimizde, Mehmet'in de benim de her gece içki içmekten, geç yatmaktan kadidimiz çıkmış, gözlerimizin altı çökmüştü.

Dadının izne gittiği bir sabah çocuklara kahvaltılarını ettirmek için erken kalktım ve loş ve sessiz salonda kendimi dinledim. Sonra kendime Londra'da yaşarken sorduğum soruyu bir kez daha sordum: Mutlu muydum? Hayır! Mutsuz muydum? Londra'daki yanıt değişmişti: Kesinlikle evet!

Hafiften kar atıştırmaya başlamıştı. Teybin düğmesine bastım. Son zamanlarda Mehmet'in çok sık dinlediği Adamo'nun sesi doldurdu odayı: *Tombe La Neige!* Bu şarkının o anda verdiğim kararda payı büyüktü. Tefo gecelerinde Mehmet'in arkadaş grubumuz içinde kur yaptığı kişiyi her çaldığında dansa kaldırdığı şarkıydı bu. Bir gerçeği, Adamo yüzüme haykırıyordu. Kanepenin üzerinde, ayaklarım altımda, büzüşmüş otururken şu neticeye vardım: Bir kadın mutsuzsa, kocasıyla sorunu vardır. Mutsuz kadının etrafa yaydığı sağlıksız ışık, çevresine mutsuz kadınları mutlu etmek üzere avını beklemekte olan erkekleri çeker. Hele de o mutsuz kadının kocasının aklı ve gözü sürekli başkalarındaysa! Daha da kötüsü, bir başkasındaysa! Bu, hiç kimseyle paylaşabileceğim bir konu değildi. Ancak Mehmet'le konuşabilirdim ki, o asla konuşmak istemiyordu. Gençtim, sabrım yoktu, tecrübenin getirdiği aklım yoktu, ilerde çekebileceğim sıkıntıları öngörme kabiliyetim yoktu, sadece cesaretim vardı. Bu yüzden ancak tek bir çare düşünebildim: Gitmek!

Beni evimi terk etme noktasına götüren olayların üstünde durmaya değmez! Kimin kime ne yaptığı, ne sebeple yaptığı, ne dediği, ne demediği, niçin dediğinin hiçbir önemi yoktu. Aralarında kocaman bir boşluktan başka bir şey kalmamış iki genç insan için olabilecek en iyi şeydi ayrılmak! Sözsel, cinsel, ruhsal bir iletişimsizliğin içine girdiyse iki kişi, girebildiyse ve her ikisinin de önünde upuzun bir ömür varsa yaşanacak, birbirlerini hırpalamadan, onurlarını yitirmeden, aralarındaki sevgiyi nefrete dönüştürmeden kendi yollarına koyulmaları en doğrusuydu. Böyle düşünmüştüm! Uyuyamadığım geceler boyunca ayık kafayla, uykuya dalabildiğim gecelerde rüyalarımda düşündüm. Evliliğimizi çabuk bitirmiştik ama o kadar gençtik ki, aşka ihtiyacımız vardı. Bu yüzden birimiz İstanbul'un genç ve güzel kadınlarının peşindeydi, diğerinin peşindeyse İstanbul'un çapkın erkekleri... Çirkin bir manzaraydı açıkçası, bize, bana yakışmayan.

Bir sabah altı sularında kalktım, erken uyandığını bildiğim babama telefon bağlattım. Telefon hiç bekletmeden bağlandı sabahın o saatinde.

"Baba, ben çocuklarla Ankara'ya gelmek istiyorum," dedim. "Müsait misiz?"

"O nasıl söz kızım? Burası senin evin değil mi? Her zaman başımızın üstünde yeriniz var."

"O halde, annem uyanınca beni arasın."

"Sen iyi misin?"

Normali biraz aşan bir sessizlik oldu. "İyiyim," dedim.

"Sesin pek iyi değil ama."

"Gelince konuşuruz."

"Ne zaman gelmeyi düşünüyorsun?"

"Bu hafta içinde! Bildiririm size."
"Bildir ki karşılamaya gelelim."

Her şey o günün yirmi dört saatinin içinde oldu. Bu kısa telefon görüşmesinin ardından. Mehmet her zamanki gibi, saat ona doğru gitti. Ben çocukları giydirdim, biraz oyalandım onlarla. Dadı geldi, çocukları sokağa çıkaracağını söyledi.

"Hava çok soğuk," dedim. "Öğleden sonra soğuk kırılırsa çıkarsınız. Evde oynasınlar."

Kıpraştı karşımda.

"Sizin bir işiniz varsa, gidin yapın. Ben evdeyim, meşgul olurum onlarla."

"Onun için dememiştim. Hava alsınlar diye demiştim. Ama madem öyle diyorsunuz, çıkayım bari."

Çalçene karı, dedim içimden, sahtekâr karı! "Çıkın, dadı. Gecikebilirsiniz de. Evdeyim ben." Koca kalçalarını sallaya sallaya gitti.

Salonda oturmuş, gazete okuyordum kapı çalındığında. Kimseyi beklemiyordum, yerimden kalkarken saçlarımı düzelttim elimle, gidip kapıyı açtım. Aaa! Babam!

"Baba, ne zaman geldin sen?"

"Şimdi."

Sarıldım babama sımsıkı. "Sabah konuşmadık mı biz? Neye bindin de geldin? Uçtun mu?"

"Uçtum. On bir uçağı ile."

"Hayırdır?"

"Sen gelmek istemiyor muydun? Seni götürmeye geldim."

"Baba, ben gelebilirdim kendim."

"Mâço," dedi babam, "önce oturup konuşalım seninle. Bu akşam yataklı trene hepimize yer ayırttım. İstemiyorsan iptal edeceğim. Yoksa hep birlikte gideceğiz bir an evvel."

"Hepimiz kim?"

"Sen, ben, Mete ve Ali."

Babama bir kahve pişirdim. Diz dize oturduk yeşil kanepenin üzerine.

"Mutsuzum, baba," dedim.

"Biliyorum."

"Ben hiç şikâyet etmedim ki, nasıl biliyorsun?"

"Kızım, bana hiçbir şey anlatmak zorunda değilsin. Anlatmanın zoruna gittiğini de biliyorum, sen söylemesen de. Ayrılmaya kararlıysan, Mehmet'in annesini ve babasını arayacağım şimdi, onlarla görüşmeye gideceğim, bu işi hepimize yakışır biçimde, efendice bitirebilmemiz için. "

"Kararlıyım," dedim.

Babam kahvesini içtikten sonra Mehmet'in babasını aradı telefonla. Ben çocukların yanındaydım, ne konuştuklarını duymadım.

"Yarım saat sonra, beni evlerinde bekliyorlar," dedi. "Sen istersen valizlerini hazırla. Tren akşam saat sekizde kalkıyor."

Babam gittikten sonra, odanın ortasında şaşkın tavuk gibi kalakaldım. Neden sonra toparlanıp Mehmet'e telefon ettim. Az sonra geldi. Yemek masasında karşı karşıya oturduk.

"Kararın kesin mi?" diye sordu. Suratı bir karıştı.

"Böylesi sence de daha iyi değil mi?" dedim.

Hiçbir şey söylemedi.

"Keşke evlenmeden önce farkına varsaydık müştereklerimizin azlığının... Keşke çocuk yapmadan önce. Ama yaptık bir hata, bari yol kısayken dönelim hatadan."

Mehmet'te yine tıs yoktu.

"Ben hafta sonları senin oyun arkadaşlarının arasında diken gibi kalıyorum. Karılı kocalı oyuna oturuyorsunuz, siz eğlenirken ben patlıyorum. Benim yapmak istediklerim ise senin hoşuna gitmiyor. Ayrıca..."

"Tamam Ayşe, uzun etme. Madem karar verdin, öyle olsun," dedi.

"Bu ikimizin de kararı Mehmet ama nedense sadece benim üzerime yıkıldı."

"Babanı ben çağırmadım!"

Babamı ben de çağırmamıştım ama o konuya girmek istemedim.

"Babamı çağırmadan önce seninle konuşmayı çok denedim ama sen konuşmayı sevmiyorsun. Evden sen gidecek değildin herhalde."

"Burası benim evim! Parasını ben ödüyorum!"

"Bak şimdi içim rahat etti işte! Ben müşterek evimiz olduğunu düşündüğüm için vicdan azabı çekiyordum."

"Hemen üste çıkma."

"Mehmet ne olur hiçbirimiz ne üste çıkalım, ne altta kalalım. Üç güzel yıl geçirdik. İki tane harika oğlumuz var. Ama sen de biliyorsun, uzun süredir mutlu değiliz. Her ne hata yaptıksa, beceremedik yazık ki! Birbirimizi suçlamayalım. Bize yakışan en efendi yollardan boşanmak olur."

"Haklısın," dedi Mehmet. Bir süre başımız önümüze eğik, karşı karşıya oturduk. Bir hayal kırıklığı içinde olduğumu itiraf etmeliyim. Kocamın, bir kere daha deneyelim mi, demesini beklemiştim. Sen şimdi babanla git, sonra bir kere daha konuşalım, demesini, en azından âdet yerini bulsun diye belki de! İyi ki babam beni götürüyor diye düşündüm, meğer Mehmet ne kadar teşneymiş boşanmaya. Mehmet'e karşı duyduğum vicdan azabım azaldı. Çocuklarımı daha üç ve iki yaşlarına basmadan aile ortamından mahrum bırakmanın o andan beri asla beni terk etmeyen buruk acısı geldi yerleşti yüreğime. Mehmet'le kapının önünde sarıldık, sonra gitti. Ben salona gelip oturdum ve artık benim olmayan güzel evime baktım. Saatlerce. Telefon ziliyle sıçradım.

"Valizlerini hazırladın mı?" diye soruyordu babam.

"Baba niçin bu kadar acele ediyorsun?" diye sordum.

"Zararın neresinden dönülse, kârdır da onun için," dedi.

"Konuşabildin mi kayınvalidemle, kayınpederimle?"

"Konuştum."

"Nasıl karşıladılar?"

"Telefonda olmaz şimdi, akşama konuşuruz," dedi babam.

"Ben de onlara veda etmeye gitmek istiyorum şehirden ayrılmadan."

"Çok iyi olur. İsabet edersin."

Yüreğimde kocaman bir taşla kayınvalidemin evinin telefonunu çevirdim.

Kayınpederim koridorun ucundaki oturma odasında, her zamanki koltuğunda, dimdik oturuyordu hiç konuşmadan. Hep iki bacağını bitiştirip dimdik otururdu ama bu kez gözlerinden durmaksızın yaşlar dökülüyordu yanağına. Elini öptüm. Eğildim, yüzünü de öptüm. Ne sarıldı, ne de itti beni. Ben kayınvalidemle konuştuğum sürece sessizce ağladı.

"Neyin eksikti kızım?" diye sordu kayınvalidem. "Ne istedinse yapmadık mı? Tahsil, dedin yolladık; dönmek istediniz, döndünüz. Ev istediniz, tuttuk. Çocuklara bakacak dadın var. Yemeğini pişirecek aşçın var. İşini görecek hizmetçin var. Ne zaman istesen şoförlü arabamı emrine amade kılıyorum. Bir elin yağda bir elin balda! Sana kendi kızıma yapmadıklarımı yaptım, düğününde ona takmadıklarımı taktım. Hiçbir şeyini eksik etmedim. Nedir derdin senin?"

"Bütün söyledikleriniz doğru. Hepsi için size müteşekkirim," dedim. "Ama ne yazık ki benim kocam siz değilsiniz. Bir eksik var ki, onu sizin kapatmanız mümkün değil, onsuz da evlilik mümkün değil!"

"Neymiş o?"

"O karı koca arasında olması gereken çok özel bir şey. Sözle tarifi yok!"

"Şımarıksın sen!"

Yanıtlamadım. Belki de doğru söylüyordu.

"Bir sorunun vardı madem, bana gelecektin. Derdini açacaktın. Bir kadın mı var arada, ben hallederdim. Mehmet çapkındır, bilirim. Sizi başka yere yollardık. İsviçre'ye giderdiniz. Hallederdik."

"Bizim aramızdaki sorunu ancak biz halledebilirdik. Edemedik. Kusura bakmayın," dedim.

"Babana da hayret ettim doğrusu. Nasıl bir baba bu? Ben zannettim ki, ayrılığınızı önlemek için işbirliği yapalım demeye geliyor. Meğer onun niyeti seni alıp kaçırmakmış yangından mal kaçırır gibi! Nasıl bir baba bu!"

"Sanırım o bizi daha iyi anladı," dedim.

"Sen şimdi git bakalım. Kurtlarını dök Ankara'da. Annen baban gibi davranmaz, biliyorum, ne de olsa annedir o. Birkaç hafta kal, sonra döner gelirsin, yeniden konuşursunuz kocanla. Emi!"

"Pekiyi efendim," dedim.

Kocamdan duymak istediklerimi annesi söylüyordu. Annesi beni, Mehmet'in sevdiğinden daha fazla seviyordu. Bu aşikârdı. Babası, annesinden de fazla seviyordu. Gitmekle en çok bu ihtiyar adamın kalbini kırdığımı biliyordum. Onu kucaklamak, gözyaşlarıyla ıslanan yanaklarını öpmek, bembeyaz saçlarını okşamak, üç yıldır bana vermekte olduğu katıksız sevgiye bütün kalbimle teşekkür etmek, onu hiç ama hiç unutmayacağımı, çocuklarımın dedesi olduğu için ne kadar mutlu ve gururlu olduğumu söylemek istiyordum.

"Ben kalkayım artık," dedim.

"Kalk bakalım. Ankara'da iyice düşün. Sonra da dön gel!"

Kalktım, kayınpederimin koltuğunun önünde eğilip boynuna sarıldım. Gözyaşları daha da fazlalaştı ben sarılınca. Bir süre öylece durduk. Yüzüm onun gözyaşlarıyla ıslanıyordu. Kayınvalidem omzuma dokundu, "Yapma, üzülüyor," dedi. Doğruldum. Elini öpüp başıma koydum kayınpederimin. Sanırım ona bütün söylemek istediklerimi anladı. Çünkü ben onun bana, kelimelere dökmeden, sadece gözyaşıyla buğulanmış bakışlarında, "Sen, bana Allah'ın lütfettiği kızımdın. Hiçbir gelinimi senin gibi sevemeyeceğim," dediğini okudum.

Evden çıktım, asansöre binmedim, yürüyerek bir kat aşağıya indim, karanlık merdivenlerde oturdum, paltomu çıkartıp yüzümü kalın kumaşa gömdüm ve hıçkıra hıçkıra ağladım.

Erken yediğimiz akşam yemeğinden sonra Mehmet beni ve çocukları araba vapuruyla Haydarpaşa'ya götürdü. Babamla istasyonda buluştuk. Son yemeğimizi karı koca belki aramızda konuşur da bazı şeyleri rayına oturturuz diye baş başa yememizi istemişti. Ama Mehmet'in belli ki acelesi vardı. Önce treni kaçırmamak, trene bindikten sonra da o gece kendine hazırlamış olduğu programa gecikmemek için telaştaydı. Programının ne olduğunu seziyordum ama o ihtimalin canımı acıttığını söyleyemem. Kuşkularımın zirveye çıktığı anlarda bile kıskanmamıştım kocamı. Büyük yanlış da buradaydı zaten. Beni hüzünlendiren ondan ayrılmak değil, araba vapurunda etraftan gelip geçen gemilere minicik oğullarımın neşeyle, "bye bye boat, bye bye boat," diye el sallamalarıydı. Aslında veda ettikleri, bir daha yaşayamayacakları analı-babalı aile hayatlarıydı. Biz iki sersem, Mehmet ve ben, çocuklarımızdan dünyanın en değerli duygusunu çalmıştık. Anne ve babayla bir arada yaşamanın getirdiği emniyet hissini, sıcaklığı, mutluluğu!

Babam birbirine açılan iki kompartıman tutmuştu trende. Ranzalarda biz, yataklarda çocuklar yatacaktı ama yattıktan sonra, her ikisi de merdivene tırmanarak yukarıya, yanımıza geldiler. Hayatlarının ilk tren macerasında çok eğleniyorlardı. Bir nevi öksüz kıldığım çocuklarımın keyfini bozmak istemedim. Üst ranzalara sıkışıp rahatsız yattık. Ne babam, ne de ben sabaha kadar uyumadık. Sere serpe de yatsaydık, yine uyuyamayacaktık. Gecenin içinde incecik bir sesle mırıldanıyordum, "Uyuyor musun baba?" Anında, "Hayır Mâço," diyordu babam. Sonra sabaha karşı bu kez babamın mırıltısını duydum. "Çok ama çok üzgünüm kızım, seni koruyamadığım için çok üzgünüm. Bundan sonra çok dikkatli olalım, bir daha hiç üzülme, sakın!"

"Senin kabahatin yok, baba," dedim. "Hayat öyle bir şey işte!"

Hayat, güzel evimde ancak üç ay oturabilmeme izin vermişti.

AYŞE KULİN
Nefes Nefese
EVEREST
MiDi
ÖZEL BASKI
Vienna
Budapest
BULGARIA
Istanbul
ROMAN
§

AYŞE KULİN
SEVDALİNKA
EVEREST MİDİ
12.90 TL
ÖZEL FİYAT
ROMAN

Veda

romanının karakterlerine can veren aile bireylerim

Dedem Ahmet Reşat, kızları Leman (anneannem) ve Suat ile.

Saraylı Hanım.

Veda'nın baş kahramanı, dedem Ahmet Reşat Yediç.

Erkek bebek beklerken bir küçük kız daha katılmış aileye, Sabahat teyzem Leman ve Suat ablalarının ortasında.

Anneannem Leman Hanım bir balo öncesinde.

Anneannem meşhur piyanosunun önünde.

Anneannem Leman, küçük kız kardeşi Sabahat ile.

Anneannem artık bir cumhuriyet kadını.

Sabahat teyzem Fransız okuluna gittiği yıllarda.

Anneannemin kız kardeşi Suat teyzem.

Anneannem.

Umut

romanının karakterlerine can veren aile bireylerim

Babam yirmi yaşında.

Babamın ilkokul yılları.

Boşnak ailemden bir demet. Büyükbabam Zeki Salih Kuli teyze oğlu ressam Ferruh Başağa'nın babası, ayaktakile halamın eşi, Ekrem Kulen ve yanında henüz öğrenci olan babam.

Anneannem Leman Hanım ve annem Sitare.

Annem Sitare ve teyzesi Suat'ın oğlu Bülent dayım, masum yüzlerine rağmen kim bilir ne şeytanlık düşünmekteler.

Büyükbabam Dr. Mahir ailesiyle. Annem bu resimde büyükbabası Ahmet Reşat'ın sürgünden dönerken getirdiği kol saatini takıyor.

Umut'u yazmama vesile olan büyük teyzem Sabahat, Kıbrıs'ta aşk yüzünden sürgünde.

İki genç kız! Sabahat teyzem ile annemin halasının kızı Fazilet (Ete) Burgazadası'nda.

Fazilet teyzem ve nişanlısı Muhlis Ete.

Annem Field Day'de prenses seçildiği yıl, 1934.

Annemle babamın Suat teyzemin Ankara'daki evinde nişan törenleri.

Amcam, babam ve annem, amcamın Şakayık Sokağı'ndaki evinde.

Annemle babam bir cumhuriyet balosunda.

Annemle babamın Umut'un kapağındaki resimleri. Kızılay Parkı'nda, evliliklerinin ilk yılında.

Annem Soysal Apartmanı'nın damındaki havuzlu terasta.

Babam Almanya'da ihtisas yaptığı yıllarda.

Annemle babam balayında Berlin'de.

Bâlâ eniştem ve Sabahat teyzem yeni evliler.

Annem ve arkadaşları Ankara'da bir yılbaşı gecesinde.

Annemle babam nikâh sonrası Narmanlı Apartmanı'nda.

Annemin nişan günü çekilen resmi

Annemin nikâh fotoğrafı.

Hayat *kitabımın ana karakterleri*

Ben annemle babamın arasındayken hep mutluyum.

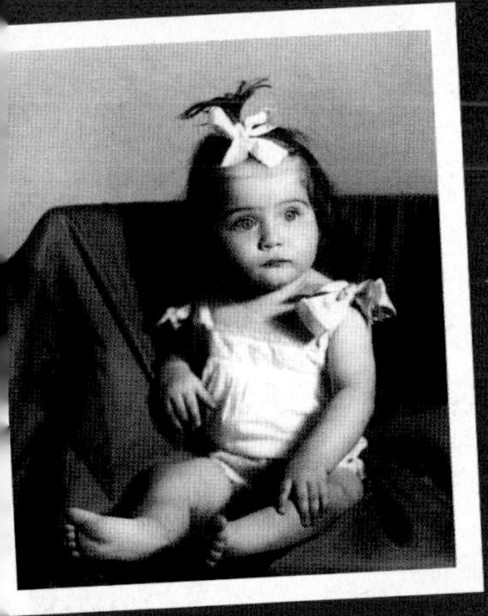

Ne olacak bu dünyanın hali? Dünyaya geldim herkes savaşıyor.

Trende ağlıyorum diye yazı Ankara'da geçirdiğim tek yıl, 1942.

Ben hayatta en çok babamı sevdim.

Kurdelem kafamdan büyük.

Üç yaşındayım.

Soysal Apartmanı kapısında, Süreyya Pavyonu'nun penceresinde oturuyoruz ailecek.

Divan durdum el bağladım.

Bahar ve çocuk.

Elbisemi
anneannem dikti.

Sevim Ölçmen ve ben yavrukurtuz.

Leman Öğretmen'in sınıfı. Yüksel Bekata, ben ve Semra Barlas.

Leman Öğretmen'in çocukları: Ön sırada Nişvan, Yüksel, Nazlı, İnan, ben, Semra, Nur, Feryal, Ülker, Ömer Çavuşoğlu.

İlkokulda, kurdele tepemden örgülerin ucuna inmiş.

Madam Marga'nın yıllık müsameresinde önde, ortadaki çöp bacak, benim.

Doğduğum günden beri hayatımın içindeki Betin ve ben Ankara'da.

Anneannem, Mari teyze, Sava amca, Niko, ben, kâğıthelvası ve hasret.

Bâlâ eniştem, ben ve Filiz.

İffet'le ortaokuldan mezun olurken, henüz topuklu ayakkabıyla tanışmamışız.

Lâle Akkoyunlu, Işıl Erim, ben, ortaokul mezuniyet...

Bu resmi Bâlâ eniştem çekti. Ankara Ulus Apartmanı. Nasıl poz vermişiz ama!

Bizim sınıfın kızları. (Freshman) En başta İffet, ortada Lâle var.

Emel Benadam, ben ve Güven 77 balosunda.

Güven'le Moda Kulübü'nde kıyafet balosunda, patates dansı.

Askerlik dersinde, önümde Sirel, arkamda Nur Karahasan ve Nazan.

Ben, Kraliçe Elizabeth; Venüs, Mary Stuart.

İffet'le birlikte Freshman.

1959 yazı Moda Kulübü'nde kıyafet balosu. Yanımda sonradan ikinci eşim olacak Eren, onun yanında sevgili arkadaşım Emine Yazıcıoğlu ve Lâle Ciritli.

Engin Gürak, ben, Lale Akkoyunlu, Koray Bako.

Ben, Sevgi Sümer, Zeynep Rona.

Venüs, ben, Sevgi, Ertem, Ayhan, Alev, İpek (Ongun)

Marble Hall'un önünde, İffet'le. Hayat bizi bekliyor

Mezuniyet günü. Cübbeyi çıkarttıktan sonra, Bülent dayım, Raif amca, annem, babam, ben, Mehmet, Mehmet'in teyzesi, anneannem, Ecla yengem ve amcam, 1961.

Kolej'den yetişen iki yazar, ben ve İpek Ongun.

Babam ve ben mezuniyette.

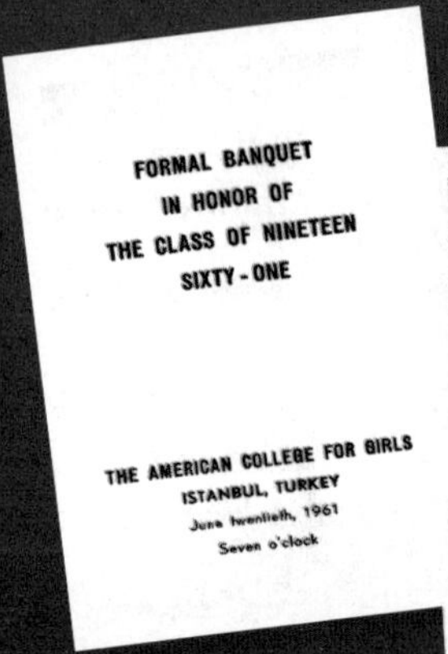
FORMAL BANQUET
IN HONOR OF
THE CLASS OF NINETEEN
SIXTY - ONE

THE AMERICAN COLLEGE FOR GIRLS
ISTANBUL, TURKEY
June twentieth, 1961
Seven o'clock

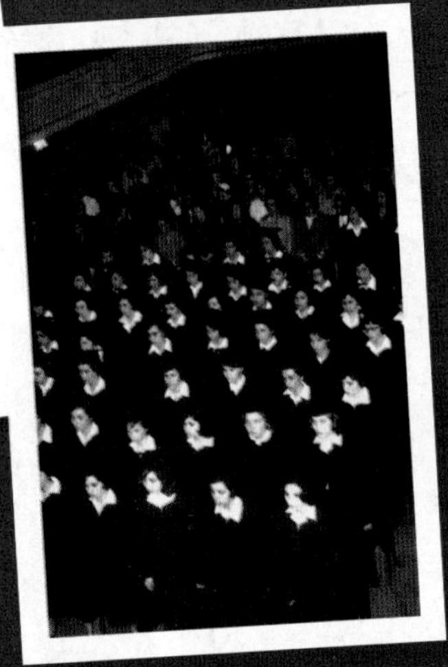

1961, mezuniyet resmi.

Babamla düğünümde
1961.

Yirminci mezuniyet yılımızda, 1981.

Metego ve annesi, 1963.

Alimoli, musluk banyosunda.

Güneşi gördük mü hemen soyunuruz biz. Mete ve Ali Hyde Park'ta, 1964.

Banyo eğlencesine doyum olmaz, 1964 Londra.

Soysal Apartmanı'ndaki evimiz, 1960. Semra'nın nişanının yapıldığı salon.

Annem, babam ve ben 1965 yılında, Ankara'da.

Yücel'in eşi Dinah ve ben Ankara'da, 1965.

Şah'a yollanmak üzere
Ankara'dan yola çıkan
Ayşe Kulin fotoğrafı.